TESI GREGORIANA
Serie Diritto Canonico

——— 42 ———

GERALD A. KALLENBACH

EIN KIRCHENAMT IM DIENST DER VERKÜNDIGUNG
Die Rechtsstellung des Religionslehrers

EDITRICE PONTIFICIA UNIVERSITÀ GREGORIANA
Roma 2000

Vidimus et approbamus ad normam Statutorum Universitatis

Romae, ex Pontificia Universitate Gregoriana
die 5 mensis novembris anni 1999

Prof. BRIAN E. FERME
Prof. VELASIO DE PAOLIS, CS

ISBN 88-7652-853-9
© Iura editionis et versionis reservantur
PRINTED IN ITALY

GREGORIAN UNIVERSITY PRESS
Piazza della Pilotta, 35 - 00187 Rome, Italy

Meiner lieben Mutter und Catharina

VORWORT

Der Titel der Arbeit macht auf ein bedeutendes Rechtsinstitut und auf einen grundlegenden Dienst der Kirche aufmerksam: auf das Kirchenamt und auf den Dienst der Verkündigung. Sie werden beide miteinander in Beziehung gebracht und in ihrem Bezug zu einer konkreten Tätigkeit gesehen, die in den cann. 804 und 805 geregelt ist: der katholische Religionsunterricht, den dazu beauftragte Laien und Kleriker an den Schulen, auch den nichtkatholischen, erteilen. Insbesondere geht es um die Frage, ob der Religionslehrer Inhaber eines Kirchenamtes im Sinn von can. 145 *CIC* ist.

Der I. Teil der Arbeit zeigt die Entstehung der gestellten Frage auf sowie die unterschiedlichen und zum Teil entgegengesetzten Antworten, die in der Kirchenrechtslehre dazu gegeben werden. Davon ausgehend werden der Inhalt, die Methode und das Ziel der Arbeit kurz erläutert. Der II. Teil befasst sich mit dem Begriff des Kirchenamtes, insbesondere mit der Entstehung der Formulierung in can. 145 *CIC*, mit den Begriffen Amt, Aufgabe und Kirchengewalt — *officium*, *munus* und *potestas* —, die im Kirchenrecht eine je eigene Bedeutung haben, und mit den Wesenslementen des Kirchenamtes. Der III. Teil stellt zunächst den katholischen Religionsunterricht als eine Aufgabe der Kirche in der Welt von heute dar, sodann die rechtlichen Bestimmungen des *CIC* über den Unterricht sowie die Natur des Auftrags, den die Kirche den Religionslehrern erteilt. Der IV. Teil zeigt auf, dass die Religionslehrer nach den cann. 804 und 805 *CIC* einen Dienst der Verkündigung ausüben, dem die Merkmale eines Kirchenamtes zu eigen sind. Indem die Religionslehrerin und der Religionslehrer ein Kirchenamt im Dienst der Verkündigung innehaben und ausüben, ist ihnen eine kirchliche Rechtsstellung zu eigen, die nicht von geringer Bedeutung ist.

Nach diesem kurzen Überblick über die einzelnen Teile sind noch zwei Vorbemerkungen zu machen. Wenn in der Arbeit von den Laien die Rede ist, die Religionsunterricht erteilen, so betrifft dies sowohl die Religionslehrerin wie auch den Religionslehrer. Die fremdsprachigen Zitate der Arbeit werden jeweils übersetzt oder zusammengefasst, um eventuell das Verständnis für den Leser zu erleichtern.

Diese Dissertation ist nicht an einem Tag entstanden und nicht ohne Hilfe und Unterstützung von Gott und von den Menschen. So möchte ich *allen* ganz herzlich danken, die diese Arbeit ermöglicht haben und mir mit ihrem Gebet sowie durch Rat und Tat zur Seite gestanden sind! Ein besonderer Dank meinem Professor, Mons. Brian E. Ferme, und Professor Velasio De Paolis für ihre menschliche und sachkundige Begleitung, dem Abt und Konvent von Muri-Gries für die Zeit, die sie mir gegeben haben, meinem Onkel Josef Horat für all die wertvollen Hinweise, meinem Freund P. Stefano Pasini O.S.B. für den Weg, den er mir immer wieder gezeigt hat, P. Patrick Bosson und Fr. Isaiah Ovonji für ihre Freundschaft und ihr Lachen, Yvonne Ceschini für die ganze Korrekturarbeit, meiner Mutter und den Schwestern von Mutter Teresa für ihr Gebet und die Ermutigung, die sie mir geschenkt haben.

Am Hochfest des hl. Josef 2000   Gerald A. Kallenbach

# TEIL I

DIE URSPRÜNGLICHE FRAGE
UND DIE ANTWORTEN
IN DER KIRCHENRECHTSLEHRE

KAPITEL I

Ist der Religionslehrer Inhaber eines Kirchenamtes?

Zu Beginn eines Artikels über den katholischen Religionsunterricht im Kirchenrecht beklagt sich Feliciani darüber, dass trotz vieler wissenschaftlicher Beiträge der kirchenrechtlichen Qualifizierung des katholischen Religionsunterrichts kaum Aufmerksamkeit geschenkt worden ist[1]. Diese Frage sei nicht nur in der italienischen, sondern auch in der internationalen Kirchenrechtslehre weitgehend ignoriert worden[2]. Dies könnte zunächst ohne Bedeutung scheinen. Dem ist aber nicht so. Zur Bedeutung und Notwendigkeit einer solchen Qualifizierung schreibt Feliciani:

> In contrario va però osservato che per una adeguata comprensione di norme di natura pattizia è indispensabile conoscere quale disciplina riceva la materia nell'ambito dei due ordinamenti rappresentati dalle parti contraenti. Inoltre una insufficiente informazione circa la normativa canonica può creare inconvenienti alle autorità ecclesiastiche nell'esercizio delle competenze relative all'insegnamento della religione cattolica e, in ogni caso, non consente agli insegnanti di questa disciplina di avere una precisa cognizione dei loro diritti e doveri nei confronti della comunità ecclesiale[3].

Der Autor verweist darauf, wie wichtig die Kenntnis der kirchenrechtlichen Bestimmungen ist, die für diese Materie des Religions-

---

[1] G. FELICIANI, «L'insegnamento della religione cattolica», 21 («È tuttavia da lamentare che finora sia stata dedicata scarsissima attenzione alla qualificazione dell'insegnamento della religione cattolica sotto il profilo canonistico»).

[2] Wie die folgenden Stellungnahmen aus der Kirchenrechtslehre zeigen, wurde die Frage nach der kirchenrechtlichen Qualifizierung des katholischen Religionsunterrichts nicht ganz ausser acht gelassen.

[3] G. FELICIANI, «L'insegnamento della religione cattolica», 21.

unterrichts gelten. Diese Kenntnis ist unverzichtbar für das rechte Verständnis konkordatarischer Bestimmungen. Sie ist ausserdem für die kirchliche Autorität zur Ausübung ihrer Kompetenzen auf dem Gebiet des Religionsunterrichts vonnöten. Sie erlaubt zudem den Religionslehrern, ihre Rechte und Pflichten gegenüber der kirchlichen Gemeinschaft wahrzunehmen.

Im gleichen Artikel, der Grundlinien der kirchenrechtlichen Qualifizierung des katholischen Religionsunterrichts aufzeigt, stellt der Autor die Frage, ob der katholische Religionsunterricht ein Kirchenamt im Sinn von can. 145 § 1 ist[4].

1. Zur Entstehung der Arbeit

Zu Beginn der Dissertationsarbeit über ein ursprünglich weiter gefasstes Thema[5] kam eine Frage auf, deren Beantwortung nicht ohne Bedeutung war: ist der Religionslehrer Inhaber eines Kirchenamtes? Ein Blick in die Kirchenrechtslehre zeigte, wie diese Frage auf ganz unterschiedliche Weise — wenn überhaupt — berücksichtigt wird.

Bei dieser Frage geht es um can. 145 über den Begriff des Kirchenamtes und die cann. 761, 804 und 805 über den katholischen Religionsunterricht. Der Begriff des Kirchenamtes ist in can. 145 § 1 enthalten:

> Kirchenamt ist jedweder Dienst, der durch göttliche oder kirchliche Anordnung auf Dauer eingerichtet ist und der Wahrnehmung eines geistlichen Zweckes dient[6].

Dieser Begriff nimmt den vom II. Vatikanischen Konzil in *Presbyterorum ordinis* 20 erneuerten Begriff des Kirchenamtes auf[7]. Hat er auch für den katholischen Religionsunterricht Geltung?

Nach can. 761 gehört die Darlegung der Lehre in Schulen («propositio doctrinae in scholis») zu den verschiedenen Mitteln der Verkündigung der christlichen Lehre («varia media ad doctrinam christianam annuntiandam»). Die cann. 804 und 805 enthalten die eigentlichen kirchenrechtlichen Bestimmungen zum katholischen Religionsunterricht:

> Can. 804 § 1. Der kirchlichen Autorität unterstehen der katholische Religionsunterricht und die katholische religiöse Erziehung, die in den Schulen

---

[4] G. FELICIANI, «L'insegnamento della religione cattolica», 24-25.33.

[5] Über die Rechtsstellung der Religionslehrer an den staatlichen Schulen in Italien.

[6] «Officium ecclesiasticum est quodlibet munus ordinatione sive divina sive ecclesiastica stabiliter constitutum in finem spiritualem exercendum.»

[7] Vgl. Kap. II/3.5.

jeglicher Art vermittelt oder in den verschiedenen sozialen Kommunikationsmitteln geleistet werden; Aufgabe der Bischofskonferenz ist es, für dieses Tätigkeitsfeld allgemeine Normen zu erlassen, und Aufgabe des Diözesanbischofs ist es, diesen Bereich zu regeln und zu überwachen[8].

§ 2. Der Ortsordinarius hat darum bemüht zu sein, dass sich diejenigen, die zu Religionslehrern in den Schulen, auch den nichtkatholischen, bestellt werden sollen, durch Rechtgläubigkeit, durch das Zeugnis christlichen Lebens und durch pädagogisches Geschick auszeichnen[9].

Can. 805. Der Ortsordinarius hat für seine Diözese das Recht, die Religionslehrer zu ernennen bzw. zu approbieren und sie, wenn es aus religiösen oder sittlichen Gründen erforderlich ist, abzuberufen bzw. ihre Abberufung zu fordern[10].

Legt die Lektüre dieser Kanones nicht den Schluss nahe, dass der Religionslehrer Inhaber eines Kirchenamtes ist? Der schulische Religionsunterricht wird zunächst als ein Mittel der Verkündigung qualifiziert und dadurch als ein Dienst der Kirche[11]. Er untersteht der kirchlichen Autorität. Ihre Zuständigkeit kommt auf verschiedene Weise zum Ausdruck, sei es bei seiner Regelung und Aufsicht, sei es bei der Bestellung und Abberufung von Religionslehrern. Es werden Voraussetzungen genannt, die zu ihrer Ernennung oder Bestätigung sowie zu ihrer Abberufung erforderlich sind. Hierbei werden Ausdrücke verwendet, die im Kirchenrecht vor allem auch für die Übertragung und den Verlust eines Kirchenamtes gebraucht werden[12]. Geht es also beim katholischen Religionsunterricht nicht um ein Kirchenamt, d.h. um einen Dienst, der nach can. 145 § 1 durch kirchliche Anordnung auf Dauer eingerichtet ist und der Wahrnehmung eines geistlichen Zweckes dient? Gehört die Aufgabe des Religionsunterrichts nicht zu jenen Kirchenämtern, zu denen die Laien nach can. 228 § 1 von den Hirten der Kirche herangezogen werden können?

---

[8] «Ecclesiae auctoritati subicitur institutio et educatio religiosa catholica quae in quibuslibet scholis impertitur aut variis communicationis socialis instrumentis procuratur; Episcoporum conferentiae est de hoc actionis campo normas generales edicere, atque Episcopi dioecesani est eundem ordinare et in eum invigilare.»

[9] «Loci Ordinarius sollicitus sit, ut qui ad religionis institutionem in scholis, etiam non catholicis, deputentur magistri recta doctrina, vitae christianae testimonio atque arte paedagogica sint praestantes.»

[10] «Loci Ordinario pro sua dioecesi ius est nominandi aut approbandi magistros religionis, itemque, si religionis morumve ratio id requirat, amovendi aut exigendi ut amoveantur.»

[11] Vgl. dazu die Überschrift zum III. Buch *CIC*: «Verkündigungsdienst der Kirche» («De Ecclesiae munere docendi»).

[12] Vgl. Kap. VII/1.

Eine positive Antwort auf diese Frage lässt sich bereits den Redaktionsarbeiten zum *CIC* entnehmen. Bei der Erörterung des Begriffs des Kirchenamtes nach PO 20 wird gerade der Religionsunterricht als Beispiel eines Kirchenamtes genannt, das Laien übertragen werden kann[13].

2. Stellungnahmen aus der Kirchenrechtslehre

Die Antwort auf die gestellte Frage ist jedoch nicht von vornherein klar. Das zeigen die unterschiedlichen Auffassungen, die in der Kirchenrechtslehre darüber vertreten werden. Bei der Frage geht es um zwei verschiedene Begriffe, die miteinander in Verbindung gebracht werden. Bei der Beantwortung der Frage ist es nicht ohne Belang, wie einerseits das Kirchenamt und andererseits der Religionsunterricht qualifiziert werden. Deshalb sollen zunächst einzelne Qualifizierungen sei es des Kirchenamtes wie auch des Religionsunterrichts aufgezeigt werden, bevor auf die Charakterisierung des Religionsunterrichts als Kirchenamt eingegangen wird.

2.1 *Die Definition des Kirchenamtes*

Die Definition des Kirchenamtes nach can. 145 § 1 hat in der Lehre unterschiedliche Reaktionen und Interpretationen ausgelöst. Im folgenden wird eine *Auswahl* von Texten der Kirchenrechtslehre wiedergegeben[14].

2.1.1 Juan Ignacio Arrieta

In seinem Werk über das kirchliche Organisationsrecht aus dem Jahre 1997 befasst sich Arrieta eingehend mit dem Kirchenamt. Bereits im ersten Kapitel über den öffentlichen Dienst in der Kirche[15] macht er

---

[13] «Re quidem vera, secundum Decretum Concilii Vaticani II Presbyterorum Ordinis (20), officium ecclesiasticum "deinceps intellegi debet quodlibet munus stabiliter collatum in finem spiritualem exercendum". Quaedam igitur officia quae laicis committuntur, uti v.g. est institutio religiosa tradenda, dici debent officia ecclesiastica. Officia itaque ecclesiastica non reservantur clericis.» *Comm.* 3 (1971) 187. S. Kap. II/3.5.1.

[14] Diese Auswahl begrenzt sich auf Kommentare zum heute geltenden Begriff des Kirchenamtes nach can. 145. Die zitierten Autoren erlebten den Übergang vom *CIC* von 1917 zum *CIC* von 1983. Auch wenn die vorliegende Arbeit nicht unmittelbar auf die Kommentare zu can. 145/*CIC* 1917 eingeht, so haben sie dennoch weiterhin ihre Bedeutung für Fragen, die das Kirchenamt betreffen.

[15] J.I. ARRIETA, *Diritto dell'organizzazione ecclesiastica*, 3-36 (*Capitolo I*, «Articolazione della funzione pubblica nella Chiesa»).

auf wichtige Merkmale des Kirchenamtes aufmerksam. Zunächst wird auf die Bedeutung des Kirchenamtes in der Sendung der Kirche und der Gläubigen hingewiesen. Die Getauften sind auf allgemeine Weise verpflichtet («un dovere generico»), an der Sendung der Kirche teilzunehmen. Diese ihre Teilnahme erfolgt auf verschiedene Weise. Nur einige von ihnen, die ein neues Sakrament erhalten oder ein Kirchenamt (*ufficio*), das die anfängliche allgemeine Rechtsstellung («l'iniziale posizione di genericità») modifiziert, nehmen an der Sendung der Kirche von einer konkreten verpflichtenden Rechtsstellung aus («da concrete posizioni di dovere giuridico») teil[16]. Das Kirchenamt verleiht demnach seinem Inhaber eine rechtlich bestimmte Teilhabe an der Sendung der Kirche.

In einem weiteren Abschnitt verweist er auf den Zusammenhang zwischen der Weihe und dem Kirchenamt. Die Weihe verleiht den Geweihten die Fähigkeit (*abilità*), bestimmte Tätigkeiten und Dienste wahrzunehmen[17]. Das Kirchenamt diene dazu, bereits erhaltene Dienste (*ministeri*) rechtlich zu bestimmen. So bestimmt z.B. das Kirchenamt des Pfarrers auf nähere Weise den (durch die Weihe erhaltenen) Dienst des Priesters[18]. Ähnliches gilt für die Inkardination. So modifiziert ein Kirchenamt auf bestimmte Weise die Rechtsstellung in bezug auf das Dienstverhältnis, das durch die Inkardination begründet worden ist[19].

In einem weiteren Kapitel befasst sich Arrieta mit dem Kirchenamt und der Wahrnehmung der öffentlichen Dienste (*funzioni pubbliche*)[20]. Er verweist auf die zentrale Stellung, die das Kirchenamt in der Organisation der Kirche einnimmt. Als Rechtsinstitut dient es dazu, die Ausübung der öffentlichen kirchlichen Dienste zu institutionalisieren[21].

---

[16] J.I. ARRIETA, *Diritto dell'organizzazione ecclesiastica*, 11-12.

[17] J.I. ARRIETA, *Diritto dell'organizzazione ecclesiastica*, 22-23.

[18] J.I. ARRIETA, *Diritto dell'organizzazione ecclesiastica*, 23: L'ufficio ecclesiastico serve «a determinare giuridicamente ministeri precedentemente ricevuti (l'ufficio di parroco, per es., determina in una specifica maniera il ministero del presbitero).»

[19] J.I. ARRIETA, *Diritto dell'organizzazione ecclesiastica*, 33 («L'assunzione di uffici ecclesiastici modifica in qualche modo le situazioni giuridiche originate dal rapporto ministeriale per effetto della sola incardinazione»).

[20] J.I. ARRIETA, *Diritto dell'organizzazione ecclesiastica*, 137-167 (Capitolo V, «Uffici ecclesiastici di attribuzione di funzioni pubbliche»).

[21] J.I. ARRIETA, *Diritto dell'organizzazione ecclesiastica*, 137 («L'ufficio ecclesiastico ricopre un posto tecnico centrale nell'organizzazione della Chiesa. In termini generali si può affermare che l'ufficio, in quanto strumento tecnico del diritto, serve in primo luogo a rendere oggettivo l'esercizio delle funzioni pubbliche ecclesiastiche»). Vgl. dazu auch J.I. ARRIETA, *Diritto dell'organizzazione ecclesiastica*, 15-16 (zur Institutionalisierung der kirchlichen Dienste).

Bevor Arrieta auf die Definition nach can. 145 eingeht, umschreibt er das Kirchenamt auf folgende Weise:

> Gli uffici ecclesiastici individuano funzioni pubbliche distribuite in centri astratti di attribuzione, stabilmente eretti nell'ordinamento canonico e collegati tra di loro secondo principi e norme specifiche. L'ufficio ecclesiastico è così una tecnica organizzativa per distribuire in modo stabile le funzioni pubbliche della Chiesa, essendo lo strumento ultimo che in essa serve a delimitare concretamente dette funzioni, mediante la creazione di nuclei statici determinati dal Diritto. Da questo punto di vista, l'ufficio non è che un soggetto astratto attraverso il quale vengono definite e delimitate le funzioni pubbliche della Chiesa.
> Dal punto di vista del soggetto titolare, invece, l'ufficio ecclesiastico rappresenta la legittimazione astratta all'esercizio di tali funzioni pubbliche — la legittimazione concreta è rappresentata dalla provvista canonica per mezzo della quale detto soggetto diventa titolare dell'ufficio — poiché, nella misura in cui è creato astratto un ufficio ecclesiastico, vengono anche legittimate le relative operazioni funzionali[22].

Das Kirchenamt ist ein abstraktes Rechtssubjekt, durch das die öffentlichen Dienste der Kirche bestimmt werden[23]. Durch das Kirchenamt werden die öffentlichen Dienste der Kirche auf dauerhafte Weise einzelnen «Zentren» zugeteilt. Es stellt die abstrakte Berechtigung zur Ausübung der (damit verbundenen) öffentlichen Dienste dar. Die konkrete Berechtigung erfolgt durch die kanonische Amtsverleihung, durch die jemand zum Inhaber des Kirchenamtes wird. Denn im Rahmen, in dem ein Kirchenamt auf abstrakte Weise geschaffen wird, wird auch die Berechtigung zu den entsprechenden Tätigkeiten gegeben.

In der zitierten Definition sind folgende Schwerpunkte enthalten: die öffentlichen Dienste der Kirche und ihre Ausübung durch die Kirchenämter, ihre Zuteilung zu den Kirchenämtern und ihre dauerhafte rechtliche Festlegung und Bestimmung, ihre gegenseitige Zuordnung, die abstrakte und konkrete Berechtigung zu ihrer Ausübung.

Im Anschluss an diese Definition macht Arrieta eine Unterscheidung. Die rechtlichen Bestimmungen des IX. Titels des I. Buches *CIC* würden unmittelbar die Organisation der hierarchischen Struktur der Kirche und die damit verbundenen Einheiten (*enti*) betreffen. Soweit es jedoch durch das Recht nicht anders festgelegt sei, würden diese Normen auch allgemein für die andern Bereiche der kirchlichen Rechtsordnung gelten. So an erster Stelle für die kirchlichen Einheiten mit bildendem

---

[22] J.I. ARRIETA, *Diritto dell'organizzazione ecclesiastica*, 141-142.
[23] Vgl. dazu J.I. ARRIETA, *Diritto dell'organizzazione ecclesiastica*, 147 («soggetto giuridico astratto»).

und lehrendem Charakter, wie die Universitäten, die Seminarien, die Schulen u.a., von denen im III. Buch *CIC* und in den entsprechenden besonderen rechtlichen Bestimmungen die Rede ist. Die allgemeinen Bestimmungen über das Kirchenamt gelten sodann auch für die innere Organisation der Institute des geweihten Lebens und der Gesellschaften für das apostolische Leben. Sie gelten weiters für die juristischen Personen und auf besondere Weise im Bereich der öffentlichen Vereinigungen der Gläubigen. Hierbei macht er deutlich, dass es sich um eine wirklich kirchliche Aufgabe handeln muss (damit die allgemeinen Bestimmungen über das Kirchenamt zur Anwendung gelangen und es sich implizit um ein Kirchenamt handelt)[24].

Die zitierte Definition des Kirchenamtes kommt auch bei der Darlegung von can. 145 zum Tragen. Er sieht m.a.W. can. 145 auf deren Hintergrund. Nach Arrieta geht der Begriff des Kirchenamtes aus der ganzen kirchenrechtlichen Disziplin hervor, die dem in can. 145 gegebenen Begriff «integrative Elemente» hinzufügt, u.a. folgende: 1) das Kirchenamt bestünde in einer rechtlichen abstrakten Subjektivität, die auf dauerhafte Weise durch die kirchliche Autorität gemäss can. 148 errichtet (*eretta*) wird; 2) dieser Rechtsakt der Errichtung würde, wie aus can. 145 § 2 hervorgeht, die Zusammenfassung (*unificazione*) einer Gesamtheit von Pflichten und von öffentlichen Diensten, die dem Kirchenamt rechtlich zugeteilt werden, mit sich bringen; 3) die so abstrakt geschaffene Einheit (*ente*) besteht im Hinblick auf die nachfolgende Übertragung an einen geeigneten Gläubigen (can. 228) durch die kanonische Amtsverleihung (can. 146)[25]. Diese «integrativen Elemente» betreffen also vor allem die Errichtung des Kirchenamtes und seine Übertragung.

Für Arrieta sind zwei Begriffe in Zusammenhang mit dem Kirchenamt von zentraler Bedeutung, der Begriff des öffentlichen Dienstes («la funzione pubblica») und der damit zusammenhängende Begriff der kirchlichen Organisation, der selbst dem Werk den Titel gibt[26].

---

[24] J.I. ARRIETA, *Diritto dell'organizzazione ecclesiastica*, 142.
[25] J.I. ARRIETA, *Diritto dell'organizzazione ecclesiastica*, 143-144.
[26] Vgl. J.I. ARRIETA, *Diritto dell'organizzazione ecclesiastica*, 15 («I ministeri, gli uffici e le deleghe per mezzo dei quali si distribuiscono e sono esercitate nella Chiesa le funzioni pubbliche saranno l'oggetto principale del nostro studio nei capitoli successivi»); 17-19 (zum Begriff der kirchlichen Organisation); 137 (die Kapitelüberschrift zum Kirchenamt: «Uffici ecclesiastici di attribuzione di funzioni pubbliche»); 142 («In definitiva, anche se al Diritto dell'organizzazione ecclesiastica spetta lo studio dell'ufficio in rapporto alla funzione pubblica di governo»).

2.1.2 Winfried Aymans

Aymans definiert das Kirchenamt auf folgende Weise:

> Kirchenamt ist eine durch göttliche oder kirchliche Anordnung auf Dauer geschaffene Einrichtung, die dazu bestimmt ist, einer Person oder einem Kollegium zur Wahrnehmung eines geistlichen Zweckes übertragen zu werden (c. 145 § 1 i.V.m. c. 146)[27].

Obgleich er in dieser Definition das Wesenselement des Dienstes (*munus*) nicht ausdrücklich nennt, so spricht er doch bei der Erläuterung dieser Definition vom Kirchenamt als einem Dienst mit kirchlicher Zielsetzung. Die geistliche Zielsetzung («ad finem spiritualem») umfasst alle Dienste, die zur kirchlichen Sendung gehören bzw. die der kirchlichen Sendung dienen[28].

Aymans sieht die durch PO 20 und can. 145 § 1 vorgenommene Ausweitung des Amtsbegriffs positiv, da sie der Rechtswirklichkeit in der Kirche besser gerecht werde. Er fügt jedoch den Konstitutivelementen des can. 145 § 1 ein weiteres Konstitutivelement hinzu: die Übertragungsbedürftigkeit nach can. 146[29]. Nach ihm haben nur solche Dienste den Charakter eines Kirchenamtes, «für deren rechtsgültige Übernahme es eines ausdrücklichen Übertragungsaktes durch die zuständige kirchliche Autorität bedarf»[30]. Dadurch wird wieder eine Unterscheidung zwischen dem Kirchenamt im weiten Sinn und im engen Sinn eingeführt. Kirchenamt im weiten Sinn ist «jedweder Dienst, der die Bedingungen des c. 145 § 1 erfüllt, nicht aber zugleich dem Erfordernis des c. 146 unterliegt»[31]. Das Erfordernis der Übertragungsbedürftigkeit grenzt das Kirchenamt gegenüber all jenen Diensten ab, «die Gläubige in blosser Wahrnehmung ihrer Berufung in die aktive Teilhabe an der Sendung der ganzen Kirche (c. 204 § 1, 208) ausüben»[32].

Mit dem zusätzlichen Wesenselement der Übertragungsbedürftigkeit sucht Aymans ein Kriterium zur Abgrenzung des Kirchenamtes von anderen Diensten zu finden. Diese Abgrenzung ist ein Grundproblem des weiten Begriffs des Kirchenamtes nach can. 145 § 1.

---

[27] W. AYMANS, *Kanonisches Recht*, 445.
[28] W. AYMANS, *Kanonisches Recht*, 447.
[29] W. AYMANS, *Kanonisches Recht*, 445.448-449.454. Auf dieser letztgenannten Seite bezeichnet er mit Verweis auf can. 146 die kanonische Amtsverleihung als Konstitutivelement des Begriffs vom Kirchenamt selbst. Auch in der oben zitierten Definition des Kirchenamtes nennt er die Übertragung des Kirchenamtes.
[30] W. AYMANS, *Kanonisches Recht*, 448.
[31] W. AYMANS, *Kanonisches Recht*, 448.
[32] W. AYMANS, *Kanonisches Recht*, 449.

2.1.3 Salvatore Berlingò

a) Er verweist auf den nach can. 145 geltenden weiten Begriff des Kirchenamtes. Kraft can. 145 gilt jeder Dienst (Verkündigungs-, Heiligungs- und Leitungsdienst), der im Hinblick auf ein geistliches Ziel ausgeübt wird und objektiv in seinem verpflichtenden Charakter bestimmt wird, als Kirchenamt:

> Ora, in forza del can. 145, qualsiasi «munus» (docendi, sanctificandi, regendi) rivolto al perseguimento di un fine spirituale, oggettivamente determinato nella sua connotazione di doverosità, concreta un'ipotesi di ufficio[33].

Hier wird der Dienst (*munus*) auf die drei Dienste der Kirche bezogen. Zudem muss es sich dabei um objektiv (rechtlich) festgelegte Verpflichtungen handeln[34].

Was die Amtsverleihung betrifft, unterscheidet Berlingò zwischen den Kirchenämtern im weiten Sinn und den Kirchenämtern im engen und traditionellen Sinn. Für diese gelten die im I. Kapitel über die Amtsübertragung vorgesehenen traditionellen kanonischen Formen (die auch im *CIC* 1917 für die Kirchenämter im engen Sinn bestimmt waren)[35]. Für die Kirchenämter im weiten Sinn seien jedoch auch andere Formen der Amtsübertragung vorzusehen, wie z.B. die Genehmigung (*probatio* oder *approbatio*), die Anerkennung (*recognitio*), die Zustimmung (*consensus*), die Übertragung einer Aufgabe (*commissio*) und das Mandat[36].

b) In einem Artikel über die Laien in der Kirche äussert sich Berlingò auch zum Begriff des Kirchenamtes:

> Quindi anche nell'ordinamento canonico, come in teoria generale, l'ufficio, pur assunto nella sua più lata accezione, presuppone sempre un'articolazione organizzativa preformata della funzione e dunque, per ciò stesso, l'utilizzo della «via» istituzionale-societaria, oltre che della «via» ontologico-sacramentale, della potestas[37].

---

[33] S. BERLINGÒ, *Diritto canonico*, 193.

[34] Vgl. auch S. BERLINGÒ, *Diritto canonico*, 185 (das Kirchenamt als «dovere oggettivamente determinato ed orientato a perseguire i fini propri dell'ordinamento») und 194 («doveri oggettivamente determinati»).

[35] Vgl. dazu die cann. 147-182/*CIC* 1917.

[36] S. BERLINGÒ, *Diritto canonico*, 194-196.

[37] S. BERLINGÒ, «I laici nella chiesa», 211 (Hervorhebung durch den Autor).

Er spricht von Aufgaben, die durch die organisatorische Struktur der Kirchenämter erfüllt werden («la struttura organizzativa degli uffici»), und von solchen, die ausserhalb dieser wahrgenommen werden[38].

Berlingò sieht das Kirchenamt in Zusammenhang mit der Organisation und Struktur der Kirche und der Wahrnehmung ihrer Aufgaben. Das Kirchenamt stellt gleichsam die organisatorische und vorausbestimmte Struktur (Institution) zur Ausübung kirchlicher Aufgaben (*munera*) dar. Damit ist zugleich eine institutionell-gesellschaftliche Ausübung der Kirchengewalt — neben der ontologisch-sakramentalen — gegeben. Das Kirchenamt hat m.a.W. in der Erfüllung und Organisation der kirchlichen Aufgaben eine wichtige Funktion[39].

2.1.4 Eugenio Corecco

In Zusammenhang mit can. 228 § 1 verweist Corecco darauf, dass die Kirchenämter, die den Laien übertragen werden können, Kirchenämter im eigentlichen Sinn sind, nicht mehr und nicht weniger als die den Klerikern vorbehaltenen Kirchenämter (can. 274 § 1). Es sei auch wichtig festzustellen, dass der Begriff des Kirchenamtes (in can. 228 § 1) die Ausübung aller drei Dienste betrifft, die Dienste der Verkündigung, der Heiligung und der Leitung:

> È importante anche osservare che la nozione di «ufficio ecclesiastico» non è legata al «munus regendi», ma estendibile anche per gli altri due «munera», «docendi» e «sanctificandi»[40].

Corecco verweist auf die Bedeutung dieser Feststellung. Denn can. 228 § 1 beschränkt sich nicht allein auf bestimmte Formen der Teilnahme der Laien bei der Ausübung des Leitungsamtes[41]. Das ergibt sich auch aus zwei Quellstellen zu can. 228 § 1, LG 33c und AA 24f[42].

Wie aus Coreccos Feststellung hervorgeht, können Laien u.a. ein Kirchenamt auf dem Gebiet des Verkündigungsdienstes der Kirche ausüben.

---

[38] S. BERLINGÒ, «I laici nella chiesa», 211.213.

[39] S. BERLINGÒ, «I laici nella chiesa», 211-214.

[40] E. CORECCO, «I laici», 307-308 (Hervorhebung durch den Autor). Hier wird nur dieser eine Punkt von Corecco dargelegt.

[41] Dieser eine Aspekt wird v.a. von Berlingò hervorgehoben. S. BERLINGÒ, «I laici nella chiesa», 198.

[42] Vgl. Kap. VII/3.1 und 3.2.

2.1.5 Velasio De Paolis

In der Darlegung des Begriffs des Kirchenamtes, geht De Paolis von der Definition in can. 145 § 1 aus und erläutert deren konstitutive und vorgegebene Elemente: ein Dienst (*incarico, munus*) zu einem geistlichen Ziel, der dauerhaft eingerichtet ist, sei es durch göttliches oder kirchliches Recht.

Nach De Paolis ist das Ziel des Kirchenamtes kirchlich und als solches geistlich, da es sich um ein Amt in der Kirche handelt. Weiterhin verwendet der Gesetzestext den Begriff der dauerhaften Einrichtung (*stabiliter constitutum*) eines Kirchenamtes und nicht den der dauerhaften Übertragung (*stabiliter collatum*), wie er im Konzilstext PO 20 vorliegt. Dieser Unterschied ist von Bedeutung. Da das Wort *collatum* des Konzilstextes auf verschiedene Weise interpretiert worden ist, wollte der *CIC* die Frage durch die Verwendung von *constitutum* lösen. Es handelt sich um eine dauerhafte Einrichtung, die demnach in der Rechtsordnung von Beständigkeit ist. Es genügt eine objektive Beständigkeit (*stabilità*), auch wenn das Amt nur für eine gewisse Zeit übertragen wird. Das Kirchenamt hat zudem seinen Ursprung im göttlichen oder im kirchlichen Recht. Dieses kann universal- wie auch partikularrechtlich sein.

Der Dienst (*incarico*) umfasst daher eine Gesamtheit von Rechten und Pflichten, die objektiv das Kirchenamt bilden. Diese Rechte und Pflichten werden durch die göttliche oder menschliche Norm bestimmt, die das Kirchenamt einrichtet (*istituisce*). Unter den Rechten und Pflichten, die das Kirchenamt bilden, wird nicht mehr auf die Kirchengewalt verwiesen. Das Kirchenamt wird daher von diesem Erfordernis befreit. Deshalb können auch Laien nach can. 228 § 1 Inhaber eines Kirchenamtes sein, es sei denn, es werden Voraussetzungen gefordert, die Laien entbehren (vgl. can. 274 § 1)[43].

2.1.6 Péter Erdö

Erdö befasste sich mit dem Begriff des Kirchenamtes in mehreren Artikeln[44]. Er untersucht die Verwendung der drei Begriffe *munus, officium* und *ministerium* im Kirchenrecht[45]. Dabei unterscheidet er zu-

---

[43] V. DE PAOLIS, «Il libro primo», 453-454.

[44] Vgl. P. ERDÖ, «Quaestiones quaedam»; «Ministerium, munus et officium»; «Quaestiones de officiis ecclesiasticis laicorum»; «Il senso»; «Sacra ministeria»; «Uffici e funzioni pubbliche».

[45] P. ERDÖ, «Sacra ministeria», 855-857; vgl. ID., «Uffici e funzioni pubbliche», 47-65.

nächst zwischen den Tätigkeiten der Gläubigen, die sie aufgrund ihrer eigenen Verantwortung und Autonomie wahrnehmen, und solchen, die sie im Namen der Kirche ausüben. Diese sind die öffentlichen Tätigkeiten der Kirche, die Dienste (*ministeri*) genannt werden können. Hierbei unterscheidet er wiederum zwischen den *ministeri sacri*, die mit der Sendung der geistlichen Amtsträger verbunden sind, und den anderen, den einfachen Diensten oder *ministeri semplici*. Wenn ein Dienst (*ministerium*) im Rahmen eines Rechtsinstituts ausgeübt wird, das einer Person die öffentliche Tätigkeit betreffenden Pflichten und Rechte auferlegt, könne man von einer Aufgabe (*carica*) oder von einem öffentlichen *munus* in einem besonderen Sinn sprechen. Diejenigen öffentlichen Aufgaben (*carica, munus*), die dauerhaft eingerichtet sind und den Kriterien von can. 145 entsprechen, sind Kirchenämter[46]. In dieser Darlegung wird besonders der öffentliche Charakter der durch ein Kirchenamt ausgeübten Tätigkeiten hervorgehoben.

Der Begriff des Kirchenamtes ist nach Erdö ein kanonisches Rechtsinstitut, das die Stellung des Amtsinhabers innerhalb der Kirche bestimmt[47].

Erdö befasste sich mehrfach mit den Kirchenämtern, die Laien übertragen werden. Zu Beginn eines Artikels macht er auf die Implikationen aufmerksam, die der Begriff des Kirchenamtes für die Mitarbeit der Laien in der Kirche mit sich bringt. Er weist zunächst auf den neuen Begriff hin, den der *CIC* aufgrund der Weisung des II. Vatikanischen Konzils mit can. 145 eingeführt hat. Durch diese neue Definition können auch verschiedene Aufgaben (*funzioni*), die Laien ausüben, als Kirchenämter bezeichnet werden. Diese neue Sprachregelung sollte eine neue pastorale Haltung fördern und legislative Lösungen erleichtern, die der theologischen Tatsache der gleichen Würde aller Gläubigen (LG 32b,c) und ihrer Berufung zur aktiven Teilnahme an der Ausübung des dreifachen Amtes Christi (LG 31a) besser entsprechen[48].

In Zusammenhang mit den cann. 129, 150 und 274 § 1 unterscheidet Erdö zwischen Kirchenämtern, die Laien übertragen werden (*uffici laicali, officia ecclesiastica laicorum*), und solchen, die Klerikern übertragen werden (*uffici clericali, officia sacra*)[49]. «Laienämter» sind hierbei

---

[46] P. ERDÖ, «Sacra ministeria», 862-863.
[47] P. ERDÖ, «Quaestiones de officiis ecclesiasticis laicorum», 208 («Officii enim notio institutum canonicum est, et determinat conditionem titularis in sinu Ecclesiae»).
[48] P. ERDÖ, «Sacra ministeria», 855.
[49] P. ERDÖ, «Il senso», 169-172; «Quaestiones de officiis ecclesiasticis laicorum», 182-187.

jene Kirchenämter, zu deren Ausübung die heiligen Weihen nicht erforderlich sind[50].

Ausgehend von can. 145 § 1 besteht nach Erdö die Funktion aller Kirchenämter darin, dass diese dauerhaft eingerichtete Dienste sind, die zu einem geistlichen Ziel auszuüben sind. Das geistliche Ziel ist das Ziel der Kirche, das heisst das Heil der Seelen. Die Ämter sind kirchlich, da durch sie — im Namen der Kirche — die Aufgabe der Kirche im Heilswerk wahrgenommen wird[51]. Hierbei bestehen Kirchenämter, die zur Erfüllung des Heilswerkes der Kirche grundlegend und notwendig sind und deshalb aus der Natur der Sache grösste Dauerhaftigkeit besitzen. Diese Grundämter in der Kirche sind klerikale Ämter (aber nicht alle klerikalen Ämter sind Grundämter). Sie bestehen kraft göttlichen Rechts. Neben diesen bestehen andere klerikale Kirchenämter, die kirchlichen Rechts sind und in denen das Priestertum zum Heil der Seelen ausgeübt wird. Es bestehen jedoch auch andere Kirchenämter — dauerhaft eingerichtete Dienste — zur Ausübung von Aufgaben, die im Namen der Kirche zum Heil der Seelen wahrzunehmen sind[52]. Die Kirchenämter, die Laien übertragen werden können, sind zu diesen letztgenannten zu zählen.

Erdö stellt sich die Frage nach der praktischen Bedeutung des Begriffs des Kirchenamtes in bezug auf die Laien. Nach can. 231 § 2 haben die Laien, die auf Dauer oder auf Zeit für einen besonderen Dienst der Kirche bestellt werden (also auch zu einem Kirchenamt), das Recht auf eine angemessene Vergütung, das auch unter Beachtung des zivilen Rechts gewährleistet werden soll. Die Aufnahme des zivilen Rechts betrifft jedoch nicht nur den Schutz der wirtschaftlichen und sozialen Sicherheit der kirchlichen Mitarbeiter, sondern die grundlegende Rechtsstellung, die der Arbeiter nach dem zivilen Recht innehat. Dies wirkt sich auf das ganze Verhältnis zwischen der Kirche und ihren Laienmitarbeitern sowie auf eine ganze Reihe von Pflichten und Rechten aus. Ein Konflikt zwischen der Kirchenrechtsordnung und dem zivilen Recht lasse sich hierbei oft durch Klauseln und Bedingungen im

---

[50] P. ERDÖ, «Quaestiones de officiis ecclesiasticis laicorum», 187 («Officia igitur laicalia sunt officia non intrinsece hierarchica, id est quae sacrum ordinem non requirunt»).

[51] P. ERDÖ, «Quaestiones de officiis ecclesiasticis laicorum», 192 («Functio enim omnium officiorum est, quod sint munera stabiliter constituta, quae in finem spiritualem exerceantur. Finis autem spiritualis est finis Ecclesiae, id est salus animarum. Officia quidem, de quibus hic agitur, sunt *ecclesiastica*, et hoc significat, quod functionem ipsius Ecclesiae in opere salutis nomine Ecclesiae explicant»).

[52] P. ERDÖ, «Quaestiones de officiis ecclesiasticis laicorum», 193-194.

Arbeitsvertrag vermeiden⁵³. Da nach dem Willen der Kirche zumeist bestimmte Normen des zivilen Rechts zur Anwendung gelangen, lässt sich die kirchenrechtliche Ordnung über die Kirchenämter oft kaum oder nur mit grosser Mühe auf die Laienmitarbeiter anwenden. Eine gewisse Bedeutung komme dem Begriff des Kirchenamtes zu, was die Beziehung der Kirche zu ihren Laienmitarbeitern betrifft, da can. 146 eine kanonische Amtsverleihung fordert. Aber eine Sendung oder ein Mandat von seiten der kirchlichen Autorität sei auch für andere öffentliche Aufgaben in der Kirche, die nicht als Kirchenämter errichtet sind (z.B. cann. 804, 805, 812, 834 § 2), notwendig. Was die anderen Elemente des Kirchenamtes betrifft, scheint dieses Rechtsinstitut von geringerem Gewicht zu sein. Denn innerhalb der Grenzen des zivilen Arbeitsrechts werden die dauerhafte Konstituierung der Aufgabe sowie die Umschreibung und der Schutz der Rechte und Pflichten sei es der Kirche wie auch des Laienmitarbeiters in vielen Nationen wirksamer gewährleistet⁵⁴.

In einem anderen Artikel befasst sich Erdö mit Fragen über die Verleihung eines Kirchenamtes, insbesondere mit dem Begriff der kanonischen Amtsverleihung (*provisio canonica*) im Sinn von can. 146 und mit der Frage, ob diese immer einen Verwaltungsakt für Einzelfälle darstellt⁵⁵.

2.1.7 Heribert Heinemann

Im Handbuch des katholischen Kirchenrechts schreibt Heinemann u.a. über die Laien als Mitarbeiter des Pfarrers. Zu diesen zählen auch die Ministranten:

> Ein Kirchenamt, das zur Wahrnehmung eines geistlichen Zweckes auf Dauer übertragen und unter der zuständigen geistlichen Autorität ausgeübt wird, ist das Amt des Ministranten. Dieser Dienst steht in unmittelbarer Zuordnung zum Gottesdienst der Pfarrei⁵⁶.

Danach können auch Kinder und Jugendliche Inhaber eines Kirchenamtes sein. Dieses wird seinerseits durch das Element der dauerhaften Übertragung und die Zuständigkeit der kirchlichen Autorität näher bestimmt⁵⁷.

---

⁵³ P. ERDÖ, «Quaestiones de officiis ecclesiasticis laicorum», 203-204.
⁵⁴ P. ERDÖ, «Quaestiones de officiis ecclesiasticis laicorum», 206.
⁵⁵ P. ERDÖ, «Quaestiones quaedam», 369.370-375.376-379.
⁵⁶ H. HEINEMANN, «Die Mitarbeiter des Pfarrers», 420.
⁵⁷ Kritisch äussert sich zum Element der Übertragung H. SOCHA, *MK*, 145/2.

Am Beispiel der Ministranten zeigt sich besonders deutlich die Problematik der Abgrenzung des Kirchenamtes von anderen Diensten, die in der Kirche wahrgenommen werden. Üben Ministranten wirklich ein Kirchenamt aus?

2.1.8 Joseph Listl

Er verweist zunächst auf den Begriff des Kirchenamtes im weiteren Sinn nach can. 145 § 1. Als Beispiele zu diesem Begriff nennt er u.a. das Amt des Papstes, des Diözesanbischofs, des Pfarrers und des Kaplans, des Pastoralreferenten, des Organisten, des Küsters, des Vermögensverwalters und des Ministranten[58]. Auch wenn der *CIC* nicht mehr zwischen dem Kirchenamt im engen und im weiten Sinn unterscheidet, ist nach Listl diese Unterscheidung «für das Verständnis des Kirchenamtes unverzichtbar»[59].

Das Kirchenamt im engeren Sinn definiert er so:

> Das Kirchenamt im engeren Sinn ist eine dauernde und von der Person des Amtsinhabers unabhängige Einrichtung (Institution), die neben der Teilhabe an der in der Kirche kraft göttlicher Weisung bestehenden *Leitungsgewalt* (potestas regiminis oder iuridictionis) den Empfang der bischöflichen oder priesterlichen Weihegewalt (potestas ordinis) erfordert. Jeder Amtsträger ist Repräsentant Christi. Das von ihm ausgeübte Kirchenamt besitzt innerhalb der Kirche in erster Linie eine Dienst-, zugleich aber auch eine Ordnungsfunktion[60].

Das Kirchenamt im engeren Sinn ist demnach mit der Teilhabe an der Leitungs- und der Weihegewalt verbunden. Dieser Bezug zwischen der Kirchengewalt und dem Kirchenamt im engen Sinn ist nach Listl zum Verständnis des Amtes in der Kirche unabdingbar.

2.1.9 Pedro Lombardia und J.A. Souto

Bei der Darlegung des Begriffs des Kirchenamtes geht Lombardia von folgender Definition des Kirchenamtes aus:

> Souto ha definito l'ufficio come la legittimazione astratta per l'esercizio di funzioni pubbliche ecclesiastiche, stabilmente costituite dal diritto e individuate in conformità a vari criteri tecnici, la cui titolarità soggettiva spetta alla Chiesa-istituzione[61].

---

[58] J. LISTL, «Das Amt in der Kirche», 594.
[59] J. LISTL, «Das Amt in der Kirche», 594.
[60] J. LISTL, «Das Amt in der Kirche», 594 (Hervorhebung durch den Autor).
[61] P. LOMBARDIA, *Lezioni di diritto canonico*, 157.

Beim Rechtsinstitut des Kirchenamtes geht es in dieser Sichtweise um die Wahrnehmung der öffentlichen kirchlichen Aufgaben, zu deren Ausübung die Kirche als Institution berechtigt und verpflichtet ist. In dieser mit eigenen Worten wiedergegeben Definition kommt die Verbindung zwischen dem Recht der Kirche zur Ausübung ihrer Aufgaben und dem Kirchenamt zum Ausdruck[62].

Ein Problem in bezug auf diese Definition des Kirchenamtes kann sich daraus ergeben, wie der Begriff der öffentlichen kirchlichen Aufgaben verstanden wird. Nach der von Souto wiedergegebenen Definition geht es um die Wahrnehmung der öffentlichen kirchlichen Funktionen. Lombardia bezieht «die öffentlichen Funktionen» auf die drei Dienste der Kirche, also auf die Dienste der Heiligung, der Verkündigung und der Leitung, die in der kirchlichen Gesellschaft als öffentliche Dienste institutionalisiert würden[63]. Die Qualifizierung als öffentlich würde Dienste oder Funktionen der Kirche, die nicht als öffentlich angesehen werden, von der Definition des Kirchenamtes nach Souto ausschliessen. Can. 145 § 1 (wie auch PO 20) spricht hingegen von *jedem Dienst*, der zu einem geistlichen Zweck auszuüben ist.

2.1.10 Georg May

Nicht glücklich über die Definition des Kirchenamtes nach can. 145 § 1 ist May im Artikel über das Kirchenamt des Handbuchs des katholischen Kirchenrechts:

> Diese Definition ist unglücklich und praktisch unverwendbar. Denn sie ist inhaltsarm, lässt den wesentlichen Unterschied zwischen Ämtern, die eine Teilhabe an der Hirten- oder Weihegewalt vermitteln, und anderen, bei denen dies nicht der Fall ist, nicht erkennen und versagt vor der Aufgabe, zu bezeichnen, ob ein Amt mit einem Geweihten besetzt werden muss oder nicht (vgl. c. 228 § 1)[64].

2.1.11 Hubert Socha

Im Münsterischen Kommentar spricht Socha davon, dass der *CIC* von einem veränderten Kirchenamtsverständnis ausgeht. Das Gesetzbuch kennt nur noch einen einheitlichen Begriff des Kirchenamtes, der auf Kleriker und Laien anwendbar ist und nicht in einen engeren und

---

[62] Dieses ihr Recht, wie z.B. das Recht zur Verkündigung (vgl. can. 747 § 1), ist eine Rechtsgrundlage für die Institution des Kirchenamtes. Dieses stellt in vorzüglicher Weise dar, wie die Kirche die ihr vom Herrn aufgetragenen Dienste wahrnimmt.

[63] P. LOMBARDIA, *Lezioni di diritto canonico*, 126-127.157.

[64] G.MAY, «Das Kirchenamt», 142.

weiteren unterschieden werden darf[65]. Zu den wesentlichen Elementen nach can. 145 nennt er die dauerhafte Einrichtung und die geistliche Zielsetzung[66]. Zur Einrichtung eines Amtes schreibt er folgendes:

> Zur Bildung von Ämtern im kirchenrechtlichen Sinne kommt es, wenn zur Ermöglichung des gemeinsamen Glaubensweges der Christen bestimmte Dienste erfahrungsgemäss immer wieder zu erfüllen sind. Indem die für die Wahrnehmung solcher Aufgaben erforderlichen Voraussetzungen und Befugnisse in der kirchlichen Rechtsordnung auf Dauer festgelegt werden, erfolgt die *Einrichtung* (*constitutio*) eines Amtes als Institution[67].

Das entscheidende Kennzeichen für das Kirchenamt ist für ihn die vom Wechsel der Personen unabhängige objektive Beständigkeit des Amtes, die diesem durch die dauerhafte rechtliche Fixierung seines Inhaltes verliehen wird[68]. Die subjektive Beständigkeit bzw. die ständige Übertragung gehört für ihn hingegen nicht zum Wesen des Amtes[69].

In einem weiteren Abschnitt geht er auf die durch göttliche Anordnung eingerichteten Kirchenämter ein[70].

Das zweite Wesenselement des Kirchenamtes ist nach Hubert Socha die geistliche Zielsetzung. Hierbei geht es um «alle Zwecke, deren Erreichung wenigstens mittelbar der Verwirklichung der Sendung dient, die der Kirche von Gott aufgetragen ist»[71]. In diesem Zusammenhang schreibt er auch folgendes:

> Wem ein Kirchenamt übertragen wurde, der übt in dem rechtlich festgelegten Aufgabenbereich, das eine gemeinsame Apostolat nicht mehr nur aufgrund der christlichen Initiation in eigener Verantwortung, sondern *im Namen der Kirche* und als deren besonderes Organ aus[72].

Socha verweist zudem darauf, dass das Erfordernis der kanonischen Amtsübertragung in der Begriffsbestimmung des Kirchenamtes im engen Sinn nach dem *CIC* von 1917 (can. 145 § 1/*CIC* 1917) deutlich zum Ausdruck kam. Hingegen sei davon in der nun geltenden Definition des Kirchenamtes nach can. 145 § 1 nicht mehr die Rede, wohl

---

[65] H. Socha, *MK*, Einführung vor 145/2.
[66] H. Socha, *MK*, 145/1.
[67] H. Socha, *MK*, 145/1 (Hervorhebung durch den Autor).
[68] H. Socha, *MK*, 145/1.
[69] H. Socha, *MK*, 145/1-2.
[70] H. Socha, *MK*, 145/2.
[71] H. Socha, *MK*, 145/4.
[72] H. Socha, *MK*, 145/4 (Hervorhebung durch den Autor).

aber nebenbei in § 2 («quo constituitur simul et confertur») und vor allem in can. 146[73].

2.1.12 Francisco Javier Urrutia

Die vier Wesenselemente des Begriffs des Kirchenamtes beschreibt er auf folgende Weise: 1) Eine Aufgabe (*incarico*), d.h. eine oder mehrere verpflichtende Funktionen, mit entsprechenden Rechten (vgl. can. 145 § 2). 2) Die objektive Beständigkeit: die Pflichten und Rechte sind als dauerhaft anzusehen, ausser sie werden von der Autorität geändert oder aufgehoben. Eine Person erhält eine Aufgabe (*incarico*), die schon «zuvor besteht», oder sie verliert sie, wobei das Amt «bleibt», um von jemand anderem besetzt zu werden. 3) Die göttliche oder kirchliche Anordnung (*disposizione*): sei es die göttliche Autorität, die das Amt mit seinen Pflichten und Rechten bestimmt hat, sei es die kirchliche Autorität, die ein Amt einrichtet. Auf keinen Fall ist jedoch die weltliche Autorität zuständig, Kirchenämter einzurichten. In gleicher Weise wird auch die Privatinitiative der Gläubigen ausgeschlossen. 4) Das geistliche Ziel, das auf die Sendung der Kirche zurückgeht[74].

Im Anschluss an diese Beschreibung macht er auf eine grundlegende Schwierigkeit aufmerksam:

> La definizione quadra perfettamente col matrimonio cristiano, ma nessuno penserà ad applicarvi i cc. susseguenti, sia sulla provvisione canonica, sia sulla perdita dell'ufficio! Lo stesso si può dire di tanti altri «uffici», come i padrini del battesimo, il catechista, il sagrestano, l'operatore del telefono in una casa religiosa, l'organista, l'infermiere in un ospedale cattolico, ecc. Ciò vuole dire che manca qualche cosa nella definizione. Una semplice aggiunta «al servizio della comunità ecclesiale», non basterebbe, dato che non si può negare che il matrimonio, sacramento, è anche per il bene della comunità ecclesiale (cf. c. 226 § 1), come lo sono gli «uffici» sopra ricordati, i quali (come lo stesso matrimonio! — cf. Familiaris consortio, nn. 39,3.5; 52, tit. et 2 ecc.) possono addirittura considerarsi ministeri laicali! Qualcuno dei Padri conciliari aveva forse intuito questa difficoltà quando voleva che si aggiungesse alla definizione «munus stabiliter collatum ad modum ministerii exercendi ad serviendum Populo Dei»? (Acta Synodalia Sacrosancti Concilii Oecumenici Vaticani Secundi, vol. IV, Periodus Quarta, pars 6a, Typis Polyglottis Vaticanis 1978, p. 403 [66]). Quando si tratta degli uffici costituiti dall'autorità ecclesiale la difficoltà si scioglie perché sia il diritto comune, sia il decreto dell'autorità determinano quali incarichi sono da ritenersi uffici (§2). Questa stessa ulteriore determina-

---

[73] H. SOCHA, *MK*, 145/4.
[74] F.J. URRUTIA, «Il libro I», 166-167.

zione dell'autorità canonica potrebbe essere necessaria quando «l'ordinazione» divina rimanga indeterminata (matrimonio)[75]?

Die Definition des Kirchenamtes könne also auch für die christliche Ehe gelten. Aber niemand denke daran, die Bestimmungen über die Verleihung und den Verlust eines Amtes auf die Ehe anzuwenden. Das gleiche gelte für andere «Ämter», wie das des Taufpaten, des Katechisten, des Sakristans, des Pförtners in einem Ordenshaus, des Organisten, des Krankenpflegers in einem katholischen Spital usw. Das bedeute, dass in der Definition des Kirchenamtes etwas fehle. Ein Kriterium wie z.B. «zum Dienst an der kirchlichen Gemeinschaft» würde auch nicht genügen, da auch die genannten Beispiele diese Ausrichtung haben. Eine während der Redaktion des Textes vorgeschlagene Formulierung hat vielleicht diese Schwierigkeit geahnt. Nach Urrutia löst sich dieses Problem der Abgrenzung bei den Kirchenämtern, die durch kirchliche Anordnung eingerichtet werden, da sowohl das allgemeine Recht wie auch das Dekret der Autorität bestimmen würden, welche Aufgaben (*incarichi*) als Kirchenämter anzusehen sind. Diese letzte Bestimmung (*ulteriore determinazione*) durch die kirchliche Autorität könnte auch notwendig sein, wenn die göttliche Anordnung unbestimmt bleibt.

In einem weiteren Abschnitt weist er darauf hin, dass auch Laien nach can. 228 § 1, in Übereinstimmung mit LG 33c und 37c Inhaber eines Kirchenamtes sein können[76].

Nach Urrutia sind bestimmte «Ämter», wie z.B. das des Organisten, keine Kirchenämter. Er macht auf die Notwendigkeit eines weiteren Kriteriums aufmerksam, um bestimmen zu können, ob ein Kirchenamt vorliegt oder nicht. Seiner Meinung nach kann dies für die Kirchenämter, die durch kirchliche Anordnung eingerichtet werden, aus den für diese geltenden Bestimmungen (vgl. can. 145 § 2) entnommen werden.

2.1.13 Ergebnisse

Diese Auswahl von Stellungnahmen aus der Kirchenrechtslehre macht auf verschiedene Aspekte aufmerksam. Bei der Darlegung des Begriffs des Kirchenamtes werden in der Regel die Wesenselemente nach can. 145 § 1 aufgezählt und erläutert. Teilweise werden noch andere Wesenselemente hinzugefügt. Die Schwierigkeit der Abgrenzung von anderen Diensten und Aufgaben in der Kirche, die kein

---

[75] F.J. URRUTIA, «Il libro I», 167 Fn. 47 (Hervorhebung durch den Autor).
[76] F.J. URRUTIA, «Il libro I», 167 und 167 Fn. 48.

Kirchenamt darstellen, kommt nicht selten zum Vorschein. Je nach der wissenschaftlichen Ausrichtung und dem Bild der Kirche werden verschiedene Akzente gesetzt.

Die Texte machen auf eine ganze Reihe von Bezügen aufmerksam: zwischen den einzelnen Wesenselementen des Kirchenamtes selbst; zwischen der Einrichtung eines Amtes und seiner Übertragung; zwischen dem Amt und der Kirchengewalt; zwischen dem Amt und den damit verbundenen Pflichten und Rechten; zwischen dem Amt und seinen Inhabern.

Die zitierten Autoren befassen sich u.a. mit folgenden Schwerpunkten:

a) *Der Begriff des Kirchenamtes*: die Erneuerung des Begriffs des Kirchenamtes durch das II. Vatikanische Konzil (De Paolis, Erdö, May, Socha u.a.); *officium* als Begriff und damit zusammenhängende Begriffe (Erdö); der einheitliche Begriff des Kirchenamtes (Socha); seine weite Fassung und seine Wesenselemente (De Paolis, Socha, Urrutia u.a.); das Kirchenamt im weiten und im engen Sinn (Aymans, Berlingò, Listl).

b) *Das Kirchenamt als Dienst (munus)*: die Ausübung der Dienste der Verkündigung, der Heiligung und der Leitung durch ein Kirchenamt (Berlingò, Corecco); das Kirchenamt als öffentlicher dauerhaft eingerichteter Dienst zur Erfüllung des Heilswerkes der Kirche (Erdö); die kirchliche Organisation und die Wahrnehmung öffentlicher kirchlicher Dienste (Arrieta; Berlingò; Lombardia; Souto); der Verpflichtungscharakter des Dienstes (Berlingò); der Dienst wird im Namen der Kirche ausgeübt (Socha).

c) *Die Rechtsgrundlagen*: die Rechtsgrundlagen und die objektive Beständigkeit des Amtes (Arrieta, De Paolis, Socha, Urrutia u.a.); die mit einem Amt verbundenen Pflichten und Rechte (De Paolis, Urrutia); der Rechtsanspruch der Kirche zur Ausübung der mit dem Amt verbundenen Aufgaben (Lombardia, Souto); die Berechtigung zur Ausübung eines Amtes (Arrieta, Lombardia, Souto).

d) *Die Einrichtung und Übertragung eines Amtes*: die Einrichtung und Übertragung eines Kirchenamtes (De Paolis, Socha); die Übertragungsbedürftigkeit nach can. 146 als Konstitutivelement des Begriffs des Kirchenamtes (Aymans); das Erfordernis der kanonischen Amtsverleihung als integratives Element des Begriffs des Kirchenamtes (Arrieta); die verschiedenen Formen der Amtsübertragung (Berlingò, Erdö).

e) *Das Ziel*: das kirchliche Ziel des Amtes (De Paolis, Erdö, Socha, Urrutia); die geistliche Zielsetzung der Dienste, die zur Sendung der Kirche gehören (Aymans); das Heil der Seelen (Erdö).

f) *Die Inhaber*: der umfangreiche Anwendungsbereich des weiten Begriffs des Kirchenamtes (Berlingò, Heinemann, Listl, Urrutia); die Laien als Inhaber eines Kirchenamtes (Corecco, De Paolis, Erdö).

g) *Die Schwierigkeit der Abgrenzung*: die kanonische Amtsverleihung als Erfordernis und das Kirchenamt im engen Sinn (Aymans); die Schwierigkeit der Abgrenzung des Begriffs nach can. 145 § 1 (Urrutia), die Rechtsordnung und die Bestimmung eines Kirchenamtes als solches (Urrutia).

h) *Das Amt und die Kirchengewalt*: das nicht mehr bestehende Erfordernis der Kirchengewalt (De Paolis); das Kirchenamt und die Teilnahme an der Weihegewalt und der Leitungsgewalt (Listl, May).

2.2 Der katholische Religionsunterricht

Die cann. 761, 804 und 805 über den katholischen Religionsunterricht befinden sich im III. Buch *CIC* über den Verkündigungsdienst der Kirche[77]. Wie wird dieser Unterricht in der Kirchenrechtslehre charakterisiert?

2.2.1 Davide Cito

In seinem Kommentar zu can. 804 verweist Cito u.a. auf die ausschliessliche Kompetenz der Kirche in bezug auf den katholischen Religionsunterricht und die katholische religiöse Erziehung, die in den Schulen oder in den verschiedenen sozialen Kommunikationsmitteln erteilt werden[78]. Diese ihre Zuständigkeit gründet in der ihr anvertrauten Sendung (*misión*), «allen Menschen den Heilsweg zu verkünden, den Gläubigen das Leben Christi mitzuteilen und ihnen mit unablässiger Sorge zu helfen, dass sie zur Fülle dieses Lebens gelangen können» (GE 3; vgl. can. 794 § 1)[79].

---

[77] Nach can. 804 geht es um den Religionsunterricht an allen Schulen — an katholischen sowie an nichtkatholischen. Einzelne der folgenden Äusserungen betreffen besonders den Religionsunterricht an den staatlichen Schulen im jeweiligen Land.
[78] D. CITO, «can. 804», 249 («Se reafirma el principio de la competencia exclusiva de la Iglesia respecto a la instucción y educación religiosa católica tanto en las escuelas como en los diversos medios de comunicación social»).
[79] D. CITO, «can. 804», 249.

Das Prinzip der kirchlichen Zuständigkeit hat zwei verschiedene Aspekte. Im Verhältnis zur politischen Gesellschaft geht es um die freie Ausübung der geistlichen Sendung, die Christus der Kirche anvertraut hat. Im innerkirchlichen Bereich verweist das Prinzip auf die Weitergabe des Wortes Gottes *in der Kirche* und auf die Aufgabe der Hirten der Kirche zur treuen Verkündigung des Wortes[80].

Im Kommentar zu can. 805 nimmt Cito dieses Prinzip wieder auf. Die Bestimmung in can. 805 ist seiner Meinung nach eine Folge von can. 804 § 1. Da der katholische Religionsunterricht der kirchlichen Autorität untersteht, hat diese Rechte — gegenüber jeder menschlichen Autorität, als wesentlicher Teil ihrer Religionsfreiheit —, die ihr bei der Ernennung der Religionslehrer zustehen («el derecho de intervenir en el nombramiento») sowie das Recht, gegebenenfalls ihre Abberufung zu fordern[81]. Aufgrund der Zuständigkeit der Kirche *ratione materiae* in bezug auf den katholischen Religionsunterricht, hat sie dieses Recht nicht nur an den katholischen Schulen, sondern auch an den nichtkatholischen, den öffentlichen sowie den privaten. Andernfalls werde die Freiheit der Kirche eingeschränkt. Die Kirche hat das Recht, ihre eigene Identität zu schützen[82].

In Zusammenhang mit der Frage, ob der Religionsunterricht ein Kirchenamt ist, befasst sich Cito weiter mit dem Charakter des Religionsunterrichts. Dies wird unter 2.3 wiedergegeben.

2.2.2 Giuseppe Dalla Torre

Beim katholischen Religionsunterricht an den öffentlichen Schulen handelt es sich um eine sogenannte *res mixta*, d.h. um eine Angelegenheit, die sowohl in die kirchliche wie auch in die staatliche Kompetenz fällt und dementsprechend durch kirchliche und staatliche Normen bzw. durch staatskirchenrechtliche Bestimmungen geregelt wird[83]. Der *CIC* enthält auf kirchlicher Seite die Grundnormen für diese Materie[84].

---

[80] D. CITO, «can. 804», 249-250. Zum zweiten Aspekt schreibt er: «En su dimensión intraeclesial, este principio es una expresión de la constitución divina del Pueblo de Dios: por un lado, confirma que no puede haber transmisión de la Palabra de Dios que no sea *in Ecclesia*, y por otro afirma la función de los Pastores al servicio de la fiel difusión de esa Palabra.»
[81] D. CITO, «can. 805», 255.
[82] D. CITO, «can. 805», 255.
[83] G. DALLA TORRE, *La questione scolastica*, 34-35.
[84] G. DALLA TORRE, *La questione scolastica*, 35.

Er betont mehrfach, dass der katholische Religionsunterricht eine Aufgabe darstellt, die mit dem kirchlichen Lehramt verbunden ist[85]. Als solche ist sie mit dem Verkündigungsdienst der Kirche verbunden, der, zusammen mit dem Heiligungs- und Leitungsdienst, zur Sendung der Kirche gehört[86].

Die wenigen Normen des *CIC* über den katholischen Religionsunterricht sind auf dem Hintergrund der grundlegenden einleitenden Bestimmungen zum III. Buch *CIC* über den Verkündigungsdienst der Kirche zu sehen, insbesondere auf dem Hintergrund von can. 747[87]. Der Religionsunterricht steht jedoch nicht nur mit dem grundlegenden Recht der Kirche zur Verkündigung (vgl. can. 747) und ihrer diesbezüglichen Freiheit in Verbindung, sondern auch mit den Grundrechten der Gläubigen, durch die die Religionsfreiheit zum Ausdruck kommt. Es geht insbesondere um das Recht auf religiöse Bildung (cann. 213, 217) und um die Pflicht und das Recht der Eltern, ihre Kinder christlich zu erziehen (can. 226; vgl. cann. 774 § 2, 793, 798)[88]. Es geht letztlich um die Menschenrechte, die in der gegenwärtigen Zeit immer mehr zu den ersten und unabdingbaren Prinzipien einer Rechtsordnung geworden sind und auch zunehmend die Beziehungen zwischen verschiedenen Rechtsordnungen bestimmen[89].

Dalla Torre erläutert sodann ausführlich die cann. 804 und 805. Das Recht des Diözesanbischofs (des Ortsordinarius), die Religionslehrer zu ernennen oder zu bestätigen (vgl. can. 805) sieht er darin begründet, dass der Religionsunterricht auf den Verkündigungsdienst der Hierarchie bezogen ist[90]. Die Religionslehrer üben spezifische Aufgaben im Namen und im Auftrag der Kirche aus[91].

Gilt der Religionsunterricht als Kirchenamt, so bedeutet dies auch, dass er als ein öffentlicher kirchlicher Dienst zu charakterisieren ist, zu dem die Kirche als Institution berechtigt und verpflichtet ist[92].

---

[85] G. DALLA TORRE, *La questione scolastica*, 35.39.43.45. So schreibt er z.B. auf S. 35: «Occorre rilevare in proposito che l'insegnamento della religione cattolica nelle scuole viene a realizzare una funzione connessa con il magistero ecclesiastico».
[86] G. DALLA TORRE, *La questione scolastica*, 35.
[87] G. DALLA TORRE, *La questione scolastica*, 36.
[88] G. DALLA TORRE, *La questione scolastica*, 37.
[89] G. DALLA TORRE, *La questione scolastica*, 37.
[90] G. DALLA TORRE, *La questione scolastica*, 43.
[91] G. DALLA TORRE, *La questione scolastica*, 45 («specifiche funzioni in nome e per conto della Chiesa»).
[92] G. DALLA TORRE, *La questione scolastica*, 45-46.

2.2.3 Carlos J. Errázuriz M.

In seinem Werk über den Verkündigungsdienst der Kirche und die Rechte und Pflichten der Gläubigen äussert sich Errázuriz mehrfach zum katholischen Religionsunterricht. Zu can. 805 schreibt er:

> Questo canone formalizza un intervento di controllo da parte dell'autorità ecclesiastica, ma non lascia troppo spazio ad un'interpretazione che veda l'insegnamento della religione quale funzione propria della Gerarchia, di cui essa renderebbe partecipi i rispettivi docenti[93].

Errázuriz sieht den Religionsunterricht weniger als eine der Hierarchie eigene Aufgabe, an der sie die Religionslehrer teilhaben lassen würde.

In einem Abschnitt über das Verhältnis der Verkündigungstätigkeit der Gläubigen mit der institutionellen Kirche[94] befasst sich Errázuriz u.a. mit der Qualifizierung des Religionsunterrichts.

Als Getaufte und Gefirmte sind die Gläubigen dazu berechtigt, das Wort zu verkünden, ohne dass sie dazu eines Auftrags, einer Erlaubnis oder einer anderen Form der «Beauftragung» durch die kirchliche Autorität bedürfen. Es gibt zwar Fälle, in denen sich eine solche «Beauftragung» auf apostolische Tätigkeiten bezieht, die den Gläubigen eigen sind. Sie ist jedoch als *condicio sine qua non* zum Schutz des Allgemeinwohls gefordert. Dies trifft z.B. für den katholischen Religionsunterricht zu (can. 805)[95].

Errázuriz sieht also den Religionsunterricht als eine den Gläubigen *eigene* apostolische Tätigkeit, für deren Ausübung das Kirchenrecht zum Schutz des Allgemeinwohls die «Beauftragung» des Religionslehrers (can. 805) fordert.

Im gleichen Abschnitt spricht er von den nicht öffentlichen Lehraufgaben («funzioni non ufficiali d'insegnamento»), zu deren Ausübung die Gläubigen berechtigt sind, wenn die dazu vom Kirchenrecht gestellten Bedingungen erfüllt sind. So haben die Gläubigen z.B. ein Recht, als Religionslehrer in einer Schule anerkannt zu werden, wenn sie die Voraussetzungen in bezug auf die Rechtgläubigkeit und

---

[93] C.J. ERRÁZURIZ M., *Il «munus docendi Ecclesiae»*, 227 Fn. 104.

[94] C.J. ERRÁZURIZ M., *Il «munus docendi Ecclesiae»*, 191 («Il rapporto con la chiesa istituzionale dell'attività di diffusione della parola svolta dai fedeli in quanto tali»).

[95] C.J. ERRÁZURIZ M., *Il «munus docendi Ecclesiae»*, 191.192 («È vero che ci possono essere casi in cui l'intervento gerarchico si riferisca ad attività apostoliche proprie dei fedeli, per il cui lecito svolgimento sia richiesto dalla legge canonica una simile condicio sine qua non posta a tutela del bene comune») und 192 Fn. 26.

das Zeugnis christlichen Lebens erfüllen[96]. Demnach ist der Religionsunterricht eine nicht öffentliche Lehrtätigkeit der Gläubigen, zu deren Ausübung sie grundsätzlich ein Recht haben.

Am Ende des Werkes kommt er noch einmal auf diese Qualifizierung des Religionsunterrichts zu sprechen:

> La formazione dottrinal-religiosa impartita nelle scuola ed università, sia nell'insegnamento della religione che in quello delle discipline teologiche, non é un insegnamento che di per sé sia collegato con il *munus docendi* gerarchico. Esiste tuttavia un nesso giuridicamente formalizzato nell'attualità attraverso la normativa dei cann. 805 e 812 sui docenti, e 827 sui libri di testi di qualunque livello. Rinvio a quanto ho esposto prima circa la natura di questo insegnamento, in cui si esercita, tra l'altro, il diritto fondamentale del fedele a trasmettere la sua conoscenza scientifica sulla propria fede. Trattandosi di iniziative educative dipendenti dalla Chiesa istituzionale, questa docenza dipenderà anche — come l'intero compito educativo — dall'autorità ecclesiastica, che allora si rende prioritariamente responsabile di tutto il progetto educativo e della sua realizzazione. Ma penso che nemmeno in quel caso si muta la natura non gerarchica di questo insegnamento. Conviene riadire però che, data la natura di questo insegnamento, la Chiesa istituzionale è sempre competente per emanare norme al riguardo — ovviamente nel rispetto dei diritti dei fedeli interessati —, nell'esercizio del suo munus regendi per il bene comune ecclesiale[97].

Der Religionsunterricht kann demnach nicht als eine Lehrtätigkeit gesehen werden, die an sich mit dem hierarchischen Dienst der Verkündigung (*munus docendi*) verbunden ist. Dennoch besteht tatsächlich eine Verbindung, die rechtlich durch die Bestimmung von can. 805 zum Ausdruck kommt. Durch das Erteilen des Unterrichts wird u.a. das grundlegende Recht des Gläubigen wahrgenommen, seine wissenschaftliche Kenntnis über seinen Glauben zu vermitteln. Da es sich um Initiativen im Bildungsbereich handelt, die von der institutionellen Kirche abhängen, ist diese Lehrtätigkeit auch von der kirchlichen Autorität abhängig, die für das ganze Bildungsprojekt und seine Verwirklichung an erster Stelle die Verantwortung übernimmt. Dennoch handelt es sich um eine nicht-hierarchische Lehrtätigkeit. Aufgrund der Natur dieser Lehrtätigkeit ist die institutionelle Kirche jedoch immer zuständig, diesbezügliche Normen in Ausübung ihrer Leitungstätigkeit zum Allgemeinwohl der Kirche zu erlassen.

---

[96] C.J. ERRÁZURIZ M., *Il «munus docendi Ecclesiae»*, 202.
[97] C.J. ERRÁZURIZ M., *Il «munus docendi Ecclesiae»*, 267-268 (Hervorhebung durch den Autor).

In den Ausführungen von Errázuriz werden vor allem zwei Seiten hervorgehoben. Einerseits kommen die Aufgaben der institutionellen Kirche bzw. der kirchlichen Autorität auf dem Gebiet der Verkündigung und besonders in bezug auf den Religionsunterricht zum Ausdruck. Die Kompetenzen der kirchlichen Autorität sind hierbei nicht gering. Andererseits wird der Religionsunterricht selbst als eine nicht-öffentliche, nicht-hierarchische Lehrtätigkeit der Gläubigen qualifiziert, zu der sie grundsätzlich als Getaufte und Gefirmte ein Recht haben. Auch wenn dazu vom Recht geforderte Bedingungen erfüllt sein müssen, so handelt es sich nach Errázuriz doch um eine den Gläubigen zukommende apostolische Tätigkeit.

Wenn nun der Religionsunterricht von Errázuriz als eine nicht-öffentliche, nicht-hierarchische Lehrtätigkeit qualifiziert wird, so handelt es sich dabei um eine grundsätzliche Frage: wie ist der Dienst des Religionsunterrichts innerhalb des Verkündigungsdienstes der Kirche zu qualifizieren?

2.2.4 Giorgio Feliciani

Feliciani betont mehrfach, dass der Religionsunterricht an den öffentlichen Schulen (in Italien) eine eigentliche kirchliche Aufgabe ist, die ihre eigenen Charakteristiken hat[98]. Er verweist zunächst auf diesbezügliche Aussagen des Lehramtes, die eindeutig und klar sind. So qualifiziert Johannes Paul II. den katholischen Religionsunterricht an den staatlichen Schulen als eine religiöse Unterweisung, «die von der Kirche abhängt, jedoch je nach Ländern von der Schule oder im Rahmen der Schule oder auch aufgrund einer Abmachung mit den staatlichen Autoritäten über den Stundenplan angeboten werden kann»[99]. Der Religionsunterricht ist eine verantwortungsvolle Aufgabe, die die Kirche den Religionslehrern anvertraut[100].

Ein Argument für den kirchlichen Charakter des Religionsunterrichts besteht nach Feliciani darin, dass die Zuständigkeit der kirchlichen Autorität für den katholischen Religionsunterricht, wie sie in den cann. 804 und 805 zugrunde gelegt ist, keine Rechtfertigung hätte, wenn es

---

[98] G. FELICIANI, «L'insegnamento della religione cattolica», 22 («l'insegnamento della religione cattolica nelle scuole pubbliche come vera e propria attività ecclesiale»), 24-25.29 («L'insegnante di religione come titolare di un "munus" ecclesiale»).
[99] CT 69.
[100] JOHANNES PAUL II., Ansprache vom 5. März 1981, Punkt 4 (un «grave compito [...] affidato dalla Chiesa» agli insegnanti).

sich beim Religionsunterricht ausschliesslich um eine zivile Angelegenheit handeln würde[101].

Nach der Auffassung von Feliciani ist der katholische Religionsunterricht als kirchliche Tätigkeit nicht als Kirchenamt zu qualifizieren, sondern als eine der Aufgaben (*munera*) mit einem geistlichen Ziel, so wie sie in can. 228 neben den Kirchenämtern vorgesehen sind[102].

Die Prüfung der kirchenrechtlichen Gesetzgebung, sei es der universal- wie auch der partikularrechtlichen, lasse es nicht zu, dass die Beziehung zwischen der kirchlichen Autorität und dem Religionslehrer allein darin besteht, dass diese ausschliesslich seine Eignung anerkennt. Da der katholische Religionsunterricht an den staatlichen Schulen (in Italien) eine eigentliche kirchliche Aufgabe darstellt, sind die Religionslehrer bei der Wahrnehmung ihrer Aufgabe an die dafür geltenden Bestimmungen des Kirchenrechts gebunden[103].

In den Schlussbemerkungen hält es Feliciani für wünschenswert zu klären, ob die Religionslehrer Inhaber eines eigentlichen Mandates seitens der kirchlichen Hierarchie sind[104].

2.2.5 Christoph Link

In bezug auf die Situation in Deutschland schreibt Link, dass die Religionslehrer neben der staatlichen auch einer kirchlichen Bevollmächtigung bedürfen. Diese wird auf katholischer Seite durch die Missio canonica gegeben. Die Missio canonica erteilt der Diözesanbischof nach can. 805 auf Antrag im Rahmen der Lehrbefähigung[105]. Sie ist notwendig, weil «die Erteilung des Religionsunterrichts — auch — Teilhabe an der lehramtlichen Verkündigung der Kirche ist»[106].

---

[101] Vgl. G. FELICIANI, «L'insegnamento della religione cattolica», 23.
[102] G. FELICIANI, «L'insegnamento della religione cattolica», 24-25.
[103] So erinnert der Autor insbesondere an die cann. 229, 231, 795, 796 § 2. Als Gläubige haben sie vor allem auch alle Pflichten und Rechte, die nach den cann. 208-223 allen Gläubigen zu eigen sind. Der Autor verweist hierbei besonders auf can. 209. G. FELICIANI, «L'insegnamento della religione cattolica», 29-31.
[104] G. FELICIANI, «L'insegnamento della religione cattolica», 33.
[105] C. LINK, «Religionsunterricht», 491.
[106] C. LINK, «Religionsunterricht», 492.

2.2.6 Joseph Listl

Nach Listl stellt der Religionsunterricht gemäss den Bestimmungen des *CIC*[107] «eine Form der Glaubensverkündigung» dar. Deshalb ist der schulische Religionsunterricht «in Übereinstimmung mit der Glaubenslehre der Kirche und in deren Auftrag» zu erteilen[108]. Die kirchliche Lehrbeauftragung (*missio canonica*) ist notwendig (auch für den Unterricht an staatlichen Schulen), weil «die Erteilung des Religionsunterrichts nicht eine private Veranstaltung des Religionslehrers ist, sondern Teilhabe an der amtlichen Verkündigung der christlichen Lehre, die im Namen und im Auftrag der Kirche erfolgt»[109].

2.2.7 Heinrich Mussinghoff

Er weist darauf hin, dass der *CIC* den Begriff des katholischen Religionsunterrichts voraussetzt und nicht definiert. Aus dem Kontext ginge jedoch klar hervor, dass es sich um einen Unterricht mit einem eindeutig konfessionellen Charakter handle[110].

Der Anspruch und die Verpflichtung der Kirche, katholischen Religionsunterricht zu erteilen, gründen in der göttlichen Sendung der Kirche, allen Menschen das Evangelium zu verkünden (can. 747 § 1) und dem Grundrecht der Gläubigen auf christliche Erziehung und Unterweisung (cann. 217, 229 § 1)[111]. An anderer Stelle schreibt er:

> Die Gläubigen haben ein Recht auf christliche Erziehung und Unterweisung in der christlichen Lehre (217; 229 § 1), die herkömmlich auch im Religionsunterricht vermittelt werden, um dessen Ermöglichung die Kirche deshalb besorgt sein muss[112].

Nach can. 805 hat der Ortsordinarius das Recht, die Religionslehrer zu ernennen oder zu approbieren. Zur Ausübung dieses Rechts stünde die Rechtsfigur der *missio canonica* (kanonische Sendung) zur Verfügung:

> Die Missio ist die Teilhabe an dem *munus docendi*, das den Bischöfen als Nachfolgern der Apostel kraft Weihe zukommt.
> Während Kleriker kraft Weihe die Befugnis zur amtlichen Lehre haben und nur der Einweisung in einen konkreten Dienst bedürfen, bedarf der

---

[107] Nach den cann. 761, 804 und 805.
[108] J. LISTL, «Der Religionsunterricht», 592.
[109] J. LISTL, «Der Religionsunterricht», 604.
[110] H. MUSSINGHOFF, *MK*, vor 804/1 und 804/1.
[111] H. MUSSINGHOFF, *MK*, 804/1.
[112] H. MUSSINGHOFF, *MK*, vor 804/3.

Laie einer amtlichen Beauftragung zur Lehrverkündigung durch die Kirche. Der Religionslehrer lehrt nicht in eigenem Namen und aufgrund persönlicher Autorität und eigenen Glaubenszeugnisses, sondern als amtlicher Zeuge des Glaubens im Namen Christi und der Kirche[113].

Der *CIC* fordere die kirchliche Beauftragung für die amtliche und öffentliche Lehre des Glaubens in der Schule, ohne jedoch den Begriff der *missio canonica* zu gebrauchen, weil die staatskirchenrechtlichen Verhältnisse in den verschiedenen Staaten unterschiedlich sind[114].

In entsprechender Weise ist der Entzug der *missio canonica* «der Widerruf der amtlichen Teilhabe am Verkündigungsdienst der Kirche in der Schule»[115].

Nach Mussinghoff handelt es sich also beim Religionsunterricht eindeutig um eine amtliche und öffentliche Lehre des Glaubens, zu dem die Religionslehrer von der Kirche beauftragt werden. Sie lehren nicht im eigenen Namen, sondern im Namen der Kirche.

2.2.8 Wilhelm Rees

In gleicher Weise wie Listl schreibt Rees, dass die kirchliche Beauftragung notwendig ist, weil der Religionsunterricht «eine Teilhabe an der amtlichen Lehrverkündigung im Namen und Auftrag der Kirche» ist[116].

2.2.9 Ergebnisse

Diese repräsentative Auswahl von Autoren und Texten macht auf *verschiedene Schwerpunkte* aufmerksam:

a) *Der Religionsunterricht an den öffentlichen Schulen als res mixta.*

Der Religionsunterricht an den öffentlichen Schulen ist eine sogenannte *res mixta* (Dalla Torre), d.h. eine Angelegenheit, die in die Kompetenz der Kirche sowie in die Kompetenz des Staates fällt. Um Religionsunterricht zu erteilen, ist eine kirchliche und staatliche Bevollmächtigung erforderlich (Link). Die Religionslehrer sind ihrerseits an die kirchenrechtlichen Bestimmungen gebunden, nicht allein an staatliche Normen (Feliciani).

---

[113] H. MUSSINGHOFF, *MK*, 805/1.
[114] H. MUSSINGHOFF, *MK*, 805/2.
[115] H. MUSSINGHOFF, *MK*, 805/2.
[116] W. REES, *Der Religionsunterricht*, 191.

b) *Die Zuständigkeit der Kirche für den katholischen Religionsunterricht.* Beim Religionsunterricht handelt es sich um eine kirchliche Angelegenheit, nicht ausschliesslich um eine zivile. Das begründet auch die Zuständigkeit der kirchlichen Autorität für den katholischen Religionsunterricht, wie sie in den cann. 804 und 805 festgelegt ist (Feliciani). Die Kirche ist gemäss can. 804 § 1 ausschliesslich für den katholischen Religionsunterricht zuständig (Cito). Der Religionsunterricht wird als eine von der institutionellen Kirche abhängende Initiative und Lehrtätigkeit gesehen (Errázuriz). Die Zuständigkeit der institutionellen Kirche kommt auch durch die Ausübung ihrer Leitungstätigkeit zum Ausdruck (vgl. Errázuriz). Die Zuständigkeit der Kirche beruht auf den im nächsten Punkt genannten Rechtsgrundlagen.

c) *Die Rechtsgrundlagen des Religionsunterrichts.* Die cann. 804 und 805 sind auf dem Hintergrund der einleitenden Bestimmungen des III. Buches *CIC* zu sehen (Dalla Torre). Das Recht der Kirche, katholischen Religionsunterricht zu erteilen, gründet auf dem grundlegenden Recht der Kirche zur Verkündigung und auf grundlegenden Rechten der Gläubigen (Dalla Torre). Der Anspruch und die Verpflichtung der Kirche, katholischen Religionsunterricht zu erteilen, gründen m.a.W. in der göttlichen Sendung der Kirche, allen Menschen das Evangelium zu verkünden (can. 747 § 1) und dem Grundrecht der Gläubigen auf christliche Erziehung und Unterweisung (Mussinghoff). Die kirchliche Zuständigkeit für den katholischen Religionsunterricht ist mit ihrer vom Herrn anvertrauten Sendung (GE 3) verbunden (Cito).

Der Religionsunterricht wird als eine nicht-öffentliche Lehrtätigkeit der Gläubigen gesehen, zu der sie grundsätzlich als Getaufte und Gefirmte ein Recht haben (Errázuriz). Durch das Erteilen des Unterrichts nehmen sie ihr grundlegendes Recht wahr, ihre wissenschaftliche Kenntnis über ihren Glauben zu vermitteln (Errázuriz).

d) *Allgemeine Charakterisierung des Unterrichts.* Der *CIC* setzt den Begriff des katholischen Religionsunterrichts voraus (Mussinghoff). Der Religionsunterricht hat einen konfessionellen Charakter (Mussinghoff), einen kirchlichen Charakter (Feliciani). Er wird als eigentliche kirchliche Aufgabe bezeichnet (Feliciani), als eine Aufgabe (*munus*) mit einem geistlichen Ziel im Sinn von can. 228 § 1 (Feliciani). Der Religionsunterricht wird grundsätzlich als eine den Gläubigen *eigene* apostolische Tätigkeit gesehen, nicht als eine öffentliche Lehrtätigkeit der Kirche (Errázuriz). Andererseits ist er als Kirchenamt als ein öffentlicher kirchlicher Dienst zu sehen, zu dem die Kirche berechtigt und verpflichtet ist (Dalla Torre).

e) *Der Religionsunterricht und der Verkündigungsdienst der Kirche.* Die cann. 804 und 805 über den katholischen Religionsunterricht sind auf dem Hintergrund der einleitenden Bestimmungen des III. Buches *CIC* zu sehen (Dalla Torre). Der Religionsunterricht wird als amtliche und öffentliche Lehre des Glaubens bezeichnet (Mussinghoff), als amtliche Teilhabe am Verkündigungsdienst der Kirche in der Schule (Mussinghoff), als eine mit dem kirchlichen Lehramt verbundene Aufgabe (Dalla Torre), als eine Form der Glaubensverkündigung (Listl). Er ist nicht eine private Lehrveranstaltung des Religionslehrers, sondern Teilhabe an der amtlichen Verkündigung der christlichen Lehre, die im Namen und im Auftrag der Kirche erfolgt (Listl, Rees). Als Kirchenamt ist der Religionsunterricht ein öffentlicher kirchlicher Dienst (Dalla Torre).

Andererseits wird der Religionsunterricht als eine nicht-öffentliche, nicht-hierarchische Lehrtätigkeit der Gläubigen gesehen, zu der sie grundsätzlich als Getaufte und Gefirmte ein Recht haben (Errázuriz, vgl. auch Cito unter 2.3).

f) *Der Erziehungsauftrag der Kirche.* Die Zuständigkeit der Kirche für den katholischen Religionsunterricht steht mit dem Erziehungsauftrag der Kirche, so wie er in GE 3 zum Ausdruck kommt, in unmittelbarer Verbindung (Cito).

g) *Die «Beauftragung» zum Religionsunterricht.* Der Religionsunterricht ist im Auftrag der Kirche und in Übereinstimmung mit ihrer Glaubenslehre zu erteilen (Listl). Die kirchliche Lehrbeauftragung (*missio canonica*) ist notwendig, weil der Religionsunterricht eine Teilhabe an der amtlichen Verkündigung der christlichen Lehre ist, die im Namen und Auftrag der Kirche erfolgt (Listl, Rees). Die Missio Canonica wird als Teilhabe am *munus docendi* der Bischöfe gesehen (Mussinghoff). Die Religionslehrer werden von der Kirche zum Religionsunterricht als einer amtlichen und öffentlichen Lehre des Glaubens beauftragt (Mussinghoff). Der *CIC* fordert dafür die kirchliche Beauftragung (Mussinghoff). Es bedarf einer staatlichen und kirchlichen Bevollmächtigung, um Religionsunterricht zu erteilen. Diese ist auf katholischer Seite die Missio canonica (Link). Es stellt sich auch die Frage, ob die Religionslehrer Inhaber eines wirklichen Mandates sind (Feliciani).

Kleriker haben kraft Weihe die Befugnis zur amtlichen Lehre und bedürfen nur der Einweisung in einen konkreten Dienst; der Laie bedarf hingegen einer amtlichen Beauftragung zur Lehrverkündigung durch die Kirche. Der Religionslehrer lehrt als amtlicher Zeuge des Glaubens im Namen Christi und der Kirche (Mussinghoff).

Das Recht der kirchlichen Autorität, die Religionslehrer zu ernennen oder zu bestätigen ist darin begründet, dass der Religionsunterricht auf den Verkündigungsdienst der Hierarchie bezogen ist. Religionsunterricht wird im Namen und Auftrag der Kirche erteilt (Dalla Torre).

Für die Ausübung des Religionsunterrichts als einer den Gläubigen *eigene* apostolische Tätigkeit fordert das Kirchenrecht zum Schutz des Allgemeinwohls die Approbation des Religionslehrers (Errázuriz). Der Religionsunterricht wird als eine nicht-öffentliche Lehraufgabe gesehen, zu deren Ausübung die Gläubigen grundsätzlich berechtigt sind, wenn sie die vom Recht genannten Voraussetzungen erfüllen (Errázuriz).

Wie aus dieser Übersicht hervorgeht, werden dem Religionsunterricht verschiedene *charakteristische Grundzüge* zugeschrieben.

Der Religionsunterricht wird auf dem Hintergrund des Verkündigungsdienstes der Kirche gesehen. Er wird als Glaubensverkündigung, als amtliche Lehrverkündigung im Namen und Auftrag der Kirche und als eine apostolische Tätigkeit der Gläubigen dargestellt. Er ist eine kirchliche Aufgabe, auch wenn er an staatlichen Schulen erteilt wird.

Der Religionsunterricht steht zugleich in Zusammenhang mit dem Erziehungsauftrag der Kirche.

Das Recht der Kirche zur Verkündigung ist die Grundlage ihres Rechtes, katholischen Religionsunterricht zu erteilen, und ihrer Zuständigkeit für den katholischen Religionsunterricht.

Einerseits geht es um die Aufgaben und Kompetenzen der kirchlichen Autorität auf dem Gebiet der kirchlichen Verkündigung und besonders auf dem Gebiet des Religionsunterrichts. Andererseits geht es um die Stellung und die Aufgaben der Gläubigen, die Religionsunterricht erteilen, sowie um die Rechte der Schüler und ihrer Eltern.

Mit dem Religionsunterricht sind also verschiedene grundlegende Rechte und Pflichten der Kirche, der kirchlichen Autorität, der Gläubigen, insbesondere der Kinder und ihrer Eltern, sowie der Religionslehrer verbunden.

Wie wird der Religionsunterricht selbst qualifiziert? Wie die Punkte e) und g) zeigen, ist der kirchenrechtliche Charakter des Religionsunterrichts mit der Frage der Beauftragung zum katholischen Religionsunterricht verbunden. Hierbei kommen grundsätzlich drei verschiedene Auffassungen zum Ausdruck:

a) Der Religionsunterricht ist eine den Gläubigen eigene apostolische Tätigkeit, zu deren Ausübung sie grundsätzlich ein Recht haben, wenn sie die Voraussetzungen dazu erfüllen. Zum Schutz des Gemeinwohls fordert die Kirche jedoch die Approbation der Religionslehrer als *condicio sine qua non* (Errázuriz).

b) Der Religionsunterricht wird als eine Lehrtätigkeit gesehen, die im Namen und Auftrag der Kirche erfolgt (Listl, Mussinghoff, Rees). Die kirchliche Beauftragung, im deutschen Sprachraum öfters als Missio canonica bezeichnet, ist notwendig, weil der Religionsunterricht eine Teilhabe an der amtlichen Lehrverkündigung ist (Listl, Mussinghoff, Rees).

c) Der Religionsunterricht ist eine Aufgabe, die mit dem kirchlichen Lehramt verbunden ist. Aus diesem Grund werden die Religionslehrer von der kirchlichen Autorität ernannt oder bestätigt. Sie unterrichten im Namen und Auftrag der Kirche (Dalla Torre).

Mit der kirchenrechtlichen Qualifizierung des Religionsunterrichtes sind verschiedene andere Themen verbunden. So stellen sich folgende Fragen: Macht es einen Unterschied, ob Kleriker oder Laien Religionsunterricht erteilen (s. Mussinghoff)? Haben die Religionslehrer grundsätzlich *ein Recht*, Religionsunterricht zu erteilen (s. Errázuriz), oder vielmehr *eine Fähigkeit* dazu im Sinn von can. 228 § 1?

2.3 *Religionsunterricht und Kirchenamt*

In der Kirchenrechtslehre wird die Frage, ob der Religionslehrer Inhaber eines Kirchenamtes ist, auf ganz unterschiedliche Weise berücksichtigt.

2.3.1 Winfried Aymans

Aymans geht nicht unmittelbar auf die Frage ein, ob Religionslehrer ein Kirchenamt innehaben. Er spricht jedoch im Zusammenhang mit der Besetzung *kirchlicher Ämter im Staatsdienst* u.a. von den Religionslehrern:

> Theologieprofessoren, Religionslehrer und Seelsorger an Staatsanstalten werden durch den Staat im Einvernehmen mit dem zuständigen Oberhirten ernannt. In der oberhirtlichen Zustimmung zu der seitens des Staates zu vollziehenden Ernennung liegt die kirchliche Sendung[117].

Der Religionslehrer hat demnach ein kirchliches Amt im Staatsdienst inne, das mit einer kirchlichen Sendung verbunden ist. An anderer

---

[117] W. AYMANS, *Kanonisches Recht*, 466.

Stelle spricht er von den hauptamtlich angestellten Religionslehrern an staatlichen und gemeindlichen Schulen, die Staatsbeamte mit staatlichen und zugleich kirchlichen Aufgaben sind[118].

2.3.2 Tullio Cappelli

Nach Cappelli übt der Religionslehrer an den öffentlichen Schulen (in Italien) kraft des Konkordates auch eine kirchliche Tätigkeit aus. Hierbei werde diskutiert, ob diese Tätigkeit ein Kirchenamt darstellt oder lediglich eine (kirchliche) Aufgabe[119]. Er rechnet den katholischen Religionsunterricht zu den Kirchenämtern oder kirchlichen Aufgaben («uffici o compiti ecclesiastici, quale l'insegnamento della religione cattolica»), zu denen die Laien nach can. 228 § 1 befähigt sind[120].

2.3.3 Davide Cito

Im Kommentar zu den cann. 804 und 805 befasst sich Cito mit der Frage, ob der Religionslehrer Inhaber eines Kirchenamtes im Sinn von can. 145 ist. Als solcher würde er ein bevollmächtigter Repräsentant sein, der eine öffentliche kirchliche Funktion erfüllt («un rol de representante autorizado que desempeña una función pública eclesial»)[121]. Wenn es sich um ein Kirchenamt handeln würde, hätten die Religionslehrer kein eigentliches Recht («un pleno derecho»), dass ihnen eine Stelle verliehen wird[122]. Nach Cito scheint der Religionsunterricht — im Gegensatz zur Predigt des Wortes Gottes oder zur Katechese — nicht zu jenen öffentlichen Tätigkeiten zu gehören, die mit der hierarchischen Ausübung des Verkündigungsdienstes der Kirche («munus docendi Ecclesiae») verbunden sind; dies ist der Fall, weil der Religionsunterricht in der Schule beheimatet ist und dessen Zielsetzungen folgt. Der Unterricht ist eine Modalität, am Dienst der Verkündigung der Kirche — hier nicht nur als Hierarchie, sondern als Gemeinschaft der Gläubigen verstanden — teilzunehmen, und eine kirchliche Tätig-

---

[118] W. AYMANS, *Kanonisches Recht*, 454.

[119] T. CAPPELLI, *Il ruolo del docente*, 80 («In realtà l'insegnante di religione è titolare nelle scuole pubbliche — in virtù delle norme concordatarie — anche di una attività ecclesiale. Volendo ulteriormente determinare la natura di tale attività nel versante ecclesiale, si discute se si tratta di un ufficio o di una funzione»).

[120] T. CAPPELLI, *Il ruolo del docente*, 80. Hierbei geht jedoch nicht klar hervor, ob er den Religionsunterricht nun als Kirchenamt oder lediglich als eine kirchliche Aufgabe qualifiziert.

[121] D. CITO, «can. 804», 252.

[122] D. CITO, «can. 804», 253.

keit (*actividad eclesial*), die nicht mit der institutionellen Tätigkeit der Kirche («actividad institucional de la Iglesia») — die nur ein Teil der ersten ist — verwechselt werden darf[123]. Diese Ausführungen zu can. 804 werden von Cito im Kommentar zu can. 805 weitergeführt. Die Aufgabe des Religionslehrers würde an sich nicht zu den institutionell öffentlichen Tätigkeiten der Hierarchie («las actividades institucionalmente públicas de la Jerarquía») gehören. Aufgrund von bestimmten geschichtlichen Umständen, die die Kirche sowie die Beziehung zu einem Staat betreffen, könne dem Religionsunterricht (in einem bestimmten Land) jedoch ein öffentlicher Charakter zu eigen sein. Dies bedeutet, dass die partikulare Gesetzgebung eines Landes oder eventuelle Übereinkünfte mit dem Staat für die Religionslehrer eine rechtliche Regelung vorsehen können, die ähnlich gestaltet ist wie die für die Inhaber eines Kirchenamtes. In diesem Fall wäre die kirchliche Autorität nicht nur für Fragen in bezug auf Glauben und Sitten zuständig, sondern auch bezüglich anderer Fragen, die mit einer derartigen kirchlichen Aufgabe zusammenhängen[124].

Zu den Hinweisen, die dazu einladen, den Religionsunterricht wohl nicht als Kirchenamt zu sehen, zitiert Cito zwei Stellen einer Ansprache von Johannes Paul II.: der Religionsunterricht besitze kulturell und bildungsmässig die gleiche Würde wie die anderen Fächer, und den Religionslehrern sei rechtlich und institutionell das ihnen Zustehende zu garantieren, weil ihre Fachkenntnis mit der der anderen Lehrer auf gleicher Stufe stehe[125]. Diese Hinweise finden sich im Kommentar zu can. 804. Im Kommentar zu can. 805 sind folgende Gedanken enthalten. Im Gegensatz zur Auffassung, dass der Religionsunterricht ein Kirchenamt darstellt, verweist Cito auf eine Auffassung, nach der der Religionslehrer eine identische Rechtsstellung wie jeder andere Lehrer innehat, weil er die gleiche Professionalität mit ihnen teilt. Diese Auffassung scheine zutreffender zu sein — auch würden dadurch ungerechtfertigte Diskri-

---

[123] D. CITO, «can. 804», 253-254.
[124] D. CITO, «can. 805», 258.
[125] JOHANNES PAUL II., Audienzansprache vom 15. April 1991, Punkte 8.6. Hier sind die Stellen der deutschen Übersetzung entnommen worden. Johannes Paul II. bezieht sich hierbei jedoch v.a. auf die Rechtsstellung, die die Religionslehrer nach dem staatlichen Schulrecht innehaben, und auf das Schulfach des Religionsunterrichts, das den anderen Fächern keineswegs nachsteht. Diese beiden Stellen verweisen nach unserem Dafürhalten nicht darauf hin, dass kein Kirchenamt vorliege. Die Frage des Kirchenamtes betrifft grundsätzlich die kirchliche Rechtsstellung der Religionslehrer, die nicht von der Rechtsstellung, die die Religionslehrer nach dem staatlichen Recht innehaben, abhängt.

minationen zwischen den Religionslehrern und den anderen Lehrern vermieden[126].

Nach Cito scheint der Religionsunterricht weniger ein Kirchenamt zu sein. Er charakterisiert dabei den Religionsunterricht auf eine Weise, wie wir es ähnlich auch bei Errázuriz vorfinden: der Religionsunterricht gehöre wohl nicht zu jenen öffentlichen Tätigkeiten, die mit der hierarchischen Ausübung des Verkündigungsdienstes der Kirche verbunden sind. Wäre der Religionslehrer Inhaber eines Kirchenamtes, würde er eine öffentliche kirchliche Funktion erfüllen. Ein weiteres Argument, das nach Cito nicht zugunsten des Unterrichts als einem Kirchenamt spricht, betrifft eine (zu wünschende) rechtliche Gleichstellung der Religionslehrer mit den anderen Lehrern. In der Sichtweise von Cito kommen der Kirche und der kirchlichen Autorität grundlegende Kompetenzen in bezug auf den katholischen Religionsunterricht und die Beauftragung der Religionslehrer zu (s. 2.2). Dies kann jedoch nicht ohne Auswirkungen auf die Rechtsstellung sein, die die Religionslehrer nach dementsprechenden staatskirchenrechtlichen Bestimmungen innehaben[127].

2.3.4 Giuseppe Dalla Torre

Er steht der Annahme, dass es sich beim schulischem Religionsunterricht um ein eigentliches Kirchenamt handelt, positiv gegenüber:

> Ma più precisamente sembra che anche nel caso dei docenti di religione possano individuarsi gli elementi che, in base alla nuova disciplina canonica (can. 145 par. 1), costituiscono l'ufficio ecclesiastico, e cioè: un incarico costituito stabilmente, istituito in questo caso per diritto ecclesiastico, rivolto ad un fine spirituale. In altre parole pare che l'insegnamento di religione cattolica nelle scuole possa essere considerato propriamente come un ufficio ecclesiastico, vale a dire quale astratta legittimazione per l'esercizio di funzioni pubbliche ecclesiastiche, la cui titolarità soggettiva spetta alla

---

[126] D. Cito, «can. 805», 258.

[127] Mit der Aufgabe des katholischen Religionsunterrichts nach den cann. 804 und 805 ist zunächst und in erster Linie eine kirchliche Rechtsstellung verbunden, von der nicht abgesehen werden kann (vgl. dazu *Principia quae*, Punkte 1 und 6). Die Frage, ob ein Kirchenamt vorliegt, entscheidet sich nach kirchlichem Recht, insbesondere nach den in can. 145 enthaltenen Wesenselementen eines Kirchenamtes. Sie hängt nicht von der Rechtsstellung ab, die die Religionslehrer nach dem staatlichen Recht innehaben. Wenn die Religionslehrer nach kirchlichem Recht ein Kirchenamt innehaben, so erhalten sie dadurch eine anerkannte und gefestigte kirchliche Rechtsstellung. Diese kann ihrerseits viel dazu beitragen, dass den Religionslehrern auch in staatskirchenrechtlichen Übereinkommen und Bestimmungen eine gefestigte Rechtsstellung zuerkannt wird.

Chiesa-istituzione. Ed in quanto ufficio ecclesiastico, l'insegnamento in questione comporta non solo la missio canonica — cioè quella che canonicamente si indica come delegazione o autorizzazione allo svolgimento di determinate funzioni —, ma anche il requisito della piena comunione ecclesiastica da parte del docente (cfr. can. 149 par. 1, nonché can. 194 par. 1,2°, per quanto riguarda il caso della rimozione dall'ufficio ecclesiastico causata dal venir meno della comunione con la Chiesa)[128].

Nach Dalla Torre scheinen die Wesenselemente eines Kirchenamtes beim Religionsunterricht vorzuliegen. Die Grundlage seiner Einrichtung als Kirchenamt bildet das Kirchenrecht (*diritto ecclesiatico*). Der Religionsunterricht scheint ein wirkliches Kirchenamt zu sein. Dieses ist seinerseits ein Rechtsinstitut zur Ausübung öffentlicher kirchlicher Aufgaben. Als Kirchenamt erfordert der Religionsunterricht eine kirchliche Sendung, d.h. eine Delegation oder Ermächtigung zur Ausübung bestimmter Aufgaben. Es ist ausserdem notwendig, dass der Religionslehrer in der Gemeinschaft der Kirche steht (vgl. die cann. 149 § 1 und 194 § 1.2°).

In dieser Sichtweise wird der Religionsunterricht an den staatlichen Schulen als eine öffentliche kirchliche Aufgabe qualifiziert, zu deren Ausübung die Kirche als Institution berechtigt und verpflichtet ist. Zu ihrer Ausübung bedürfen die Religionslehrer einer kirchlichen Beauftragung. Diese ist ihrerseits im Zusammenhang mit dem Religionsunterricht als Kirchenamt zu sehen.

In diesem Abschnitt von Dalla Torre sind Grundzüge enthalten, die den Religionsunterricht als Kirchenamt bestimmen. Hierbei wird auf einen für das Kirchenamt selbst wichtigen Aspekt hingewiesen: auf das grundlegende Recht der Kirche zur Ausübung der ihr zukommenden Aufgaben. Dieses ihr Recht bildet eine Grundlage für das Kirchenamt, das zur Ausübung kirchlicher Aufgaben bestimmt ist.

2.3.5 Gaetano Dammacco

Bei der Darlegung des Religionsunterrichts an den staatlichen Schulen in Italien sieht Dammacco die cann. 804 und 805 in der Perspektive von can. 145:

Essa si colloca, pertanto, nella prospettiva del can. 804 c.i.c., che, riconoscendo l'esistenza di un ufficio ecclesiastico della istruzione e della educazione religiosa cattolica, individua nella «retta dottrina», nella «testimonianza di vita» e nella «abilità pedagogica» i requisiti soggettivi del titolare

---

[128] G. DALLA TORRE, *La questione scolastica*, 45-46. Vgl. dazu die von Lombardia wiedergegebene Definition, die unter 2.1.9 zitiert ist.

dell'ufficio. Il codex, dunque, pone a carico dell'Ordinario, nell'esercizio dello ius approbandi, il compito di accertare e di verificare l'esistenza nei candidati all'ufficio dei requisiti personali indicati. Questa attività, anche con riguardo all'insegnante di religione, si completa con la potestà riconosciuta nel can. 805 c.i.c., cioè il diritto di provvedere all'ufficio, tra l'altro secondo le previsioni del can. 147 c.i.c.
Inoltre, perché possa essere conferito l'ufficio ecclesiastico devono verificarsi le condizioni previste nel can. 149 pr. 1 c.i.c., e cioè la comunione nella chiesa e il possesso dell'idoneità[129].
L'idoneità, inoltre, è cosa diversa dalla costituzione dell'incarico (ufficio ecclesiastico, che prevede la nomina e l'approvazione secondo le previsioni dei cann. 145 e 805 c.i.c.); infatti, il codice (cann. 228 e 149 pr. 1) definisce l'idoneità come condizione per l'assunzione nell'ufficio[130].

Nach Dammacco besteht bereits nach can. 804 das Kirchenamt der religiösen katholischen Unterweisung und Erziehung. Für den Inhaber des Kirchenamtes sind Rechtgläubigkeit, das Zeugnis christlichen Lebens und pädagogisches Geschick erforderlich. Das Recht des Ortsordinarius, die Religionslehrer zu ernennen bzw. zu approbieren (can. 805) entspricht dem Recht, das Kirchenamt zu verleihen, u.a. nach den Bestimmungen von can. 147. Die Eignung der Religionslehrer ist eine Bedingung, damit das Kirchenamt übertragen wird (vgl. cann. 228 und 149 § 1).

Dammacco sieht demnach die cann. 804 und 805 als rechtliche Grundlage für das Kirchenamt des katholischen Religionsunterrichts. Sie gelten zusammen mit den allgemeinen Bestimmungen über das Kirchenamt auch für den Religionsunterricht an den staatlichen Schulen in Italien.

2.3.6 Frans Daneels

Daneels befasste sich nach dem II. Vatikanischen Konzil und vor der Promulgation des *CIC* mit einem Thema, das für den Begriff des Kirchenamtes und auch für die Frage, wie der Religionsunterricht kirchenrechtlich zu qualifizieren ist, von Bedeutung ist. In seinem Werk über die Inhaber eines Kirchenamtes befasste er sich mit der Frage, ob Laien ein Kirchenamt im Sinn von PO 20 innehaben können[131]. Um diese Fähigkeit der Laien nachzuweisen, zog er mehrere Konzilstexte

---

[129] G. DAMMACCO, «Stato giuridico», 36.
[130] G. DAMMACCO, «Stato giuridico», 39.
[131] Die Definition des Kirchenamtes in PO 20 wurde von can. 145 § 1 aufgenommen (s. Kap. II/3).

heran, u.a. AA 24f[132]. Nach AA 24f vertraut die Hierarchie den Laien bestimmte Aufgaben an, die enger mit den Ämtern der Hirten verbunden sind, wie z.B. bei der Unterweisung der christlichen Lehre. Durch eine Sendung (*missio*) wird ihnen diese Aufgabe übertragen. Daneels zählt nun den Religionsunterricht zu den Tätigkeiten, die unter das genannte Beispiel der Darlegung der christlichen Lehre fallen. Er verweist hierbei auf GE 7a, in der vom Dienst der Priester und Laien gesprochen wird, die an nichtkatholischen Schulen die Heilslehre vermitteln[133]. Die *missio* der Religionslehrer an den Mittelschulen sei ein Beispiel einer dauerhaften Übertragung einer kirchlichen Aufgabe. Dadurch seien die Laien Inhaber eines Kirchenamtes im eigentlichen Sinn[134].

2.3.7 Péter Erdö

Bei der Beantwortung einer Frage nach der praktischen Bedeutung des Kirchenamtes in bezug auf die Laien macht Erdö eine Zwischenbemerkung zum Religionsunterricht nach den cann. 804 und 805. Diesen zählt er zu jenen öffentlichen Aufgaben in der Kirche, die eine Sendung oder ein Mandat erfordern, aber nicht als Kirchenamt errichtet sind:

> sed missio vel mandatum auctoritatis ecclesiasticae necessarii essent etiam pro aliis publicis muneribus in Ecclesia, quae non sunt ut officia erecta (ex gr. can. 804, 805)[135].

2.3.8 Carlos J. Errázuriz M.

Bei der Erörterung der cann. 804 und 805 findet sich im Werk von Errázuriz über den Verkündigungsdienst der Kirche und die Rechte und Pflichten der Gläubigen kein ausdrücklicher Verweis auf die Frage, ob der Religionslehrer ein Kirchenamt innehat oder nicht. Diese Möglichkeit scheint aufgrund der vertretenen Charakterisierung des Religionsunterrichts eher nicht in Frage zu kommen. Der Religionsunterricht wird als eine *nicht-öffentliche* Tätigkeit betrachtet, zu deren Ausübung die Gläubigen grundsätzlich ein Recht haben, falls sie die dazu

---

[132] Dieser Konzilstext ist eine Quellstelle zu can. 228 § 1 (s. Kap. VII/3).
[133] F. DANEELS, *De subiecto Officii Ecclesiastici*, 93 Fn. 66.
[134] F. DANEELS, *De subiecto Officii Ecclesiastici*, 94.
[135] P. ERDÖ, «Quaestiones de officiis ecclesiasticis laicorum», 206.

erforderlichen Voraussetzungen erfüllen[136]. Kann nun eine solche nicht-öffentliche Tätigkeit ein Kirchenamt darstellen oder nicht — besonders dann, wenn dieses seinerseits — nach Arrieta — zur Ausübung *öffentlicher* Aufgaben der Kirche bestimmt ist[137]?

2.3.9 Giorgio Feliciani

Im bereits genannten Artikel stellt Giorgio Feliciani ausdrücklich die Frage, ob der Religionsunterricht an den staatlichen Schulen in Italien als kirchliche Tätigkeit ein Kirchenamt ist:

> Una volta chiarito alla luce del magistero della Chiesa, del suo diritto universale, delle norme pattizie vigenti in Italia che l'insegnamento della religione cattolica nelle scuole pubbliche è una attività di natura ecclesiale, rimane da chiedersi se esso, sotto il profilo canonistico, possa considerarsi un ufficio ecclesiastico[138].

Bevor er die Frage beantwortet, verweist er auf die Definition von can. 145 § 1 und auf die Bestimmung von can. 146, wonach ein Kirchenamt ohne kanonische Amtsübertragung nicht gültig erlangt werden kann[139].

Die Antwort auf die gestellte Frage fällt sodann negativ aus:

> Ora non è dato trovare una disposizione divina o ecclesiastica che costituisca stabilmente l'ufficio di insegnante di religione cattolica nelle scuole pubbliche, enunciandone in modo organico e completo i diritti e i doveri. Anzi, il preambolo all'Intesa riconosce, implicitamente ma chiaramente, l'esistenza di competenze statali circa la definizione del suo «stato giuridico». Inoltre tale compito non è conferito dall'autorità ecclesiastica, che si limita a «proporre» le persone ritenute idonee all'autorità scolastica, la quale procede alla nomina ai sensi della normativa statale (Intesa, 2,5). L'insegnamento della religione cattolica, in quanto attività ecclesiale, non può dunque essere considerato, a rigor di termini, un ufficio ecclesiastico. Costituisce, pertanto, uno di quei «munera» che il can. 228 prevede come specifiche funzioni a fini spirituali distinte dagli «officia»[140].

---

[136] C.J. ERRAZURIZ M., *Il «munus docendi Ecclesiae»*, 191-192.202.227 Fn. 104 und 267-268 (s.o. 2.2.3).

[137] J.I. ARRIETA, *Diritto dell'organizzazione ecclesiastica*, 141-142 (s.o. 2.1.1).

[138] G. FELICIANI, «L'insegnamento della religione cattolica», 24. Gerade auch im Licht der konkordatarischen Bestimmungen in Italien sieht er den Religionsunterricht als kirchliche Aufgabe.

[139] G. FELICIANI, «L'insegnamento della religione cattolica», 24.

[140] G. FELICIANI, «L'insegnamento della religione cattolica», 24-25.

Nach Feliciani sind vor allem zwei Gründe ausschlaggebend, dass es sich beim katholischen Religionsunterricht an den staatlichen Schulen nicht um ein eigentliches Kirchenamt handelt. Es fehle eine Bestimmung göttlichen oder kirchlichen Rechts, die ein solches Amt einrichten würde. Die Rechtsstellung der Religionslehrer betreffe auch staatliche Kompetenzen. Zudem werde die Aufgabe nicht durch die kirchliche Autorität übertragen. Diese schlägt lediglich der Schulbehörde die Personen vor, die sie für geeignet hält. Die Schulbehörde nimmt dann die Ernennung vor. Es geht also um die Fragen über die Einrichtung eines Kirchenamtes und seine Übertragung sowie über die jeweilige Zuständigkeit von Kirche und Staat.

2.3.10 Gerhard Huber

In einer Arbeit über den schulischen Religionsunterricht in Österreich zählt Huber den katholischen Religionsunterricht zu den Kirchenämtern, ohne sich jedoch eingehender mit dieser Frage zu befassen: «Die Kirchenämter, zu denen auch das des Religionslehrers gehört, werden aber vom Diözesanbischof durch freie Amtsübertragung besetzt»[141]. Dementsprechend sieht er die Missio canonica als Amtsverleihung im Sinn von can. 146 in Verbindung mit can. 48[142].

2.3.11 Heinrich Mussinghoff

Er sieht den Religionsunterricht in Zusammenhang mit can. 228 § 1, ohne jedoch genau zu spezifizieren, ob es sich dabei um ein Kirchenamt oder um eine Aufgabe (*munus*) handelt. Die Gläubigen können nach can. 228 in kirchliche Ämter und Aufgaben berufen werden, z.B. als Religionslehrer (cann. 804 § 2, 805)[143].

Im Kommentar zu can. 805 schreibt er, dass der Religionslehrer nicht in eigenem Namen und aufgrund persönlicher Autorität, sondern als amtlicher Zeuge des Glaubens im Namen Christi und der Kirche lehre[144]. Für die amtliche und öffentliche Lehre des Glaubens in der Schule fordere der *CIC* die kirchliche Beauftragung[145].

---

[141] G. HUBER, *Der Religionslehrer*, 179.
[142] G. HUBER, *Der Religionslehrer*, 177 (wohl can. 146 statt can. 145).
[143] H. MUSSINGHOFF, *MK*, vor 747/3.
[144] H. MUSSINGHOFF, *MK*, 805/1.
[145] H. MUSSINGHOFF, *MK*, 805/2.

2.3.12 Wilhelm Rees

In Übereinstimmung mit Listl ist für Rees der Religionsunterricht «eine Teilhabe an der amtlichen Lehrverkündigung im Namen und Auftrag der Kirche»[146]. In seinem Werk über den Religionsunterricht und die katechetische Unterweisung in der kirchlichen und staatlichen Rechtsordnung geht der Autor jedoch nicht auf die Frage ein, ob der Religionslehrer Inhaber eines Kirchenamtes ist.

2.3.13 Heinrich J.F. Reinhardt

Im Kommentar zu can. 228 § 1 zählt Reinhardt den Religionsunterricht nach den cann. 804 und 805 zu den *officia* und *munera*, «zu deren Übernahme Laien bei persönlicher Eignung rechtlich befähigt sind»[147]. Hierbei unterscheidet er jedoch nicht, ob es sich um ein Kirchenamt im eigentlichen Sinn oder um einen Dienst (*munus*), der kein Kirchenamt ist, handelt.

2.3.14 Hubert Socha

Im Kommentar zu can. 184 macht Socha einen Hinweis darauf, dass Religionslehrer Inhaber eines Kirchenamtes sind. Wenn ein Kirchenamt zugleich ein staatliches Dienstverhältnis beinhaltet, wie z.B. das Amt des Religionslehrers, kann bezüglich des Amtsverlustes auch staatliches Recht relevant sein[148].

2.3.15 Ergebnisse

Unter den verschiedenen Autoren ist es nicht selten, keinen ausdrücklichen Verweis auf die Frage zu finden, ob der Religionslehrer ein Kirchenamt ausübt oder nicht (vgl. die hier zitierten Werke von Errázuriz und Rees).

Mehrere Autoren zählen den Religionsunterricht zu jenen Kirchenämtern und Aufgaben, zu denen die Laien nach can. 228 § 1 befähigt sind. Sie lassen jedoch offen, ob es sich um ein Kirchenamt oder um eine Aufgabe (*munus*) handelt (Cappelli, Mussinghoff, Reinhardt)[149].

---

[146] W. REES, *Der Religionsunterricht*, 191.

[147] H. REINHARDT, *MK*, 228/2.

[148] H. SOCHA, *MK*, 184/5.

[149] Es ist interessant, dass der katholische Religionsunterricht nach mehreren Autoren unter can. 228 § 1 fällt, sei es als Kirchenamt oder als einfache Aufgabe im Sinn von *munus* (Cappelli, Dammacco, Mussinghoff, Reinhardt). Das ist nicht ohne

Einzelne Autoren bezeichnen den Religionsunterricht als Kirchenamt, als amtliche Lehre oder als kirchliche Aufgabe (oft in Zusammenhang mit staatskirchenrechtlichen Fragen), ohne jedoch weiter darauf einzugehen. So finden sich folgende Bezeichnungen: der Religionslehrer übt ein kirchliches Amt im Staatsdienst aus (Aymans), die Religionslehrer als Staatsbeamte mit staatlichen und zugleich kirchlichen Aufgaben (Aymans); das Kirchenamt des Religionslehrers, das vom Diözesanbischof durch freie Amtsübertragung besetzt wird (Huber); der Religionsunterricht als amtliche und öffentliche Lehre des Glaubens (Mussinghoff); das Kirchenamt des Religionslehrers, das zugleich ein staatliches Dienstverhältnis beinhaltet (Socha).

Bei den Autoren, die sich eingehender mit der Frage befassen, ob der Religionsunterricht ein Kirchenamt ist, finden sich positive Antworten. Die Religionslehrer sind Inhaber eines Kirchenamtes im Sinn von PO 20 (Daneels). Beim Religionsunterricht scheinen die Wesenselemente des Kirchenamtes vorzuliegen (Dalla Torre). Grundlage seiner Einrichtung als Kirchenamt ist das Kirchenrecht (Dalla Torre). Als Kirchenamt ist der Religionsunterricht eine öffentliche kirchliche Aufgabe, zu deren Ausübung die Kirche als Institution berechtigt und verpflichtet ist (Dalla Torre). Nach can. 804 besteht ein Kirchenamt des Religionsunterrichts und der katholischen religiösen Erziehung (Dammacco). Die von can. 804 § 2 genannten Voraussetzungen betreffen den Religionslehrer als Inhaber des Kirchenamtes (Dammacco). Das in can. 805 vorgesehene Recht des Ortsordinarius, die Religionslehrer zu ernennen bzw. zu bestätigen, wird als Recht gesehen, das Kirchenamt zu verleihen, u.a. gemäss can. 147 (Dammacco). Als Inhaber eines Kirchenamtes muss der Religionslehrer nach can. 149 § 1 in der Gemeinschaft der Kirche stehen (Dalla Torre, Dammacco) und geeignet sein (Dammacco). Als Kirchenamt erfordert der Religionsunterricht eine kirchliche Sendung, d.h. eine Delegation oder Ermächtigung zur Ausübung bestimmter Aufgaben (Dalla Torre).

Andererseits wird die Auffassung vertreten, dass eher kein Kirchenamt vorliegt. Ein Argument betrifft den Charakter des Unterrichts. Der Religionsunterricht gehöre wohl nicht zu jenen öffentlichen Tätigkeiten, die mit der hierarchischen Ausübung des Verkündigungsdienstes

---

Bedeutung. Dadurch kommen auch die Quellen zu diesem Kanon für die kirchenrechtliche Charakterisierung des Religionsunterrichts in Betracht. Es stellt sich hierbei besonders die Frage, ob der Religionsunterricht nicht zu jener Unterweisung in der christlichen Lehre gehört, die nach AA 24f als Beispiel für jene Aufgaben genannt wird, die enger mit den Ämtern der Hirten verbunden sind und die diese den Laien anvertrauen. S. Kap. VII/3. und 4.3.

der Kirche verbunden sind (Cito). Ein weiteres Argument betrifft die rechtliche Gleichstellung der Religionslehrer mit den anderen Lehrern und eine zu wünschende Vermeidung ungerechtfertigter Diskriminationen (Cito).

Für die Auffassung, dass kein Kirchenamt besteht, werden folgende Gründe angegeben. Der Religionsunterricht sei eine öffentliche Aufgabe in der Kirche, die nicht als Kirchenamt errichtet ist (Erdö). Es fehle eine Bestimmung göttlichen oder kirchlichen Rechts, die ein solches Amt einrichten würde (Feliciani). Die Aufgabe würde nicht durch die kirchliche Autorität übertragen (Feliciani). Zudem bestünden bezüglich der Rechtsstellung der Religionslehrer staatliche Kompetenzen (Feliciani).

Die Beantwortung der Frage hängt also u.a. vom Vorliegen rechtlicher Bestimmungen ab, die ein solches Kirchenamt des Religionsunterrichts einrichten würden oder nicht (Dalla Torre, Feliciani). Für Feliciani ist ausserdem die Tatsache der Übertragung der Aufgabe bedeutsam. Wie die Darlegungen zu Cito und Errázuriz zeigen, ist auch entscheidend, wie einerseits der Religionsunterricht und andererseits das Kirchenamt charakterisiert werden.

Wenn der Religionsunterricht als Kirchenamt gesehen wird, so erhält er dadurch eine kirchenrechtliche Qualifizierung, die vieles mit sich bringt. Dadurch werden u.a. die allgemeinen Normen über das Kirchenamt für den Religionsunterricht aktuell, wie die Ausführungen von Dalla Torre und Dammacco zeigen.

3. Inhalt, Methode und Ziel der Arbeit

Die Stellungnahmen aus der Kirchenrechtslehre machen deutlich, dass die Frage, ob die Religionslehrerin und der Religionslehrer ein Kirchenamt innehaben, nicht von vornherein klar beantwortet wird. Nach Dammacco und Daneels ist es ein Kirchenamt, nach Dalla Torre scheint es eines zu sein, nach Cito scheint es eher keines zu sein, nach Erdö und Feliciani ist es keines. Unter den Autoren bestehen grundsätzliche Meinungsverschiedenheiten.

Eine scheinbar einfache Frage findet so Antworten, die oft beiläufig gegeben werden und die einander widersprechen. Wie kommt es, dass ein allgemeiner Begriff des Kirchenrechts so unterschiedlich angewendet wird? Welche Erwägungen spielen eine Rolle, dass ein Kirchenamt vorliegt oder nicht? Welches Bild der Kirche und des Rechtes in der Kirche liegt einer bestimmten Auffassung zugrunde?

Die Beantwortung der Frage, ob die Religionslehrerin und der Religionslehrer ein Kirchenamt innehaben, hängt einerseits mit der Definition des Kirchenamtes zusammen und andererseits mit der kirchenrechtlichen Qualifizierung des katholischen Religionsunterrichts.

Die vorliegende Arbeit befasst sich deshalb im II. Teil mit dem Begriff des Kirchenamtes und im III. Teil mit dem katholischen Religionsunterricht. Im II. Teil geht es um einen allgemeinen Begriff, im III. um eine konkrete Verkündigungs- und Lehrtätigkeit der Kirche. Der IV. Teil zeigt deren gegenseitigen Bezug auf.

Der II. Teil zeigt den Begriff des Kirchenamtes in der Perspektive des II. Vatikanischen Konzils und des *CIC* auf (Kap. II), die Verwendung der drei Begriffe Amt, Aufgabe und Kirchengewalt (*officium*, *munus* und *potestas*) im *CIC* (Kap. III) sowie die Wesenselemente eines Kirchenamtes (Kap. IV). Der III. Teil befasst sich mit dem katholischen Religionsunterricht. Hierbei besteht zwischen den einzelnen Kapiteln und den drei Begriffen, die im III. Kapitel dargelegt worden sind, eine gewisse Entsprechung: die Aufgabe (*munus*) und der Religionsunterricht als eine Aufgabe der Kirche in der Welt von heute (Kap. V), das Amt (*officium*) und der Religionsunterricht als eine im Recht näher bestimmte Aufgabe (Kap. VI), die Kirchengewalt (*potestas*) und die Frage der Beauftragung der Religionslehrer (Kap. VII). Der IV. Teil zeigt zunächst den Bezug des Begriffs des Kirchenamtes zum katholischen Religionsunterricht auf und sodann die Erkenntnisse, die zum Kirchenamt und zum katholischen Religionsunterricht gewonnen worden sind. Wenn der Religionslehrer ein Kirchenamt innehat, ist ihm damit eine gefestigte kirchliche Rechtsstellung zu eigen.

Der Begriff des Kirchenamtes wird auf diese Weise zuerst allgemein (Teil II) und dann in seiner konkreten Anwendung auf den katholischen Religionsunterricht dargelegt (Teil IV). Diese Anwendung kann seinerseits zum besseren Verständnis des allgemeinen Begriffs des Kirchenamtes beitragen. Auf der anderen Seite trägt es entscheidend zur kirchenrechtlichen Qualifizierung des Religionsunterrichts bei (Teil III), wenn es sich bei diesem um einen Dienst handelt, dem die Merkmale eines Kirchenamtes zu eigen sind (Teil IV). Eine solche Qualifizierung ist von Bedeutung für konkordatarische Fragen, für die Zuständigkeit der kirchlichen Autorität sowie für die Rechte und Pflichten der Religionslehrerin und des Religionslehrers selbst[150].

In der Darlegung des Begriffs des Kirchenamtes und des katholischen Religionsunterrichts musste sich die Arbeit auf bestimmte Aspekte

---

[150] Vgl. G. FELICIANI, «L'insegnamento della religione cattolica», 21.

beschränken. Es ist eine *kirchenrechtliche* Arbeit zu den cann. 145, 804 und 805 *CIC*. Auf staatskirchenrechtliche Fragen, die sich in Zusammenhang mit dem katholischen Religionsunterricht an staatlichen Schulen stellen, wird lediglich hingewiesen. Zur Illustration werden auch einzelne Verweise auf den Religionsunterricht an den staatlichen Schulen in Italien gemacht.

Die Arbeit erhebt nicht den Anspruch, die vielen in Frage kommenden dogmatisch-juridischen Probleme zu lösen. Sie versucht vielmehr, einen Weg aufzuzeigen, der eine Lösung von bestimmten Problemen nahelegt.

TEIL II
DER BEGRIFF DES KIRCHENAMTES

KAPITEL II

In der Perspektive des II. Vatikanischen Konzils und des *CIC*

Im Leben der Kirche hat das II. Vatikanische Konzil nicht wenige Veränderungen herbeigeführt. Ein Rechtsinstitut, mit dem sich das Konzil auch befasst hat, ist das Kirchenamt. Seine Definition im Konzilstext PO 20 wurde nach dem Konzil von can. 145 § 1 *CIC* rezipiert.

1. Das II. Vatikanische Konzil und der *CIC*

Der *CIC* von 1983 ist mit dem II. Vatikanischen Konzil in vielfacher Beziehung verbunden, von seiner Entstehung nach dem Konzil bis zu seiner Auslegung und Anwendung.

1.1 *Die Neufassung des CIC*

Die Reform des *CIC* von 1917 wurde zusammen mit der Einberufung eines ökumenischen Konzils von Johannes XXIII. am 25. Januar 1959 angekündigt. Zu Beginn der Apostolischen Konstitution *Sacrae disciplinae leges* (SDL) sprach Johannes Paul II. über diese beiden angekündigten Ereignisse: Das Konzil sei von grösster Bedeutung für die Reform des *CIC* und mit dessen Wesen eng verbunden[1].

Der Papst verwies darauf, dass das Konzil und der *CIC* auf den einen Vorsatz zurückgehen, das christliche Leben zu erneuern:

> Wenn Wir aber heute zurückdenken an den Ausgangspunkt dieses Weges, also an den 25. Januar 1959 und an Johannes XXIII. selbst, den Initiator der Codexrevision, dann müssen Wir bekennen, dass dieser Codex nur ein und demselben Vorsatz entsprang, das christliche Leben zu erneuern;

---

[1] SDL, IX.XI.

insbesondere von diesem Vorsatz erhielt die gesamte Konzilsarbeit ihre Richtlinien und ihren Verlauf[2].

Die Arbeiten zur Reform des *CIC* konnten erst nach Abschluss des Konzils beginnen, da sie sich auf dieses stützen mussten[3]. Zur feierlichen Eröffnung der Arbeit der damit beauftragen Kommission wies Paul VI. darauf hin, dass bei der Neufassung des Kirchenrechts der neuen Mentalität, wie sie dem II. Vatikanischen Konzil eigen ist, und den neuen Notwendigkeiten des Volkes Gottes Rechnung zu tragen sei[4].

1.2 *Die Grundsätze zur Neufassung*

Im Oktober 1967 approbierte die Bischofssynode zehn Grundsätze für die Neufassung des *CIC*. Diese Prinzipien verpflichteten die Kommission, die ekklesiologische Lehre des Konzils auf den *CIC* anzuwenden[5]. Wie aus dem Vorwort zu diesen Grundsätzen hervorgeht, stützte sich die Neufassung des *CIC* gleichsam auf die Anleitung des *CIC* von 1917 und auf die Grundzüge des II. Vatikanums[6].

In diesen Grundsätzen kommt der Einfluss des Konzils auf eine besondere Weise zum Ausdruck. Einzelne dieser Grundsätze sollen kurz erläutert werden.

Der erste Grundsatz spricht zunächst vom juristischen Charakter des *CIC*. Im Blick auf die Kirche und das Kirchenrecht wird sodann auf die Hauptaufgabe des Rechts Bezug genommen, auf das Festlegen und den Schutz der Rechte und Pflichten eines jeden Menschen gegenüber den anderen und gegenüber der Gesellschaft[7].

Der sechste Grundsatz befasst sich mit der wichtigen Frage, in welcher Weise die Rechte der Personen festgelegt und geschützt werden müssen. Zunächst wird auf die Kirchengewalt (*potestas*), ihre Träger und ihre Ausübung eingegangen. Diese darf nicht missbraucht werden. Die Rechte eines jeden Gläubigen müssen anerkannt und geschützt werden. Im letzten Absatz wird für den *CIC* eine allen Gläubigen gemeinsame Rechtsstellung (*statutum iuridicum*) vorgesehen, die

---

[2] SDL, XI.XIII.
[3] SDL, XI.
[4] PAUL VI., Ansprache vom 20. Oktober 1965, 988.
[5] *Principia quae*, Einleitung und Vorwort; vgl. dazu V. DE PAOLIS, «Il libro primo», 240.
[6] «Codex Iuris Canonici veluti ducis munere fungitur et Concilium Oecumenicum Vaticanum secundum quasi lineamenta praebet operis novi.» *Principia quae*, Vorwort.
[7] *Principia quae*, Punkt 1.

ihnen aufgrund der Menschenwürde und der Taufe zukommt. Zu dieser Rechtsstellung kommen sodann die einzelnen Rechte und Pflichten hinzu, die mit den verschiedenen kirchlichen Aufgaben gegeben sind[8].

Der siebte Grundsatz befasst sich mit der Notwendigkeit einer Verfahrensordnung zum Schutz der subjektiven Rechte[9].

In den genannten Grundsätzen geht es immer wieder darum, die Rechte und Pflichten der Gläubigen festzulegen und zu schützen. Das soll durch den *CIC* geschehen.

1.3 Die in den CIC aufgenommene Konzilslehre

Wenn wir den Werdegang des *CIC* betrachten, erstaunt es nicht, dass er auf dem Hintergrund des Konzils zu sehen ist. Darauf verweist Johannes Paul II. anlässlich der Promulgation des *CIC*. So lesen wir in der Apostolischen Konstitution *Sacrae disciplinae leges*:

> Das Instrument, das der Codex ist, entspricht deutlich dem Wesen der Kirche, wie es vor allem durch das Lehramt des II. Vatikanischen Konzils ganz allgemein und besonders in seiner ekklesiologischen Lehre dargestellt wird. Ja, dieser neue Codex kann gewissermassen als ein grosses Bemühen aufgefasst werden, eben diese Lehre, nämlich die konziliare Ekklesiologie, in die *kanonistische* Sprache zu übersetzen. Auch wenn es unmöglich ist, das in der Lehre des Konzils beschriebene Bild der Kirche erschöpfend in die *kanonistische* Sprache zu übertragen, so muss doch der Codex sich immer auf dieses Bild wie auf ein vorrangiges Beispiel beziehen, dessen Züge er soweit wie möglich gemäss seiner Natur ausdrücken muss.
> Daraus entspringen einige grundlegende Richtlinien, von denen der neue Codex insgesamt bestimmt wird, innerhalb des ihm eigenen Inhalts und auch seiner Sprache, die mit diesem Inhalt zusammenhängt.
> Ja, man darf sagen, dass daraus auch jenes Merkmal herrührt, aufgrund dessen der Codex als Vervollständigung der vom II. Vatikanischen Konzil vorgestellten Lehre angesehen wird, insbesondere was zwei Konstitutionen betrifft, nämlich die dogmatische Konstitution über die Kirche und die Pastoralkonstitution.
> Daraus folgt, dass jenes grundlegende *Neue*, das, ohne jemals von der gesetzgeberischen Tradition der Kirche abzuweichen, im II. Vatikanischen Konzil anzutreffen ist, besonders was seine ekklesiologische Lehre betrifft, auch das *Neue* im neuen Codex ausmacht[10].

In diesen Worten kommt deutlich zum Ausdruck, wie wichtig das Bild der Kirche ist, das durch die Lehre des II. Vatikanischen Konzils

---

[8] *Principia quae*, Punkt 6.
[9] *Principia quae*, Punkt 7.
[10] SDL, XIX.XXI.

vorgezeichnet und in der Sprache des *CIC* abgebildet worden ist. Im letzten Absatz verweist Johannes Paul II. auf die kanonische Tradition der Kirche und auf die Erneuerung, die durch die Lehre des II. Vatikanischen Konzils im neuen Gesetzbuch der Kirche herbeigeführt worden ist.

In der Ansprache zur offiziellen Präsentation des *CIC* spricht Johannes Paul II. erneut von dessen Bezug zum II. Vatikanischen Konzil. Der Papst stellt zunächst fest, dass die konziliären Postulate im *CIC* genaue und bisweilen wörtliche Entsprechungen (*riscontri*) finden. Dann lädt er u.a. dazu ein, das dritte Kapitel von *Lumen gentium* mit dem II. Buch des *CIC* zu vergleichen. Ein exegetischer und kritischer Vergleich der entsprechenden Paragraphen und Kanones führe zu aufschlussreichen Ergebnissen[11].

Ein anderes konziliäres Postulat, das in PO 20 in bezug auf den Begriff des Kirchenamtes enthalten ist, hat im I. Buch des *CIC*, in can. 145 § 1, seine Entsprechung gefunden[12].

In diesem Zusammenhang ist auch auf ein grundlegendes Kriterium zur Interpretation des *CIC* hinzuweisen. Der *CIC* ist im Licht des II. Vatikanischen Konzils zu verstehen und anzuwenden[13].

2. Die Allgemeinen Normen des I. Buches *CIC*

Die Kanones über das Kirchenamt befinden sich in einem eigenen Titel im I. Buch der Allgemeinen Normen des *CIC*.

2.1 *Ihr Charakter und ihre Bedeutung*

Das I. Buch des *CIC*, nach sechs einleitenden Kanones in elf Titel aufgeteilt, enthält die Normen, welche die Grundlage zu einer richtigen Anwendung und Interpretation der übrigen Bücher des *CIC* sowie des ganzen Rechtes der lateinischen Kirche bilden. Es sind *Normen*, d.h. rechtlich bindende Bestimmungen. Sie sind *allgemeine* Normen, die das ganze Recht der lateinischen Kirche ordnen und in diesem zur Anwendung gelangen[14].

---

[11] *Comm.* 15 (1983) 15.
[12] Vgl. 3.4 und 3.5.
[13] V. DE PAOLIS, «Il libro primo», 261. Damit ist eine interessante Anwendung für can. 17 verbunden. Wenn nach can. 17 die kirchlichen Gesetze gemäss der eigenen Bedeutung ihrer Worte zu verstehen sind, so kann die Lehre des Konzils, die in die kanonistische Sprache übertragen worden ist, nicht ohne Bedeutung zum Verständnis eines entsprechenden Kanons sein.
[14] V. DE PAOLIS, «Il libro primo», 237-238, insbesondere 238 Fn. 2.

Diese allgemeinen Normen haben zugleich einen fachtechnischen Charakter, der zwar den ganzen *CIC* prägt, sich aber besonders im I. Buch zeigt. Dieses fachtechnische Merkmal äussert sich in einer eigenen rechtswissenschaftlichen Ausdrucksweise und Methode. Die fachrechtliche Sprache und Methode soll dazu beitragen, dass die Rechtstexte klar, einfach und sicher sind[15].

Auf dieses Merkmal verweist auch Johannes Paul II. in der Apostolischen Konstitution *Sacrae disciplinae leges*, wenn er den spezifischen Inhalt des *CIC* und die damit zusammenhängende eigene Sprache erwähnt[16].

Angewandt auf die Bestimmungen über das Kirchenamt, die sich im IX. Titel des I. Buches befinden (cann. 145-196), bedeutet dies ein zweifaches. Als allgemeine Normen haben sie einen grundlegenden Bezug zu den übrigen Normen des Kirchenrechts, besonders des *CIC*, welche Bestimmungen zu den einzelnen Kirchenämtern enthalten. Diese sind mit anderen Worten auch auf dem Hintergrund des IX. Titels zu sehen und zu interpretieren. Es sind zudem Normen, die eine eigene fachtechnische Ausdrucksweise haben. Dies gilt in besonderer Weise für den Begriff des Kirchenamtes nach can. 145[17].

2.2 *Der Bezug zur kanonischen Tradition*

Die kanonische Tradition besteht in einer ganzen Anzahl von Begriffen, Grundsätzen und Rechtsinstituten und in einer bestimmten Methode und Technik, die das Kirchenrecht im Laufe der Zeit entwickelt hat[18]. Sie ist eng mit der oben erwähnten eigenen Sprache und Methode des Kirchenrechts verbunden. Da die kanonische Tradition auf besondere Weise im I. Buch des *CIC* zum Ausdruck kommt, soll dieser Punkt an dieser Stelle behandelt werden, obgleich es sich um einen allgemeinen, den ganzen *CIC* betreffenden Gesichtspunkt handelt[19].

In der Apostolischen Konstitution *Sacrae disciplinae leges* kommt Johannes Paul II. auf die kanonische Tradition in einem umfassenden

---

[15] V. DE PAOLIS, «Il libro primo», 238-239.
[16] SDL, XXI (s.o. 1.3).
[17] Vgl. dazu *Comm.* 3 (1971) 187.
[18] V. DE PAOLIS, «Il libro primo», 239.
[19] Nach can. 6 § 2 sind die Kanones dieses Kodex, «soweit sie altes Recht wiedergeben, auch [*etiam*] unter Berücksichtigung der kanonischen Tradition zu würdigen». Es wird in der Literatur darauf verwiesen, dass die kanonische Tradition durch das Wort *etiam* ein Kriterium neben anderen zur Bewertung der betroffenen Kanones ist. V. DE PAOLIS, «Il libro primo», 260-261.261 Fn. 18.

Sinn zu sprechen. Er verwendet dabei verschiedene Bezeichnungen: das rechtliche und gesetzgeberische Erbe der Offenbarung und der Tradition («hereditas iuridica et legifera Revelationis atque Traditionis»), sowie die gesamte rechtliche und gesetzgeberische Überlieferung der Kirche («tota traditio iuridica et legifera Ecclesiae»). So weist der Papst in der Anwort auf die Frage, was der *CIC* ist, auf das alte Rechtserbe hin, das im Alten und im Neuen Testament enthalten ist und aus dem die gesamte rechtliche und gesetzgeberische Tradition der Kirche ihren Ursprung hat. Wenig danach bezeichnet er den *CIC* als «das vorrangige gesetzgebende Dokument der Kirche, das sich auf das rechtliche und gesetzgeberische Erbe der Offenbarung und der Tradition stützt»[20].

Der Papst unterscheidet einerseits zwischen dem reichen Rechtserbe der Offenbarung und dem der Tradition, auf die sich der *CIC* stützt. Die Offenbarung selbst ist andererseits gleichsam die erste Quelle, aus der die rechtliche und gesetzgeberische Tradition der Kirche ihren Ursprung hat.

Neben dieser ersten Quelle ist das reiche Rechtserbe der Tradition von einer ganzen Anzahl anderer Quellen beeinflusst worden. Zur Bildung dieser Tradition haben die verschiedenen Rechtskulturen beigetragen, mit denen die Kirche im Laufe der Zeit in Kontakt gekommen ist: die hebräische, die römische, die griechische, die der germanischen Völker, die lokalen Rechtskulturen der Völker, in denen sich die Kirche ausbreitete, und die bürgerlichen Rechtskulturen der Neuzeit[21].

Unter den verschiedenen Rechtskulturen hatte das römische Recht einen grossen Einfluss auf das Kirchenrecht. Viele Rechtsinstitute der Kirche sind vom römischen Recht beeinflusst worden, besonders im Personenrecht (Wohnsitz, Ehe, Ehehindernisse, Testament u.a.). Das Amt oder *officium* gehört zu jenen Rechtsinstituten und Rechtsbegriffen, die das Kirchenrecht vom römischen Recht übernommen hat[22]. Das Erbe des römischen Rechts ist auf besondere Weise im I. Buch des *CIC* gegenwärtig. Die durch das römische Recht erworbenen Begriffe und Methoden erweisen dem Kirchenrecht bis heute einen grossen Dienst[23].

---

[20] SDL, XVI-XIX.

[21] V. DE PAOLIS, «Il libro primo», 239-240.

[22] O. ROBLEDA, «Notio officii ecclesiastici», 138 Fn. 16; R. STRIGL, *Grundfragen*, 82.

[23] V. DE PAOLIS, «Il libro primo», 239-240; vgl. auch A. GAUTHIER, *Introduction*, 3-21.

2.3 Der Bezug zum II. Vatikanischen Konzil

Oblgeich sich das I. Buch des *CIC* vor allem durch fachtechnische Normen und durch den Einfluss der kanonischen Tradition auszeichnet, hat auch im I. Buch eine tiefgehende Erneuerung stattgefunden, die vom II. Vatikanischen Konzil ausgeht[24].

Zu den Kanones des I. Buches, welche die Prinzipien und Bestimmungen des Konzils aufnehmen und eine vom Konzil beabsichtigte Erneuerung mit sich bringen, gehören z.B. can. 22 (CD 19; GS 74), can. 87 § 1 (CD 8) und can. 145 § 1 (PO 20)[25]. Can. 22 betrifft die sogenannte Kanonisation der weltlichen Gesetze[26], can. 87 § 1 die Dispensvollmacht des Diözesanbischofs[27] und can. 145 § 1 den Begriff des Kirchenamtes[28].

Gerade am Beispiel des Begriffs des Kirchenamtes zeigt sich, wie ein Begriff, der mit einer langen kanonischen Tradition verbunden ist, durch das II. Vatikanische Konzil eine tiefgehende Erneuerung erfahren hat[29].

3. Das Kirchenamt nach can. 145 *CIC*

Zu Beginn seines Kommentars zum IX. Titel der Allgemeinen Normen äussert De Paolis folgende Gedanken zum Kirchenamt. Das Kirchenamt hat eine grosse Bedeutung im Leben der Kirche. Der institutionelle Charakter der Kirche kommt vor allem durch die Kirchenämter zum Ausdruck. Ein bedeutender Teil der kirchlichen Tätigkeit wird durch die Kirchenämter wahrgenommen. Diese sind Werkzeuge, durch welche die Kirche ihre Dienste zum Heil der Gläubigen vollzieht. Sie gewähren den Gläubigen eine Sicherheit, ihre Rechte im kirchlichen

---

[24] V. DE PAOLIS, «Il libro primo», 240.243; vgl. O. ROBLEDA, «Notio officii ecclesiastici», 132-133.

[25] S. zu diesen Beispielen V. DE PAOLIS, «Il libro primo», 240-243.

[26] V. DE PAOLIS, «Il libro primo», 304-305.

[27] V. DE PAOLIS, «Il libro primo», 353-355.

[28] Vgl. O. ROBLEDA, «Notio officii ecclesiastici», 132-133; V. DE PAOLIS, «Il libro primo», 240-243.

[29] So schreibt Robleda zum Begriff des Kirchenamtes nach PO 20 im Verhältnis zum Begriff nach can. 145/*CIC* 1917: «Innovatio prima ac fundamentalis habetur quoad notionem ipsam officii ecclesiastici.» Eine erste und grundlegende Erneuerung liegt in bezug auf den Begriff des Kirchenamtes selbst vor. Und: «Innovatio sive mutatio, ut patet, haud parva est respectu C.I.C.» Es handle sich nicht um eine kleine Erneuerung oder Wandlung in bezug auf den *CIC* (von 1917). O. ROBLEDA, «Notio officii ecclesiastici», 132-133. Vgl. auch V. DE PAOLIS, «Il libro primo», 242-243. Zur kanonischen Tradition des Begriffs des Kirchenamtes R. STRIGL, *Grundfragen*, 82-92.

Leben wahrzunehmen. Auch wenn Gefahren mit der Institution des Kirchenamtes verbunden sind, wie z.B. der Formalismus und die Bürokratisierung, so machen sie die Kirchenämter als solche doch nicht zwecklos oder schädlich. Es geht darum, die Bedeutung des Kirchenamtes im Leben der Kirche zu erfassen und sich zu bemühen, die genannten Gefahren zu vermeiden[30].

Das Kirchenamt ist ein wichtiges Rechtsinstitut in der Kirche. Die Bestimmungen darüber sind nicht nur in den Allgemeinen Normen des IX. Titels des I. Buches enthalten, sondern auch in zahlreichen anderen Normen, die sich auf die einzelnen Kirchenämter beziehen und im gesamten Kirchenrecht, insbesondere im *CIC*, zu finden sind.

Der IX. Titel der Allgemeinen Normen enthält zunächst in can. 145 eine Begriffsbestimmung des Kirchenamtes. Dann folgen zwei Kapitel, das erste über die Übertragung (cann. 146-183), das zweite über den Verlust eines Kirchenamtes (cann. 184-196).

3.1 *Die Definition des Kirchenamtes nach can. 145*

Der Begriff des Amtes wird im kirchlichen Bereich auf vielfältige Weise verwendet. So finden wir z.B. folgende Bezeichnungen: das Amt oder Hochamt im liturgischen Sinn; die Amtskirche; das geistliche Amt; das hierarchische Amt; die Ämter Christi und der Kirche, namentlich das Priesteramt, das Lehramt und das Hirtenamt; das Bischofsamt; das Priesteramt; das Pfarramt[31]. Zudem finden sich die Bezeichnungen einer haupt-, neben- und ehrenamtlichen Tätigkeit in der Kirche.

Wenn in dieser Arbeit vom Kirchenamt die Rede ist, geht es um die rechtliche und allgemeine Begriffsbestimmung des Kirchenamtes, wie sie in can. 145 zu Beginn des IX. Titels des I. Buches gegeben wird:

> § 1. Officium ecclesiasticum est quodlibet munus ordinatione sive divina sive ecclesiastica stabiliter constitutum in finem spiritualem exercendum.
> § 2. Obligationes et iura singulis officiis ecclesiasticis propria definiuntur sive ipso iure quo officium constituitur, sive decreto auctoritatis competentis quo constituitur simul et confertur.

In der deutschen Übersetzung lautet can. 145[32]:

---

[30] V. DE PAOLIS, «Il libro primo», 452.

[31] W. AYMANS, *Kanonisches Recht*, 445; H. SOCHA, *MK*, Einführung vor 145/1.

[32] Die Übersetzung des Münsterischen Kommentars von § 1 lautet: «Kirchenamt ist jeder entweder durch göttliche oder kirchliche Anordnung dauerhaft eingerichtete Dienst, der zu einem geistlichen Zweck auszuüben ist.»

§ 1. Kirchenamt ist jedweder Dienst, der durch göttliche oder kirchliche Anordnung auf Dauer eingerichtet ist und der Wahrnehmung eines geistlichen Zweckes dient.
§ 2. Pflichten und Rechte, die den einzelnen Kirchenämtern eigen sind, werden bestimmt entweder durch das Recht selbst, durch das ein Amt eingerichtet wird, oder durch Dekret der zuständigen Autorität, durch das es eingerichtet und zugleich übertragen wird.

Der erste Paragraph von can. 145 enthält die eigentliche Definition des Kirchenamtes. Das Kirchenamt ist jeder Dienst (*munus*), der auf zweifache Weise näher bestimmt wird: er ist durch göttliche oder kirchliche Anordnung auf Dauer eingerichtet und ist zu einem geistlichen Ziel auszuüben.

Der zweite Paragraph von can. 145 leitet gleichsam von der Betrachtung des einen Begriffs des Kirchenamtes zu den verschiedenen einzelnen Kirchenämtern und zu den mit diesen verbundenen Rechten und Pflichten über. Er sieht auch zwei Formen der Einrichtung eines Kirchenamtes vor.

3.2 *Die Quellen von can. 145 § 1*

Das II. Vatikanische Konzil hat die Gestalt des *CIC* wesentlich mitgeprägt. Die vom Konzil herbeigeführte Erneuerung, besonders in bezug auf die ekklesiologische Lehre, kommt nach den Worten von Johannes Paul II. im grundlegend *Neuen* des *CIC* zum Ausdruck[33].

Zu den Erneuerungen, die vom II. Vatikanischen Konzil gewollt und herbeigeführt worden sind, gehört der Begriff des Kirchenamtes, wie er sich in PO 20 vorfindet. Dieser Begriff reformiert den nach can. 145/*CIC* 1917 geltenden Begriff des Kirchenamtes und bildet die Grundlage für den entsprechenden Kanon im *CIC* 1983.

Das kommt deutlich in einer wichtigen Antwort der Konzilskommission *De disciplina cleri et populi christiani* zum Ausdruck. Anlässlich eines Schemas zu PO 20 musste sie sich zur Stellungnahme eines Konzilsvaters äussern, nach der im Konzilsdekret keine Definition des Kirchenamtes zu geben sei. Die Kommission antwortet durch den Relator folgendermassen:

Attamen cum *principia* in novo Codice Iuris Canonici assumenda ab ipso Concilio affirmari debeant, optatur ut textus servetur uti est. Votum ita exprimit Concilium ut deinceps officium ecclesiasticum non in sensu

---

[33] Vgl. SDL, XIX.XXI.

stricto generaliter accipiatur (C.I.C. can. 145, § 2), sed in sensu qui, in iure, latior dicitur[34].

Die Definition blieb im Konzilsdekret stehen, nach den Worten des Relators gleichsam als Grundlage (Prinzip) für den Begriff des Kirchenamtes im neuen *CIC*[35].

3.3 Der Begriff des Kirchenamtes nach can. 145/CIC 1917

Can. 145/*CIC* 1917 definiert das Kirchenamt auf folgende Weise:

§ 1. Officium ecclesiasticum lato sensu est quodlibet munus quod in spiritualem finem legitime exercetur; stricto autem sensu est munus ordinatione sive divina sive ecclesiastica stabiliter constitutum, ad normam sacrorum canonum conferendum, aliquam saltem secumferens participationem ecclesiasticae potestatis sive ordinis sive iurisdicitionis.
§ 2. In iure officium ecclesiasticum accipitur stricto sensu, nisi aliud ex contextu sermonis appareat.

Hier wird zwischen dem Kirchenamt im weiten und im engen Sinn unterschieden. Ein Kirchenamt im weiten Sinn ist nach § 1 jeder Dienst (*munus*), der zu einem geistlichen Ziel rechtmässig ausgeübt wird. Nach Schmitz ist es «unbedeutend, ob der Dienst unmittelbar oder mittelbar zu geistlichen Zwecken ausgeübt wird»[36]. Deshalb werden auch Dienste, die Laien ausüben können, zu den Kirchenämtern i.w.S. gezählt, wie z.B. die Dienste des Organisten, des Vermögensverwalters oder des Mesners[37].

Nach § 1 ist ein Kirchenamt im engen Sinn ein Dienst (*munus*), der durch göttliche oder kirchliche Anordnung auf Dauer eingerichtet ist, der nach Massgabe der hl. Kanones zu übertragen ist und wenigstens eine gewisse Teilhabe an der kirchlichen Gewalt, sei es der Weihegewalt, sei es der Jurisdiktionsgewalt mit sich bringt.

Nach § 2 handelt es sich im Recht um den engen Begriff des Kirchenamtes, wenn aus dem Kontext nichts anderes hervorgeht.

Das Kirchenamt i.e.S. wird nach can. 145 § 1 durch den Begriff *munus* (Aufgabe, Dienst) definiert, der näher bestimmt wird, und zwar

---

[34] *Schema Decreti de ministerio et vita presbyterorum. Textus recognitus et relationes*, AS IV/IV, 388 (Relatio zu n. 16). Diese Stelle ist in Punkt 3.4.2 näher erläutert.

[35] O. ROBLEDA, «Notio officii ecclesiastici», 137-138.

[36] H. SCHMITZ, *Die Gesetzessystematik*, 79.

[37] H. SCHMITZ, *Die Gesetzessystematik*, 79; die Beispiele sind von K. MÖRSDORF, «Kirchenamt», 190. Noch mehr Beispiele finden sich bei R. STRIGL, *Grundfragen*, 89-93.95.

KAP. II: IN DER PERSPEKTIVE DES KONZILS UND DES *CIC* 69

in bezug auf die dauerhafte Einrichtung, auf die Übertragung und auf die Teilhabe an der kirchlichen Gewalt[38]. Die Elemente des Kirchenamts i.e.S. betreffen also den Dienst (*munus*), seine dauerhafte Einrichtung, seine kanonische Übertragung und die Teilhabe an der Kirchengewalt. Das letztgenannte Element hat unter den Kirchenrechtsgelehrten am meisten Kontroversen und Diskussionen ausgelöst. Die Kontroversen betreffen vor allem die Frage über den Ursprung und die Ausübung der Kirchengewalt, die ihrerseits in eine Weihe- und Leitungsgewalt unterschieden wird[39]. In diesen Fragen ist man auch nach dem II. Vatikanischen Konzil noch nicht zu einer einheitlichen Lösung gekommen[40]. Eine andere Frage, die in Zusammenhang mit dem Kirchenamt i.e.S. besprochen worden ist, betrifft die Rechtspersönlichkeit des Kirchenamtes[41].

Aufgrund der cann. 118, 145 § 1 und 153/*CIC* 1917 konnte ein Kirchenamt i.e.S. nur Klerikern verliehen werden[42]. Als Kleriker galt nach can. 108 § 1/*CIC* 1917 bereits derjenige, der die erste Tonsur erhalten hatte[43].

Die Kanones über die Kirchenämter befinden sich im *CIC* 1917 im vierten Titel des ersten Teiles (*De clericis*) des II. Buches *De personis*. Der Titel über die Kirchenämter enthält nach den zwei einleitenden Kanones (cann. 145-146) zwei Kapitel über die Verleihung (cann. 147-182) und über den Verlust eines Kirchenamtes (cann. 183-195). Für die bepfründeten Ämter verweist can. 146 auf die Normen über das Benefizialrecht (cann. 1409-1488). Diese befinden sich in einem eigenen Teil des III. Buches *De rebus* und sind gleichfalls zu den allgemeinen Normen über das Kirchenamt zu zählen[44]. Das Benefizialwesen war eng

---

[38] Dieses letzte Element ist nach can. 145 § 1/*CIC* 1917 grammatikalisch unmittelbar auf *munus* bezogen. Das Kirchenamt i.e.S. ist danach ein Dienst (*munus*), der wenigstens eine gewisse Anteilnahme an der Kirchengewalt mit sich bringt.

[39] Vgl. z.B. K. MÖRSDORF, «Kirchenamt», 190 und O. ROBLEDA, «Officio exercetur potestas», 122-131.

[40] V. DE PAOLIS, «Il libro primo», 422-436. Zu diesem Thema besteht eine umfangreiche Literatur. Vgl. z.B. das Werk von A. CELEGHIN, *Origine e natura della potestà sacra*, das einen Überblick über die verschiedenen Schulen und Autoren gibt.

[41] Vgl. O. Robleda, «Quaestio de personalitate».

[42] F. DANEELS, *De subiecto Officii Ecclesiastici*, 48.

[43] Nach dem jetzigen Recht wird jemand erst durch den Empfang der Diakonatsweihe Kleriker (can. 266 § 1).

[44] H. SCHMITZ, *Die Gesetzessystematik*, 76-77; H. SOCHA, *MK*, Einführung vor 145/1.

mit dem (bepfründeten) Kirchenamt verbunden und hat sich auf dieses in nicht geringer Weise ausgewirkt[45].

Das II. Vatikanische Konzil hat zu einem Nachdenken über den Begriff des Kirchenamtes nach can. 145/*CIC* 1917 geführt. In einem 1976 erschienenen Artikel über den Begriff des Kirchenamtes des II. Vatikanischen Konzils äusserte sich Petroncelli zur unterschiedlichen Aufmerksamkeit, die in der Vergangenheit dem weiten und dem engen Begriff des Kirchenamtes zuteil geworden ist. Aufgrund der Unterscheidung des *CIC* 1917 zwischen dem Kirchenamt i.w.S. und i.e.S. habe sich die umfangreiche Literatur hauptsächlich mit dem Kirchenamt i.e.S. befasst. Der weite Begriff des *quodlibet munus* sei jedoch fast ganz ausser acht gelassen worden[46].

Zur Zeit des Konzils selbst befasst sich z.B. Schmitz mit dem Begriff des Kirchenamtes i.w.S. In seinem 1963 herausgegebenen Werk zur Gesetzessystematik des *CIC* (*Liber* I-III) schreibt er:

> Die gesetzliche Bestimmung des Kirchenamtes i.w.S., die von der Ausübung eines Dienstes ausgeht, entspricht nicht der im gleichen Paragraphen erfolgten Festlegung des Kirchenamtes i.e.S., die auf die bleibende Einrichtung abstellt. Sie geht am kanonischen Amtsbegriff vorbei und ist so dehnbar, dass nach ihr auch Dienste, die auf Delegation beruhen, als Kirchenämter i.w.S. gelten müssten. Es muss vielmehr festgestellt werden, dass auch das Kirchenamt i.w.S. entsprechend dem Amtsbegriff eine auf Dauer geschaffene Einrichtung sein müsste, die zur Wahrnehmung bestimmter kirchlicher Aufgaben mit entsprechenden Befugnissen ausgestattet ist. Der *Hauptunterschied* kann nur in der Art der übertragenen Gewalt gesehen werden. Daher sind alle Kirchenämter, die nur die Teilhabe an einfacher (nichthoheitlicher) Hirtengewalt oder an anderer öffentlicher, der Hirtengewalt nachgebildeter Kirchengewalt mit sich bringen, als Kirchenämter i.w.S. anzusprechen, wogegen Kirchenämter, mit denen hoheitliche Hirtengewalt für den äusseren und inneren oder nur für den inneren Bereich verbunden ist, Kirchenämter i.e.S. sind. Letztere können nur Klerikern, erstere auch Laien übertragen werden[47].

Diese Ausführungen machen deutlich, welch eine Änderung im kanonischen Amtsbegriff durch PO 20 bewirkt worden ist. Schmitz weist einerseits darauf hin, dass der Begriff des Kirchenamts i.w.S. von der Ausübung eines Dienstes ausgeht und dass dafür eine auf Dauer geschaffene Einrichtung vorgesehen werden sollte. Das sind gerade die bestimmenden Elemente des neuen *kanonischen* Begriffs des Kirchen-

---

[45] Vgl. H. SCHMITZ, *Die Gesetzessystematik*, 76-78.82-84.
[46] M. PETRONCELLI, «Polemiche», 301.
[47] H. SCHMITZ, *Die Gesetzessystematik*, 79-80.

amtes. Auf der anderen Seite wird in der neuen Definition des Kirchenamts nicht mehr unmittelbar auf die Teilhabe an der Kirchengewalt eingegangen. Es gibt nur noch den *einen* kanonischen Begriff des Kirchenamtes, nicht mehr ein Kirchenamt im weiten und im engen Sinn[48].

3.4 Der Begriff des Kirchenamtes nach Presbyterorum ordinis 20

Das II. Vatikanische Konzil gibt im Dekret *Presbyterorum ordinis* folgende authentische und einheitliche Definition des Kirchenamtes[49]: «Quodlibet munus stabiliter collatum in finem spiritualem exercendum» (PO 20).

Dieser Begriff des Kirchenamts wird im Konzilstext nicht in einem eigenen Punkt behandelt, sondern bei der Erörterung der Beziehung zwischen dem Kirchenamt und dem Benefizialwesen. Die Definition ist aber dennoch absichtlich eingeführt worden, um den Begriff des Kirchenamtes nach can. 145 § 1/*CIC* 1917 zu erneuern[50]. Der ganze Absatz des Konzilstextes lautet:

> Officio vero, quod sacri ministri adimplent, praecipuum momentum tribuere oportet. Quare systema sic dictum beneficiale relinquatur aut saltem ita reformetur ut pars beneficialis, seu ius ad redditus ex dote officio adnexos, habeatur tamquam secundaria, et princeps in iure tribuatur locus ipsi officio ecclesiastico, quod quidem deinceps intellegi debet quodlibet munus stabiliter collatum in finem spiritualem exercendum.

Die deutsche Übersetzung lautet:

> Die erste Bedeutung freilich muss dem Amt, das die geweihten Diener ausüben, zugemessen werden. Deshalb soll das sogenannte Benefizialsystem aufgegeben oder wenigstens so reformiert werden, dass der Benefiziumsteil oder das Recht auf die aus der Übergabe des Amtes fliessenden Einkünfte als zweitrangig gilt und der erste Platz im Recht dem kirchlichen Amt selbst eingeräumt wird; deshalb muss künftig jegliches ständig übertragene Amt so verstanden werden, dass es zur Erfüllung eines geistlichen Zweckes verliehen wird[51].

---

[48] Vgl. O. ROBLEDA, «Notio officii ecclesiastici», 145 («Derelinquitur, igitur, omnis divisio officii ratione naturae potestatis exercendae. Definitio est iam una»).

[49] O. ROBLEDA, «Notio officii ecclesiastici», 132.

[50] O. ROBLEDA, «Notio officii ecclesiastici», 132-133.

[51] Die hier wiedergegebene Übersetzung des *LThK* lässt das Wort *munus* aus und nimmt die beiden Qualifikationen von *munus* zum Begriff des Amtes selbst. Die lateinisch-italienische Ausgabe des *EV* übersetzt diese Stelle wörtlicher: «D'ora in avanti per ufficio ecclesiastico si deve intendere qualsiasi incarico conferito in modo stabile per un fine spirituale» (*EV* I/1312).

Wird auch das doch wichtige Wort *munus* (Aufgabe, Dienst) ausdrücklich genannt, kann der letzte Relativsatz von PO 20 so übersetzt werden: Das Kirchenamt muss fortan als jeder Dienst verstanden werden, der dauerhaft übertragen wurde und zu einem geistlichen Ziel auszuüben ist.

Die nun folgenden Darlegungen stützen sich v.a. auf verschiedene Artikel von Robleda, in denen er sich eingehend mit dem Begriff des Kirchenamtes nach PO 20 und den damit zusammenhängenden Fragen befasst[52].

3.4.1 Ein Vergleich

Die Definition des Kirchenamtes im Konzilstext lautet: «quodlibet munus stabiliter collatum in finem spiritualem exercendum» (PO 20). In dieser Definition sind die folgenden hervorgehobenen Elemente des Begriffs des Kirchenamts nach can. 145 § 1/*CIC* 1917 enthalten:

Officium ecclesiasticum lato sensu est *quodlibet munus* quod *in spiritualem finem* legitime *exercetur*; stricto autem sensu est munus ordinatione sive divina sive ecclesiastica stabiliter constitutum, ad normam sacrorum canonum *conferendum*, aliquam saltem secumferens participationem ecclesiasticae potestatis sive ordinis sive iurisdicitionis.

Der Vergleich zwischen den beiden Texten zeigt, dass es nunmehr einen einheitlichen Begriff des Kirchenamtes gibt. Es wird nicht mehr zwischen einem Kirchenamt im weiten und im engen Sinn unterschieden. Dieser *eine* Begriff des Kirchenamtes nimmt hauptsächlich die Elemente des Begriffs des Kirchenamtes i.w.S. auf. Nur ein Element entstammt dem Begriff des Kirchenamts i.e.S., nämlich die (dauerhafte) Verleihung[53]. Nicht mehr genannt werden die beiden Elemente der Einrichtung und der Teilhabe an der Kirchengewalt, die den Begriff des Kirchenamtes i.e.S. mitbestimmten.

So wie die Begriffe des Kirchenamtes i.w.S. und i.e.S. im *CIC* 1917 durch den Begriff des *munus* definiert worden sind, so wird auch der Begriff des Kirchenamtes nach PO 20 durch den näher bestimmten Begriff *munus* (Aufgabe, Dienst) definiert. Die einzelnen Begriffe des Kirchenamtes nach can. 145/*CIC* 1917 und PO 20 unterscheiden sich jeweils durch die verschiedenen Qualifizierungen von *munus*, wobei

---

[52] Vgl. O. ROBLEDA, «Quaestio de personalitate»; «Officio exercetur potestas»; «Notio officii ecclesiastici»; «Iurisdictio — officium ecclesiasticum»; «Innovationes Concilii Vaticani II»; «La noción canónica de oficio».

[53] O. ROBLEDA, «Notio officii ecclesiastici», 133.

jedoch die Definition von PO 20 dem Begriff des Kirchenamtes i.w.S. nach can. 145 § 1 entspricht (wie folgender Abschnitt zeigt).

3.4.2 Zur Entstehungsgeschichte[54]

In den ersten Entwürfen von 1961 und 1963 wurden zunächst die Begriffe des Kirchenamtes i.w.S. und i.e.S., wie sie sich im *CIC* 1917 vorfanden, beibehalten. Dabei wurde jedoch bereits das Element der dauerhaften Verleihung (*stabiliter collatum*) dem Begriff des Kirchenamtes i.w.S. beigefügt[55].
Eine tiefgehende und definitive Erneuerung[56] fand 1963 im Schema des Dekretes über die Kleriker statt, in dem folgende Definition von den Kirchenämtern gegeben wird: «Munera quaecumque stabiliter collata in finem spiritualem exercenda»[57]. Diese Formulierung wird bei der Auseinandersetzung mit dem Benefizialwesen gegeben. Die ganze Stelle lautet:

> Relicto systemate beneficiali, iam obsoleto, quo officium beneficio quandoque subordinatur et adhuc hodie nimis coniungitur, ipsi officiis ecclesiasticis, quae munera quaecumque stabiliter collata in finem spiritualem exercenda intellegi debent, princeps in iure Ecclesiae locus tribuatur[58].

Es gibt danach nicht mehr eine zweifache Form des Kirchenamtes, sondern nur noch eine. Diese eine Form entspricht zudem dem weiten Begriff des Kirchenamtes, wie er in den vorausgehenden Entwürfen — gestützt auf den weiten Begriff nach can. 145 § 1/*CIC* 1917 — formuliert worden ist.

Dieser nun gewonnene Begriff des Kirchenamtes wird in den folgenden Entwürfen beibehalten und nur noch teilweise modifiziert. Im *Schema de vita et ministerio sacerdotali* von 1964 wird das *quidem deinceps* eingefügt: «quae (officia ecclesiastica) quidem deinceps ut munera quaedam stabiliter collata in finem spiritualem exercendum

---

[54] Diese Übersicht lehnt sich eng an O. ROBLEDA, «Notio officii ecclesiastici», 133-137. Vgl. auch F. DANEELS, *De subiecto Officii Ecclesiastici*, 72-82.

[55] S. dazu O. ROBLEDA, «Notio officii ecclesiastici», 133-135. Hier sind auch die entsprechenden Stellen der Entwürfe von 1961 und 1963 zitiert.

[56] O. ROBLEDA, «Notio officii ecclesiastici», 135 («Emergit, vero, innovatio profunda, ac, quoad substantiam vere definitiva»).

[57] *Schema Decreti de clericis* (1963), *AS* III/IV 838 (n. 29).

[58] *Schema Decreti de clericis* (1963), *AS* III/IV 838 (n. 29).

intelligi debent»[59]. Die neu eingeführte Betrachtungsweise und Definition des Kirchenamtes wird durch diese Einfügung gefestigt[60]. Fortan ist das Kirchenamt auf diese eine Weise zu verstehen.

Unter Punkt 3.2 dieses Kapitels ist die Antwort der Konzilskommission *De disciplina cleri et populi christiani* zitiert, welche sich zur Definition des Kirchenamtes äussert. Diese Antwort ist von Bedeutung. Dem Konzil gemäss ist das Kirchenamt generell fortan nicht mehr i.e.S. zu verstehen (wie nach can. 145 § 2/*CIC* 1917), sondern i.w.S. Die Definition ist in ihrem Wortlaut beizubehalten, gleichsam als Grundlage (Prinzip) für den Begriff des Kirchenamtes im neuen *CIC*[61].

In einem folgenden Schema wird die Singularform eingeführt: «quod (officium ecclesiasticum) quidem deinceps intelligi debet quodlibet munus stabiliter collatum in finem spiritualem exercendum»[62]. Dies wird die definitive und authentische Formulierung[63].

Die Kommission musste sich noch einmal zu einem Vorschlag äussern, der den Wortlaut der Definition ändern wollte[64]. Die Antwort des Relators fasst den Sinn der Definition zusammen:

> Ratio est quia intentum textus est ut deinceps officium proprie et semper intelligatur munus quod in actuali C.I.C. officium lato sensu tantum intellegitur, scilicet, «quodlibet munus quod in spiritualem finem legitime exercetur», dummodo stabiliter conferatur. Hanc ob rationem verba *CIC* sunt adhibenda, ut clare appareat Decretum hoc mutationem in iure Codicis introducere[65].

Das Kirchenamt ist demnach von nun an im eigentlichen Sinn und immer («proprie et semper») als *munus* (Aufgabe, Dienst) zu verstehen, wie es im *CIC* 1917 das Kirchenamt i.w.S. charakterisiert, nämlich als «quodlibet munus quod in spiritualem finem legitime exercetur», sofern es nur dauerhaft übertragen wird. Die Worte des *CIC* 1917 (des

---

[59] *Schema propositionum de vita et ministerio sacerdotali. Textus emendatus* (1964), *AS* III/IV 231 (n. 10).

[60] O. ROBLEDA, «Notio officii ecclesiastici», 136 («Profecto, verbum "deinceps" efficit reapse ut nova inducta theoria seu notio officii ecclesiastici sub unica figura, firma omnino evadat»).

[61] *Schema Decreti de ministerio et vita presbyterorum. Textus recognitus et relationes, AS* IV/IV, 388 (Relatio zu n. 16).

[62] *Schema Decreti de ministerio et vita presbyterorum. Textus emendatus* (1965), *AS* IV/VI 384 (n. 20).

[63] O. ROBLEDA, «Notio officii ecclesiastici», 136 Fn. 11.

[64] Vgl. O. ROBLEDA, «Notio officii ecclesiastici», 136-137.

[65] *Schema Decreti de ministerio et vita presbyterorum. Textus emendatus et relationes* (1965), *AS* IV/VI 403-404 (Relatio zu n. 20).

Begriffs i.w.S.) müssen in der Definition des Konzilstextes angewandt werden, damit deutlich wird, dass das Konzilsdekret in diesem Punkt eine Änderung im Kirchenrecht einführt[66].

Es gibt also nunmehr *einen* Sinn des Kirchenamtes, welcher der eigentliche ist. Es ist nach den Worten des Relators kein anderer als der weite Sinn nach can. 145 § 1/*CIC* 1917. Das Kirchenamt ist von nun an in diesem Sinn zu verstehen[67].

Nach einem letzten Änderungsvorschlag sollte das Wort *stabiliter* von der Definition entfernt werden. Die Kommission sah keinen Grund dazu[68].

In PO 20 hat also das Konzil eine authentische Definition des Kirchenamtes gegeben. Danach ist das Kirchenamt als jeder Dienst zu verstehen, der, dauerhaft übertragen, zu einem geistlichen Ziel auszuüben ist («quodlibet munus stabiliter collatum in finem spiritualem exercendum»).

Die Entstehungsgeschichte dieser Formulierung macht mehrere Aspekte deutlich. Sie zeigt, dass die Konzilsväter bewusst diese Formulierung wählten[69]. Sie hätten diese Definition, wie es auch von einer Seite gefordert worden ist, weglassen und dem Gesetzgeber überlassen können, haben das aber nicht getan. Es gibt nunmehr *einen* authentischen und eigentlichen Begriff des Kirchenamtes, der die Grundlage für den Begriff des Kirchenamtes im *CIC* sein soll. Mit PO 20 wird absichtlich eine Änderung im Kirchenrecht herbeigeführt.

Robleda hebt mehrmals hervor, dass der Begriff des Kirchenamtes grundlegend erneuert worden ist. Es handle sich um keine geringe Veränderung im Vergleich zum *CIC* 1917[70]. Die Definition sei einfach und klar («una et simplex»)[71].

Der *CIC* von 1983 führt mit can. 145 die vom Konzil beabsichtigte Veränderung in bezug auf den Begriff des Kirchenamtes ins Kirchenrecht ein. Das neu gewonnene Verständnis des Kirchenamtes soll dazu

---

[66] O. ROBLEDA, «Notio officii ecclesiastici», 137-138.
[67] O. ROBLEDA, «Notio officii ecclesiastici», 138.
[68] Vgl. O. ROBLEDA, «Notio officii ecclesiastici», 137.
[69] O. ROBLEDA, «Notio officii ecclesiastici», 133.
[70] O. ROBLEDA, «Notio officii ecclesiastici», 132 («Innovatio prima ac fundamentalis habetur quoad notionem ipsam officii ecclesiastici»); 133 («Innovatio sive mutatio, ut patet, haud parva est respectu C.I.C.»); 136 («nova inducta theoria seu notio officiii ecclesiastici sub unica figura»). In ähnlicher Weise spricht Daneels von der neuen Definition des Kirchenamtes in PO 20. F. DANEELS, *De subiecto Officii Ecclesiastici*, 72 («De nova officii ecclesiastici definitione in PO 20B»).
[71] O. ROBLEDA, «Notio officii ecclesiastici», 132.

beitragen, dass die Bedeutung des Kirchenamtes selbst erneut zum Vorschein kommt. Darauf wird in PO 20 ausdrücklich hingewiesen, wie die folgenden Ausführungen zeigen.

3.4.3 Kirchenamt und Benefizialwesen

Das II. Vatikanische Konzil hat sich bemüht, sich auf das Wesen der Kirche und ihrer Einrichtungen zu besinnen und dieses zum Ausdruck zu bringen[72]. Die Definition des Kirchenamtes in PO 20 zeigt sich gerade auch in dieser Perspektive.

Es ist nicht erstaunlich, dass das Konzil den neuen Begriff des Kirchenamtes in Zusammenhang mit den Richtlinien für das Benefizialwesen wählte. Denn im bislang geltenden Recht war das Benefizialwesen eng mit dem Rechtsinstitut des Kirchenamtes verbunden[73]. In der Besinnung auf das Wesen der Kirche und ihrer Einrichtungen kommt das Konzil nicht umhin, sich mit dem Benefizialwesen und dem Kirchenamt als solchem zu befassen. Nach PO 20 soll nun das Benefizialsystem aufgegeben oder wenigstens reformiert und dem Kirchenamt die erste Bedeutung zugemessen werden. Dem Kirchenamt soll dadurch wieder eine eigenständige Bedeutung zukommen, die an sich nicht mehr an das Benefizialwesen gebunden ist und von diesem aus bestimmt wird. Der Begriff des Kirchenamtes wird vom Bezug auf das Benefizialwesen befreit[74].

Indem das Konzil die Bedeutung des Kirchenamtes hervorheben will, sieht und fasst es zugleich das Wesen des Kirchenamtes in einem weiten Sinn, nicht mehr im engen Sinn nach dem *CIC* von 1917.

3.4.4 Die Teilnahme an der Kirchengewalt

Die Definition in PO 20 stützt sich auf den weiten Begriff des Kirchenamtes nach can. 145 § 1/*CIC* 1917. Sie enthält nicht mehr das Erfordernis und Element der Teilnahme an der Kirchengewalt, wie es dem Kirchenamt i.e.S. nach can. 145 § 1/*CIC* 1917 zu eigen war[75].

Das kommt auch in einem Bericht zum *Schema propositionum de vita et ministerio sacerdotali* zum Ausdruck:

---

[72] Vgl. SDL, XIX.
[73] H. SCHMITZ, *Die Gesetzessystematik*, 76-78.82-84.
[74] Vgl. V. DE PAOLIS, «Il libro primo, 242-243.
[75] Vgl. V. DE PAOLIS, «Il libro primo», 453 («Tra i diritti e i doveri che costituiscono l'ufficio non si fa cenno alla potestà ecclesiastica di governo o di ordine. L'ufficio viene così liberato da tale esigenza»).

Officia deinceps intelligenda sunt quaelibet munera stabiliter collata in finem spiritualem exercenda; in iure enim Codicis Iuris Canonici officia sensu stricto illa tantum sunt munera stabiliter collata, quae aliquam secumferunt participationem potestatis ecclesiasticae sive ordinis sive iurisdictionis (can. 145): votum ergo exprimitur ut latius accipiatur officium[76].

Hier wird deutlich unterschieden zwischen dem Kirchenamt i.w.S. und dem Kirchenamt i.e.S. Bei diesem handelt es sich nach dem *CIC* 1917 nur um jene dauerhaft übertragenen Dienste (*munera*), die eine gewisse Teilnahme an der Kirchengewalt mit sich bringen. Die neue Definition geht vom Kirchenamt i.w.S. aus und nicht vom Kirchenamt i.e.S. (nach can. 145 § 1/*CIC* 1917), enthält also nicht das für dieses charakteristische Element der Teilnahme an der Kirchengewalt[77].

Im Weglassen dieses Elementes sieht Daneels, sich auf die oben zitierten Worte stützend, die wesentliche Veränderung (*tota immutatio*) in der neuen Definition des Kirchenamtes[78]. Das Fehlen dieses Elementes führte im Anschluss an die Definition in PO 20 zur eingehend diskutierten Frage, ob Laien Inhaber eines Kirchenamtes sein können[79].

3.5 *Zur Entstehungsgeschichte von can. 145/CIC 1983*

Durch die vom Konzil klar vorgegebene Definition in PO 20 war für die Gesetzgebung die Grundlage zum Begriff des Kirchenamtes schon

---

[76] *Schema propositionum de vita et ministerio sacerdotali. Textus emendatus et relationes* (1964), *AS* III/IV 240 (Relatio zu n. 10).

[77] Es ist bemerkenswert, dass die zitierten Worte des Berichts das Element der Teilhabe an der Kirchengewalt hervorheben, nicht die Elemente der Einrichtung und der dauerhaften Übertragung. Im Bericht wird zudem nicht darauf verwiesen, warum die neue Definition des Kirchenamtes das Element der dauerhaften Übertragung («munera stabiliter collata») nennt und nicht das Element der dauerhaften Einrichtung («stabiliter constituta, ad normam sacrorum canonum conferenda»), wie es dem Kirchenamt i.e.S. nach can. 145 § 1/*CIC* 1917 zu eigen ist. Im Element der dauerhaften Übertragung, das in der neuen Definition enthalten ist, kann nach Daneels implizit das Element der Einrichtung vorausgesetzt werden. Nach den Worten des Relators werden ja auch die Kirchenämter i.e.S. dauerhaft übertragen («munera stabiliter collata»). Das Unterscheidungsmerkmal liegt also im Element der Teilhabe an der Kirchengewalt. F. DANEELS, *De subjecto Officii ecclesiastici*, 78-79. Vgl. auch H. SCHMITZ, *Die Gesetzessystematik*, 79-80 (s.o. 3.3).

[78] F. DANEELS, *De subjecto Officii ecclesiastici*, 78-79.

[79] S. dazu O. ROBLEDA, «Notio officii ecclesiastici», 138-145; das Werk von F. DANEELS, *De subiecto Officii Ecclesiastici*, befasste sich eingehend mit diesem Thema.

gelegt. Das zeigt sich im Verlauf der Entstehung von can. 145 immer wieder. PO 20 ist ein neuer Ausgangspunkt geworden.

3.5.1 Die Zu- und Einordnung des Titels über die Kirchenämter

Zunächst hatte die Arbeitsgruppe[80] über die Kleriker (*Coetus studiorum de Clericis*, später *de Sacra Hierarchia* genannt) mit dem Titel über das Kirchenamt zu tun, weil sie sich mit der Neufassung der Kanones des ersten Teiles *De clericis* im II. Buch des *CIC* 1917 befassen musste. Zu diesem ersten Teil gehörte ja auch der Titel über die Kirchenämter (Titel IV) und der Titel über die ordentliche und delegierte Gewalt (Titel V). Es wurde jedoch sogleich darauf hingewiesen, dass sich eine andere Arbeitsgruppe mit den beiden letztgenannten Titeln befassen müsse, aus folgenden Gründen:

> Hi enim tituli, in quibus non paucae aguntur quaestiones indolis specifice iuridice, hodie certo considerari non possunt ut pertinentes ad Partem vel Sectionem, in qua agitur de clericis. Re quidem vera, secundum Decretum Concilii Vaticani II Presbyterorum Ordinis (20), officium ecclesiasticum «deinceps intellegi debet quodlibet munus stabiliter collatum in finem spiritualem exercendum». Quaedam igitur officia quae laicis committuntur, uti v.g. est institutio religiosa tradenda, dici debent officia ecclesiastica. Officia itaque ecclesiastica non reservantur clericis. Similiter clericis non reservatur hodie exercitium omnis potestatis regiminis seu iurisdicitionis in Ecclesia. Admittitur enim hodie Episcoporum Conferentiam regionis instrui facultate permittendi, certis sub conditionibus, constitutionem, in primo gradu iudicii, collegii ex duobus clericis et uno laico constantis. Qui laicus, utpote membrum collegii iudicialis, certocertius potestatem regiminis iudicialem seu iurisdicitionem exercet[81].

Danach können diese Titel (über die Kirchenämter und die kirchliche Leitungsgewalt), in denen es vielfach um spezifisch juristische Fragen geht, gewiss nicht mehr im Teil eingefügt werden, bei dem es um die Kleriker geht. Nach dem Konzilsdekret PO 20 ist ja das Kirchenamt fortan als jeder Dienst zu verstehen, der dauerhaft übertragen worden ist und zu einem geistlichen Ziel auszuüben ist. Deshalb müssen gewisse Ämter (*officia*), die Laien übertragen werden, wie z.B. der Religionsunterricht, Kirchenämter (*officia ecclesiastica*) genannt werden. Die Kirchenämter sind daher nicht mehr den Klerikern vorbehalten. In ähnlicher Weise ist heute die Ausübung jeglicher Leitungs-

---

[80] Zu den einzelnen Arbeitsgruppen und ihrer Arbeit F. D'OSTILIO, *La storia*, 33-68. Vgl. auch *Comm.* 19 (1987) 262-270 (in bezug auf das erste Buch des *CIC*).
[81] *Comm.* 3 (1971) 187.

gewalt in der Kirche nicht allein den Klerikern vorbehalten. Dazu wird das Beispiel des Laienrichters genannt, der als Mitglied eines Richterkollegiums Jurisdiktionsgewalt ausübt.

Wie anschliessend gesagt wird, haben die Titel über das Kirchenamt und über die ordentliche und delegierte Gewalt ihren Platz nicht im Teil des *CIC*, der über die Kleriker handelt. Aufgrund des allgemeinen Charakters der Materie dieser Titel sollten sie entweder bei den Allgemeinen Normen oder bei den allgemeinen Bestimmungen über die Personen eingeordnet werden. Deshalb ist die Bearbeitung dieser beiden Titel einer anderen Arbeitsgruppe zuzuweisen, nämlich der Arbeitsgruppe *de personis physicis et moralibus*, der überdies das Studium der spezifisch juristischen Fragen anvertraut war[82].

3.5.2 In der provisorischen systematischen Ordnung

Im Anschluss an eine Vollversammlung der Kommission vom 28. Mai 1968 wurde eine provisorische systematische Ordnung des *CIC* erarbeitet[83]. Hier finden wir den Titel V über die Ausübung der Leitungsgewalt («De potestatis regiminis exercitio») und den Titel VII über die Kirchenämter («De officiis ecclesiasticis») unter den Allgemeinen Normen. Zu Beginn der Erörterungen zu diesem Titel wird gesagt, dass die Normen über die Kirchenämter richtigerweise hier (unter die Allgemeinen Normen) eingeordnet werden. Zunächst seien gewisse allgemeine Normen zu geben, in denen es besonders um die neue Definition des Kirchenamtes («de nova definitione officii ecclesiastici») geht, wie sie durch das II. Vatikanische Konzil (PO 20) überliefert wird[84]. Dann wird auf die beiden Kapitel des Titels verwiesen, die von der Übertragung und vom Verlust des Kirchenamtes handeln[85].

3.5.3 Die Formulierung des Kanons

Die Arbeitsgruppe *de personis physicis et moralibus* befasste sich in den Jahren 1968 und 1969 in drei Sitzungen unter anderem mit dem

---

[82] *Comm.* 3 (1971) 187-188.

[83] *Comm.* 9 (1977) 230. Vgl. dazu F. D'OSTILIO, *La storia*, 31.

[84] In der Endredaktion blieb es dann bei dem einen Kanon, can.145, der den einleitenden Teil zu diesem Titel bildet. Der Entwurf von 1977 enthielt einen zweiten einleitenden Kanon zum Titel über die Kirchenämter, can. 119, der jedoch in der Folge gestrichen wurde. S. dazu *Comm.* 23 (1991) 248.

[85] *Comm.* 9 (1977) 235-236. Die Frage der Einordnung des Titels über die Kirchenämter wird im Verlauf der Arbeiten immer wieder diskutiert (s. die folgenden Ausführungen).

Begriff des Kirchenamtes[86]. Trotz einzelner Einwände wird die Definition des II. Vatikanischen Konzils in PO 20 rezipiert. In der März-Sitzung 1969 wird folgender Wortlaut des Kanons angenommen:

§ 1. Officium ecclesiasticum est quodlibet munus stabiliter collatum in finem spiritualem exercendum (Conc. Vat. II, Decr. Presbyterorum Ordinis, n. 20.).
§ 2. Obligationes et iura singulis officiis ecclesiasticis propria definiuntur sive ipsa lege qua officium instituitur et ordinatur sive decreto auctoritatis competentis quo constituitur et confertur[87].

Paragraph 1 gibt wörtlich die Formulierung des Konzils (PO 20) wieder. Diesbezügliche Einwände bezogen sich vor allem auf zwei Elemente, auf die Teilnahme an der Kirchengewalt und auf die dauerhafte Übertragung. Es wurde diskutiert, ob nicht zwischen Kirchenämtern, die eine Teilhabe an der Kirchengewalt mit sich bringen, und anderen, bei denen dies nicht der Fall ist, unterschieden werden soll. So könnte zwischen einem Kirchenamt i.w.S. und i.e.S. oder zwischen einem institutionellem und einem nicht-institutionellen Kirchenamt («officium institutionale et non institutionale») unterschieden werden[88].

In der Antwort auf diese Vorschläge wurde immer wieder auf die Definition des Kirchenamtes in PO 20 Bezug genommen. Gewiss sei, dass das Konzil einen anderen Begriff des Kirchenamtes gegeben hat als den in can. 145 (*CIC* 1917)[89]. Der Konzilstext vermeide die Unterscheidung zwischen einem Kirchenamt i.w.S. und i.e.S., damit jenes nicht als zweitrangiges Amt angesehen werde[90]. Mehrfach wurde gesagt, dass nach der Definition in PO 20 das Kirchenamt nicht notwendigerweise mit der Kirchengewalt verbunden sein müsse[91]. Deshalb sollte der vom Konzil weiter gefasste Begriff nicht begrenzt werden[92]. Der Text des Konzils wurde ohne weitere Einfügungen angenommen. Der Relator bemerkte, dass auf diese Weise alle Dienste

---

[86] In der dritten Sitzung vom 5.-9. November 1968, in der vierten Sitzung vom 25.-28. März 1969 und in der fünften Sitzung vom 24.-28. November 1969. *Comm.* 21 (1981) 137.158-160.165.176-179.205.208.

[87] *Comm.* 21 (1989) 178-179.197.

[88] Der Relator wies jedoch darauf, dass es auch ein institutionelles Kirchenamt ohne Teilhabe an der Kirchengewalt geben kann. *Comm.* 21 (1989) 178.

[89] *Comm.* 21 (1989) 177.

[90] *Comm.* 21 (1989) 159.

[91] *Comm.* 21 (1989) 159 (Aus dem Text von PO 20 und seiner Entstehung gehe klar hervor «ut officium non necessarie connecti debeat cum potestate ecclesiastica»); *Comm.* 21 (1989) 176-178 (der gleiche Gedanke wird mehrfach wiederholt).

[92] *Comm.* 21 (1989) 176.178.

(*munera*) dazuzählen, auch die nicht im strengen Sinn nur priesterlichen[93]. Die auf dem Element der Teilnahme an der Kirchengewalt beruhende Unterscheidung zwischen dem Kirchenamt i.w.S. und i.e.S. wurde in der Folge nicht aufgenommen[94].

Ein anderer Punkt, der diskutiert wurde, betraf das Element der dauerhaften Übertragung eines Dienstes. Dazu wurde auf mehrere Aspekte verwiesen. Die Dauerhaftigkeit (*stabilitas*) liege vor, ob nun ein Amt auf bestimmte oder auf unbestimmte Zeit verliehen werde[95]. Das Verhältnis zwischen der dauerhaften Übertragung und der Einrichtung eines Amtes wurde Gegenstand lebhafter Diskussion. Ein Konsultor bemerkte, dass die dauerhafte Übertragung eines Amtes dessen vorgängige Einrichtung voraussetze. Der Relator W. Onclin machte darauf aufmerksam, dass dies nicht notwendigerweise der Fall sei. Ein Amt könne nämlich geschaffen werden während es übertragen werde («posset enim creari dum confertur»). So liege nach dem Konzilstext ein Kirchenamt vor, sofern es nur zur Erfüllung eines geistlichen Zieles auf Dauer (auch wenn es nur auf Zeit und ohne damit verbundene Kirchengewalt) übertragen werde. Die Definition des Konzils sei so, wie sie ist, anzunehmen (was denn auch geschah)[96]. Ein Konsultor verwies darauf, dass vor der Übertragung zu bestimmen sei, was übertragen werde. Sonst fehle ein wesentliches Element[97]. Onclin antwortete, dass die Rechte und Pflichten im Moment der Übertragung selbst bestimmt werden. Dies genüge zur Bestimmung des Amtes. Das Konzil gebe dem Bischof die Fähigkeit, Ämter einzurichten. Das Amt sei nichts anderes als eine Gesamtheit von Pflichten und Rechten[98]. Ein Konsultor führt diese Gedanken weiter aus. Durch die gleiche Rechtshandlung werde das Amt geschaffen und zugleich übertragen («eodem actu officium et constituitur et confertur»). Es ginge um zwei Elemente, die in der einen Rechtshandlung gegenwärtig seien, nämlich um die Bestimmung des Amtes und um die Übertragung an eine bestimmte

---

[93] *Comm.* 21 (1989) 178.
[94] Zum ganzen *Comm.* 21 (1989) 158-160.176-178.208.
[95] *Comm.* 21 (1989) 176 («ad tempus determinatum vel non determinatum» und weiter unten «modo stabili, etsi pro tempore»).
[96] *Comm.* 21 (1989) 176.
[97] *Comm.* 21 (1989) 176-177.
[98] *Comm.* 21 (1989) 177 («In ipso momento collationis determinatio insimul habetur iurium et obligationum, et hoc sufficit ad determinationem officii. Concilium, enim, Episcopo dat facultatem officium constituendi; officium non est nisi complexus obligationum et iurium»).

Person («determinatio muneris scilicet et collatio alicui personae»)[99]. Diese Erläuterungen fanden ihren Widerhall nicht nur in der Annahme der Definition des Konzils, sondern auch im vorgeschlagenen Paragraph 2. Der Vorschlag des Konsultors, der die gerade erwähnten Ausführungen machte, lautete: «complexus iurium et obligationum singulis officiis propriis determinantur sive ipsa lege sive actu collationis ab auctoritate competenti»[100]. Dieser Vorschlag wurde in der abgeänderten Formulierung des Relators Onclin ohne weiteres angenommen (s.o. zu Beginn dieses Punktes)[101].

In der November-Sitzung von 1969 wurde, nach erneuter Diskussion, der Rezeption der konziliären Definition des Konzils zugestimmt und der bereits formulierte Text in § 1 beibehalten. Einzig zwei Änderungen wurden in Paragraph 2 vorgenommen. Das «ipsa lege qua» wurde durch das weiter gefasste «ipso iure quo» ersetzt. Angenommen wurde auch der Vorschlag, ein *simul* nach *constituitur* einzufügen. Denn ein Amt kann zugleich geschaffen und übertragen werden[102]. So lautet denn Paragraph zwei:

> Obligationes et iura singulis officiis ecclesiasticis propria definiuntur sive ipso iure quo officium instituitur et ordinatur sive decreto auctoritatis competentis quo constituitur simul et confertur[103].

So werden die Rechte und Pflichten eines Amtes entweder durch das Recht selbst bestimmt, durch das ein Amt eingerichtet wird, oder durch das Dekret der zuständigen Autorität, durch welches ein Amt zugleich geschaffen und übertragen wird.

3.5.4 Die Einordnung des Titels über die Kirchenämter und eine Einfügung

In der neunten Sitzung[104] derselben Arbeitsgruppe (*de personis physicis et iuridicis*) wurde über die systematische Ordnung des I. Buches des *CIC* gesprochen. Es wurde unter anderem die Ansicht vertreten, dass der Teil über die Kirchenämter eher zur Verfassung der

---

[99] *Comm.* 21 (1989) 177. Es ist bemerkenswert, dass im letztgenannten Satz die Einrichtung eines Amtes mit *determinatio muneris* umschrieben wird. Das Kirchenamt erscheint dadurch als ein *munus determinatum*, als eine durch göttliche oder kirchliche Anordnung rechtlich *bestimmte Aufgabe*.
[100] *Comm.* 21 (1989) 178-179.
[101] Zum ganzen *Comm.* 21 (1989) 158-160.176-178.
[102] *Comm.* 21 (1989) 208.
[103] *Comm.* 21 (1989) 234.
[104] Vom 14.-18. Februar 1972. *Comm.* 22 (1990) 74.

Kirche («ad Ecclesiae constitutionem») gehöre, also zum II. Buch des *CIC*, und nicht so sehr zu den Allgemeinen Normen[105].
In der zehnten Sitzung[106] wurden u.a. folgende Punkte besprochen: die cann. 1409-1423/*CIC* 1917 in ihrem Bezug zu den Kirchenämtern[107], bestimmte allgemeine Normen über die Einrichtung und die Verleihung von Kirchenämtern (im Entwurf die cann. 2-6)[108] sowie die systematische Ordnung der Allgemeinen Normen[109].
Anlässlich der Erörterung des can. 1414/*CIC* 1917 schlug ein Konsultor vor, bei can. 1 des Titels über die Kirchenämter, die Worte «a competenti auctoritate» nach *quodlibet munus* einzufügen. Diese Einfügung sollte vor allem sicherstellen, dass die Ämter, die durch ein Dekret geschaffen und übertragen werden (s. Paragraph 2 desselben Kanons), durch die zuständige Autorität, namentlich durch den Bischof, näher bestimmt werden[110]. Denn ein Bischof könne nicht ein Amt schaffen ohne vorgängige «Bestimmung» (Umschreibung) desselben[111].
Der Vorschlag des Konsultors wurde angenommen. So lautete nun der Text des Kanons wie folgt:

§ 1. Officium ecclesiasticum est quodlibet munus a competenti auctoritate stabiliter collatum in finem spiritualem exercendum (Conc. Vat. II, Decr. Presbyterorum ordinis, n. 20.).
§ 2. Obligationes et iura singulis officiis ecclesiasticis propria definiuntur sive ipso iure quo officium instituitur et ordinatur sive decreto auctoritatis competentis quo constituitur simul et confertur[112].

Es wurde nicht als notwendig angesehen, dem Ausdruck «zuständige Autorität» das «kirchlich» beizufügen[113].
Bei der Besprechung der systematischen Ordnung der Allgemeinen Normen schlug ein Konsultor vor, den Titel über die Kirchenämter im II. Buch des *CIC* einzuordnen, weil es die Organisation der Kirche

---

[105] *Comm.* 22 (1990) 101.
[106] Vom 13.-17. November 1972. *Comm.* 22 (1990) 118.
[107] *Comm.* 22 (1990) 118-128.
[108] *Comm.* 22 (1990) 132-135.
[109] *Comm.* 22 (1990) 135-140.
[110] Die durch das Recht geschaffenen Ämter werden ja durch dieses näher bestimmt. Nach dem Konsultor handelt es sich um ein grundlegendes Element, ob ein Amt durch das Recht (näher) bestimmt wird oder nicht. *Comm.* 22 (1990) 123.
[111] *Comm.* 22 (1990) 123 («Episcopus enim officium creare nequit sine eiusdem praevia determinatione»).
[112] *Comm.* 22 (1990) 153-154.
[113] Da es sich um das Kirchenrecht handle, sei klar, dass es nur der kirchlichen Autorität zustehe, kirchliche Ämter zu verleihen. *Comm.* 22 (1990) 123.

betreffe[114]. In der Arbeitsgruppe kamen dann aber alle überein, dass dieser Titel den Allgemeinen Normen zuzuordnen sei[115].

Der oben zitierte Kanon findet sich unverändert als can. 118 in den Entwürfen des I. Buches über die Allgemeinen Normen von 1974[116] und 1977[117].

3.5.5 Letzte Änderungen

Mit diesem Kanon befasste sich wieder die Arbeitsgruppe *de normis generalibus* in ihrer vierten Sitzung[118]. Zunächst wurde die Einordnung des Titels unter die Allgemeinen Normen bestätigt[119]. In bezug auf can. 118 wurde darauf verwiesen, dass das Konzil ein einheitliches Konzept des Kirchenamtes gegeben hat, das auf alle Ämter anzuwenden sei[120]. Nicht durchgekommen war der Vorschlag des Sekretärs, die Formulierung «in finem spiritualem» durch «in finem Ecclesiae» zu ersetzen, da dies genauer und juristischer sei. Ersetzt wurde jedoch «a competenti auctoritate» durch «ordinatione sive divina sive ecclesiastica», um alle Ämter einzuschliessen, und das *collatum* durch *constitutum*[121]. Bei Paragraph 2 wurden die Verben «instituitur et ordinatur» durch *constituitur* ersetzt[122]. So lautet die nun endgültige Fassung des can. 118[123]:

> § 1. Officium ecclesiasticum est quodlibet munus ordinatione sive divina sive ecclesiastica stabiliter constitutum in finem spiritualem exercendum.
> § 2. Obligationes et iura singulis officiis ecclesiasticis propria definiuntur sive ipso iure quo officium constituitur sive decreto auctoritatis competentis quo constituitur simul et confertur[124].

---

[114] Onclin bemerkte dazu, dass nach diesem Kriterium auch der Titel über die Gesetze im II. Buch eingeordnet werden könne, weil auch Gesetze Mittel kirchlicher Organisation seien. *Comm.* 22 (1990) 137.

[115] *Comm.* 22 (1990) 138.

[116] *Comm.* 23 (1991) 94.

[117] Im *Schema canonum Libri I de normis generalibus*. Vgl. auch *Comm.* 23 (1991) 55.247; F. D'OSTILIO, *La storia*, 41.

[118] Vom 18.-23. Februar 1980. *Comm.* 23 (1991) 244.246-248.

[119] *Comm.* 23 (1991) 246-247.

[120] *Comm.* 23 (1991) 247 («quia Concilium unicum dedit conceptum officii ecclesiastici, quod omnibus officiis applicandum est»).

[121] *Comm.* 23 (1991) 247.

[122] *Comm.* 23 (1991) 247.

[123] Mit Verweis auf can. 145/*CIC* 1917 und PO 20. Comm 23 (1991) 285.

[124] *Comm.* 23 (1991) 285.

Diese Formulierung wurde nicht mehr geändert. Sie ist die des jetzt geltenden can. 145.

In der fünften Sitzung[125] derselben Arbeitsgruppe wurde erneut nach einer Diskussion beschlossen, dass der Titel über die Kirchenämter bei den Allgemeinen Normen bleibe[126].

3.5.6 Das eine Kirchenamt

Can. 145 § 1 übernimmt demnach die Definition des Kirchenamtes nach PO 20 und damit die Elemente des Kirchenamtes i.w.S. nach can. 145 § 1/*CIC* 1917. Ersetzt wurde einzig das Element der Übertragung («munus stabiliter collatum») durch das Element der Einrichtung («munus ordinatione sive divina sive ecclesiastica stabiliter constitutum»), so wie es sich auch beim Kirchenamt i.e.S. nach can. 145 § 1/*CIC* 1917 findet[127].

Der Definition und Weisung des Konzils (PO 20) folgend, gibt es in can. 145 nunmehr einen einheitlichen Begriff des Kirchenamtes. Bezeichnend sind die wenigen Worte, die im zusammenfassenden Bericht von 1981 ohne weiteren Kommentar zu can. 142 des Entwurfes von 1980 (dem jetzigen can. 145) stehen: «Probatur lata definitio officii ecclesiastici»[128]. Es gilt die weite Definition des Kirchenamtes.

Die Entstehungsgeschichte des can. 145 zeigt, dass die Definition des Konzils mass- und ausschlaggebend gewesen ist, sei es in den Besprechungen der Fragen, die sich in Zusammenhang mit dem Begriff des Kirchenamtes gestellt haben, sei es in der Formulierung des Kanons selbst. Die Definition des Konzils wirkte sich nicht nur auf den in can. 145 § 1 formulierten Begriff des Kirchenamtes aus, sondern auch auf die in can. 145 § 2 vorgesehenen beiden Formen der Einrichtung eines

---

[125] Vom 5.-7. Mai 1980. *Comm.* 23 (1991) 273.

[126] *Comm.* 23 (1991) 279.

[127] Vgl. dazu J.I. ARRIETA, *Diritto dell'organizzazione ecclesiastica*, 142-143 («Il can. 145 § 1 CIC offre una nozione ampia di ufficio ecclesiastico, in cui il legislatore ha seguito una via di mezzo tra le due nozioni legali di ufficio — *lato sensu* e *stricto sensu* —, contenute nel can. 145 CIC '17: della nozione *lato sensu* si è corretta la mancanza di stabilità oggettiva dell'ufficio; mentre della nozione stretta del codice del 1917 è caduta la dipendenza tecnica dell'ufficio dall'esercizio della potestà ecclesiastica di ordine o della potestà di giurisdizione»).

[128] *Relatio complectens synthesim animadversionum* (1981), 43. Zu can. 189 desselben Entwurfes wird darauf verwiesen, dass es sich nun um das Kirchenamt i.w.S. handelt («agitur de officio ecclesiastico sensu lato accepto»). *Relatio complectens synthesim animadversionum* (1981), 46.

Amtes[129]. Sie führte zugleich dazu, dass der Titel über die Kirchenämter unter die Allgemeinen Normen eingeordnet wurde[130].

3.6 Das Kirchenamt und die Kirchenämter

Robleda macht eine Unterscheidung zwischen dem *einen* Kirchenamt (*officium ecclesiasticum*) und den verschiedenen einzelnen Kirchenämtern (*officia ecclesiastica*)[131]. Diese Unterscheidung ist nicht ohne Bedeutung. Sie bringt zum Ausdruck, dass für die verschiedenen Ämter neben den Allgemeinen Normen auch je eigene Bestimmungen bestehen[132]. Jedes Kirchenamt hat eine eigene rechtliche Regelung, die aus allgemeinen und besonderen Normen besteht.

Diese Unterscheidung finden wir auch in den beiden Paragraphen des ersten Kanons des Titels über das Kirchenamt vor. In Paragraph 1 von can. 145 wird der eine Begriff des Kirchenamtes gegeben. Die Merkmale des *einen* Kirchenamtes zeichnen die verschiedenen einzelnen Kirchenämter aus. Paragraph 2 bezieht sich auf die verschiedenen Kirchenämter und die damit verbundenen Pflichten und Rechte. Hierbei gibt es Kirchenämter, die durch das Recht eingerichtet (und dann übertragen) werden, und solche, die durch ein Dekret der zuständigen Autorität eingerichtet und zugleich übertragen werden. Paragraph 2 weist darauf hin, dass die verschiedenen Kirchenämter im Kirchenrecht eine je eigene rechtliche Gestalt und Regelung haben.

Paragraph 2 leitet somit nicht nur von der Begriffsbestimmung in Paragraph 1 zu den allgemeinen Normen der Übertragung und des Verlustes des Kirchenamtes über, sondern auch zu den einzelnen Normen, die sich für die einzelnen Kirchenämter im übrigen *CIC* und im ganzen Kirchenrecht finden.

---

[129] Vgl. dazu *Comm.* 21 (1989) 176-179.208; *Comm.* 22 (1990) 123.

[130] Vgl. H. SOCHA, *MK*, Einführung vor 145/2. Hier schreibt er: «Der Konzilsauftrag führte dazu, dass der neue *CIC* kein Benefizialrecht enthält und von einem veränderten Kirchenamtsverständnis ausgeht. Weil das Gesetzbuch nur noch einen einheitlichen Kirchenamtsbegriff kennt, der auf Kleriker und Laien anwendbar ist und nicht in einen engeren und weiteren unterschieden werden darf, war es notwendig, die allgemeinen ämterrechtlichen Canones in einem einzigen Titel zusammenzufassen und diesen im Buch I unter den *Allgemeinen Normen* einzuordnen.»

[131] O. ROBLEDA, «Notio officii ecclesiastici», 132-133.145.

[132] Vgl. O. ROBLEDA, «Notio officii ecclesiastici», 145.

Die Wirklichkeit verschiedener Kirchenämter kommt auch in den Unterscheidungen zum Ausdruck, die in der Kirchenrechtslehre zu den einzelnen Kirchenämtern gemacht werden[133].

3.7 Eine andere Gewichtung

Die Erneuerung des Begriffs des Kirchenamtes ist eng damit verbunden, sich auf dessen Wesen zu besinnen und dieses zum Ausdruck zu bringen. Dies geschah durch PO 20[134].

Der Kontrast zwischen den Definitionen des Kirchenamtes nach dem früheren und nach dem jetzt geltenden Recht kommt in den bereits zitierten Worten von Schmitz deutlich zum Vorschein. In bezug auf den Begriff des Kirchenamtes i.w.S. nach can. 145 § 1/*CIC* 1917 sagt er, dass dieser am kanonischen Amtsbegriff (nach dem *CIC* 1917) vorbeigeht (hauptsächlich aufgrund des fehlenden Elementes der dauerhaften Einrichtung)[135]. Das Konzil nahm jedoch gerade diesen weiten Begriff, der im *CIC* von 1917 eine untergeordnete Bedeutung hatte[136] und in der Kanonistik im Vergleich zum Kirchenamt i.e.S. kaum beachtet wurde[137], und machte ihn zur Grundlage für die nun geltende Definition des Kirchenamtes. Der als nicht-kanonisch angesehene Amtsbegriff wurde zur Grundlage des nun kanonischen Begriffs. Dieser gilt nun

---

[133] Z.B. in der Unterscheidung zwischen dem Grundamt und dem Hilfsamt. W. AYMANS, *Kanonisches Recht*, 449-450.

[134] Vgl. zur Erneuerung des Begriffs des Kirchenamtes *Comm.* 9 (1977) 235-236 und 246-247; O. ROBLEDA, «Notio officii ecclesiastici», 132.; V. DE PAOLIS, «Il libro primo», 240-243. Nicht ohne Bedeutung ist die Tatsache, dass dies im Kontext mit der Abschaffung oder der Reform des Benefizialwesens geschah, von dem das Kirchenamt als solches losgelöst wurde.

[135] H. SCHMITZ, *Die Gesetzessystematik*, 79-80. S. die unter 3.3 zitierte Stelle. Der Autor legt ein Hauptgewicht auf das Element der auf Dauer geschaffenen Einrichtung. In ähnlicher Weise schon R. STRIGL, *Grundfragen*, 78-88. Vgl. auch Socha zum Begriff des Kirchenamtes i.w.S. nach can. 145 § 1/*CIC* 1917 und zu PO 20: «Diese Begriffsbestimmung [des Kirchenamtes i.w.S. nach can. 145 § 1/*CIC* 1917] geht an dem rechtlichen Amtsbegriff vorbei... Dasselbe ist von der in VatPresb Nr. 20 enthaltenen Festlegung zu sagen, wo es heisst, dass unter dem Amt der Priester [dem Kirchenamt] in Zukunft *quodlibet munus stabiliter collatum in finem spiritualem exercendum* zu verstehen sei.» H. SOCHA, *Die Analogie*, 66. S. dazu F. DANEELS, *De subiecto Officii Ecclesiastici*, 73 Fn. 2. Anders dann H. SOCHA, *MK*, Einführung vor 145/2.

[136] Gemäss can. 145 § 2/*CIC* 1917 galt ja im Recht allgemein der Begriff des Kirchenamtes i.e.S., wenn nichts anderes bestimmt war.

[137] M. PETRONCELLI, «Polemiche», 301. Vgl. jedoch die Ausführungen von R. STRIGL, *Grundfragen*, 78-79.89-95.

auch für die Kirchenämter, die im früheren Recht als Kirchenämter i.e.S. bezeichnet worden sind.

Das Wesen und die Bedeutung des Kirchenamtes wird vom Konzil gerade darin gesehen, dass es sich um jeden Dienst (*munus*) handelt, der dauerhaft übertragen worden ist und zu einem geistlichen Ziel auszuüben ist (PO 20)[138]. Kommt in dieser einfachen Definition das Merkmal des Dienstes nicht viel stärker zum Tragen als bei der Definition des Kirchenamtes i.e.S. nach can. 145/*CIC* 1917? Auch wenn im *CIC* 1917 das Kirchenamt i.e.S. durch den näher bestimmten Dienst (*munus*) charakterisiert worden ist, so hat sich in der Kanonistik doch das Gewicht auf die Elemente der Einrichtung und der Teilnahme an der Kirchengewalt (und auf damit zusammenhängende Fragen) verlagert[139]. Die Definition in PO 20 bringt eine andere Gewichtung zum Ausdruck. Es geht um jeden Dienst, der einer Person dauerhaft übertragen wird und zu einem bestimmten Ziel auszuüben ist. Nicht genannt werden das Element der Teilnahme an der Kirchengewalt und das Element der Einrichtung. Zunächst und in erster Linie wird hervorgehoben, dass es sich beim Kirchenamt um einen Dienst (*munus*) handelt[140]. Diese konkrete personenbezogene Sichtweise des Amtes kommt dem Vorbild des Herrn sehr nahe, der die Zwölf zu seinen Aposteln einsetzte (Mk 3,13-19). Ihnen wurde vom Herrn gleichsam ein Dienst auf Dauer übertragen.

Ausserdem handelt es sich um einen Dienst, der zu einem bestimmten Ziel auszuüben ist. Dieses Element ist beim Kirchenamt i.e.S. nach can. 145 § 1/*CIC* 1917 nicht genannt worden. Es bringt in der heute geltenden Definition ausdrücklich eine Perspektive hinein, welche die Tätigkeit in der Kirche — besonders auch die durch ein Kirchenamt ausgeübte — auf ein Ziel hin ausrichtet. Hierbei geht es um den Menschen und um Gott[141].

Das Element der Teilnahme an der Kirchengewalt wird in der Definition des Konzils nicht mehr genannt. Die Fragen über das Verhältnis zwischen dem Amt, dem Dienst (*munus*) und der Kirchengewalt stellen

---

[138] Vgl. dazu O. ROBLEDA, «Notio officii ecclesiastici», 150 Fn. 45. Robleda verweist hier darauf, dass das Konzil ein in der Wirklichkeit bestehendes konkretes Amt definieren wollte. Nach der Konzilsdefinition ist das Kirchenamt nicht ein zu übertragender Dienst (*munus conferendum*), sondern ein bereits übertragener Dienst (*munus collatum*). Es geht um das einer Person konkret verliehene Kirchenamt und die damit verbundenen Rechte und Pflichten. S. dazu Kap.IV/4.3.1.

[139] Statt vieler R. STRIGL, *Grundfragen*, 61-81.

[140] So kann vom Dienstcharakter des Amtes gesprochen werden.

[141] S. Kap. IV/3.

sich zwar weiterhin. Die Definition des Konzils lädt jedoch zum erneuten Nachdenken über dieses Verhältnis ein[142]. Sie betont den Dienstcharakter des Amtes. Das Dienen und nicht das Herrschen über andere wird vom Herrn selbst seinen Aposteln ans Herz gelegt:

> Ihr wisst, dass die, die als Herrscher gelten, ihre Völker unterdrücken und die Mächtigen ihre Macht über die Menschen missbrauchen. Bei euch aber soll es nicht so sein, sondern wer bei euch gross sein will, der soll euer Diener sein, und wer bei euch der Erste sein will, soll der Sklave aller sein. Denn auch der Menschensohn ist nicht gekommen, um sich dienen zu lassen, sondern um zu dienen und sein Leben hinzugeben als Lösegeld für viele (Mk 10, 42-45).

Die durch PO 20 gewonnene Perspektive des Kirchenamtes lässt vor allem erkennen, dass jemandem ein Amt zur Ausübung eines Dienstes, einer Aufgabe verliehen wird[143].

Die Definition des Konzils wird von can. 145 rezipiert[144]. Dieser Kanon ist auf dem Hintergrund des Konzilstextes zu interpretieren[145]. In der Definition des *CIC* ist das Element der dauerhaften Übertragung (nach PO 20) durch das Element der dauerhaften Einrichtung ersetzt worden. Das Element der Übertragung verweist vor allem auf die Person, der ein Amt verliehen wird. Dieses wird ihr jedoch von jemandem übertragen. Darauf verweist vor allem das zweite Element, bei dem es um den Urheber und die Konstituierung eines Amtes geht. Beide Elemente sind aufeinander bezogen. Deshalb kann entweder das eine oder das andere betont werden (oder beide zusammen). Das Konzil hob den subjektiven Aspekt der Übertragung hervor, der *CIC* den objektiven Aspekt der Einrichtung[146].

Es gibt nunmehr einen Begriff des Kirchenamtes. Die Unterscheidung zwischen einem Kirchenamt i.w.S. und i.e.S., die hauptsächlich

---

[142] So ist z.B. die verliehene Kirchengewalt in bezug auf die Ausübung des Dienstes zu sehen, wie dies für das Amt des Diözesanbischofs in can. 381 § 1 deutlich zum Ausdruck kommt.

[143] Das entspricht durchaus dem Wesen eines einzelnen Amtes. Vgl. z.B. can. 383 § 1, nach dem sich der Diözesanbischof in der Ausübung seines Hirtendienstes («in exercendo munere pastoris») um alle Gläubigen zu kümmern hat, die seiner Sorge anvertraut werden. Die ihm zukommende Gewalt wird in can. 381 § 1 im Hinblick auf die Ausübung seines Hirtendienstes gesehen. Die Ausübung des Hirtendienstes charakterisiert ja gerade sein Amt.

[144] S. 3.5.

[145] Vgl. V. DE PAOLIS, «Il libro primo», 261.

[146] S. O. ROBLEDA, «Notio officii ecclesiastici», 150 Fn. 45; F. DANEELS, *De subiecto Officii Ecclesiastici*, 75-76.78-79. S. Kap. IV/4.3.1.

auf dem Element der Teilnahme an der Kirchengewalt beruhte[147], wurde durch das Weglassen dieses Elementes in der Definition aufgehoben. Dadurch wurde ermöglicht, dass Laien Inhaber eines Kirchenamtes im eigentlichen Sinn sein können, mit allen damit verbundenen Pflichten und Rechten[148]. Diese Möglichkeit, in can. 228 § 1 ausdrücklich vorgesehen, ist nicht von geringer Bedeutung. Auf der einen Seite bringt es eine besonders auch durch das Konzil gewonnene Anerkennung der Stellung der Laien zum Ausdruck, auf der anderen Seite schafft es eine fest umschriebene rechtliche Form für die Mitarbeit der Laien in der Kirche.

Der nun *eine* Begriff des Kirchenamtes nach can. 145 § 1 lässt eine Vielfalt von einzelnen Kirchenämtern zu. Für diese gelten neben den allgemeinen Bestimmungen über das Kirchenamt auch je eigene Normen (vgl. can. 145 § 2).

3.8 *Die Definition und der ekklesiologische Kontext*

Die kirchliche Lehre über das Kirchenamt nach dem *CIC* 1917 war in den Worten von Schmitz mit Unklarheiten, Schwierigkeiten und Gefahrenpunkten verbunden. Die Wurzel dafür liege in den Worten von Strigl darin, «dass die Kanonistik noch keine volle Klarheit über das Wesen und die Formen des Kirchenamtes gewonnen hat»[149]. Das wirkte sich auch auf die Gesetzgebung aus[150].

Das II. Vatikanische Konzil hat sich bemüht, das Wesen der Kirche und ihrer Einrichtungen zu erfassen und darzustellen[151]. Das Kirchenamt war davon nicht ausgenommen. Auch wenn das Konzil nicht eine allgemeine Theorie über das Kirchenamt vorlegt, so gibt es doch Hinweise und eine Definition des Kirchenamtes, die nicht von geringer Bedeutung sind[152]. Nach PO 20 soll dem Amt als solchem wieder die erste Bedeutung zukommen. Dann wird mit klaren Worten bestimmt, wie das Kirchenamt fortan zu verstehen ist («quod quidem deinceps intellegi debet»). Hier zeigt sich das Bemühen des Konzils, sich auf das Wesen des Kirchenamtes zu besinnen und dieses in der gegebenen Definition auf verbindliche Weise zu vermitteln.

---

[147] S. 3.4.4.
[148] Vgl. V. DE PAOLIS, «Il libro primo», 453-454.
[149] R.A. STRIGL, *Grundfragen*, V (Vorwort).
[150] Vgl. H. SCHMITZ, *Die Gesetzessystematik*, 78.
[151] Vgl. dazu SDL, XIX.
[152] O. ROBLEDA, «Quaestio de personalitate», 118-119.

Wenn auch nicht alle Unklarheiten und Schwierigkeiten aus dem Weg geräumt sind[153], so zeichnet sich die neue Definition doch durch Einfachheit und Klarheit aus[154]. Das will viel besagen. PO 20 und can. 145 *CIC* bringen eine Lehre zum Ausdruck, die das Wesen des Kirchenamtes in der gegebenen Definition erfasst und diesem die ihm zukommende Bedeutung wieder geben will[155]. Das Wesen und die Bedeutung einer Sache zu erfassen und zum Ausdruck zu bringen ist mit ihrer Erneuerung unmittelbar verbunden. Wenn ein Bild restauriert wird, werden alle Schichten, die sich im Lauf der Zeit darüber gelegt haben, entfernt, damit das Bild wieder in seinem ursprünglichen Zustand zum Vorschein kommt. Wesen, Bedeutung und Erneuerung einer Sache gehen Hand in Hand.

In diesem Sinn kann auch von einer *neuen* Lehre über das Kirchenamt gesprochen werden, in Anlehnung an die Worte von Johannes Paul II. über das grundlegend *Neue* der Konzilslehre — besonders der ekklesiologischen Lehre —, das zugleich das *Neue* im *CIC* ausmacht[156]. Geben die im Konzil gewonnene Erkenntnis und Formulierung des Kirchenamtes in PO 20 und deren Rezeption durch can. 145 *CIC* der Kanonistik nicht mehr Klarheit über das Wesen und die Bedeutung des Kirchenamtes?

Die Definition des Kirchenamtes in PO 20 fügt sich in die Ekklesiologie des II. Vatikanischen Konzils ein. Sowohl die Definition wie auch die Ekklesiologie des II. Vatikanischen Konzils sind in den *CIC* aufgenommen und in die kanonistische Sprache übersetzt worden[157]. Auf diese Weise ist der ekklesiologische Kontext, in dem sich die Definition des can. 145 befindet, nicht mehr der gleiche wie es für die Definition des Kirchenamtes nach can. 145/*CIC* 1917 gewesen ist. Zu den Elementen, die das Bild der Kirche ausmachen, so wie es vom II. Vatikanischen Konzil dargestellt (und in die kanonistische Sprache übersetzt) worden ist, gehören die Lehre über die Kirche als das Volk Gottes und die hierarchische Autorität als Dienst, die Lehre, welche die

---

[153] Wenn z.B. der Bezug zwischen dem Kirchenamt und der Kirchengewalt in der Definition nicht mehr unmittelbar aufscheint, wie dies beim Kirchenamt i.e.S. nach can. 145 § 1/*CIC* 1917 der Fall gewesen ist, so bedeutet das nicht, dass keine diesbezüglichen Fragen mehr bestehen.

[154] Vgl. O. ROBLEDA, «Notio officii ecclesiastici», 132 («notio authentica una et simplex»).

[155] In can. 145 § 1 kommt gleichsam das Wesen des Kirchenamtes zum Ausdruck, in § 2 die Wirklichkeit der verschiedenen Formen.

[156] SDL, XXI.

[157] Vgl. SDL XIX.XXI.

Kirche als Gemeinschaft ausweist, sowie die Lehre über die Teilnahme der Gläubigen am dreifachen Amt Christi[158]. Diese Elemente tragen entscheidend zum Verständnis der Bedeutung bei, die das Kirchenamt für die Gemeinschaft der Kirche hat. Die Definition des Kirchenamtes nach can. 145 ist auch in diesem *neuen* ekklesiologischen Kontext zu sehen.

---

[158] Vgl. SDL XXI.XXIII (s.u. Kap. III/1).

KAPITEL III

Amt, Aufgabe und Kirchengewalt — *officium*, *munus* und *potestas*

Die Gläubigen sind je nach der ihnen eigenen Stellung zur Ausübung der Sendung berufen, die Gott der Kirche zur Erfüllung in der Welt anvertraut hat. Mit diesen Worten schliesst can. 204 § 1, der am Anfang des II. Buches *CIC* über das Volk Gottes steht. Dieser Kanon hat ein Gewicht, auch für das Kirchenamt. Can. 204 verbindet gleichsam das I. Buch *CIC* mit dem II. Buch und ist zugleich auf die Bücher III. und IV. bezogen[1].

1. Das Bild der Kirche

Wenn vom Kirchenamt und allgemein von der Kirche die Rede ist, geht es immer auch um ein bestimmtes Bild der Kirche selbst. Welches Bild der Kirche finden wir im *CIC* vor?

In der Apostolischen Konstitution *Sacrae disciplinae leges* ist es Johannes Paul II. ein grosses Anliegen, dass das Wesen der Kirche, wie es vor allem im II. Vatikanischen Konzil dargestellt worden ist, in der kanonistischen Sprache zum Ausdruck kommt. Nach den Worten des Papstes muss sich der *CIC* auf das in der Lehre des Konzils beschriebene Bild der Kirche beziehen und dessen Züge soweit wie möglich gemäss seiner Natur ausdrücken[2]. Im folgenden äussert er sich zu diesem Bild der Kirche:

> Von den Elementen aber, die das wahre und eigentliche Bild der Kirche ausmachen, sind besonders diese zu erwähnen: die Lehre, nach der die Kirche als das Volk Gottes (vgl. Konst. *Lumen Gentium*, 2) und die hierarchische Autorität als Dienst dargestellt werden (ebd., 3); ausserdem die

---

[1] Vgl. dazu 4.4 und 7.1.
[2] SDL, XIX.XXI.

Lehre, die die Kirche als *Communio* ausweist und daher die gegenseitigen Beziehungen bestimmt, die zwischen Teilkirche und Gesamtkirche sowie zwischen Kollegialität und Primat bestehen müssen; ebenso die Lehre, nach der alle Glieder des Volkes Gottes, jedes auf seine Weise, an dem dreifachen — dem priesterlichen, prophetischen und königlichen — Amt Christi teilhaben; mit dieser Lehre ist auch die Lehre verbunden, die die Pflichten und Rechte der Gläubigen und namentlich der Laien betrifft; und schliesslich der Eifer, den die Kirche für den Ökumenismus aufbringen muss[3].

Diese Elemente, die das Bild der Kirche ausmachen, finden wir nun im *CIC* wieder, auf besondere Weise im II. Buch über das Volk Gottes[4]. Wir finden sie im Bild der Kirche, das in can. 204 zum Ausdruck kommt:

§ 1. Gläubige sind jene, die durch die Taufe Christus eingegliedert, zum Volke Gottes gemacht und dadurch auf ihre Weise des priesterlichen, prophetischen und königlichen Amtes Christi teilhaft geworden sind; sie sind gemäss ihrer je eigenen Stellung zur Ausübung der Sendung berufen, die Gott der Kirche zur Erfüllung in der Welt anvertraut hat.

§ 2. Diese Kirche, in dieser Welt als Gesellschaft verfasst und geordnet, ist in der katholischen Kirche verwirklicht, die von dem Nachfolger Petri und den Bischöfen in Gemeinschaft mit ihm geleitet wird.

Die genannten Elemente sind noch in einer ganzen Reihe von anderen Kanones enthalten: die Kirche als Volk Gottes[5], als Gemeinschaft[6], die hierarchische Autorität als Dienst[7], die Teilnahme der Gläubigen am dreifachen Amt Christi[8], die Pflichten und Rechte der Gläubigen, insbesondere der Laien[9], die Kirche und der Ökumenismus[10].

---

[3] SDL, XXI.XXIII.

[4] Vgl. *Comm.* 15 (1983) 15.

[5] Neben der Überschrift des II. Buches des *CIC* und can. 204 § 1 z.B. can. 369 (die Diözese als Teil des Volkes Gottes — «portio populi Dei»). Zu den anderen Belegstellen X. OCHOA, *Index verborum*, 353.

[6] Z.B. die cann. 96 und 205. Nach can. 204 § 2 wird die Kirche vom Papst und den Bischöfen in Gemeinschaft mit ihm — «in eius communione» — geleitet. Hierbei sind die vom Papst (in der von SDL zitierten Stelle) genannten gegenseitigen Beziehungen angesprochen, die zwischen Teilkirche und Gesamtkirche sowie zwischen Kollegialität und Primat bestehen (vgl. auch die cann. 330, 331 und 375). Zu anderen Belegstellen X. OCHOA, *Index verborum*, 88.

[7] Vgl. die cann. 331, 375, 381 § 1, 1008.

[8] Neben can. 204 § 1 z.B. die cann. 208, 1008.

[9] S. z.B. die Titelüberschriften vor can. 208 (Pflichten und Rechte aller Gläubigen) und vor can. 224 (Pflichten und Rechte der Laien) und die Kapitelüberschrift vor can. 273 (Pflichten und Rechte der Kleriker).

Nach can. 204 § 2 ist die Kirche in dieser Welt als Gesellschaft (*societas*) verfasst und geordnet[11]. In der Apostolischen Konstitution *Sacrae disciplinae leges* spricht Johannes Paul II. auch von der Kirche als Gesellschaft:

> Unter diesen Umständen scheint es klar genug, dass es keineswegs der Zweck des Codex sein kann, den Glauben, die Gnade, die Charismen und vor allem die Liebe im Leben der Kirche oder der Gläubigen zu ersetzen. Im Gegenteil, der Codex zielt vielmehr darauf ab, der kirchlichen Gesellschaft eine Ordnung zu geben, die der Liebe, der Gnade und den Charismen Vorrang einräumt und gleichzeitig deren geordneten Fortschritt im Leben der kirchlichen Gesellschaft wie auch der einzelnen Menschen, die ihr angehören, erleichtert[12].

Hier wird von der kirchlichen Gesellschaft (*societas ecclesialis*) im Zusammenhang mit der kirchlichen Rechtsordnung und ihrem Zweck gesprochen; in can. 204 § 2 im Zusammenhang mit der Leitung der Kirche durch den Papst und die Bischöfe in Gemeinschaft mit ihm[13].

2. Die Stellung der Gläubigen

Nach can. 204 § 1 sind *die Gläubigen* jene, die durch die Taufe Christus eingegliedert, auf ihre Weise (*suo modo*) des priesterlichen, prophetischen und königlichen Amtes Christi teilhaft geworden sind. Sie sind je nach der ihnen eigenen Stellung («secundum propriam cuiusque condicionem») zur Ausübung der Sendung berufen («ad missionem exercendam vocantur»), die Gott der Kirche zur Erfüllung in der Welt anvertraut hat.

Der Gedanke, dass die Gläubigen «auf ihre Weise» und «je nach der ihnen eigenen Stellung» zur Ausübung der Sendung der Kirche berufen sind, kommt auch in den cann. 96 und 208 zum Ausdruck. Nach can. 96 wird der Mensch durch die Taufe der Kirche Christi eingegliedert und in ihr zur Person mit den Pflichten und Rechten, die *den Christen* je nach ihrer Stellung («attenta quidem eorum condicione») eigen

---

[10] Vgl. can. 755.
[11] Vgl. dazu den entsprechenden Konzilstext in LG 8, der in can. 204 § 2 wörtlich wiedergegeben wird.
[12] SDL, XIX.
[13] In can. 204 § 2 werden sowohl der Begriff der Gesellschaft wie der der Gemeinschaft verwendet. Der Begriff der Gemeinschaft (hier auf die Gemeinschaft der Bischöfe mit dem Papst bezogen) und der Begriff der Gesellschaft bringen auf je eigene Weise das Bild der Kirche zum Ausdruck.

sind[14]. Nach can. 208 wirken die Gläubigen, unter denen eine wahre Gleichheit in ihrer Würde und Tätigkeit besteht, kraft dieser je nach ihrer eigenen Stellung und Aufgabe («secundum propriam cuiusque condicionem et munus») am Aufbau des Leibes Christi mit.

Neben der allen Gläubigen gemeinsamen Stellung als solche[15] wird zwischen der Stellung als Laien[16] und als Kleriker[17] unterschieden. Unter den Laien und Klerikern gibt es auch Gläubige, die sich durch das Bekenntnis zu den evangelischen Räten Gott weihen[18]. Jede Stellung und jeder Stand hat jeweils auch die eigenen Pflichten und Rechte, die ihnen eigenen Aufgaben[19].

Die Stellung und Aufgaben der Gläubigen werden in der Rechtsordnung aufgrund verschiedener «Entstehungsgründe» bestimmt: aufgrund der Sakramente und Charismen, aufgrund einer Aufgabe selbst[20].

So ist z.B. das Sakrament der Taufe grundlegend für die Stellung und Aufgaben der Gläubigen, für ihre Pflichten und Rechte nach den. cann. 208-223. Die Sakramente der Taufe und Firmung sind grundlegend für die Pflichten und Rechte der Laien nach den cann. 224-231. Das Sakrament der Weihe ist grundlegend für die Stellung und Aufgabe der Kleriker, für ihre Pflichten und Rechte nach den cann. 273-289. Die Pflichten und Rechte bestimmen sich jedoch auch nach einer Aufgabe, die jemandem übertragen wird, sei dies ein Kirchenamt (can. 145) oder ein anderer Dienst (wie z.B. der Dienst des Lektors). Das II. Buch *CIC* enthält im II. Teil die Bestimmungen über die hierarchische Verfassung der Kirche. Hier geht es v.a. auch um die Pflichten und Rechte, die mit

---

[14] Vgl. V. DE PAOLIS, «Il libro primo», 366-372.

[15] Cann. 96 («Baptismo homo Ecclesiae Christi incorporatur et in eadem constituitur persona»), 204 § 1 («Christifideles sunt qui, utpote per baptismum Christo incorporati, in populum Dei sunt constituti; secundum propriam cuiusque condicionem, ad missionem exercendam vocantur»), 208 («Inter christifideles omnes [...] vera viget quoad dignitatem et actionem aequalitas, qua cuncti, secundum propriam cuiusque condicionem et munus, ad aedificationem Corporis Christi cooperantur»). In bezug auf die Taufe wird in den cann. 96 und 204 § 1 das Verb *constituere* verwendet. Die Stellung der Gläubigen in der Kirche wird hingegen in den cann. 204 § 1 und 208 mit *condicio* bezeichnet. Vgl. dazu auch *Principia quae*, Punkt 6.

[16] Cann. 207, 224.

[17] Cann. 207, 266, Kapitelüberschrift vor can. 273, can. 1008.

[18] Can. 207, Kapitelüberschrift vor can. 662.

[19] So gibt es neben den Pflichten und Rechten aller Gläubigen (Titel vor can. 208) Pflichten und Rechte der Laien (Titel vor can. 224) und Pflichten und Rechte der Kleriker (Kapitel vor can. 273).

[20] Vgl. dazu 7./Schema 3 (Stellung und Aufgaben der Gläubigen).

den verschiedenen Kirchenämtern, insbesondere mit den Grundämtern in der Kirche verbunden sind.

Die Stellung der Gläubigen ist also auch mit Pflichten und Rechten verbunden, die in der Rechtsordnung der Kirche festgelegt werden[21]. Ihre Stellung ist zugleich eine «Rechtsstellung» (vgl. can. 96).

3. Der Begriff *officium* im Sinn von Amt, Pflicht und Aufgabe

Das Kirchenrecht hat den Begriff *officium* aus dem römischen Recht übernommen[22]. In der römischen Rechtssprache bezeichnete *officium* am häufigsten die Amtsgewalt und die Amtspflichten einer Person im öffentlichen Dienst[23].

Im *CIC* wird *officium* auf verschiedene Weise verwendet, v.a. aber um einerseits das Kirchenamt und andererseits eine Pflicht oder eine Aufgabe zu bezeichnen[24].

3.1 *Officium als Bezeichnung für das Kirchenamt*

Der Begriff bezeichnet oft das Kirchenamt, sei es als *officium* oder als *officium ecclesiasticum*. Damit wird entweder das Kirchenamt im allgemeinen oder ein bestimmtes Kirchenamt bezeichnet. Um das Kirchenamt im allgemeinen geht es z.B. im ganzen IX. Titel des I. Buches *CIC* («De officiis ecclesiasticis») und in einer ganzen Reihe von weiteren Kanones[25]. Der Ausdruck bezeichnet aber auch ein

---

[21] Vgl. dazu auch *Principia quae*, Punkte 1, 6 und 7; SDL, XXIII.

[22] O. ROBLEDA, «Notio officii ecclesiastici», 138 Fn. 16; R. STRIGL, *Grundfragen*, 82. Strigl zeigt auch die terminologischen Entwicklungslinien auf, welche die Aufnahme des Begriffs in die kirchliche Rechtssprache genommen hat. Ebd. 82-84.

[23] R. STRIGL, *Grundfragen*, 82 Fn. 79. Hier werden noch andere Bedeutungen mit ihren Belegstellen angeführt. So wurden mit *officium* z.B. auch moralische Pflichten und bürgerliche Dienste und Aufgaben bezeichnet.

[24] Im folgenden werden nicht alle Belegstellen genannt. Für eine vollständige Referenz s. X. OCHOA, *Index verborum CIC*, 315-316. Vgl. auch P. ERDÖ, «Uffici e funzioni pubbliche», 47-48.50-52.55-57.60-62.63-65.102-105 (zur Verwendung des Begriffs *officium* im CIC 1917, in den Dokumenten des II. Vatikanischen Konzils und im *CIC*). Zur Verwendung des Ausdrucks *officium* im CIC 1917 s. R. STRIGL, *Grundfragen*, 84-92.

[25] So z.B. in den cann. 44 («ab exsecutoris successore in officio»), 131 § 1 («quae ipso iure alicui officio adnectitur» und «personae non mediante officio conceditur»), 228 § 1 («ad illa officia ecclesiastica et munera»), 274 § 1 («soli clerici obtinere possunt officia ad»), 626 («Superiores in collatione officiorum»), 671 («Religiosus munera et officia»), 1331 § 1.3° («ecclesiasticis officiis vel ministeriis vel muneribus quibuslibet»), 1331 § 2.4° («officium aliudve munus in Ecclesia»), 1333 § 1.3°

bestimmtes Kirchenamt oder bestimmte Kirchenämter, zumeist in Zusammenhang mit dem Inhaber des Amtes[26]. Es ist jedoch nicht notwendig, dass ein Kirchenamt ausdrücklich als solches bezeichnet wird. Stattdessen kann z.B. der Amtsinhaber selbst genannt werden[27].

In Zusammenhang mit einem Amt finden sich auch folgende Formulierungen: von Amts wegen (*ex officio*)[28], kraft des Amtes (*vi officii*)[29] und aufgrund des Amtes (*ratione officii*)[30]. Es wird auch das Amtsgeheimnis genannt[31].

3.2 *Andere Bezeichnungen*

Mit *officium* werden aber auch folgende Ämter bezeichnet: das katechetische Amt[32], das nach can. 1733 §§ 2,3 einzurichtende Amt, nichtkirchliche Ämter[33], das Amt, das eine Streitpartei innehat[34].

Officium steht ausserdem für den Gottesdienst[35]. In can. 1470 § 2 wird mit *officium* ein gebührendes Benehmen bezeichnet.

(«exercitium vel omnium vel aliquorum iurium vel munerum officio inhaerentium»), 1722 («a sacro ministerio vel ab aliquo officio et munere ecclesiastico»).

[26] Wie z.B. in den cann. 352 §2 (das Amt des Dekans des Kardinalskollegiums), 363 § 1 (das Amt der Gesandten des Papstes), 377 § 4 (das Amt des Weihbischofs), 378 § 1.1°, 379 und 380 (das Bischofsamt), 382 §§ 1,2 und 401 (das Amt des Diözesanbischofs), 404 § 1 (das Amt des Bischofskoadjutors), 404 § 2 (das Amt des Auxiliarbischofs), 418 § 2.2°, 435 (das Amt des Metropoliten), 451 (Ämter der Bischofskonferenz), 470 und 471 (die Ämter in der Diözesankurie), 521 § 3 und 538 § 1 (das Amt des Pfarrers), 554 §§ 1,3 (das Amt des Dechanten), 563 (das Amt des Kirchenrektors), 566 § 1 (das Amt des Kaplans), 624 § 2 (das Amt von Ordensoberen), 717 § 1 (das Amt des Leiters eines Säkularinstitutes), 1109 und 1111 § 1 (das Amt des Ortsordinarius und des Pfarrers), 1436 § 1 (das Amt des Kirchenanwaltes und des Bandverteidigers). In den cann. 349 und 356 geht es allgemein um die Ämter, die Kardinäle innehaben.

[27] Z.B. can. 348 § 1 (der Generalsekretär der Bischofssynode). Im *CIC* wird überhaupt meistens vom Amtsinhaber als solchem gesprochen, vom Papst und vom Bischof, vom Pfarrer, vom Richter usw. Oder es werden Sammelbezeichnungen verwendet, wie z.B. der Ortsordinarius (cann. 134 § 2, 804 § 2, 805 u.a.), die kirchliche Autorität (cann. 804 § 1, 838 § 1 u.a.).

[28] Z.B. cann. 125 § 2, 403 § 3, 1452 § 1, 1459 § 1, 1738.

[29] Z.B. cann. 479 § 1, 967 § 2, 1109.

[30] Z.B. cann. 346 § 2, 1396.

[31] Cann. 1455 § 1, 1548 § 2.1°.

[32] Can. 775 § 3.

[33] Wie in den cann. 285 §§ 3,4 (*officia publica* und *officia saecularia*) und 317 § 4 («in factionibus politicis officium directionis»).

[34] Can. 1518.

[35] Can. 556 («officia celebret»).

3.3 Officium als Bezeichnung für Pflicht und Aufgabe

Häufig ist *officium* eine Bezeichnung für Pflicht, Obliegenheit, Verbindlichkeit und Aufgabe. Diese Verwendung findet sich mehrfach in der Verbindung «ius et officium»[36]. Das Wort *officium* ist im *CIC* eine der Ausdrucksweisen für Pflicht und Aufgabe. Ein anderer Ausdruck dafür ist *obligatio*[37]. Oder es wird gesagt: jemand ist gehalten, dies und jenes zu tun; dies ist zu tun oder zu lassen; es ist notwendig, dass u.a.[38]. Wenn im *CIC* von der Pflicht und vom Recht, von *officium/obligatio* und *ius*, die Rede ist, kommen verschiedene Gesichtspunkte zum Ausdruck[39]:

---

[36] S. X. OCHOA, *Index verborum CIC*, 251.

[37] Auch *obligatio* findet sich oft in der Verbindung von «obligatio et ius», wie z.B. in den cann. 145 § 2 («obligationes et iura singulis officiis ecclesiasticis propria») und 224 («obligationes et iura, quae cunctis christifidelibus sunt communia et ea quae in aliis canonibus statuuntur»). Zum Vorkommen von *obligatio* s. X. OCHOA, *Index verborum CIC*, 311-312.

[38] Statt vieler z.B. die Pflichten des Bischofs nach den cann. 394 und 395 § 1.

[39] Z.B. cann. 96 (die den *Christen* eigenen Pflichten und Rechte), can. 145 § 2 (die Pflichten und Rechte der einzelnen Kirchenämter), 209 § 2 (die Pflichten der *Gläubigen*), 211 (die Pflicht und das Recht aller *Gläubigen* zur Verbreitung des Evangeliums), 212 § 3 (das Recht und bisweilen sogar die Pflicht der *Gläubigen* zur Meinungsäusserung), 225 § 2 (die besondere Pflicht der *Laien*), 226 § 1 (die Pflicht der *Eheleute*, durch Ehe und Familie am Aufbau des Volkes Gottes mitzuwirken), 230 § 3 (Aufgaben in der Liturgie, die *Laien* wahrnehmen können), 232 (die Pflicht und das eigene und ausschliessliche Recht der *Kirche*, die auszubilden, die für die geistlichen Ämter bestimmt sind), 233 § 1 (die Pflicht der ganzen *christlichen Gemeinschaft*, Berufungen zu fördern), 276 § 2.1º (die Pflichten des seelsorglichen Dienstes der *Kleriker*), 339 § 1 (das Recht und die Pflicht der *Bischöfe*, am ökumenischen Konzil teilzunehmen), 351 §§ 2,3 (die Pflichten und Rechte der *Kardinäle*), 394 § 2 (die Pflicht der *Gläubigen* zum Apostolat), 462 § 2 (die Aufgabe, die Diözesansynode zu leiten), 484 (die Aufgaben der *Notare*), 529 § 1 (die Hirtenaufgabe des *Pfarrers*), 555 § 1 (die Pflicht und das Recht des *Dechanten*), 654 (die Rechte und Pflichten der *Ordensleute*), 663 § 1 (die Betrachtung und die Verbindung mit Gott im Gebet als erste und vorzügliche Verpflichtung aller *Ordensleute*), 757 und 762 (die Pflicht der *Priester* zur Verkündigung des Evangeliums), 773 (die Pflicht der *Seelsorger* in bezug auf die Katechese des christlichen Volkes), 781 (das Werk der Evangelisierung als grundlegende Aufgabe des *Volkes Gottes*), 794 § 1 (die Pflicht und das Recht der *Kirche* zur Erziehung), 794 § 2 (die Pflicht der *Seelsorger* im Hinblick auf eine katholische Erziehung der Gläubigen), 796 § 2 (die Aufgabe der *Lehrer*, mit den Eltern zusammenzuarbeiten), 810 § 1 (Aufgaben der *zuständigen Autorität* bei der Erennnung und Abberufung von Dozenten an katholischen Universitäten), 823 §§ 1,2 (das Aufsichtsrecht und die Aufsichtspflicht der *Hirten der Kirche*), 911 (die Pflicht und das Recht, das Viatikum den Kranken zu bringen), 914 (die Pflichten der *Eltern* und des *Pfarrers* in bezug auf die Teilnahme der Kinder an der hl. Kommunion), 957 (das Aufsichtsrecht und die Aufsichtspflicht über die Erfüllung der Messverpflichtun-

Meistens werden die Inhaber von Rechten und Pflichten genannt: die Kirche, die christliche Gemeinschaft, die Gläubigen, die Christen, die Laien, die Kleriker, die Ordensleute, die Priester, die Eheleute und Eltern, die Inhaber eines Amtes, die zuständige kirchliche Autorität u.a.[40].

Auch wird auf den Urheber und den Ursprung der Rechte und Pflichten verwiesen[41].

In bezug auf den Inhalt wird auf der einen Seite ganz allgemein von den Pflichten und Rechten gesprochen, die mit einem Lebensstand, mit einer bestimmten Stellung, mit einem Kirchenamt u.a. verbunden sind[42]. Oder es werden konkrete Rechte und Pflichten genannt, wie z.B. die Pflicht und das Recht zur Verkündigung[43], die Pflicht und das Recht, die Krankensalbung zu spenden[44].

Überdies wird gesagt, für wen die Ausübung dieser Rechte und Pflichten bestimmt ist[45], zu welchem Zweck sie auszuüben sind[46].

Der Ausdruck *officium* wird also im *CIC* hauptsächlich verwendet, um einerseits das Kirchenamt und andererseits eine Pflicht und Aufgabe zu bezeichnen[47]. Diese kann ihrerseits mit einem Kirchenamt verbunden sein (vgl. can. 145 § 2).

---

gen), 1003 § 2 (die Pflicht und das Recht, die Krankensalbung zu spenden), 1063.2°, 1095.2°, 1134 und 1135 (die ehelichen Pflichten und Rechte), 1136 (die Pflicht und das Recht der *Eltern* zur Erziehung der Kinder), 1151 (die Pflicht und das Recht zum ehelichen Zusammenleben), 1711 (die Rechte und Pflichten des *Bandverteidigers* und des *Ehebandverteidigers*).

[40] Die Inhaber von Rechten und Pflichten sind in der obigen Aufzählung *kursiv* hervorgehoben, soweit sie hier genannt werden.

[41] Z.B. can. 96 (der Bezug der Taufe zum Personsein in der Kirche und die damit verbundenen Pflichten und Rechte). Vgl. auch die cann. 145 § 2 (die mit einem Kirchenamt verbundenen Pflichten und Rechte) und 747 § 1 (der Auftrag Christi und das angeborene Recht der Kirche zur Verkündigung).

[42] So z.B. in can. 145 § 2, in den Titelüberschriften vor den cann. 208 und 224, in der Kapitelüberschrift vor can. 273.

[43] Can. 747 § 1.

[44] Can. 1003 § 2.

[45] Can. 529 § 1 nennt z.B. all die Menschen, die der Sorge des Pfarrers anvertraut sind: die Gläubigen, die Familien, die Ehegatten und Eltern, die Kranken, die Sterbenden, die Armen, Bedrängten, Einsamen, die aus ihrer Heimat Verbannten, diejenigen, die in besonderen Schwierigkeiten sind.

[46] Das kommt z.B. ganz deutlich in can. 1254 zum Ausdruck. Zunächst wird in § 1 das Recht der Kirche geltend gemacht, «Vermögen zur Verwirklichung der ihr eigenen Zwecke zu erwerben, zu besitzen, zu verwalten und zu veräussern». In § 2 werden dann diese Zwecke aufgezählt.

[47] Vgl. dazu 7./Schema 4 (zum Begriff *officium*).

4. Der Begriff *munus* im Sinn von Aufgabe und Dienst

Das Kirchenamt wird in can.145 § 1 durch den Begriff *munus* im Sinn von Aufgabe und Dienst definiert. Dieser wird näher bestimmt: es handelt sich um jeden Dienst, der durch göttliche oder kirchliche Anordnung auf Dauer eingerichtet ist und zu einem geistlichen Ziel auszuüben ist.

Wie der Begriff des Kirchenamtes selbst, so ist auch der Begriff des *munus* ein fachlich-rechtlicher, der eine ihm eigene Bedeutung besitzt[48]. Dieses Kapitel stützt sich in erster Linie auf die Verwendung des Ausdrucks *munus* im *CIC*[49]. Mit diesem Begriff werden vor allem Dienste und Aufgaben bezeichnet, die in der Kirche und durch die Kirche, dem Auftrag Christi folgend, wahrgenommen werden[50].

4.1 *Die beiden Begriffe officium (Amt) und munus (Aufgabe, Dienst)*

Das Kirchenamt selbst wird nach can. 145 § 1 durch den näher bestimmten Begriff *munus* im Sinn von Aufgabe und Dienst definiert[51]. So beginnt can. 145 § 1 mit folgenden Worten: «Officium ecclesiasticum est quodlibet munus» — «Kirchenamt ist jedweder Dienst». Der Begriff *munus* findet sich bereits als Wesensmerkmal des Kirchenamtes i.e.S. und i.w.S. nach can. 145 § 1/*CIC* 1917 und des Kirchenamtes nach PO 20. In den beiden Gesetzestexten von 1917 und 1983 und im Konzilstext wird also das Kirchenamt durch den Begriff *munus* definiert, der aber jeweils verschieden spezifiziert wird[52].

Wie der Begriff *officium* so geht auch das Wort *munus* auf das römische Recht zurück[53]. Der Begriff *munus* hat nach dem römischen Juristen Paulus drei spezifische Bedeutungen: Gabe oder Geschenk (*donum*), Last (*onus*) und Amt (*officium*)[54].

---

[48] Vgl. P. ERDÖ, «Sacra ministeria», 855-856; «Uffici e funzioni pubbliche», 47-48.49-50.53-55.59-60.63.102-105 (zur Verwendung des Begriffs *munus* im *CIC* 1917, in den Dokumenten des II. Vatikanischen Konzils und im *CIC*).

[49] Punkt 5.5 verweist auf die Verwendung des Begriffs in *Christifideles laici*.

[50] Vgl. dazu 7./Schemata 5 und 6 (zum Begriff *munus*).

[51] Das Wort Aufgabe verweist darauf, dass jemand da ist, der einem anderen oder sich selbst etwas zu tun aufgibt. Das Wort Dienst bringt v.a. zum Ausdruck: für jemanden etwas tun.

[52] S. Kap. II/3.

[53] O. ROBLEDA, «Notio officii ecclesiastici», 138 Fn. 16; R. STRIGL, *Grundfragen*, 82.

[54] Paulus, in D. 50, 16 (*De verborum significatione*) 18: «Munus tribus modis dicitur: uno donum, et inde munera dici dari mittive. Altero onus, quod cum remittatur, vacationem militiae munerisque praestat: inde immunitatem appellari. Tertio officium,

In ähnlicher Weise wird nach can. 145 das Kirchenamt durch den näher bestimmten Begriff *munus* definiert. Dies geschieht auch für die einzelnen Kirchenämter, die im *CIC* vielfach durch die *munera* (Aufgaben, Dienste) beschrieben werden, die sie kennzeichnen.

Die Begriffe *officium* und *munus* werden im *CIC* bisweilen synonym verwendet[55].

4.2 Die Kirchenämter und die sie kennzeichnenden munera

In diesem Punkt geht es um die Aufgaben und Dienste — *munera* — der einzelnen Kirchenämter. Wie in der Definition des Kirchenamtes nach can. 145 § 1, so werden auch die einzelnen Kirchenämter im *CIC* durch die ihnen eigenen Aufgaben und Dienste — *munera* — charakterisiert. So z.B. das Amt des Papstes[56], die Ämter in der römischen Kurie[57], das Amt des päpstlichen Gesandten[58], das Bischofsamt[59], die

---

unde munera militaria et quosdam milites munificos vocari: igitur municipes dici, quod munera civilia capiant.» Zitiert nach O. ROBLEDA, «Notio officii ecclesiastici», 138 Fn. 16. Vgl. auch R. STRIGL, *Grundfragen*, 83 Fn. 93.

[55] H. SOCHA, *MK*, 145/6; vgl. auch O. ROBLEDA, «Notio officii ecclesiastici», 138 Fn. 16 (in bezug auf den *CIC* 1917); R. STRIGL, *Grundfragen*, 83-84 (in bezug auf die mittelalterlichen Rechtsquellen). S. 4.2 zu Beispielen.

[56] Cann. 331 (es ist das vom Herrn einzig dem Petrus übertragene und seinen Nachfolgern zu vermittelnde Amt — *munus*; von der Gewalt, über die er kraft seines Amtes — «vi muneris sui» — in der Kirche verfügt), 332 § 2 (zum Amtsverzicht — «muneri sui renuntiet»), 333 § 1 (von der Gewalt, die er kraft seines Amtes hat), 333 § 2 (bei der Ausübung seines Amtes als oberster Hirte der Kirche — «in munere supremi Ecclesiae Pastoris explendo» — steht er in Gemeinschaft mit den übrigen Bischöfen, ja sogar mit der ganzen Kirche), 334 (bei der Ausübung dieses Amtes — «in eius munere exercendo» — stehen ihm die Bischöfe zur Seite).

[57] Vgl. dazu can. 360 (die römische Kurie übt ihre Aufgabe im Namen und in der Autorität des Papstes zum Wohl und zum Dienst an den Teilkirchen aus — «nomine et auctoritate ipsius munus explet in bonum et in servitium Ecclesiarum»).

[58] Cann. 364 (seine Hauptaufgabe — «praecipuum munus Legati pontificii est») und 365 § 1 (er hat auch die besondere Aufgabe — «munus quoque peculiare est»).

[59] Cann. 375 § 2 (mit dem Dienst des Heiligens erhalten die Bischöfe durch die Bischofsweihe die Dienste des Lehrens und des Leitens, die sie «aber ihrer Natur nach nur in der hierarchischen Gemeinschaft mit dem Haupt und den Gliedern des Kollegiums ausüben können» — «recipiunt cum munere sanctificandi munera quoque docendi et regendi, quae»), 381 § 1 (zur Gewalt, die dem Diözesanbischof zukommt und zur Ausübung seines Hirtendienstes erforderlich ist — «quae ad exercitium eius muneris pastoralis requiritur»), 383 § 1 (der Diözesanbischof hat sich in der Ausübung seines Hirtendienstes um alle Gläubigen zu kümmern, die seiner Sorge anvertraut sind — «in exercendo muneris pastoris»).

Ämter in der Diözesankurie[60], die Ämter des Generalvikars und des Bischofsvikars[61] sowie das Amt des Pfarrers[62].

Diese Beispiele aus dem II. Buch des *CIC* machen verschiedene Gesichtspunkte deutlich.

Der Begriff *munus* wird oft in Zusammenhang mit dem Inhaber des Amtes verwendet: das Amt — *munus* — des Bischofs der Kirche von Rom[63], der Hirtendienst und das Amt des Bischofs[64], das Amt des Generalvikars und des Bischofsvikars[65]. Das Wort *munus* bezeichnet dadurch das Amt oder den Dienst, der vom Amtsinhaber ausgeübt wird. In diesem Sinn ist es grundsätzlich ein Synonym zum Begriff des betreffenden Kirchenamtes selbst[66].

Wie das Beispiel des Hirtendienstes des Bischofs zeigt, kann ein Amt oder Dienst auf besondere Weise charakterisiert werden: als Dienst des Hirten oder als seelsorglicher Dienst[67].

Mit dem Begriff *munus* werden auch die Dienste bezeichnet, die durch ein Kirchenamt ausgeübt werden, insbesondere die drei Dienste des Heiligens, des Lehrens und des Leitens[68]. In entsprechender Weise

---

[60] Can. 471, 1º (alle, die zu Ämtern in der Kurie berufen werden, müssen das Versprechen ablegen, den Dienst treu zu erfüllen — «promissionem emittere de munere fideliter adimplendo»).

[61] Can. 478 § 2 (ihr Amt ist u.a. mit dem Amt des Busskanonikers unvereinbar — «vicarii generalis et episcopalis munus componi non potest cum munere canonici paenitentiarii»).

[62] Can. 519 (zu den Diensten des Lehrens, des Heiligens und des Leitens, die er für die ihm anvertraute Gemeinschaft ausübt — «vocatus est, ut pro eadem communitate munera exsequatur docendi, sanctificandi et regendi»).

[63] Can. 331 (das in ihm fortdauernde Petrusamt).

[64] Cann. 381 § 1 (*munus pastoralis*), 383 § 1 (*munus pastoris*), 481 § 2 (das Amt des Diözesanbischofs).

[65] Can. 478 § 2.

[66] Weitere Beispiele sind: 367 (das Amt des päpstlichen Gesandten), can. 409 § 2 (das Amt des Diözesanadministrators), 617 (das Amt der Ordensoberen), 1420 § 5 (das Amt des Gerichtsvikars), 1428 (das Amt des Vernehmungsrichters). S. auch can. 833.6º.7º und der Titel vor can. 1378.

[67] Vgl. dazu die cann. 333 § 2 (das Amt des Papstes als oberster Hirt der Kirche), 381 § 1 und 383 § 1 (der Hirtendienst des Bischofs), 539 (die pastorale Aufgabe des Pfarrers), 550 § 1 (die seelsorglichen Aufgaben des Pfarrvikars), 571 (der seelsorgliche Dienst des Kaplans). Vgl. auch can. 676 (der Seelsorgsauftrag der Kirche — «munus pastorale Ecclesiae»).

[68] Wie z.B. in den cann. 375 § 2 in Zusammenhang mit 376 (für die Bischöfe), 519 (für die Pfarrer). Vgl. dazu die cann. 756 und 757 in bezug auf den Verkündigungsdienst.

ist der Bischof Lehrer des Glaubens, Priester des heiligen Gottesdienstes und Diener in der Leitung[69].

Der Begriff *munus* steht jedoch auch für ganz bestimmte, mit einem Kirchenamt verbundene Aufgaben und Dienste[70]. So hat z.B. der Gesandte des Papstes nach can. 364 die Hauptaufgabe, die Bande der Einheit zwischen dem Apostolischen Stuhl und den Teilkirchen ständig zu stärken und wirksamer zu gestalten. Dazu zählt can. 364 eine ganze Reihe spezifischer Aufgaben auf. Can. 365 bezieht sich auf die Aufgaben des Gesandten, der zugleich nach den Normen des internationalen Rechts Vertreter bei einem Staat ist. Beide Kanones nennen Aufgaben, die der Gesandte der Teilkirche und dem Staat gegenüber hat und die je verschiedener Natur sind[71].

Nach can. 145 § 1 wird das Kirchenamt durch einen näher bestimmten Dienst definiert. Der Dienst oder die Dienste, die durch ein Kirchenamt wahrgenommen werden, sind im *CIC* nicht immer ausdrücklich mit dem Begriff *munus* bezeichnet. Sie werden vielmehr auf verschiedene Weise beschrieben, ausführlicher und weniger ausführlich. So finden wir z.B. eine ausführliche Beschreibung für das Amt des Diözesanbischofs vor[72] und eine kürzere Beschreibung für die Ämter des Generalvikars und des Bischofsvikars[73]. Dabei geht es um die Pflichten und Rechte, die mit einem Amt verbunden sind und von denen can. 145 § 2 spricht.

Die mit einem Kirchenamt verbundenen Dienste können jeweils einen ganz verschiedenen Charakter haben. So können sie z.B. das Leben eines einzelnen oder einer Gemeinschaft betreffen, sie können sich auf zeitliche oder auf geistliche Güter beziehen. Die cann. 528-537 enthalten beispielsweise eine ganze Reihe von Pflichten und Rechten

---

[69] Vgl. can. 375 §§ 1 und 2. Im Kirchenrecht, v.a. im *CIC*, wird dann auf verschiedene Weise auf die Aufgaben eingegangen, die mit diesen drei Diensten verbunden sind.

[70] Vgl. dazu can. 1333 § 1.3° (Die Suspension verbietet u.a. «die Ausübung aller oder einiger der mit einem Amt verbundenen Rechte oder Aufgaben»).

[71] Die Aufgaben, die der Gesandte dem Staat gegenüber hat, bestimmen sich auch nach internationalem Recht. Darauf verweist can. 365. Vgl. auch can. 3. Dieses Beispiel zeigt (besonders im Hinblick auf den Religionsunterricht an staatlichen Schulen), dass ein Kirchenamt seine eigenen Charakteristiken haben kann und die Aufgaben des Inhabers des Amtes u.U. auch von staatlichem und internationalem Recht her mitbestimmt werden können.

[72] Vgl. dazu die cann. 375-380 und 381-402 zu den Pflichten und Rechten des Diözesanbischofs. Daneben finden sich jedoch noch eine Vielzahl anderer Normen im *CIC* und im übrigen Kirchenrecht, die sein Amt betreffen.

[73] Vgl. dazu die cann. 475-481.

eines Pfarrers. Unter den vielfältigen Aufgaben nennt can. 530 die dem Pfarrer in besonderer Weise aufgetragenen Amtshandlungen. Bei all den verschiedenen Aufgaben eines Pfarrers geht es aber letztlich immer um die Seelsorge[74].

Das Wort *munus* bezeichnet also im *CIC* den für ein Amt charakteristischen Dienst oder damit verbundene spezifische Dienste.

4.3 *Weitere Verwendungen von munus im Sinn einer Aufgabe*

Der Begriff *munus* bezeichnet im *CIC* allgemein eine Aufgabe oder eine Pflicht, auch unabhängig von einem Kirchenamt[75]. Diese Verwendungsweise finden wir z.B. in den cann. 208 und 228 § 1. Nach can. 208 wirken alle Gläubigen je nach ihrer Stellung und Aufgabe — «secundum propriam cuiusque condicionem et munus» — am Aufbau des Leibes Christi mit. Es geht hier in erster Linie um die Stellung als Laien oder als Kleriker und um die Aufgaben, die sie wahrnehmen. Bei diesen kann es sich auch um ein Kirchenamt handeln[76]. Can. 228 § 1 handelt von jenen kirchlichen Ämtern und Aufgaben — «illa officia ecclesiastica et munera» — zu denen die Laien herangezogen werden können. Hier werden die *munera* den Kirchenämtern gegenübergestellt im Sinn von Aufgaben, die kein Kirchenamt darstellen.

Daneben wird *munus* im Sinn einer Aufgabe in verschiedenen Kontexten verwendet, die ihrerseits einen Bezug zu einem Kirchenamt haben können[77].

---

[74] Vgl. can. 527 § 1.
[75] In ähnlicher Weise wird mit dem Wort *officium* nicht nur das Kirchenamt bezeichnet, sondern auch eine Pflicht und Aufgabe im allgemeinen. S. 3.1 und 3.3.
[76] Vgl. dazu can. 228 § 1 für die Laien und can. 274 für die Kleriker.
[77] So z.B. in den cann. 40 (die Aufgabe des Vollziehers eines Verwaltungsaktes — dieser kann nun Inhaber eines Kirchenamtes sein, aber nicht notwendigerweise), 116 § 1 (die Aufgabe der öffentlichen juristischen Personen), 173 § 4 (die Aufgabe des Schriftführers bei Wahlhandlungen), 230 § 2 (die Aufgabe des Lektors und andere Aufgaben, die Laien wahrnehmen können), 231 § 1 (die Ausbildung der Laien zur Erfüllung von Aufgaben, die sie wahrnehmen — bei diesen kann es sich auch um ein Kirchenamt handeln), 253 §§ 1, 3 und 261 § 2 (zur Aufgabe des Lehrers), 256 § 1 (zu den Aufgaben des geistlichen Amtes), 274 § 2 (die Aufgabe, die den Klerikern von ihrem Ordinarius übertragen wird), 281 § 1 (die Natur einer Aufgabe, die ein Kleriker wahrnimmt), 292 (zum Entzug von Ämtern und Aufgaben bei Verlust des klerikalen Standes), 358 (die Aufgabe eines Kardinals als päpstlicher Legat; die Seelsorgsaufgabe eines Kardinals als Sondergesandter des Papstes), 360 (die Aufgabe der römischen Kurie), 493 (zu den Aufgaben des Vermögensverwaltungsrates), 501 §§ 2,3 (zu den Aufgaben des Priesterrates), 588 § 3 (zur Aufgabe eines laikalen Instituts), 671 (zu den Diensten und Ämtern eines Ordensangehörigen ausserhalb des eigenen

In diesem Zusammenhang stellt sich auch die Unterscheidung zwischen einem einfachen Dienst oder einer einfachen Aufgabe — *simplex munus* — und einem Kirchenamt — *officium ecclesiasticum*. So kann gesagt werden, dass jedes Kirchenamt ein näher bestimmter Dienst ist, aber nicht jeder Dienst ein Kirchenamt.

Munus wird im *CIC* nicht nur verwendet, um kirchliche Aufgaben und Dienste zu bezeichnen. Nach can. 225 § 2 sind es gerade auch die weltlichen Aufgaben («in muneribus saecularibus exercendis»), durch die die Laien Zeugnis für Christus ablegen sollen. Can. 289 § 2 befasst sich mit der Befreiung der Kleriker von der Ausübung von Aufgaben und öffentlichen Ämtern, die dem klerikalen Stand fremd sind («ab exercendis muneribus et publicis civilibus officiis a statu clericali alienis»).

4.4 Das Amt Christi — munus Christi — und die Dienste der Kirche — munera Ecclesiae

Eine Verwendung des Begriffs *munus* ist im *CIC* grundlegend und strukturgebend geworden. Es geht um das priesterliche, prophetische und königliche «Amt» Christi — *munus Christi* — und um die drei Dienste der Kirche — *munera Ecclesiae*[78]. Diese sind die Dienste der Verkündigung, der Heiligung und der Leitung — *munera docendi, sanctificandi* und *regendi*. Die ersten beiden Dienste bilden die Überschriften zum III. und IV. Buch *CIC*: «Verkündigungsdienst der Kirche» — «De Ecclesiae munere docendi» — und «Heiligungsdienst

---

Instituts), can. 676 (der Seelsorgsauftrag der Kirche), 762 (der Predigtdienst), 775 § 3 (die Hauptaufgabe des katechetischen Amtes), 776 (die Aufgabe der Eltern bei der Katechese in der Familie), 780 (zur Aufgabe der Katechisten), 796 § 1 (die Erziehungsaufgabe der Eltern), 822 §§ 1, 3 (die Aufgabe der Kirche und die sozialen Kommunikationsmittel), 843 § 2 (die Seelsorger und die übrigen Gläubigen haben je nach der ihnen eigenen kirchlichen Aufgabe die Pflicht, diejenigen, die Sakramente erbitten, auf deren Empfang vorzubereiten), 851.2⁰ und 874 § 1 (der Patendienst), 861 § 2 (die Aufgabe, die Taufe zu spenden), 904 (die Feier der hl. Messe als vornehmste Aufgabe der Priester), 1063.1⁰ (die Aufgabe der christlichen Ehegatten und Eltern), 1206 (die Aufgabe, einen Ort zu weihen), 1278 (zu den Aufgaben des Ökonoms), 1282 (die Aufgaben der Kleriker und Laien in der Vermögensverwaltung), 1331 § 1.3⁰ (kirchliche Ämter, Dienste oder Aufgaben), 1384 (eine priesterliche Aufgabe), 1386 (ein Dienst in der Kirche), 1490 (der Dienst eines Anwaltes oder Prozessbevollmächtigten), 1577 § 2 (der Dienst des Sachverständigen).

[78] Vgl. can. 204 § 1.

KAP. III: AMT, AUFGABE UND KIRCHENGEWALT

der Kiche» — «De Ecclesiae munere sanctificandi»[79]. Wie aus diesen Titeln hervorgeht, sind es Dienste der Kirche — *munera Ecclesiae*[80].

Das dreifache Amt Christi wird in der Kirche und durch die Kirche ausgeübt, und zwar durch die drei Dienste der Verkündigung, der Heiligung und der Leitung. Das kommt im *CIC* auf verschiedene Weise zum Ausdruck.

Das prophetische Amt Christi verwirklicht sich auf besondere Weise durch den Verkündigungsdienst der Kirche. Christus selbst ist das menschgewordene Wort Gottes, das die Kirche verkündet. In seinem Auftrag verkündet die Kirche allen Völkern das Evangelium[81]. Nach SC 7 ist es Christus selber, der spricht, wenn die heiligen Schriften in der Kirche gelesen werden.

Das priesterliche Amt Christi verwirklicht sich auf besondere Weise durch den Heiligungsdienst der Kirche. Das bringen die grundlegenden cann. 834 § 1 und 840 zum Ausdruck. Nach can. 834 § 1 erfüllt die Kirche den Heiligungsdienst «in besonderer Weise durch die heilige Liturgie, die als Ausübung des priesterlichen Dienstes Jesu Christi zu betrachten ist». In can. 840 werden die Sakramente des Neuen Bundes, die von Christus eingesetzt und der Kirche anvertraut sind, als Handlungen Christi und der Kirche — «utpote actiones Christi et Ecclesiae» — bezeichnet[82].

Das königliche Amt Christi verwirklicht sich auf besondere Weise durch den Dienst der kirchlichen Leitung. Nach can. 204 § 2 wird die Kirche vom Nachfolger Petri und den Bischöfen in Gemeinschaft mit ihm geleitet. Wie LG 14 sagt, ist es Christus, der die Kirche durch den Papst und die Bischöfe leitet[83].

---

[79] Der Ausdruck *munus regendi* wird als solcher im *CIC* in den cann. 375 und 1008 ausdrücklich genannt. Es wird ihm aber nicht ein eigenes Buch gewidmet, wie den anderen beiden Diensten. Im *CIC* geht es jedoch an verschiedenen Stellen um die Ausübung dieses Dienstes, u.a. im VIII. Titel des I. Buches *CIC* über die Leitungsgewalt sowie im II. Teil des II. Buches *CIC*, in dem sich die rechtlichen Bestimmungen zu den Grund- und Leitungsämtern in der Kirche befinden.

[80] Vgl. zur Verwendung des Begriffs *munus* in Zusammenhang mit den drei Diensten der Kirche die cann. 713 § 2, 756, 807, 834 § 1, 835, 839 § 1, 1008.

[81] Vgl. Mk 1,1; 16,15 und die cann. 747 § 1, 760.

[82] Vgl. dazu auch can. 1173, wonach die Kirche das Stundengebet in Erfüllung des priesterlichen Dienstes Christi feiert — «sacerdotale munus Christi adimplens».

[83] Vgl. auch die cann. 331, 375, 1008 und PO 2. Dieser Konzilstext enthält folgende Stelle zum Amt der Priester: «Da das Amt der Priester dem Bischofsstand verbunden ist, nimmt es an der Vollmacht teil, mit der Christus selbst seinen Leib auferbaut, heiligt und leitet. Darum setzt das Priestertum der Amtspriester zwar die christlichen Grundsakramente voraus, wird aber durch ein eigenes Sakrament übertra-

Wenn auch das jeweilige Amt Christi und sein entsprechender Dienst der Kirche einzeln genannt werden, so bilden sie doch eine Einheit. Sie sind miteinander verbunden und aufeinander bezogen[84].

Diesen Darlegungen entsprechend ist die Wahrnehmung des dreifachen Amtes Christi im Zentrum der kirchlichen Tätigkeit. Es ist Christus, der in der Kirche und durch die Kirche gegenwärtig und tätig ist, der verkündet, heiligt und leitet[85]. Er verkündet das Wort Gottes, er vollbringt das Werk, das ihm der Vater aufgetragen hat[86]. Er heiligt sich, damit auch die Seinen geheiligt sind[87]. Wie er vom Vater gesandt worden ist, so sendet er die Apostel zu den Menschen, zu allen Völkern. Er beauftragt und bevollmächtigt sie, das Evangelium zu verkünden, zu taufen und Sünden zu vergeben. Dabei lässt er sie nicht allein[88].

---

gen. Dieses zeichnet die Priester durch die Salbung des Heiligen Geistes mit einem besonderen Prägemal und macht sie auf diese Weise dem Priester Christus gleichförmig, so dass sie in der Person des Hauptes Christus handeln können.»

[84] Diese Einheit kommt bereits dadurch zum Ausdruck, dass can. 204 § 1 von dem *einen* Amt Christi spricht, dem priesterlichen, prophetischen und königlichen Amt Christi. Christus ist Priester, Prophet und König in einer Person. An diesem einen Amt erhalten die Gläubigen auf ihre Weise Anteil. Der Bezug der kirchlichen Dienste zueinander kommt z.B. in den cann. 375, 840 und 1008 zum Ausdruck. Nach can. 375 § 1 werden die Bischöfe in der Kirche zu Hirten bestellt, um Lehrer des Glaubens, Priester des heiligen Gottesdienstes und Diener in der Leitung zu sein. Sie sind es *in der Person Christi* — wie dies durch can. 1008 zum Ausdruck kommt. Danach werden sie dazu geweiht und bestimmt, diese drei Dienste ihrer Weihestufe entsprechend in der Person Christi auszuüben (s. auch can. 375 § 2). In ihrem Amt sind diese drei Dienste grundsätzlich miteinander vereint. Die Ausübung des einen Dienstes kann ihrerseits zugleich die Ausübung eines anderen Dienstes darstellen. So sind z.B. die Sakramente Zeichen und Mittel, durch die der Glaube ausgedrückt und bestärkt wird, Gott Verehrung erwiesen und die Heiligung des Menschen bewirkt wird (can. 840). Der Heiligungsdienst ist also auf besondere Weise auch Verkündigungsdienst, durch den der Glaube ausgedrückt und bestärkt wird. Wie aus demselben Kanon hervorgeht, führen beide Dienste dazu, die kirchliche Gemeinschaft herbeizuführen, zu stärken und darzustellen (vgl. dazu auch 1 Joh 1,1-3). Die Dienste haben also einen gemeinsamen Ursprung und ein gemeinsames Ziel. Als *munera Ecclesiae* haben sie auch die Kirche als einen gemeinsamen «Träger». D.h. sie werden in der Kirche und durch die Kirche ausgeübt (vgl. die cann. 204, 747 § 1, 834 und 840).

[85] Vgl. SC 7, LG 14 und PO 2.
[86] Joh 12,44-50; 17,4.
[87] Joh 17,19.
[88] S. Mt 28,16-20; Mk 16,15-20; Lk 24,44-49; Joh 17,18-26; 20,19-23; 21,15-19.

In der Sendung und im Auftrag Christi liegt die Sendung und der Auftrag der Kirche begründet[89]. Durch Christus hat Gott der Kirche eine Sendung zur Erfüllung in der Welt anvertraut. Die Gläubigen sind nun je nach ihrer Stellung und Aufgabe zur Ausübung dieser Sendung berufen — wie dies in can. 204 § 1 gesagt wird, insbesondere zur Ausübung der Dienste der Verkündigung, der Heiligung und der Leitung. Damit die Gläubigen diese Dienste auf ihre Weise ausüben können, gibt ihnen Christus Anteil an seinem priesterlichen, prophetischen und königlichen Amt (vgl. can. 204 § 1)[90].

5. Die Begriffe Dienst, Aufgabe und Amt — *ministerium*, *munus* und *officium*

Hier sei auf einen weiteren Ausdruck verwiesen, der im *CIC* für «Dienst» verwendet wird und öfter im Zusammenhang mit den zwei Begriffen *munus* und *officium* genannt wird. Es ist das Wort *ministerium*.

5.1 *Die Verwendung des Begriffs ministerium im CIC*

Im *CIC* werden die Worte *ministerium*, beziehungsweise *minister* und das Verb *ministro* häufig verwendet[91]. *Ministerium* wird einzeln gebraucht und in folgenden Verbindungen: als kirchlicher Dienst, als seelsorglicher Dienst und als heiliger Dienst[92]. Es gibt den Dienst des Lektors und des Akolythen[93] und in Zusammenhang mit dem Verkündigungsdienst der Kirche den Dienst am Wort[94]. Wie beim Wort *munus*, so geht es auch hier um einen auszuübenden Dienst[95]. Das Wort *minister* findet sich u.a. in der Verbindung *minister sacer*, das mit «geistlicher Amtsträger» übersetzt wird[96]. Mit dem Verb *ministrare*

---

[89] Vgl. dazu die cann. 204, 330, 747 § 1, 834, 840.

[90] Dadurch befähigt er die Gläubigen zu ihrer Ausübung. Hier wird zugleich die Verbindung zwischen der *Anteilnahme* am «Amt» des Herrn und seiner *Ausübung* deutlich. So auch in can. 1008.

[91] Zu den Belegstellen X. OCHOA, *Index verborum*, 276-278. Vgl. P. ERDÖ, «Uffici e funzioni pubbliche», 47-49.52-53.57-59.63.102-105 (zur Verwendung des Begriffs *ministerium* im *CIC* 1917, in den Dokumenten des II. Vatikanischen Konzils und im *CIC*).

[92] Als *ministerium ecclesiasticum — ministerium pastorale — ministerium sacrum*. Zu den Belegstellen X. OCHOA, *Index verborum*, 277.

[93] S. dazu P. ERDÖ, «Ministeria sacra», 857.

[94] *Ministerium verbi*. Zu den Belegstellen X. OCHOA, *Index verborum*, 277.

[95] *Ministerium exercendum*. Zu den Belegstellen X. OCHOA, *Index verborum*, 277.

[96] So z.B. in den cann. 207 § 1 und 1008.

wird v.a. die Spendung der Sakramente bezeichnet[97].

Hier sei besonders auf die Verwendung der Begriffe des *ministerium sacrum* und des *minister sacer* verwiesen. Die Verwendung zeigt, dass diese Begriffe mit der *Weihe* verbunden sind. Aufgrund der cann. 207 § 1, 266 § 1 und 1008 sind die geistlichen Amtsträger — die *ministri sacri* — diejenigen, welche die Weihe empfangen haben[98]. Die Weihe macht m.a.W. die dazu bestimmten Gläubigen zu geistlichen Amtsträgern. Sie üben ihrerseits ein geistliches Amt — *ministerium sacrum* — aus[99].

5.2 Das geistliche Amt und das Kirchenamt

Die lateinischen und deutschen Begriffe *ministri sacri* und geistliche Amtsträger, *ministerium sacrum* und geistliches Amt, sind hier nicht im gleichen Sinn wie «Kirchenamt» zu verstehen[100]. Dennoch besteht ein enger Zusammenhang mit dem Kirchenamt, wie dies implizit in can. 1008 zum Ausdruck kommt. Der Bezug zum Kirchenamt besteht darin, dass mit der Weihe zugleich eine *Bestimmung* zur Ausübung der Dienste des Lehrens, des Heiligens, des Leitens und, damit verbunden, des Dienstes der Seelsorge gegeben ist. Das Kirchenamt ist eine vorzügliche Form, in der diese Bestimmung eine konkrete Gestalt annimmt und durch die diese Dienste ausgeübt werden.

5.3 Das geistliche Amt — ministerium sacrum — und die dazugehörigen Aufgaben — munera

Die Verwendung der Begriffe *ministri sacri* und *ministerium sacrum* im *CIC* zeigt, dass es dabei um den Dienst geht, der durch die geweihten Amtsträger ausgeübt wird, auf vorzügliche (aber nicht ausschliessli-

---

[97] S. z.B. die cann. 850, 880 § 2. Zu den Belegstellen X. OCHOA, *Index verborum*, 278.

[98] Nach can. 207 § 1 gibt es in der Kirche geistliche Amtsträger, die im Recht auch Kleriker genannt werden. Nach can. 266 § 1 wird jemand durch den Empfang der Diakonenweihe Kleriker. Nach can. 1008 werden einige Gläubige durch die Weihe zu geistlichen Amtsträgern bestellt. Die Weihen sind nach can. 1009 § 1 Episkopat, Presbyterat und Diakonat. Vgl. auch LG 10.

[99] *Ministerium sacrum* findet sich z.B. in den cann. 232, 233 (geistliche Ämter), 611.3° (geistliche Dienste), 713 § 3 (heiliger Dienst), 1384 (geistlicher Dienst), 1722 (geistlicher Dienst). Wenn *ministerium sacrum* auf verschiedene Weise übersetzt worden ist, so bezieht es sich doch auf den Dienst, der durch die geistlichen Amtsträger ausgeübt wird.

[100] Wie bereits gesagt, wird im *CIC* der Begriff des geistlichen Amtes bzw. des geistlichen Amtsträgers mit dem Begriff der Weihe verbunden.

che) Weise durch ein ihnen verliehenes Kirchenamt. Mit diesem Dienst sind nun eine ganze Reihe von Aufgaben — *munera* — verbunden. Das kommt deutlich in can. 256 § 1 zum Ausdruck:

> Sorgfältig sind die Alumnen in dem zu unterrichten, was in besonderer Weise zum geistlichen Amt gehört, vor allem in der Ausübung der Katechese und der Predigt, im Gottesdienst und in besonderer Weise in der Feier der Sakramente, im Umgang mit Menschen, auch mit Nichtkatholiken und Nichtgläubigen, in der Pfarrverwaltung und in der Erfüllung der übrigen Aufgaben.

Zunächst wird das geistliche Amt — *ministerium sacrum* — genannt, dann einzelne dazugehörige Aufgaben und schliesslich die übrigen Aufgaben — «in ceteris muneribus adimplendis». Das Wort Pfarrverwaltung deutet seinerseits darauf hin, dass es sich hierbei um die mit dem Kirchenamt eines Pfarrers verbundenen Aufgaben handelt. Es ist interessant, dass sich nach diesem Kanon die Ausübung des geistlichen Amtes nicht nur auf den Gottesdienst und die Feier der Sakramente erstreckt, sondern auch auf den Umgang mit den Menschen, auf Verwaltungsaufgaben und andere Aufgaben. Das gehört alles dazu[101]. Es handelt sich also hier um einen weiten Begriff des geistlichen Amtes, zu dem neben der Predigt und der Katechese auch das Erteilen des Religionsunterrichtes gehört[102].

Dieser Kanon zeigt auch, dass die Aufgaben (*munera*), die einem geistlichen Amt zu eigen sind, mit den Aufgaben (*munera*) eines Kirchenamtes konvergieren und in diesem zum Ausdruck kommen. Es besteht also eine enge Beziehung zwischen der Weihe, dem geistlichen Amt (*ministerium sacrum*), den damit verbundenen Aufgaben (*munera*) und dem Kirchenamt (*officium ecclesiasticum*). Die hier genannte Reihenfolge ist nicht ohne Bedeutung. Wie aus *Christifideles laici* hervorgeht, ist das Weihesakrament die Grundlage des geistlichen Amtes und nicht die damit verbundene Aufgabe. Wenn ein Laie eine solche Aufgabe wahrnimmt, z.B. aufgrund von can. 230 § 3, so wird er m.a.W. dadurch nicht zum geistlichen Amtsträger[103].

---

[101] Der Umgang mit den Menschen ist ja so zentral für die Seelsorge und für jeden Seelsorger und soll deshalb auch zur Ausbildung gehören. Auch die Art und Weise der Pfarrverwaltung hat ihre Auswirkungen auf die Seelsorge.

[102] Der Religionsunterricht galt lange als eine typisch priesterliche Tätigkeit (vgl. can. 1373 § 2/*CIC* 1917). Religionsunterricht gehört auch heute noch zu den Aufgaben eines Priesters. In den cann. 804 und 805 wird nurmehr vom «Religionslehrer» gesprochen. Dieser kann ein Laie oder ein Kleriker sein.

[103] CL 23. Das bestätigt die Verwendung des Begriffs «geistliches Amt» im *CIC*, der mit der Weihe in Zusammenhang steht.

5.4 Das Verhältnis von ministerium, munus und officium

In seinem Artikel «"Sacra ministeria" e uffici ecclesiastici per eccellenza» befasst sich Erdö mit der Unterscheidung zwischen den Begriffen *ministerium sacrum, munus* und *officium ecclesiasticum*[104]. In seinen abschliessenden Darlegungen fasst er das Verhältnis dieser drei Begriffe auf folgende Weise zusammen:

> Le azioni svolte nel nome della Chiesa, cioè le attività pubbliche della medesima possono chiamarsi ministeri. Tra questi ministeri alcuni appartengono alla missione speciale dei ministri sacri e si chiamano opportunamente sacri ministeri. Altri sono i ministeri semplici. Qualora l'esercizio di qualche ministero si effettua nel quadro di un istituto giuridico che comporta l'affidamento di un complesso di diritti e doveri riguardanti tale attività pubblica a una persona, si può parlare di una carica, ossia di un «munus» pubblico in senso speciale. Sia i sacri ministeri che quelli semplici possono essere esercitati occasionalmente o nel quadro di una carica.
> Quelle cariche pubbliche stabilmente costituite che rispondono ai criteri elencati nel canone 145, si chiamano uffici ecclesiastici. Tra questi alcuni si qualificano «uffici sacri», altri invece uffici semplici che non comportano l'esercizio del sacro ministero[105].

Erdö stellt in diesem Abschnitt eine Beziehung zwischen *ministerium, munus* und dem Kirchenamt her. Als Dienst — *ministerium* — gilt die öffentliche Tätigkeit der Kirche, d.h. eine Tätigkeit, die im Namen der Kirche ausgeübt wird[106]. Unter diesen Diensten gibt es jene, die der besonderen Sendung der geistlichen Amtsträger angehören und deshalb geistliche Dienste genannt werden. Die anderen sind die einfachen Dienste. Wenn nun die Ausübung eines Dienstes im Rahmen eines Rechtsinstituts geregelt wird, durch das einer Person Pflichten und Rechte in bezug auf eine öffentliche Tätigkeit verliehen werden, kann von einem öffentlichen *munus* in einem besonderen Sinn gesprochen

---

[104] Zu Beginn seiner Ausführungen verweist er auf eine Anfrage, die anlässlich der Bischofssynode 1987 gestellt worden ist. Es wurde eine grössere Klarheit über die drei Begriffe *ministerium, munus* und *officium* gewünscht. *Elenchus ultimus, prop.* 18. Erdö befasst sich nun in seinem Artikel mit diesen drei Begriffen.

[105] P. ERDÖ, «Sacra ministeria», 862-863.

[106] Im vorausgehenden Absatz unterscheidet Erdö zwischen der sogenannten *azione ecclesiale* der Gläubigen und der *azione ecclesiastica, ufficiale*, die im Namen der Kirche vollzogen wird. Die erste entspringt der Eigenverantwortung und Autonomie der Gläubigen, besonders der Laien, wenn sie ihre Berufung in der Welt wahrnehmen. P. ERDÖ, «Sacra ministeria», 862. Vgl. dazu auch die Verwendung des Begriffs *ecclesialis* in CL 2 («ministeria et munera ecclesialia») und 21 («ministeria, sicuti pariter dona et munera ecclesialia»).

werden. Sowohl die hl. Dienste wie auch die einfachen können gelegentlich oder im Rahmen eines solchen *munus* ausgeübt werden. Die öffentlichen Aufgaben (*munera*), die dauerhaft eingerichtet sind und den Kriterien des can. 145 entsprechen, sind Kirchenämter. Unter diesen qualifizieren sich einige als hl. Kirchenämter, andere hingegen als einfache Kirchenämter, die keine Ausübung des hl. Dienstes mit sich bringen.

Auch bei Erdö kommt so zum Ausdruck, dass das geistliche Amt auf eine besondere Weise durch ein Kirchenamt wahrgenommen wird.

5.5 Die Begriffe Dienst, Amt und Aufgabe — ministerium, officium und munus — nach Christifideles laici

Das nachsynodale Schreiben *Christifideles laici* verwendet mehrfach die Begriffe Dienst, Amt und Aufgabe (*ministerium, officium* und *munus*). Auf einzelne dieser Verwendungsweisen soll hier verwiesen werden.

Zu Beginn von CL 21 werden, dem II. Vatikanischen Konzil folgend, die Ämter und Charismen («ministeria et charismata») als Gaben des Geistes für den Aufbau des Leibes Christi und für seine Heilssendung in der Welt dargestellt[107]. Dieser Gedanke wird in CL 24 erneut aufgenommen. Danach vertraut der Hl. Geist der Kirche als Gemeinschaft die verschiedenen Ämter (*ministeria*) an und besondere Gaben und Impulse, die Charismen genannt werden.

Aufgrund von Beispielen aus dem Neuen Testament wird auf die Vielfalt und Verschiedenheit der Ämter, Gaben und Aufgaben («ministeria, dona et munera ecclesialia») in der Kirche verwiesen. Alle Ämter (*ministeria*) in der Kirche sind, wenn auch auf verschiedene Weise, Teilhabe am Amt (*ministerium*) Jesu Christi.

In CL 22 wird auf die geweihten Ämter (*ministeria ordinata*) verwiesen, d.h. auf die Ämter, die sich vom Weihesakrament ableiten. In diesem Zusammenhang wird von der Sendung der Apostel (*missio*), von ihrem Dienst (*servitium, diakonia*) oder Amt (*ministerium*) gespro-

---

[107] CL 21. Hierbei wird auf LG 4 verwiesen. Dienste und Charismen werden im Dokument auch an anderen Stellen miteinander genannt: die verschiedenen und komplementären Aufträge — *ministeria* — und Charismen der Laien im Dienst der Sendung der Kirche (CL 20); die verschiedenen und komplementären Dienste — *ministeria* — und Charismen der Laien und ihre Notwendigkeit für das Wachstum der Kirche (CL 27), die Dienstleistungen — *ministrationes* — und Charismen der Laien (CL 32, LG 30 zitierend), die Verschiedenheit der Berufung und Situationen, der Charismen und der Dienste — *ministeriorum* (CL 45), die verschiedenen komplementären Charismen und Dienste — *ministeria* — der Glieder des Volkes Gottes (CL 55).

chen. Ebenso vom Charisma des Hl. Geistes, das die Amtsträger durch die Weihe von Christus empfangen. Der darauffolgende Abschnitt CL 23 befasst sich mit den Diensten, Aufgaben und Funktionen (*ministeria*, *officia* und *munera*) der Laien. Hier wird mehrfach auf «den wesentlichen Unterschied zwischen Amtspriestertum und gemeinsamem Priestertum und somit zwischen den Ämtern (*ministeria*), die sich vom Sakrament des Ordo ableiten, und den Diensten (*ministeria*), die sich vom Sakrament der Taufe und Firmung ableiten» hingewiesen[108]. Dieser Unterschied soll nicht verwischt werden[109]. Die Hirten können den Laien gemäss dem Kirchenrecht bestimmte Aufgaben (*functiones*) anvertrauen, die mit ihrem Hirtenamt (*pastorum munere*) zwar verbunden sind, die Weihe jedoch nicht voraussetzen. Als Beispiel wird auf can. 230 § 3 verwiesen. Danach können Laien unter bestimmten Voraussetzungen und nach Massgabe des Rechts bestimmte Aufgaben erfüllen, «nämlich den Dienst am Wort, die Leitung liturgischer Gebete, die Spendung der Taufe und die Austeilung der heiligen Kommunion». Das Dokument verweist auf die verschiedenen Aufgaben, die nicht spezifisch den geweihten Amtsträgern zukommen und die die Laien übernehmen, sei es in der Liturgie, in der Verkündigung des Wortes Gottes und in der Seelsorge[110].

Im Anschluss an den zitierten can. 230 § 3 fügt das Dokument hinzu: «Die Erfüllung einer solchen Aufgabe (*munerum*) macht den Laien aber nicht zum Hirten: Nicht eine Aufgabe (*ministerium*) konstituiert das Amt (*munus*) sondern das Sakrament des Ordo»[111]. Für das Amt des Hirten ist m.a.W. die Weihe erforderlich[112].

So wie zu Beginn von CL 21 und 24 das Amt (*ministerium*) als Gabe des Geistes dargestellt wird, so wird in CL 22 und 23 deutlich auf den je eigenen Bezug der Dienste, Ämter und Aufgaben (*ministeria*, *officia* und *munera*) zum Amt Christi und zu den Sakramenten der Taufe und der Firmung sowie zum Sakrament der Weihe verwiesen.

---

[108] CL 23.
[109] CL 23.
[110] CL 23. In CL 23 Fn. 74 wird auf verschiedene Stellen im *CIC* über die Aufgaben der Laien in der Kirche verwiesen.
[111] CL 23. Der Text führt dies weiter aus: «Nur das Sakrament des Ordo gewährt dem geweihten Amtsträger eine besondere Teilhabe am Amt Christi, des Hauptes und Hirten, und an seinem ewigen Priestertum. Die in Vertretung erfüllte Aufgabe leitet ihre Legitimität formell und unmittelbar von der offiziellen Beauftragung durch die Hirten ab. Ihre konkrete Erfüllung untersteht der Leitung der kirchlichen Autorität.»
[112] Vgl. can. 150.

6. Der Begriff der Kirchengewalt — *potestas* — im *CIC*

In der Definition des Kirchenamtes nach can. 145 § 1 findet sich das Element der Kirchengewalt nicht mehr, im Gegensatz zur Definition nach can. 145 § 1/*CIC* 1917. Für die Ausübung der Kirchengewalt ist das Kirchenamt jedoch nach wie vor von entscheidender Bedeutung. Nach can. 131 § 1 ist die Ausübung der Leitungsgewalt selbst — im Fall der ordentlichen Leitungsgewalt — an ein Kirchenamt gebunden. Es ist nicht ohne Bedeutung, dass der IX. Titel der Allgemeinen Normen über das Kirchenamt sich an den VIII. Titel über die Leitungsgewalt anschliesst.

6.1 *Die verschiedenen Bedeutungen des Begriffs*

Der Begriff der Vollmacht (*potestas*) wird im *CIC* nicht auf eine unsystematische Weise verwendet[113]. Einzelne Bestimmungen betreffen die Ausübung der Weihegewalt (*potestas ordinis*). In der Mehrzahl der Fälle bezieht sich jedoch der Begriff der Vollmacht (*potestas*) auf die sogenannte Leitungsgewalt (*potestas regiminis*). Daneben finden sich weitere Verwendungen des Begriffs der Vollmacht.

6.1.1 Weihe- und Leitungsgewalt

Der *CIC* hat die im *CIC* 1917 bestehende Unterscheidung zwischen Weihegewalt (*potestas ordinis*) und Leitungsgewalt (*potestas regiminis*, respektiv *potestas iurisdictionis*)[114] beibehalten[115].

Zur Ausübung der Weihegewalt finden sich im *CIC* verschiedene Bestimmungen, wie die cann. 274 § 1, 292, 966 § 1, 1333 § 1.1° und 1338 § 2.

Die Leitungsgewalt ist Gegenstand zahlreicher Bestimmungen. Unter anderem handelt der VIII. Titel der Allgemeinen Normen von der Leitungsgewalt. Hier finden sich zwei Grundunterscheidungen. Die erste bezieht sich auf die ordentliche und die delegierte Leitungsgewalt. Nach can. 131 § 1 ist die ordentliche Leitungsgewalt («potestas regiminis ordinaria») jene, «die von Rechts wegen mit einem Amt verbunden ist, delegierte jene, die der Person selbst nicht mittels eines Amtes übertragen wird.» Die zweite Grundunterscheidung findet sich in can. 135 § 1. Danach wird die Leitungsgewalt in gesetzgebende, ausführende und richterliche Gewalt unterschieden.

---

[113] Vgl. dazu 7./Schemata 7 und 8 (zum Begriff der Kirchengewalt).

[114] Vgl. can. 129 § 1.

[115] Vgl. z.B. can. 145 § 1/*CIC* 1917, in dem von der Kirchengewalt, sei es der Weihe- sei es der Jurisdiktionsgewalt, die Rede ist.

Eine weitere Unterscheidung betrifft die Ausübung der Leitungsgewalt im äusseren und im inneren Bereich, die in can. 130 geregelt wird[116].

Im *CIC* wird auch der Begriff der *Kirchengewalt (potestas ecclesiastica)* gebraucht[117]. Dieser Begriff bezieht sich im *CIC* in einzelnen Fällen ausdrücklich auf die Leitungsgewalt. So wird die Kirchengewalt in can. 596 § 2 näher als kirchliche Leitungsgewalt («potestate ecclesiastica regiminis»), in can. 1445 § 2 als kirchliche ausführende Gewalt («ex actu potestatis administrativae ecclesiasticae») bezeichnet. In Buch VI über die Strafbestimmungen in der Kirche wird die Kirchengewalt als solche neben einem kirchlichen Dienst oder einem kirchlichen Amt genannt, wie in den cann. 1370 § 3, 1375 und 1389.

6.1.2 Weitere Verwendungsweisen

Der Begriff der Vollmacht wird zudem in verschiedenen Bereichen gebraucht, die auf die Ausübung der Weihe- und Leitungsgewalt bezogen sein können.

So wird von folgenden Vollmachten gesprochen: eine durch Privileg verliehene Vollmacht (can. 84); die Vollmacht, Ablässe zu gewähren (can. 995); die Vollmacht, Sakramentalien zu spenden (can. 1168); die Gewalt über den Gegenstand des Gelübdes (can. 1195); die Vollmacht, von privaten Gelübden zu dispensieren (can. 1196); die Vollmacht, von einem Versprechenseid zu dispensieren (can. 1203); die freie Ausübung der Vollmachten und Aufgaben («potestates suas et munera») der kirchlichen Autorität an heiligen Orten (can. 1213); die Vollmacht, Messverpflichtungen auf andere als in den Stiftungsurkunden festgelegte Tage, Kirchen oder Altäre zu verlegen (can. 1309); die Vollmacht des Ordinarius, die Herabsetzung, Ermässigung und Umwandlung von Willensverfügungen der Gläubigen zu frommen Zwecken vorzunehmen (can. 1310 § 1).

6.1.3 Elterliche Gewalt

Im Kapitel über die Rechtsstellung physischer Personen (Titel VI der Allgemeinen Normen) bezeichnet der Begriff der *potestas* die Gewalt der Eltern oder eines Vormundes (can. 98 § 2) und die Gewalt desjenigen, dem ein Minderjähriger unterstellt ist (can. 105 § 1).

---

[116] Vgl. V. DE PAOLIS, «Il libro primo», 436-439.

[117] Vgl. can. 145 § 1/*CIC* 1917, nach dem die Kirchengewalt die Weihe- und die Jurisdiktionsgewalt umfasst.

6.1.4 Menschliche und weltliche Gewalt

Ausserdem wird im *CIC* auf die menschliche und die weltliche Gewalt Bezug genommen, auf die *potestas humana* und die *potestas civilis*.

Das Kapitel über die Pflichten und Rechte der Kleriker enthält folgende Unvereinbarkeitsbestimmung. Nach can. 285 § 3 ist es den Klerikern verboten, öffentliche Ämter anzunehmen, die eine Teilhabe an der Ausübung weltlicher Gewalt mit sich bringen.

Der Titel über das Sakrament der Ehe verweist auf folgende Prinzipien. Nach can. 1057 § 1 kann der Ehekonsens durch keine menschliche Macht ersetzt werden. In can. 1059 wird auf die Zuständigkeit der weltlichen Gewalt hinsichtlich der rein bürgerlichen Wirkungen der Ehe verwiesen. Gemäss can. 1141 kann die gültige und vollzogene Ehe zwischen Getauften durch keine menschliche Gewalt aufgelöst werden.

In zwei Kanones zu Beginn des III. und des V. Buches *CIC* geht es um grundlegende Rechte der Kirche und das Verhältnis zur menschlichen und weltlichen Gewalt. Nach can. 747 § 1 hat die Kirche die Pflicht und das angeborene Recht, unabhängig von jeder menschlichen Gewalt, allen Völkern das Evangelium zu verkünden. Gemäss can. 1254 § 1 hat die katholische Kirche das angeborene Recht, unabhängig von der weltlichen Gewalt, Vermögen zur Verwirklichung der ihr eigenen Zwecke zu erwerben.

6.2 *Die Ausübung der Weihegewalt*

Die Weihegewalt wird mehrmals mit der Leitungsgewalt zusammen genannt. Im Kapitel über die Pflichten und Rechte der Kleriker bestimmt can. 274 § 1, dass allein Kleriker Ämter erhalten können, zu deren Ausübung Weihegewalt oder kirchliche Leitungsgewalt erforderlich ist[118]. Das darauffolgende Kapitel handelt vom Verlust des klerikalen Standes. Nach can. 292 ist es einem Kleriker, der den klerikalen Stand verliert, verboten, die Weihegewalt (*potestatem ordinis*) auszuüben; ihm sind alle Ämter, Aufgaben und jegliche delegierte Vollmacht entzogen («officiis, muneribus et potestate qualibet delegata»).

Das Kapitel über den Spender des Sakramentes der Busse enthält eine Bestimmung zur Ausübung der Weihegewalt. Nach can. 966 § 1 ist es zur gültigen Absolution von Sünden erforderlich, dass der Spender ausser der Weihegewalt die Befugnis besitzt, sie gegenüber

---

[118] «Soli clerici obtinere possunt officia ad quorum exercitium requiritur potestas ordinis aut potestas regiminis ecclesiastici.»

den Gläubigen, denen er die Absolution erteilt, auszuüben.

Das VI. Buch *CIC* über die Strafbestimmungen enthält im ersten allgemeinen Teil zwei Normen, die die Ausübung der Weihegewalt betreffen. Nach can. 1333 § 1.1º verbietet die Suspension, die nur Kleriker betreffen kann, alle oder einige Akte der Weihegewalt («actus potestatis ordinis»). Nach 2º verbietet sie alle oder einige Akte der Leitungsgewalt («actus potestatis regiminis»). Nach can. 1338 § 2 kann es einen Entzug der Weihegewalt nicht geben, sondern nur das Verbot, sie selbst oder einige ihrer Akte auszuüben[119].

Die wenigen Stellen, die im *CIC* ausdrücklich von der Weihegewalt sprechen, betreffen v.a. das Verhältnis zwischen der Weihe, dem Amt und der Ausübung von Weihegewalt.

6.3 *Die Ausübung der Leitungsgewalt*

Der VIII. Titel der Allgemeinen Normen *CIC* enthält die Bestimmungen, die die Ausübung der Leitungsgewalt regeln. Daneben finden sich im ganzen Kirchenrecht, insbesondere im *CIC*, eine Vielzahl von Bestimmungen, die die Ausübung der Leitungsgewalt betreffen und regeln. Diesen verschiedenen Bestimmungen lassen sich mehrere Elemente entnehmen, die sich auf die Leitungsgewalt beziehen.

6.3.1 Ordentliche und delegierte Leitungsgewalt

Zunächst bestimmt can. 131 § 1, dass die ordentliche Leitungsgewalt von Rechts wegen mit einem Kirchenamt verbunden ist. Delegierte Gewalt ist jene, die einer Person nicht mittels eines Amtes übertragen wird. Gemäss can. 131 § 2 kann ordentliche Leitungsgewalt entweder eigenberechtigte oder stellvertretende sein[120].

Die Verbindung der Leitungsgewalt mit einem Kirchenamt kommt auch in can. 274 § 1 zum Ausdruck, wie auch in den Rechtsnormen zu den einzelnen Kirchenämtern selbst, wie z.B. in den cann. 331und 381 § 1.

In den einzelnen Kanones wird zudem bestimmt, um welche ordentliche Leitungsgewalt es sich handelt und wie sie ausgeübt werden kann. So verfügt z.B. der Bischof der Kirche von Rom nach can. 331 über höchste, volle, unmittelbare und universale ordentliche Gewalt, die er

---

[119] «Potestatis ordinis privatio dari nequit, sed tantum prohibitio eam vel aliquos eius actus exercendi».

[120] S. dazu V. DE PAOLIS, «Il libro primo», 439-440.

immer frei ausüben kann[121]. Nach can. 381 § 1 kommt dem Diözesanbischof in der ihm anvertrauten Diözese die ganze, ordentliche, eigenberechtigte und unmittelbare Gewalt zu, die zur Ausübung seines Hirtendienstes erforderlich ist. Die ordentliche Gewalt kann also je nach Kirchenamt verschiedene Charakteristiken haben.

Über die delegierte Leitungsgewalt finden sich grundlegende Bestimmungen im VIII. Titel des I. Buches[122].

6.3.2 Die gesetzgebende, ausführende und richterliche Gewalt

Ein Grundsatz zur Neufassung des *CIC* verwies auf die Notwendigkeit, die verschiedenen Aufgaben der kirchlichen Gewalt zu unterscheiden, insbesondere die Aufgabe der Gesetzgebung, der Verwaltung und der Rechtsprechung, und festzulegen, von welchen Organen die einzelnen Aufgaben ausgeführt werden sollen[123]. Diesem Grundsatz folgend, führt can. 135 § 1 die Unterscheidung zwischen gesetzgebender, ausführender und richterlicher Gewalt in das kirchliche Gesetzbuch ein[124]. Eine ganze Reihe von Bestimmungen regeln die Ausübung dieser einzelnen Gewalten.

Nach can. 135 § 2 ist die gesetzgebende Gewalt auf die im Recht vorgeschriebene Weise auszuüben. Zu diesen rechtlichen Bestimmungen gehören insbesondere die cann. 7-22 über die kirchlichen Gesetze sowie andere Kanones, die die Gesetzgebung in der Kirche betreffen, insbesondere in bezug auf die gesetzgebenden Organe[125].

Nach can. 135 § 3 ist auch die richterliche Gewalt auf die im Recht vorgeschriebene Weise auszuüben. Hierzu gehören insbesondere die Bestimmungen des VII. Buches über die Prozesse.

Zur Ausübung der ausführenden Gewalt enthält der VIII. Titel des I. Buches eine Anzahl von Vorschriften, auf die in can. 135 § 4 verwiesen wird. Zu diesen kommen eine Reihe anderer Bestimmungen hinzu, sei es aus dem III. Titel über die allgemeinen Dekrete und Instruktio-

---

[121] Vgl. auch can. 332 § 1.
[122] Wie die cann. 129, 130, 131 §§ 1 und 3, 133, 135, 137-142, 144. Vgl. auch can. 292, sowie die cann. 262, 492 § 1, 508 § 1 u.a., in denen allgemein von Delegation oder von einem Delegierten die Rede ist. S. zu den Stellen X. OCHOA, *Index verborum*, 134.
[123] *Principia quae*, Punkt 7.
[124] Vgl. dazu V. DE PAOLIS, «Il libro primo», 442-443.
[125] Z.B. die cann. 331, 333, 341, 381, 391, 445, 446, 455. Vgl. auch can. 343 zur Entscheidungsgewalt (*potestas deliberativa*), die der Papst der Bischofssynode übertragen kann.

nen, sei es aus dem IV. Titel über die Verwaltungsakte für Einzelfälle, sowie aus anderen Büchern des *CIC*.

Eine Bestimmung, die festlegt, von welchen Organen die einzelnen Gewalten auszuüben sind, ist z.B. can. 391. Nach dessen § 1 ist es Sache des Diözesanbischofs, die ihm anvertraute Teilkirche nach Massgabe des Rechts mit gesetzgebender, ausführender und richterlicher Gewalt zu leiten. Nach § 2 übt der Bischof die gesetzgebende Gewalt selbst aus, die ausführende Gewalt selbst oder nach Massgabe des Rechts durch die Generalvikare bzw. die Bischofsvikare, die richterliche Gewalt selbst oder nach Massgabe des Rechts durch den Gerichtsvikar und die Richter.

In diesem Zusammenhang soll auch auf zwei andere «Gewalten» verwiesen werden: auf die Vollmacht, Gesetze authentisch auszulegen (can. 16), und auf die Vollmacht, von kirchlichen Gesetzen zu dispensieren (can. 85).

6.3.3 Zum Ursprung und zur Übertragung der Leitungsgewalt

Einzelne Kanones weisen auf den Ursprung der Leitungsgewalt hin, meistens in Zusammenhang mit der Frage nach der Übertragung der Leitungsgewalt in der Kirche. Dies sind insbesondere die cann. 129 § 1, 131 §§ 1 und 2, 274 § 1, 331, 332 § 1, 375, 381 und 1008.

Nach can. 129 § 1 gibt es die Leitungsgewalt in der Kirche aufgrund göttlicher Einsetzung («ex divina institutione»). Zu ihrer Übernahme sind nach Massgabe des Rechts diejenigen befähigt, die die hl. Weihe empfangen haben[126]. Hier wird auf die Weihe Bezug genommen. Gemäss can. 1008 werden einige der Gläubigen dazu geweiht und bestimmt, ihrer Weihestufe entsprechend die Dienste des Lehrens, des Heiligens und des Leitens («munera docendi, sanctificandi et regendi») in der Person Christi des Hauptes zu leisten und dadurch das Volk Gottes zu weiden. Durch das vom Herrn eingesetzte Sakrament der Weihe (vgl. can. 840) werden also einige von den Gläubigen zur Übernahme von Leitungsgewalt befähigt[127].

Nach can. 129 § 1, der die Leitungsgewalt in Zusammenhang mit der Weihe stellt, folgt bald can. 131 § 1, nach dem die sogenannte ordentliche Leitungsgewalt mit einem Kirchenamt verbunden ist. Im Gegensatz zu dieser ist die delegierte Leitungsgewalt jene, die nicht durch ein

---

[126] Vgl. dazu die Frage von De Paolis, ob es sich hierbei um eine Bestimmung kirchlichen Rechts handelt, von der dispensiert werden kann, oder göttlichen Rechts, von der nicht dispensiert werden kann. V. DE PAOLIS, «Il libro primo», 428.

[127] Vgl. dazu die NEP 2 sowie die cann. 129 § 1, 840 und 1008.

Kirchenamt übertragen wird. Aus dem Wortlaut dieses Kanons scheint hervorzugehen, dass es eine Leitungsgewalt gibt, die durch das Kirchenamt «übertragen» wird (*conceditur*). Dies kann auf verschiedene Weise ausgelegt werden. Mittels des Kirchenamtes könnte einerseits die Leitungsgewalt selbst oder eine ganz bestimmte Leitungsgewalt übertragen werden. Oder andererseits wird die Leitungsgewalt oder eine bestimmte Leitungsgewalt durch das übertragene Kirchenamt *ausübbar*. Diese Auslegungen würden den beiden Theorien entsprechen, bei denen die eine einen nicht-sakramentalen Ursprung der Leitungsgewalt und ihrer Übertragung annimmt und die andere vom sakramentalen Ursprung der Leitungsgewalt in der Weihe ausgeht[128].

Nach can. 131 § 2 wird zwischen der eigenberechtigten und der stellvertretenden ordentlichen Leitungsgewalt unterschieden. Die eigenberechtigte Gewalt wird im eigenen Namen ausgeübt, die stellvertretende im Namen eines anderen[129]. Diese Unterscheidung weist darauf hin, von wem jemandem die Gewalt gegeben wird.

Nach can. 274 § 1 können allein Kleriker, also Geweihte[130], Ämter erhalten, zur deren Ausübung Weihegewalt oder kirchliche Leitungsgewalt erforderlich ist[131]. Hier geht es um einen Bezug zwischen der Weihe, der Ausübung der Weihe- und der Leitungsgewalt und bestimmten Kirchenämtern.

Die cann. 331, 332 § 1, 375 und 381 § 1 bestätigen die Bedeutung sowohl der Weihe wie auch des Kirchenamtes für die Übernahme und Ausübung der Leitungsgewalt in der Kirche.

In can. 331 kommt die Verbindung zwischen dem Kirchenamt des Papstes und der damit verbundenen ordentlichen Kirchengewalt deutlich zum Ausdruck:

> Der Bischof der Kirche von Rom, in dem das vom Herrn einzig dem Petrus, dem Ersten der Apostel, übertragene und seinen Nachfolgern zu vermittelnde Amt (*munus*) fortdauert, ist Haupt des Bischofskollegiums, Stellvertreter Christi und Hirte der Gesamtkirche hier auf Erden; deshalb verfügt er kraft seines Amtes (*muneris*) in der Kirche über höchste, volle,

---

[128] Vgl. dazu V. DE PAOLIS, «Il libro primo», 429-436.

[129] Als Beispiel gilt die eigenberechtigte Leitungsgewalt des Diözesanbischofs und die stellvertretende ausführende Leitungsgewalt des Generalvikars (vgl. dazu die cann. 381 § 1 und 475 § 1). In der Literatur ist mit Recht darauf verwiesen worden, dass im Grund gerade auch die eigenberechtigte Leitungsgewalt eine «stellvertretende» ist, die im Namen und Auftrag Christi ausgeübt wird. S. zur Unterscheidung V. DE PAOLIS, «Il libro primo», 439-440.

[130] Vgl. can. 266 § 1.

[131] Vgl. dazu V. DE PAOLIS, «Il libro primo», 427.

unmittelbare und universale ordentliche Gewalt, die er immer frei ausüben kann.

Im Amt des Bischofs der Kirche von Rom dauert das vom Herrn dem Petrus übertragene und seinen Nachfolgern zu vermittelnde Amt fort. Ohne dieses verfügt niemand in der Kirche über die damit verbundene ordentliche Gewalt. Mit diesem Amt wird die volle und höchste Gewalt in der Kirche übertragen. Es ist das Amt des *Bischofs* der Kirche von Rom. Nach can. 332 § 1 erhält der Papst volle und höchste Gewalt in der Kirche durch die Annahme der rechtmässig erfolgten Wahl zusammen mit der Bischofsweihe[132].

Zu Beginn des Kapitels über die Bischöfe bestimmt can. 375:

> § 1. Die Bischöfe, die kraft göttlicher Einsetzung durch den Heiligen Geist, der ihnen geschenkt ist, an die Stelle der Apostel treten, werden in der Kirche zu Hirten bestellt, um auch selbst Lehrer des Glaubens, Priester des heiligen Gottesdienstes und Diener in der Leitung zu sein.
>
> § 2. Die Bischöfe empfangen durch die Bischofsweihe selbst mit dem Dienst des Heiligens auch die Dienste des Lehrens und des Leitens, die sie aber ihrer Natur nach nur in der hierarchischen Gemeinschaft mit dem Haupt und den Gliedern des Kollegiums ausüben können.

Kraft göttlicher Einsetzung («ex divina institutione») durch den Heiligen Geist treten die Bischöfe an die Stelle der Apostel. Sie werden zu Hirten in der Kirche bestellt (*constituuntur*), um u.a. Diener in der Leitung (*gubernationis ministri*) zu sein. Auch in § 2 ist nicht unmittelbar von der Leitungsgewalt (*potestas regiminis*) die Rede, wohl aber vom Dienst des Leitens (*munus regendi*), von seiner Übertragung und Ausübung. Den Dienst des Leitens, den die Bischöfe durch die Bischofsweihe empfangen, können sie nur in der hierarchischen Gemeinschaft des Bischofskollegiums ausüben[133].

Zu den Quellen von can. 375 § 2 zählen LG 21, NEP 2 und CD 11. In der NEP 2 steht:

> In der *Weihe* wird die *seinsmässige* Teilnahme an den *heiligen* Ämtern verliehen, wie unbestreitbar aus der Überlieferung, auch der liturgischen, feststeht. Mit Bedacht ist der Ausdruck *Ämter* (munera) verwendet und nicht *Vollmachten* (potestates), weil das letztgenannte Wort von der *zum Vollzug völlig freigegebenen* Vollmacht verstanden werden könnte. Damit aber eine solche zum Vollzug völlig freigegebene Vollmacht vorhanden sei, muss noch die *kanonische*, das heisst *rechtliche Bestimmung* (determi-

---

[132] Vgl. dazu G. GHIRLANDA, *Il diritto nella Chiesa*, nn. 282.289.290.696 (zum Ursprung der Gewalt des Papstes).
[133] Vgl. dazu auch can. 336.

natio) durch die hierarchische Obrigkeit hinzukommen. Diese Bestimmung der Vollmacht (determinatio) kann bestehen in der Zuweisung einer besonderen Dienstobliegenheit oder in der Zuordnung von Untergebenen, und sie wird erteilt nach den von der höchsten Obrigkeit gebilligten *Richtlinien*. Eine derartige weitere Norm ist *aus der Natur der Sache* gefordert, weil es sich um Ämter handelt, die *von mehreren* nach Christi Willen hierarchisch zusammenwirkenden *Trägern* ausgeübt werden müssen. Offenkundig ist diese «Gemeinschaft» *im Leben* der Kirche den Zeitumständen gemäss schon in Übung gewesen, bevor sie *im Recht* sozusagen kodifiziert worden ist.

Hier wird zunächst zwischen *munus* und der zur Ausübung freigegebenen *potestas* unterschieden. Danach wird eine Begründung für die Notwendigkeit einer weiteren «Bestimmung» der Vollmacht gegeben. Diese Bestimmung erfolgt auf vorzügliche Weise durch das Kirchenamt (*officium*)[134].

Von der mit dem Kirchenamt verbundenen Leitungsgewalt des Diözesanbischofs spricht can. 381 § 1. Danach kommt dem Diözesanbischof «in der ihm anvertrauten Diözese alle ordentliche, eigenberechtigte und unmittelbare Gewalt zu, die zur Ausübung seines Hirtendienstes erforderlich ist». Die Leitungsgewalt ist ihm zur Ausübung seines Hirtendienstes gegeben.

Neben der Weihe ist also das Kirchenamt zur Übernahme und Ausübung der Leitungsgewalt von entscheidender Bedeutung[135]. Das machen sowohl die allgemeinen Bestimmungen der cann. 129 § 1, 131 § 1, 274 § 1 als auch die für das Amt des Papstes und des Bischofs geltenden cann. 331, 332 § 1, 375 und 381 § 1 deutlich.

Die kirchliche Leitungsgewalt wird also grundsätzlich nicht losgelöst von der Weihe und vom Kirchenamt gesehen. Das ist auch der Grund, dass es nur wenige Bestimmungen gibt, die die Ausübung von Leitungsgewalt durch Laien betreffen. Nach can. 129 § 2 können

---

[134] Diese Stelle der NEP 2 kann auch auf folgende Weise dargelegt werden. Es gibt eine innere «Bestimmung» zur Wahrnehmung der drei *munera* oder «Ämter», die durch die Weihe übertragen werden, und eine dazukommende äussere «Bestimmung», die die Ausübung dieser in der Weihe erhaltenen *munera* betrifft. Diese äussere Bestimmung kann durch das Verleihen eines Kirchenamtes erfolgen. Dieser Gedanke der «Bestimmung» kommt v.a. in can. 1008 zum Ausdruck. Danach werden die geistlichen Amtsträger ja dazu geweiht und bestimmt, je nach ihrer Weihestufe die Dienste des Lehrens, des Heiligens und des Leitens in der Person Christi wahrzunehmen. S. dazu 7.6 (zur inneren und äusseren Bestimmung).

[135] Die Frage über den Ursprung, die Übertragung und Ausübung der kirchlichen Leitungsgewalt ist ein in der Kirchenrechtslehre viel diskutiertes Thema. Vgl. dazu V. DE PAOLIS, «Il libro primo», 431-436.

(*possunt*) Laien bei der Ausübung dieser Gewalt nach Massgabe des Rechtes mitwirken[136]. Ohne ausdrücklichen Bezug auf die Leitungsgewalt spricht can. 228 § 1 allgemein von jenen kirchlichen Ämtern und Aufgaben, die die Laien nach den Rechtsvorschriften wahrzunehmen vermögen und zu denen sie herangezogen werden können. Ein Beispiel der Mitwirkung bei der Ausübung von Leitungsgewalt, das vom Recht vorgesehen ist, findet sich in can. 1421 § 2. Danach kann die Bischofskonferenz die Erlaubnis geben, «dass auch Laien als Richter bestellt werden, von denen einer bei der Bildung eines Kollegialgerichtes herangezogen werden kann, soweit eine Notwendigkeit dazu besteht.» Selbst diese Möglichkeit ist nach der Formulierung des Kanons restriktiv gehandhabt.

6.3.4 Die rechtliche Bestimmung zur Ausübung der Leitungsgewalt

In der NEP 2 kommt die Bedeutung des Rechts zur Festlegung und Bestimmung der verschiedenen kirchlichen Aufgaben und der damit verbundenen Ausübung von kirchlicher Leitungsgewalt deutlich zum Ausdruck. Die rechtliche Bestimmung ist aus der Natur der Sache gefordert, « weil es sich um Ämter handelt, die *von mehreren* nach Christi Willen hierarchisch zusammenwirkenden *Trägern* ausgeübt werden müssen» (NEP 2).

In entsprechender Weise wird im *CIC* in bezug auf die Ausübung der Leitungsgewalt immer wieder auf das Legalitätsprinzip verwiesen: zur Übernahme von Leitungsgewalt sind *nach Massgabe der Rechtsvorschriften* diejenigen befähigt, die die heilige Weihe empfangen haben (can. 129 § 1); Laien können *nach Massgabe des Rechtes* bei der Ausübung dieser Gewalt mitwirken (can. 129 § 2); ordentliche Leitungsgewalt ist jene, die *von Rechts wegen* mit einem Amt verbunden ist (can. 131 § 1); die gesetzgebende Gewalt ist *auf die im Recht vorgeschriebene Weise* auszuüben (can. 135 § 2); richterliche Gewalt ist *auf die im Recht vorgeschriebene Weise* auszuüben (can. 135 § 3); bei der Ausübung der ausführenden Gewalt sind *die Vorschriften der folgenden Canones* einzuhalten (can. 135 § 4). Das gilt auch für die einzelnen Kirchenämter. So bestimmt z.B. can. 381 § 1 die ordentliche Gewalt des Diözesanbischofs, mit folgender Einschränkung: «ausgenommen ist, was von Rechts wegen oder aufgrund einer Anordnung des Papstes der höchsten oder einer anderen kirchlichen Autorität vorbehalten ist.» Nach can. 391 § 1 ist es Sache des Diözesanbischofs, die

---

[136] Vgl. V. DE PAOLIS, «Il libro primo», 428 (zum Ausdruck «mitwirken» — *cooperari*).

ihm anvertraute Teilkirche *nach Massgabe des Rechts* mit der gesetzgebenden, ausführenden und richterlichen Gewalt zu leiten.

Der kirchliche Gesetzgeber bestimmt demnach, wie und von wem die Leitungsgewalt und die damit verbundenen Dienste auszuüben sind. Zu dieser rechtlichen Bestimmung gehört gerade auch festzulegen, wer wofür zuständig ist. Die Regelung der Zuständigkeit ist eine «Hauptaufgabe» des Kirchenrechts. Es geht grundsätzlich um die Bestimmung der Aufgabe oder «Materie», um das Gebiet und den Personenkreis, für die jemand zuständig ist. Die NEP 2 nennt z.B. eine besondere Dienstobliegenheit (*officium*), die jemandem zugewiesen wird, oder Untergebene, die jemandem zugeordnet werden.

So enthalten z.B. die cann. 331 und 332 § 2 die Bestimmungen über die ordentliche Gewalt, die dem Papst *in der Kirche* zukommt. Nach can. 333 § 1 kommt ihm diese Gewalt nicht nur *im Hinblick auf die Gesamtkirche*, sondern auch *über alle Teilkirchen und deren Verbände* zu. Von der ordentlichen Gewalt, welche die Bischöfe über die ihrer Sorge anvertrauten *Teilkirchen* haben, sprechen die can. 333 § 1 und 381 § 1. Von den der Sorge des Bischofs anvertrauten Personen spricht z.B. can. 383. Von seiner Aufgabe, dem Hirtendienst und dem damit verbundenen Dienst der Verkündigung, der Heiligung und der Leitung, sprechen die cann. 375, 381 § 1, 383 § 1, 386, 387, 391 u.a.

Die Leitungsgewalt ist also nach Massgabe des Rechts und der jeweiligen Zuständigkeit entsprechend auszuüben. Es liegt auf der Hand, dass gerade das Rechtsinstitut des Kirchenamtes ein zentraler Bestandteil dieser rechtlichen Bestimmung ist, wie und von wem die kirchlichen Aufgaben und damit verbundene Leitungsgewalt wahrzunehmen sind. Die mit einem Kirchenamt verbundenen Pflichten und Rechte (vgl. can. 145 § 2) sind Teil dieser rechtlichen Bestimmung.

Die Ausübung der ordentlichen Leitungsgewalt ist mit einem Kirchenamt verbunden (vgl. can. 131 § 1). Deshalb ist mit der Regelung des Kirchenamtes selbst, mit der Regelung seiner Übertragung und seines Verlustes zugleich auch eine Regelung gegeben, die die Ausübung der mit dem Amt verbundenen Leitungsgewalt betrifft. Dies bezieht sich v.a. auf die Aufgabe, das Gebiet und den Personenkreis, für die der Inhaber eines Kirchenamtes zuständig ist. Es bezieht sich auch auf die Dauer der Ausübung einer bestimmten Aufgabe und der damit verbundenen Leitungsgewalt. So erlischt z.B. die ordentliche Gewalt mit dem Verlust des Amtes, mit dem sie verbunden ist (can. 143 § 1).

7. Neun Schemata

Zu diesem Kapitel sind neun Schemata erstellt worden. Sie machen Grundunterscheidungen und die Stellung des Kirchenamtes im Leben und in der Sendung der Kirche deutlich. Durch das Schema kommen ein Gleichgewicht sowie der gegenseitige Bezug der verschiedenen Verwendungen der Begriffe Kirchenamt, Aufgabe und Kirchengewalt (*officium*, *munus* und *potestas*) und der damit bezeichneten Wirklichkeiten zum Ausdruck.

7.1 *Die Sendung der Kirche*

Die einzelnen Schemata haben die gleiche Grundstruktur, unter der Überschrift «Sendung der Kirche». Die Sendung der Kirche ist in der Sendung und im Auftrag Christi begründet. So wie Christus vom Vater gesandt worden ist, so sendet er die Seinen (vgl. Joh 20,21). Durch Christus hat Gott der Kirche eine Sendung zur Erfüllung *in der Welt* anvertraut. Die Initiative geht von Gott aus. Je nach ihrer Stellung sind die Gläubigen zur Ausübung dieser Sendung berufen (vgl. can. 204 § 1). Alle Gläubigen haben an der Sendung der Kirche teil (vgl. can. 216).

In can. 204 § 1, der zu Beginn des II. Buches *CIC* über das Volk Gottes steht, kommt die zentrale Bedeutung der Sendung der Kirche, zu deren Erfüllung die Gläubigen je nach ihrer Stellung berufen sind, zum Ausdruck[137]. Diese Sendung ist grundlegend für das ganze II. Buch *CIC* sowie für die Ausübung der Dienste der Kirche, den Dienst der Verkündigung, der Heiligung, der Leitung und, damit verbunden, den Dienst der Seelsorge[138].

Die erste Spalte «Wort, Sakrament und Charisma» zeigt auf, wie die Gläubigen an der Sendung der Kirche — unter verschiedenen Gesichtspunkten — durch Wort, Sakrament und Charisma Anteil erhalten, und wie sich die Sendung der Kirche zugleich durch das Wort, das Sakrament und das Charisma verwirklicht[139]. Diese drei «Dimensionen» kommen auf gewisse Weise bereits in can. 204 § 1 zum Ausdruck. Gläubige sind jene, die durch das *Sakrament* der Taufe Christus eingegliedert, auf ihre Weise *des priesterlichen, prophetischen und königli-*

---

[137] Vgl. P. ERDÖ, «Uffici e funzioni pubbliche», 84-102.

[138] Vgl. dazu die Bücher III und IV *CIC*, Titel VIII der Allgemeinen Normen sowie Teil II des II. Buches *CIC*.

[139] Vgl. cann. 747 § 1, 834, 840.

chen Amtes Christi teilhaft geworden sind[140]. Je nach ihrer Stellung sind sie zur Ausübung der Sendung der Kirche *berufen* — durch Gottes Wort, das Mensch geworden ist.

Die Bedeutung des Charismas und der Charismen des Hl. Geistes in der Erfüllung der Sendung der Kirche und der Wahrnehmung der verschiedenen Ämter und Aufgaben kommt auf besondere Weise in den unter 5.5 zitierten Stellen von *Christifideles laici* zum Ausdruck[141].

Die zweite Spalte «Kirchenamt» zeigt auf, wie die Sendung der Kirche durch das Kirchenamt erfüllt wird. Die dritte Spalte «Verschiedene Dienste» betrifft die Verwirklichung der Sendung der Kirche durch die vielfältigen «Dienste», die die Gläubigen in der Kirche und in der Welt wahrnehmen und die nicht ein Kirchenamt sind. Das heisst aber nicht, dass sie im Leben der Kirche weniger wertvoll und bedeutend sind. Ganz im Gegenteil. Denn «unter allen Gläubigen besteht, und zwar aufgrund ihrer Wiedergeburt in Christus, eine wahre Gleichheit in ihrer Würde und Tätigkeit, kraft der alle je nach ihrer eigenen Stellung und Aufgabe am Aufbau des Leibes Christi mitwirken» (can. 208). Aus diesem Grund sind die Gläubigen, seien sie Laien oder Kleriker, in allen drei Spalten der Schemata hervorgehoben. Die in den Spalten II und III genannten Gläubigen entsprechen denen, die in Spalte I genannt sind. Die Hervorhebung der Gläubigen soll zugleich die Bedeutung des personellen Aspektes deutlich machen — gerade auch in der «Institution» der Kirche und des Kirchenamtes. Dieses ist eine Aufgabe, die *einem Gläubigen*, sei es ein Laie oder ein Kleriker, übertragen wird. Es sind *die Gläubigen*, die zur Ausübung der Sendung der Kirche berufen sind (can. 204 § 1).

7.2 *Drei Ebenen*

Die Aufteilung in drei Spalten macht deutlich, wie die Begriffe Kirchenamt, Aufgabe und Dienst — *officium*, *munus* und *potestas* — im *CIC* auf verschiedenen jedoch nicht voneinander getrennten Ebenen verwendet werden.

In der *ersten Spalte* findet sich der Begriff *munus* als dreifaches Amt Christi (*munus Christi*) und als Dienst der Kirche (*munus* bzw. *munera Ecclesiae*), insbesondere als Dienst der Verkündigung, der Heiligung, der Leitung und der Seelsorge. An diesen erhalten die Gläubigen auf

---

[140] Wort, Sakrament und Charisma können auch dem dreifachen Amt Christi zugeteilt werden: das prophetische Amt Christi und das Wort, das priesterliche Amt Christi und das Sakrament, das königliche Amt Christi und das Charisma.

[141] Vgl. auch E. CORECCO, «Carisma», 213-221.

ihre Weise durch die Sakramente Anteil (vgl. can. 204 § 1 für die Taufe und can. 1008 für die Weihe). Als Laien und als Kleriker haben die Gläubigen neben den ihnen gemeinsamen Pflichten (*obligationes, officia, munera*) und Rechten auch je eigene Pflichten und Rechte (vgl. cann. 208, 224-231, 273-289). Bei diesen Pflichten und Rechten kann es sich um allgemeine oder um ganz spezifische Pflichten und Rechte handeln.

Die *zweite Spalte* zeigt die Verwendung der Begriffe *officium, munus* und *potestas* in bezug auf das Kirchenamt auf. Die ersten beiden Begriffe bezeichnen einerseits ein Kirchenamt selbst — sei es das Kirchenamt im allgemeinen oder ein ganz bestimmtes — und andererseits damit verbundene Aufgaben und Pflichten. Bei diesen handelt es sich grundsätzlich um eine Ausübung der Dienste der Kirche (vgl. cann. 375, 376 und 381 § 1 in bezug auf das Amt des Diözesanbischofs). Nach can. 145 § 1 gibt es Kirchenämter, die durch göttliche oder kirchliche Anordnung konstituiert worden sind. Die mit einem Kirchenamt verbundenen Pflichten und Rechte können ihrerseits göttlichen oder kirchlichen Rechts sein. Bei diesen Pflichten (*obligationes, officia, munera*) und Rechten handelt es sich zudem um spezifische, d.h. um ganz bestimmte Pflichten und Rechte. Das Kirchenamt ist in den Worten von Onclin eine Gesamtheit von Pflichten und Rechten[142]. Es ist ein *munus determinatum*, eine ganz bestimmte Aufgabe[143]. Wie aus PO 20 hervorgeht, ist das Kirchenamt eine *übertragene* Aufgabe. Dadurch unterscheidet sich das Kirchenamt von einer Vielzahl von Diensten und Aufgaben, welche die Gläubigen von sich aus wahrnehmen können, ohne dazu von der kirchlichen Autorität beauftragt zu sein. Auch wenn der Begriff der Kirchengewalt nicht mehr in der Definition der Kirchenamtes nach can. 145 genannt wird, so ist doch das Kirchenamt selbst zur Ausübung von Kirchengewalt von entscheidender Bedeutung. So ist nach can. 131 § 1 die sogenannte ordentliche Leitungsgewalt mit einem Kirchenamt verbunden. Nach can. 274 § 1 gibt es Kirchenämter, die zu ihrer Ausübung Weihegewalt oder kirchliche Leitungsgewalt erfordern und die allein Kleriker erhalten können.

Die *dritte Spalte* nennt Aufgaben und Dienste (*munera, officia*), die die Gläubigen in Kirche und Welt ausüben. Die Rechtsgrundlagen können einerseits die allgemeinen und spezifischen Pflichten und Rechte der Gläubigen bzw. der Laien, der Kleriker und der Gott

---

[142] *Comm.* 21 (1989) 177.
[143] Vgl. *Comm.* 21 (1989) 177 (s. Kap. II/3.5.3).

geweihten Personen sein, und andererseits Pflichten und Rechte, die mit einer bestimmten Aufgabe verbunden sind. Hierbei gibt es Aufgaben, die die Gläubigen von sich aus wahrnehmen können, und andere, zu denen sie von der kirchlichen Autorität beauftragt werden (vgl. cann. 228 § 1 für die Laien und 274 § 2 für die Kleriker). All diese vielfältigen Dienste und Aufgaben, die die Gläubigen in Kirche und Welt wahrnehmen, sind zur Erfüllung der Sendung der Kirche nicht weniger bedeutend als die durch den Inhaber eines Kirchenamtes ausgeübten Tätigkeiten[144]. Jeder auch noch so geringfügige Dienst trägt zur Erfüllung der Sendung der Kirche bei.

7.3 *Gegenseitige Bezüge*

Die Aufteilung in drei Spalten soll deren gegenseitige Bezüge verdeutlichen. Die erste Spalte «Wort, Sakrament und Charisma» bildet die Grundlage für die beiden anderen Spalten. Die Sendung der Kirche, an denen die Gläubigen auf ihre Weise durch Wort, Sakrament und Charisma Anteil erhalten, verwirklicht sich auf eine spezifische Weise durch ein Kirchenamt oder durch eine Aufgabe, die sie wahrnehmen. Ein Kirchenamt kann nur demjenigen übertragen werden, der die dazu notwendigen Voraussetzungen erfüllt. So muss jemand, dem ein Kirchenamt übertragen wird, nach can. 149 § 1 in der kirchlichen Gemeinschaft sein. Nach can. 228 § 1 gibt es Kirchenämter, die *Laien* übertragen werden, und nach can. 274 § 1 Ämter, die allein *Kleriker* erhalten können. Die Gläubigen erhalten als *Laien*, als *Kleriker* (als «*geistliche Amtsträger*» — vgl. can. 1008) ein Kirchenamt. Der Bezug der Taufe, Firmung und Weihe zu den jeweiligen Kirchenämtern und Aufgaben ist grundlegend[145]. Durch Gottes Wort und durch die Sakramente erhalten die Gläubigen all die Gnaden und Charismen, die sie zur Erfüllung der ihnen als Laien oder als Kleriker aufgetragenen Aufgaben — eine solche kann ein Kirchenamt sein — bedürfen. Durch die Sakramente und Charismen werden die Gläubigen zur Ausübung der Sendung befähigt, zu der sie je nach ihrer Stellung und Aufgabe berufen sind. Es sind die Gläubigen, von denen in Spalte I die Rede ist, die die Inhaber eines Kirchenamtes sind (Spalte II) oder die eine Aufgabe in Kirche und Welt ausüben (Spalte III).

---

[144] Vgl. dazu F. COCCOPALMERIO, «Note», 73 («Se, da una parte, gli "officia" rivestono — come comprensibile e come detto — peculiare importanza nella vita della chiesa, ciò non deve, in nessun modo, indurre a pensare che i "munera" siano di secondaria importanza»).

[145] Vgl. dazu die verschiedenen unter 5.5 zitierten Stellen von *Christifideles laici*.

Spalte II ist ihrerseits auf Spalte I und auf Spalte III hingeordnet. Das Kirchenamt ist ein näher bestimmter Dienst (can. 145 § 1). Es steht im Dienst der Verkündigung, der Heiligung und der Leitung des Volkes Gottes, im Dienst der Seelsorge. Der in Spalte II genannte Inhaber des Kirchenamtes, selbst ein Gläubiger (ein Laie oder ein Kleriker), ist in der Gemeinschaft der Kirche zum Dienst an den Gläubigen und zum Dienst am Menschen berufen und gesandt. Das kommt z.B. bei den Aufgaben des Diözesanbischofs (cann. 383-387) und des Pfarrers (cann. 528-530) deutlich zum Ausdruck. Der Dienst, den der Inhaber eines Amtes leistet (Spalte II), kann viel zur Erfüllung der Aufgaben beitragen, die den Gläubigen in Kirche und Welt aufgetragen sind (Spalten I, II — gegenüber andern Inhabern eines Kirchenamtes — und III).

Spalte III ist auf Spalte I und II hingeordnet. Durch die in Spalte III genannten Dienste werden einerseits die in Spalte I genannten Aufgaben, an denen die Gläubigen Anteil erhalten haben, verwirklicht. Diese Dienste (Spalte III) können zugleich in einem Zusammenhang mit dem Kirchenamt (Spalte II) stehen. Die Dienste und Aufgaben, die die Gläubigen von sich aus wahrnehmen oder zu denen sie beauftragt werden, können eine wichtige Funktion für die durch ein Kirchenamt ausgeübten Aufgaben haben. Ein einfaches Beispiel ist das des Ministranten. Der Ministrant hat nicht ein Kirchenamt — dazu fehlt auch der rechtliche Verpflichtungscharakter seines Dienstes (s. Kap. IV/6.2) —, aber er übt einen Dienst im Gottesdienst der Gemeinde aus, dem der Pfarrer vorsteht. Auch durch seinen Dienst erfüllt der Ministrant die Sendung der Kirche. Oft tragen «kleine» Dienste viel zur Erfüllung der Sendung der Kirche bei.

So wie ein «Lebensstand» für die anderen «Lebensstände» in der Kirche wichtig ist, so sind auch die Aufgaben, die die Gläubigen je nach ihrer Stellung wahrnehmen, «füreinander» wichtig.

7.4 *Stellung und Aufgaben der Gläubigen*

Die Gläubigen sind nach can. 204 § 1 je nach ihrer Stellung zur Ausübung der Sendung der Kirche berufen[146]. Diese Stellung wird nicht nur durch Sakramente und Charismen bestimmt und in der kirchlichen Rechtsordnung festgelegt, sondern gerade auch durch ein Kirchenamt oder durch eine Aufgabe, die die Gläubigen in Kirche und

---

[146] Vgl. cann. 96, 208.

Welt wahrnehmen[147]. Bei der Stellung der Gläubigen, die durch Sakramente und Charismen bestimmt werden, geht es grundsätzlich um den «Lebenstand» der Gläubigen, um ihre Stellung als Laien, als Eheleute, als Kleriker und als Gott geweihte Personen.

Schema 2 zeigt, wie «Stellung und Aufgaben» der Gläubigen durch Wort, Sakrament und Charisma (Spalte I), durch ein Kirchenamt (Spalte II) und durch in Kirche und Welt wahrgenommene Aufgaben (Spalte III) bestimmt werden. Um «Stellung und Aufgabe» der Gläubigen geht es ausserdem in anderen Schemata, auch wenn es nicht ausdrücklich gesagt wird.

7.5 Das Kirchenamt und can. 204 § 1

Wie erhalten die Gläubigen an der Sendung der Kirche und an ihrer Aufgabe Anteil, wie üben sie diese Sendung und Aufgabe aus? Die *Anteilnahme* an der Sendung und Aufgabe der Kirche und deren *Erfüllung* sind zwei grundlegende Gesichtspunkte, die im Kirchenrecht nicht von untergeordneter Bedeutung sind und die gerade auch in can. 204 § 1 zum Ausdruck kommen[148]. Das Kirchenamt erfüllt diesbezüglich eine wichtige Funktion.

Wie aus den Punkten 7.1-7.3 und den Schemata selbst hervorgeht, wird das Kirchenamt auf dem Hintergrund von can. 204 § 1 dargestellt. Dies ist in verschiedener Hinsicht von Bedeutung. Das Kirchenamt ist ein wichtiges «Instrument» zur Erfüllung der Sendung, die Gott der Kirche anvertraut hat. Durch das Kirchenamt selbst werden Stellung und Aufgaben von Gläubigen, die ein solches innehaben, in der Erfüllung der Sendung der Kirche bestimmt. Die mit einem Kirchenamt verbundenen Pflichten und Rechte heben sich von den Pflichten und Rechten ab, die die Gläubigen als Laien oder als Kleriker haben. Sie setzen diese voraus und stehen zugleich auch in ihrem Dienst (s. 7.3). Neben dem Kirchenamt gibt es jedoch auch eine Vielzahl von Diensten, die in der Kirche erfüllt werden. Sie sind z.T. auf die Erfüllung der mit einem Kirchenamt verbundenen Aufgabe hingeordnet (s. 7.3) und sind nicht weniger bedeutend zur Erfüllung der Sendung der Kirche.

---

[147] Die Stellung der Gläubigen kann durch ein Sakrament oder durch eine Aufgabe, wie durch ein Kirchenamt *bestimmt* werden. Hierbei handelt es sich zugleich um eine *rechtliche* Bestimmung. Die mit einem Sakrament oder einem Kirchenamt verbundenen Pflichten und Rechte werden in der kirchlichen Rechtsordnung festgelegt. Diese Pflichten und Rechte können göttlichen oder kirchlichen Rechts sein.

[148] Die Gläubigen erhalten *Anteil* am dreifachen Amt Christi und an der Sendung der Kirche und sind auf ihre Weise zur *Erfüllung* dieser Sendung berufen.

7.6 *Innere und äussere Bestimmung*

Eine Unterscheidung, die nützlich sein kann, ist die der inneren und äusseren Bestimmung zur Erfüllung der Sendung der Kirche[149]. Hierbei geht es um eine allgemeine Bestimmung und Teilnahme an der Sendung der Kirche und um eine konkrete Bestimmung zur Ausübung eines bestimmten Amtes oder einer bestimmten Aufgabe (vgl. NEP 2 sowie die cann. 204 § 1 und 1008). Bei dieser Unterscheidung ist jedoch vor Augen zu halten, dass es sich nicht um zwei voneinander getrennte Gesichtspunkte handelt. Sie bedingen sich vielmehr gegenseitig und sind aufeinander bezogen. Das kommt bereits dadurch zum Ausdruck, dass es sich um eine *innere* Bestimmung zur *Ausübung* und *Erfüllung* der Sendung der Kirche handelt. Um diese *Ausübung* und *Erfüllung* geht es gerade bei der sogenannten *äusseren* Bestimmung. Diese setzt ihrerseits die innere Bestimmung voraus.

Eine Unterscheidung, die damit in Zusammenhang steht, ist die von allgemeinen und von näher bestimmten Aufgaben, von allgemeinen Pflichten und Rechten und von näher bestimmten Pflichten und Rechten[150]. Eine näher bestimmte Aufgabe sowie näher bestimmte Pflichten und Rechte sind z.B. diejenigen, die mit einem Kirchenamt verbunden sind (Spalte II)[151]. Bei den Diensten und Aufgaben, die die Gläubigen in Kirche und Welt wahrnehmen (Spalte III), kann es sich einerseits um die Verwirklichung einer allgemeinen Aufgabe, eines allgemeinen Rechts handeln (Spalte I). Andererseits kann es sich um die Verwirklichung einer spezifischen mit einer Aufgabe verbundenen rechtlichen Verpflichtung handeln (vgl. cann. 228 § 1, 274 § 2).

7.7 *Zur Kirchengewalt*

Zur Ausübung bestimmter Kirchenämter ist Weihegewalt oder kirchliche Leitungsgewalt erforderlich (can. 274 § 1). Die rechtlichen Bestimmungen, die die Ausübung der Leitungsgewalt betreffen, stehen mit dem Kirchenamt in enger Beziehung (vgl. can. 131 § 1). Durch den

---

[149] S. dazu W. BERTRAMS, «De constitutione Ecclesiae», 269-271 (über die innere und äussere Struktur der Kirche), 278-282 (in bezug auf NEP 2 und das Verhältnis von Weihe und Amt).

[150] So spricht z.B. can. 225 § 1 von der allgemeinen Pflicht und dem Recht der Gläubigen mitzuhelfen, «dass die göttliche Heilsbotschaft von allen Menschen überall auf der Welt erkannt und angenommen wird». Vgl. auch J.I. ARRIETA, *Diritto dell'organizzazione ecclesiastica*, 11-12.

[151] So obliegen z.B. einem Pfarrer besondere Aufgaben in der Verkündigung, wie dies in can. 528 § 1 zum Ausdruck kommt.

Bezug der kirchlichen Leitungsgewalt zum Kirchenamt ist zugleich ein Bezug zur Funktion des Kirchenamtes im Leben und in der Sendung der Kirche (s. 7.5) gegeben. Die Verwendung der drei Begriffe Amt, Aufgabe und Kirchengewalt — *officium*, *munus* und *potestas* — im *CIC* ist aufschlussreich, um einerseits die einzelnen Begriffe selbst zu verstehen und andererseits ihre gegenseitigen Bezüge.

7.8 *Gabe und Aufgabe*

In der römischen Rechtssprache bezeichnete *munus* nicht nur ein Amt (*officium*), sondern auch eine Gabe (*donum*) und eine Last (*onus*)[152]. Die verschiedenen Verwendungen des Begriffs *munus* im Kirchenrecht enthalten auch den doppelten Aspekt einer Gabe und Aufgabe[153]. Gott gibt der Kirche, den Gläubigen Gaben und Aufgaben. Auch das Kirchenamt ist eine Gabe und Aufgabe — hierbei wird das Erfüllen der Aufgabe zu einer Gabe für Gott und für die Menschen.

---

[152] S.o. 4.1.
[153] Vgl. dazu CL 21-24 (s.o. 5.5).

Schema 1a

SENDUNG DER KIRCHE

Wort, Sakrament und Charisma

Kirchenamt   Verschiedene Dienste

Gläubige sind jene, die durch die Taufe Christus eingegliedert, zum Volke Gottes gemacht und dadurch auf ihre Weise des priesterlichen, prophetischen und königlichen Amtes Christi teilhaft geworden sind; sie sind gemäss ihrer je eigenen Stellung zur Ausübung der Sendung berufen, die Gott der Kirche zur Erfüllung in der Welt anvertraut hat.
Can. 204 § 1

Schema 1b

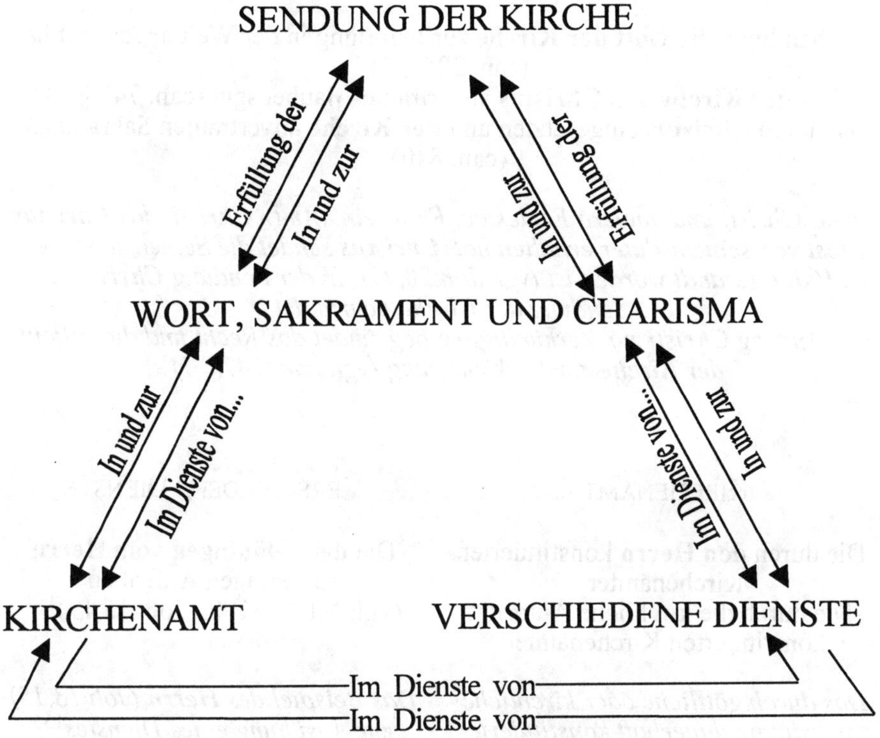

SENDUNG DER KIRCHE

Erfüllung der ↕ In und zur   *In und zur ↕ Erfüllung der*

WORT, SAKRAMENT UND CHARISMA

In und zur ↕ Im Dienste von...   *Im Dienste von... ↕ In und zur*

KIRCHENAMT   **VERSCHIEDENE DIENSTE**

——Im Dienste von——
——Im Dienste von——

Schema 2

SENDUNG DER KIRCHE

Der Auftrag Christi und der Kirche

WORT, SAKRAMENT UND CHARISMA

-Die Sendung, die **Gott der Kirche** zur Erfüllung in der Welt anvertraut hat
(can. 204 § 1)
-Das **der Kirche** von **Christus** anvertraute Glaubensgut (can. 747 § 1)
-Die durch **Christus** eingesetzten und **der Kirche** anvertrauten Sakramente
(can. 840)

*Munus Christi und munera Ecclesiae. Es ist ein «Amt» **Christi**, das **Christus** selbst von seinem **Vater** erhalten hat. **Christus** sendet die Seinen so wie **er** vom **Vater** gesandt worden ist (vgl. Joh 20,21). In der Sendung **Christi** ist die Sendung **der Kirche** begründet.*
*Der Auftrag **Christi** zur Verkündigung begründet das Recht und die Pflicht **der Kirche** zur Verkündigung (vgl. can. 747 § 1)*

KIRCHENAMT	VERSCHIEDENE DIENSTE
-Die durch **den Herrn** konstituierten Kirchenämter -Die durch die kirchliche Autorität konstituierten Kirchenämter	Die **den Gläubigen** vom **Herrn** aufgetragen Aufgaben (vgl. Mt 25,31-46; Joh. 15,17)[154]
Das durch göttliche oder kirchliche Anordnung dauerhaft konstituierte Amt	*Das Beispiel **des Herrn** (Joh 13,15) zur Ausübung eines Dienstes*[155]

---

[154] Diese gelten auch auf besondere Weise für die Inhaber eines Kirchenamtes.
[155] Das Beispiel des Herrn gilt nicht weniger für die Inhaber eines Kirchenamtes (vgl. auch Mk 10, 42-45).

KAP. III: AMT, AUFGABE UND KIRCHENGEWALT

Wort, Sakrament und Charisma

Die Gläubigen erhalten auf ihre Weise Anteil am priesterlichen,
prophetischen und königlichen Amt **Christi** (204 § 1)
und an den damit verbundenen drei Diensten **der Kirche**

*Die «Stellung und Aufgaben» des Gläubigen, die durch Sakramente
begründet und in der kirchlichen Rechtsordnung festgelegt werden.*
*-Die Taufe begründet die «Stellung» (condicio) des Christen, des Gläubigen.
Damit verbundene und in der kirchlichen Rechtsordnung festgelegte
Pflichten und Rechte (vgl. cann. 96, 204 § 1).*
*-Die Weihe begründet die «Stellung» der Geweihten, der Kleriker. Damit
verbundene und in der kirchlichen Rechtsordnung festgelegte Pflichten und
Rechte (vgl. cann. 266 § 1, 1008, Kapitelüberschrift vor can. 273)*

Innere Bestimmung zur Ausübung des priesterlichen, prophetischen und
königlichen Amtes **Christi** durch die Taufe, Firmung, Weihe
(vgl. cann. 204 § 1, 208, 1008)

Kirchenamt	Verschiedene Dienste
Die Gläubigen erhalten durch ein ihnen übertragenes Kirchenamt Anteil an den damit verbundenen Aufgaben und Rechten	-Aufgaben, zu denen **die Gläubigen** einer Beauftragung bedürfen -Aufgaben, die **die Gläubigen** von sich aus wahrnehmen können und sollen
Die göttliche und kirchliche Anordnung zur dauerhaften Konstituierung eines Amtes als Grundlage für die mit diesem verbundenen Pflichten und Rechte	*Der Auftrag des Herrn (vgl. Mt 25,31-46; Joh. 15,17)*
Äussere Bestimmung zur Ausübung des priesterlichen, prophetischen und königlichen Amtes **Christi** und der drei Dienste **der Kirche** durch die Verleihung eines Kirchenamtes	Äussere Bestimmung durch einen Auftrag, durch das Wahrnehmen eines Dienstes

Schema 3

SENDUNG DER KIRCHE

Stellung[156] und Aufgaben der Gläubigen

Wort, Sakrament und Charisma

Die Stellung und die Aufgaben eines «Lebensstandes»

Die Stellung und die Aufgaben:
*-als **Getaufte**, als **Gläubige**, als **Mitglieder des Volkes Gottes***
(cann. 96, 204 § 1, 208)
*-als **Gefirmte** (cann. 225 § 1, 879)*
*-als **zum Tisch des Herrn Geladene** (cann. 898, 912ff)*
*-als **Eheleute** (cann. 226, 793, 1063, 1095.2°, 1134, 1135, 1136, 1151)*

KIRCHENAMT	VERSCHIEDENE DIENSTE
Die Stellung und die Aufgaben des Inhabers eines Kirchenamtes (can. 145)	Die Stellung und Aufgaben bei Ausübung eines bestimmten Dienstes in Kirche und Welt[157].
*-**Gläubige** als Inhaber eines Kirchenamtes* *(vgl. can. 149 § 1, 204 § 1)*	*Dienste:* *-von **Gläubigen*** *(vgl. cann. 208, 275 § 2)*

---

[156] Bei der hier beschriebenen Stellung der Gläubigen handelt es sich zugleich auch um eine «Rechtsstellung» (vgl. can. 96).

[157] Zu dieser Kategorie können auch «Dienste» gezählt werden, die die Gläubigen «in der Welt» ausüben. Besonders auch durch diese legen sie Zeugnis für Christus ab. Vgl. dazu can. 225 § 2 (in bezug auf die Laien).

KAP. III: AMT, AUFGABE UND KIRCHENGEWALT

WORT, SAKRAMENT UND CHARISMA

Die Stellung und die Aufgaben:
- als **Laien** (cann. 207 § 1, 224-231, 275 § 2)
- als **Kleriker** (cann. 207 § 1, 273-289)
- als **Gläubige, die sich Gott geweiht** haben (cann. 207 § 2, 574, 662-672)
- als **Mitglieder eines kirchlichen Vereins** (cann. 298 § 1, 306)

Die Stellung und die Aufgaben werden durch das kirchliche Recht bestimmt
-allgemeine Pflichten und Rechte
-spezifische Pflichten und Rechte

KIRCHENAMT

- **Laien** als Inhaber eines Kirchenamtes (can. 228 § 1)
- **Kleriker** als Inhaber eines Kirchenamtes (cann. 150, 274 § 1)
- **Ordensangehörige** als Inhaber eines Kirchenamtes (cann. 671, 682)

*Die Stellung und die Aufgaben werden durch das kirchliche Recht bestimmt. Es handelt sich um spezifische Pflichten und Rechte, die mit einem Kirchenamt verbunden sind (can. 145). Die allgemeinen Pflichten und Rechte der **Gläubigen (Laien, Kleriker, Ordensangehörige)** können ihre besondere Bedeutung haben, wenn jemand Inhaber eines Kirchenamtes wird/ist*

VERSCHIEDENE DIENSTE

Dienste:
- von **Laien** (can. 228 § 1)
- von **Klerikern** (vgl. can. 274 § 2)
- von **Ordensangehörigen** (vgl. can. 671)

*Die Stellung und Aufgaben, die mit diesem Dienst verbunden sind, werden durch das kirchliche Recht bestimmt, unter Umständen auch durch das weltliche Recht[158]. Mit einem solchen Dienst können spezifische Rechte und Pflichten verbunden sein. Zugleich können die allgemeinen Pflichten und Rechte **der Gläubigen** eine besondere Bedeutung erhalten*

---

[158] Hier geht es in erster Linie um die Dienste, die «in der Kirche» ausgeübt werden.

Schema 4

SENDUNG DER KIRCHE

Der Begriff *officium* im Sinn von Amt, Pflicht und Aufgabe[159]

WORT, SAKRAMENT UND CHARISMA

Subjekte von Pflichten und Rechten:
-Die Kirche
-Die Gläubigen (Laien, Eheleute, Kleriker, Ordensangehörige)

*-Die Pflichten und Rechte **der Kirche**, wie z.B. die Pflicht und das Recht zur Verkündigung (can. 747 § 1). Vgl. auch die cann. 232, 1254 § 1*
*-Die mit einem «Lebensstand» verbundenen Pflichten (officia, obligationes) und Rechte. Die Pflichten und Rechte **der Christen** (can. 96), **der Laien** (can. 224), **der Eheleute** (can. 226), **der Kleriker** (Kapitelüberschrift vor can. 273), **der Ordensangehörigen** (Kapitelüberschrift vor can. 662)*

KIRCHENAMT	VERSCHIEDENE DIENSTE
Das Kirchenamt (*officium ecclesiasticum*) als solches -Titel IX der Allgemeinen Normen -der Begriff des Kirchenamtes (can. 145) -andere «allgemeine» Normen (z.B. die cann. 44, 131 § 1, 228 § 1, 274 § 1 u.a.) -Die verschiedenen einzelnen Kirchenämter (vgl. can. 145 § 2) — *officia ecclesiastica*	Ein Dienst (*officium, servitium, ministerium, munus*), der kein Kirchenamt ist. -Z.B. eine Aufgabe (*officium*) in der Liturgie, die **Laien** wahrnehmen können (can. 230 § 3)
Die mit einem Kirchenamt verbundenen Pflichten (officia, obligationes) und Rechte (can. 145 § 2) *-z.B. die Pflichten und Rechte **des Diözesanbischofs** (cann. 381-402)*	*Die mit einem bestimmten Dienst verbundenen Pflichten (officia, obligationes) und Rechte*

---

[159] Kap. III/3.3 entsprechend, werden auch hier andere Ausdrücke für Pflicht und Aufgabe berücksichtigt.

Schema 5

SENDUNG DER KIRCHE

Der Begriff *munus* im Sinn von Amt, Aufgabe und Dienst

WORT, SAKRAMENT UND CHARISMA

Munus als «Amt» im Sinn des priesterlichen, prophetischen und königlichen Amtes **Christi** — *munus Christi* (can. 204 § 1). Die drei Dienste **der Kirche**, der Dienst der Verkündigung, der Heiligung und der Leitung — *Ecclesiae munera* (vgl. die Überschriften zu Buch III und IV *CIC* sowie die cann. 375 und 1008)

Der Seelsorgsauftrag (munus pastorale) der Kirche (can. 676)

KIRCHENAMT	VERSCHIEDENE DIENSTE
Munus als Amt, wie z.B. das Amt **des Papstes** (cann. 331, 332 § 2) und das Amt **des Bischofs** (cann. 375, 376, 381 § 1, 383 § 1)	-*Munus* als Aufgabe, Dienst, wie z.B. die Aufgaben, zu denen **die Laien** nach can. 228 § 1 herangezogen werden können. Oder als Aufgabe, die **einem Kleriker** nach can. 274 § 2 übertragen wird (ohne dass es sich dabei um ein Kirchenamt handeln muss — vgl. auch can. 292) oder ein Dienst, den **Ordensangehörige** nach can. 671 wahrnehmen. -*Munus* als Aufgabe, die **ein Gläubiger** von sich aus wahrnehmen kann
*Das Amt **des Papstes** als oberster Hirt der Kirche (can. 333 § 2), der Hirtendienst **des Bischofs** (cann. 381 § 1, 383 § 1), die pastorale Aufgabe **des Pfarrers** (can. 539)*	*«Seelsorge» durch Dienste, die kein Kirchenamt sind. Z.B. der Dienst **des Paten** (cann. 851.2° und 874 § 1)*

Wort, Sakrament und Charisma

Die Anteilnahme **der Gläubigen** am dreifachen Amt **Christi** und an den drei
Diensten **der Kirche** — «jeder auf seine Weise»
-die Anteilnahme **der Getauften** (can. 204 § 1)
-die Anteilnahme **der Geweihten** (can. 1008)

Die innere Bestimmung zur Ausübung der drei Dienste der Kirche
*-durch **die Gläubigen** (vgl. can. 204 § 1)*
*-durch **die Laien** (vgl. can. 225)*
*-durch **die Kleriker** (vgl. can. 1008)*
*-durch **die Bischöfe** (vgl. can. 375)*
Mit der inneren Bestimmung kann auch eine äussere Bestimmung gegeben sein,
was z.B. bei den rechtlichen Verpflichtungen für die Kleriker der Fall ist

KIRCHENAMT	VERSCHIEDENE DIENSTE
Das Kirchenamt als ein nach can. 145 § 1 näher bestimmter Dienst (*munus*). Die Aufgaben und Dienste (*munera*) eines Kirchenamtes, zu deren Ausübung der Inhaber des Kirchenamtes berechtigt und verpflichtet ist (vgl. can. 145). Die spezifischen Aufgaben der verschiedenen Kirchenämter (z.B. die Aufgaben **des päpstlichen Gesandten** nach den cann. 364 und 365)	Die Berechtigung zur Ausübung eines solchen Dienstes, zu dem **ein Laie** gemäss can. 228 § 1 herangezogen worden ist[160]. Die Berechtigung und Verpflichtung zur Ausübung einer Aufgabe, zu der **ein Kleriker** beauftragt worden ist (vgl. can. 274 § 2)
*Die äussere Bestimmung zur Ausübung bestimmter Dienste und Aufgaben der Kirche. Die durch ein Kirchenamt wahrgenommenen Dienste der Kirche. Vgl. z.B. für das Amt **des Pfarrers** (can. 519). Die äussere Bestimmung setzt jedoch immer auch die innere Bestimmung voraus*	*-Die durch eine bestimmte Aufgabe (munus) wahrgenommenen Dienste der Kirche. Z.B. die Aufgabe **des Lektors**, die **ein Laie** nach can. 230 § 2 wahrnehmen kann* *-Weltliche Aufgaben, durch die die **Laien** Zeugnis für Christus ablegen (can. 225 § 2)*

---

[160] Can. 228 § 1 spricht zunächst von der Fähigkeit der Laien, zu bestimmten Kirchenämtern und Diensten herangezogen zu werden. Ist nun einem Laien ein Amt oder ein Dienst rechtmässig übertragen worden, ist er zu seiner Ausübung berechtigt.

KAP. III: AMT, AUFGABE UND KIRCHENGEWALT

Schema 6

SENDUNG DER KIRCHE

Die Merkmale des *munus* eines Kirchenamtes im Vergleich

WORT, SAKRAMENT UND CHARISMA

-*Munus **Christi*** und *munera **Ecclesiae***
-Die *munera* eines Lebensstandes

-*Munus **Christi** und die munera **Ecclesiae** als Gaben und Aufgaben*
-*Die munera eines Lebensstandes als Gaben und Aufgaben*

Die Aufgaben — *munera* —, an denen **die Gläubigen** Anteil erhalten

Innere Bestimmung zur Ausübung der drei Dienste

KIRCHENAMT	VERSCHIEDENE DIENSTE
Das *munus*, resp. die *munera* eines Kirchenamtes	Ein *munus* als ein Dienst, als eine Aufgabe
Das Kirchenamt als munus — als Gabe und Aufgabe	*Ein «Dienst» als Gabe und Aufgabe*
Quodlibet *munus*. Jeder «Dienst», jede «Aufgabe»	«Jeder Dienst», der durch **die Gläubigen** wahrgenommen wird
Ein munus determinatum Äussere Bestimmung zur Wahrnehmung einer bestimmten Aufgabe	*Eine (durch das Kirchenrecht) bestimmte Aufgabe, die **ein Gläubiger** wahrnimmt (z.B der Dienst des Lektors)*

Wort, Sakrament und Charisma

Die göttliche und kirchliche Anordnung («ordinatio divina et ecclesiastica») in bezug auf die *munera*, an denen die **Gläubigen** Anteil erhalten

Das dreifache Amt Christi, am dem die Gläubigen auf ihre Weise Anteil erhalten (vgl. cann. 204 § 1, 1008)

Die innere und äussere Bestimmung zur Ausübung der Dienste, an denen **die Gläubigen** Anteil erhalten

Die innere Bestimmung zur Übernahme und Ausübung von Kirchengewalt (vgl. cann. 129 § 1 und 1008)

Kirchenamt	Verschiedene Dienste
Ein «munus ordinatione sive divina sive ecclesiastica stabiliter constitutum». Die göttliche und kirchliche Anordnung zur Konstituierung eines Amtes	Die allgemeinen Rechtsgrundlagen zur Wahrnehmung eines bestimmten Dienstes. Die Pflichten und Rechte **der Gläubigen**
*Ein munus collatum (PO 20), ein übertragenes Amt. Kein **Gläubiger** kann ein Amt von sich aus «übernehmen», d.h. ohne Übertragung. Vgl. die Bestimmungen zur Verleihung eines Amtes (cann. 146-183)*	*- Die Beauftragung zu einem Dienst (vgl. cann. 228 § 1, 274 § 2).* *- Dienste, die **die Gläubigen** von sich aus, ohne Beauftragung durch die kirchliche Autorität wahrnehmen können. Diese sind keine Kirchenämter im eigentlichen Sinn.*
Ein «munus in finem spiritualem exercendum». Die Bestimmung zur Ausübung einer Aufgabe zu einem geistlichen Zweck	Die Erfüllung bestimmter Dienste durch **die Gläubigen**
Munera, die zu ihrer Ausübung der Kirchengewalt bedürfen (vgl. can. 145 in Verbindung mit can. 274 § 1). *Die äussere Bestimmung zur Ausübung von Kirchengewalt*	*Dienste, zu deren Ausübung **die Gläubigen** bevollmächtigt bzw. beauftragt werden müssen (vgl. can. 228 § 1, 274 § 2)*

KAP. III: AMT, AUFGABE UND KIRCHENGEWALT

Schema 7

SENDUNG DER KIRCHE

Die Ausübung der Kirchengewalt, der Weihe- und der kirchlichen Leitungsgewalt

WORT, SAKRAMENT UND CHARISMA

-**Die Geweihten**: durch die Weihe dazu geweiht und bestimmt, die Dienste (*munera*) des Lehrens, Heiligens und Leitens **in der Person Christi** auszuüben (can. 1008)

-**Die Geweihten**: Durch die Weihe zur Übernahme von Leitungsgewalt (*potestas regiminis*) befähigt (129 §1)

Bestimmung zur Ausübung des Dienstes des Lehrens, Heiligens und Leitens und zur Ausübung von Kirchengewalt, von Weihe- und Leitungsgewalt
(vgl. cann. 129 § 1, 204 § 1, 274 § 1, 375, 1008)

KIRCHENAMT	VERSCHIEDENE DIENSTE
-Mit dem Kirchenamt verbundene Ausübung des Dienstes der Verkündigung, der Heiligung und des Leitens (vgl. cann. 145, 375, 376, 381 § 1) -Mit dem Kirchenamt verbundene Ausübung von Kirchengewalt, der Weihe- und Leitungsgewalt (vgl. cann. 131 § 1, 274 § 1, 331, 381 § 1)	Zur Ausübung eines Dienstes verliehene Kirchengewalt
Äussere Bestimmung zur Ausübung des Dienstes des Lehrens, Heiligens und Leitens und zur Ausübung von Kirchengewalt, der Weihe- und Leitungsgewalt, u.z. durch das Konstituieren eines Kirchenamtes und seine Übertragung (vgl. cann. 145, 274 § 1)	*Äussere Bestimmung zur Ausübung von Kirchengewalt durch das Verleihen einer Aufgabe, zu deren Ausübung Kirchengewalt erforderlich ist (vgl. can. 274 § 2)*

Wort, Sakrament und Charisma

-Die Berufung **der Laien** zur Ausübung der drei Dienste (*munera*) der Kirche (vgl. cann. 204 § 1, 208, 225, 228)
-**Laien** können (*possunt*) in der Ausübung der Leitungsgewalt (*potestas regiminis*) nach Massgabe des Rechts mitwirken (can. 129 § 2)

Bestimmung zur Ausübung des priesterlichen, prophetischen und königlichen Amtes Christi (munus Christi), an dem **die Gläubigen** *auf ihre Weise durch die Taufe Anteil erhalten (vgl. can. 204 § 1)*

Kirchenamt	Verschiedene Dienste
Kirchenämter, zu denen **Laien** nach can. 228 § 1 herangezogen werden können; Kirchenämter, die die Ausübung der drei Dienste der Kirche betreffen und die eine Mitwirkung bei der Ausübung der Leitungsgewalt nach can. 129 § 2 vorsehen -z.B. **Laienrichter** (can. 1421 § 2)	Aufgaben, zu denen **Laien** nach can. 228 § 1 herangezogen werden können, Aufgaben, die die Ausübung der drei Dienste der Kirche betreffen sowie u.U. eine Mitwirkung in der Ausübung der Leitungsgewalt nach can. 129 § 1 vorsehen
Äussere Bestimmung zur Ausübung der drei Dienste der Kirche und zur Mitwirkung bei der Ausübung der Leitungsgewalt durch ein **den Laien** *übertragenes Kirchenamt (vgl. cann. 129 § 2 und 228 § 1)*	*Äussere Bestimmung zur Ausübung der drei Dienste der Kirche und zur Mitwirkung bei der Ausübung der Leitungsgewalt durch eine* **den Laien** *übertragene Aufgabe (vgl. cann. 129 § 2 und 228 § 1)*

Schema 8

SENDUNG DER KIRCHE

Die Ausübung der kirchlichen Leitungsgewalt

Wort, Sakrament und Charisma

-**Die Geweihten**: durch die Weihe dazu geweiht und bestimmt, die Dienste des Lehrens, Heiligens und Leitens **in der Person Christi** auszuüben
(vgl. cann. 375, 1008)
-**Die Geweihten**: durch die Weihe zur Übernahme von Leitungsgewalt befähigt
(129 §1)

Bestimmung zur Ausübung des Dienstes des Leitens (munus regendi) und zur Ausübung von Leitungsgewalt (vgl. cann. 129 § 1, 204 § 1, 274 § 1, 375, 1008)

Kirchenamt	Verschiedene Dienste
-Mit dem Kirchenamt verbundene Ausübung des Dienstes des Leitens (vgl. cann. 145, 375, 376, 381 § 1) -Mit dem Kirchenamt verbundene Ausübung von Leitungsgewalt (vgl. cann. 131 § 1, 274 § 1, 331, 381 § 1)	Zur Ausübung einer Aufgabe verliehene Leitungsgewalt
-Äussere Bestimmung zur Ausübung des Dienstes des Leitens und zur Ausübung von Leitungsgewalt, u.z. durch das Konstituieren eines Kirchenamtes und seine Übertragung (vgl. can. 145 in Verbindung mit can. 274 § 1) *-Die durch ein Kirchenamt ausübbare und ausgeübte Leitungsgewalt (NEP 2; cann. 131 § 1, 331, 381 § 1)*	*Äussere Bestimmung zur Ausübung von Leitungsgewalt durch das Verleihen einer Aufgabe, zu deren Ausübung Leitungsgewalt erforderlich ist (vgl. can. 274 § 2)*

Wort, Sakrament und Charisma

-Die Berufung **der Laien** zur Ausübung der drei Dienste der Kirche
(vgl. cann. 204 § 1, 208, 225, 228)
-**Laien** können (*possunt*) in der Ausübung der Leitungsgewalt nach
Massgabe des Rechts mitwirken (can. 129 § 2).

*Bestimmung zur Ausübung des priesterlichen, prophetischen und königlichen Amtes **Christi**, an dem **die Gläubigen** auf ihre Weise durch die Taufe Anteil erhalten (vgl. can. 204 § 1)*

Kirchenamt	Verschiedene Dienste
Kirchenämter, zu denen **Laien** nach can. 228 § 1 herangezogen werden können; Kirchenämter, die die Ausübung der drei Dienste der Kirche betreffen und die eine Mitwirkung bei der Ausübung der Leitungsgewalt nach can. 129 § 2 vorsehen. - **Laienrichter** (can. 1421 § 2)	Aufgaben, zu denen **Laien** nach can. 228 § 1 herangezogen werden können, Aufgaben, die die Ausübung der drei Dienste der Kirche betreffen sowie u.U. eine Mitwirkung in der Ausübung der Leitungsgewalt nach can. 129 § 1 vorsehen
*Äussere Bestimmung zur Ausübung der drei Dienste der Kirche und zur Mitwirkung bei der Ausübung der Leitungsgewalt durch ein **den Laien** übertragenes Kirchenamt (vgl. cann. 129 § 2 und 228 § 1)*	*Äussere Bestimmung zur Ausübung der drei Dienste der Kirche und zur Mitwirkung bei der Ausübung der Leitungsgewalt durch eine **den Laien** übertragene Aufgabe (vgl. cann. 129 § 2 und 228 § 1)*

Schema 9

SENDUNG DER KIRCHE

Die Begriffe Kirchenamt, Aufgabe und Kirchengewalt

WORT, SAKRAMENT UND CHARISMA

Das priesterliche, prophetische und königliche Amt **Christi** — *munus Christi* — und die Dienste **der Kirche** — *munera Ecclesiae* —, der Dienst der Verkündigung, der Heiligung und der Leitung

*Die Anteilnahme **der Gläubigen** am dreifachen Amt **Christi** — munus Christi — und an den drei Diensten **der Kirche** — munera Ecclesiae — und an den damit verbundenen Pflichten — officia, obligationes, munera — und Rechten*
-durch die Taufe (vgl. cann. 96, 204 § 1)
-durch die Weihe (vgl. Kapitelüberschrift vor can. 273, can. 1008)

KIRCHENAMT	VERSCHIEDENE DIENSTE
Das Kirchenamt, das durch göttliche oder kirchliche Anordnung auf Dauer konstituiert ist. Das Kirchenamt als *officium (ecclesiasticum)* und als *munus* -Das Amt des **Papstes** (can. 331) -Das Amt **des Bischofs** (vgl. cann. 375, 376, 381 § 1)	Aufgaben und Dienste, die in der Kirche und durch die Kirche wahrgenommen werden — *officia* und *munera*
*Die Teilnahme **der Gläubigen** an der mit einem Kirchenamt verbundenen Aufgabe — munus —, an den mit diesem verbundenen Pflichten — officia, obligationes, munera — und Rechten (vgl. can. 145) durch die Übertragung dieses Amtes*	*Aufgaben und Dienste — officia und munera —,* -zu denen **die Gläubigen** beauftragt bzw. bevollmächtigt werden (vgl. cann. 228 § 1, 274 § 2) -die **die Gläubigen** von sich aus wahrnehmen können und sollen

Wort, Sakrament und Charisma

-Die Pflichten und Rechte **der Kirche**, wie z.B. die Pflicht und das Recht zur Verkündigung (can. 747 § 1)
-Die mit einem «Lebensstand» verbundenen Pflichten und Rechte.
Die Pflichten und Rechte **der Gläubigen**:
-**der Laien**
-**der Kleriker**

*Die Stellung und die Aufgaben **der Gläubigen (der Laien, der Kleriker, der Gott geweihten Personen)** werden durch das kirchliche Recht bestimmt*
-allgemeine Pflichten und Rechte
*-spezifische Pflichten und Rechte (z.B. für **die Kleriker**)*

Kirchenamt	Verschiedene Dienste
Die mit einem Kirchenamt verbundenen Pflichten und Rechte. Die Pflichten und Rechte von **Gläubigen** als Inhaber eines Kirchenamtes: -**Laien** als Inhaber eines Kirchenamtes -**Kleriker** als Inhaber eines Kirchenamtes	Die mit einem Dienst verbundenen Pflichten und Rechte. Dienste von **Gläubigen**: -**Laien** -**Kleriker**
*Die Stellung und die Aufgaben werden durch das kirchliche Recht bestimmt. Es handelt sich um spezifische Pflichten und Rechte, die mit einem Kirchenamt verbunden sind (can. 145). Die allgemeinen Pflichten und Rechte **der Gläubigen (Laien, Kleriker)** können ihre besondere Bedeutung haben, wenn jemand Inhaber eines Kirchenamtes ist*	*Die Stellung und Aufgaben, die mit diesem Dienst verbunden sind, werden grundsätzlich durch das kirchliche Recht bestimmt. Mit einem solchen Dienst können spezifische Rechte und Pflichten verbunden sein. Zugleich können die allgemeinen Pflichten und Rechte **der Gläubigen** eine besondere Bedeutung erhalten*

KAP. III: AMT, AUFGABE UND KIRCHENGEWALT 151

Wort, Sakrament und Charisma

Die innere Bestimmung zur Übernahme und Ausübung von Kirchengewalt
(vgl. cann. 129 § 1 und 1008)

-Die Geweihten: durch die Weihe dazu geweiht und bestimmt, die Dienste des Lehrens, Heiligens und Leitens in der Person Christi auszuüben (can. 1008)
-Die Geweihten: durch die Weihe zur Übernahme von Leitungsgewalt befähigt (can. 129 § 1)

-Die Berufung **der Laien** zur Ausübung der drei Dienste der Kirche
(vgl. cann. 204 § 1, 208, 225, 228)
-**Laien** können (*possunt*) in der Ausübung der Leitungsgewalt nach Massgabe des Rechts mitwirken (can. 129 § 2)

Kirchenamt	Verschiedene Dienste
Kirchenämter, die zu ihrer Ausübung der Weihe- oder der kirchlichen Leitungsgewalt bedürfen (vgl. can. 145 in Verbindung mit can. 274 § 1)	Dienste, zu deren Ausübung **die Gläubigen** bevollmächtigt bzw. beauftragt werden müssen (vgl. can. 228 § 1, 274 § 2)
-Mit dem Kirchenamt verbundene Ausübung des Dienstes der Verkündigung, der Heiligung und des Leitens (vgl. cann. 145, 375, 376, 381 § 1) *-Mit dem Kirchenamt verbundene Ausübung von Kirchengewalt, der Weihe- und Leitungsgewalt (vgl. cann. 131 § 1, 274 § 1, 331, 381 § 1)*	*Zur Ausübung eines Dienstes verliehene Kirchengewalt*
Kirchenämter, zu denen **Laien** nach can. 228 § 1 herangezogen werden können; Kirchenämter, die die Ausübung der drei Dienste der Kirche betreffen und die eine Mitwirkung bei der Ausübung der Leitungsgewalt nach can. 129 § 2 vorsehen - **Laienrichter** (can. 1421 § 2)	Aufgaben, zu denen **Laien** nach can. 228 § 1 herangezogen werden können, Aufgaben, die die Ausübung der drei Dienste der Kirche betreffen sowie u.U. eine Mitwirkung in der Ausübung der Leitungsgewalt nach can. 129 § 1 vorsehen

KAPITEL IV

Die Wesenselemente eines Kirchenamtes

Die Stellungnahmen in der Kirchenrechtslehre, die in der Einleitung wiedergegeben sind, zeigen, dass es nicht so einfach ist, Grenzen für den weiten Begriff des Kirchenamtes nach can. 145 zu finden. Nach Urrutia würde sogar die Ehe die Elemente der Definition erfüllen, nach Heinemann haben auch die Ministranten ein Kirchenamt[1]. Auch wenn der Begriff des Kirchenamtes nach can. 145 weit ist, so ist er doch nicht so weit, dass eine Vielzahl von Tätigkeiten der Gläubigen unter diesen Begriff fallen würde. Das machen die in Kapitel III erstellten Schemata deutlich.

Die Wesenselemente eines Kirchenamtes lassen sich der Definition von can. 145 entnehmen, auf dem Hintergrund von can. 204 und in Zusammenhang mit der Verwendung der drei Begriffe Kirchenamt, Aufgabe und Kirchengewalt (*officium*, *munus* und *potestas*) im *CIC*.

Das Kirchenamt wird in can. 145 § 1 als *munus*, als Dienst und Aufgabe definiert. Mit einem Dienst sind mehrere Gesichtspunkte verbunden: worin er besteht (2. und 6.), für wen er bestimmt ist (2.), wozu er ausgeübt wird (3.), wer ihn wahrnimmt und wer dazu beauftragt ist (1., 4. und 5.), wie er wahrgenommen wird (6.) und was zu seiner Ausübung notwendig bzw. erforderlich ist (6. und 7.). Anhand dieser einzelnen Gesichtspunkte können die für ein Kirchenamt charakteristischen Merkmale gezeigt werden.

---

[1] S. Kap. I/2.1.7.

1. Ausdruck und Verwirklichung der Anteilnahme der Gläubigen am Amt Christi

Der Begriff des Kirchenamtes steht nicht isoliert da. Er fügt sich in ein Ganzes ein, von dem er seine Bedeutung erhält. Dieses Ganze kommt auch in can. 204 zum Ausdruck. Das in den Schemata unter Spalte II dargestellte Kirchenamt ist auf dem Hintergrund von Spalte I «Wort, Sakrament und Charisma» und auf dem Hintergrund der Sendung der Kirche zu sehen.

1.1 *Die Sakramente der Taufe und Weihe und das Kirchenamt*[2]

Bevor das II. Buch *CIC* in seinem II. Teil (über die hierarchische Verfassung der Kirche) auf die Grund- und Hilfsämter der Kirche eingeht, befasst es sich im I. Teil mit der Stellung und den Aufgaben der Gläubigen.

Im Titel über die Pflichten und Rechte der *Laien* wird in can. 228 § 1 auf ihre Fähigkeit hingewiesen, von den Hirten der Kirche zu kirchlichen Ämtern und Aufgaben herangezogen zu werden, die sie nach dem (geltenden kirchlichen) Recht wahrnehmen können. Im Kapitel über die Pflichten und Rechte der Kleriker wird in can. 274 § 1 auf die Ämter verwiesen, die allein *Kleriker* erhalten können. Im III. Teil des II. Buches *CIC* bezieht sich can. 682 auf die Kirchenämter, die *Ordensangehörigen* verliehen werden.

In den allgemeinen Normen zum Kirchenamt bestimmt can. 149 § 1, dass jemand *in der Gemeinschaft der Kirche* stehen muss, um zu einem Kirchenamt berufen werden zu können[3].

Nach diesen allgemeinen Bestimmungen besteht also ein unmittelbarer Bezug zwischen dem «Gläubiger-sein» und dem Kirchenamt. Dadurch besteht ein unmittelbarer Bezug zwischen der Taufe und dieser bestimmten Aufgabe, die das Kirchenamt darstellt. Durch die Taufe sind die Gläubigen Christus eingegliedert und auf ihre Weise des priesterlichen, prophetischen und königlichen Amtes Christi teilhaft geworden (can. 204 § 1). Diese Eingliederung in Christus und Anteilnahme an seinem dreifachen Amt (*munus*) befähigt sie, die mit ihrer Stellung verbundenen Aufgaben zu erfüllen. Denn sie sind, wie can.

---

[2] Hier wird nur auf den Bezug der Taufe und Weihe zum Amt verwiesen. Das schliesst jedoch nicht den Bezug anderer Sakramente zum Amt aus. Ein solcher kann z.B. auch darin bestehen, dass gerade ein Ehemann oder eine Ehefrau zu einem Amt in der Ehepastoral berufen werden (vgl. can. 228 § 1).

[3] Vgl. dazu V. DE PAOLIS, «Communio», 533-535.

204 § 1 fortfährt, je nach ihrer Stellung zur Ausübung der Sendung berufen, die Gott der Kirche in der Welt anvertraut hat.

Das Kirchenamt ist eine Modalität, durch welche die Stellung und Aufgabe der Gläubigen, an denen sie durch die Taufe Anteil erhalten haben, zum Ausdruck kommen und verwirklicht werden. Das gilt sowohl für die Laien wie auch für die Kleriker, die ein Kirchenamt innehaben (vgl. can. 149 § 1). Bezogen auf can. 204 § 1 erhält can. 228 § 1, nach dem die Laien zu bestimmten Kirchenämtern fähig sind, einen tiefen Sinn. Das gilt auch für die Kleriker (vgl. cann. 204 § 1, 274 § 1, 1008).

Bei bestimmten Ämtern besteht nicht nur ein grundlegender Bezug zum «Getauft-sein», sondern auch zum «Geweiht-sein» (vgl. cann. 150 und 274 § 1). Alle Gläubigen haben am dreifachen Amt Christi teil, aber nicht alle auf gleiche Weise (vgl. cann. 204 § 1, 1008). Nach can. 1008 werden einige Gläubige dazu geweiht und bestimmt, je nach ihrer Weihestufe die Dienste des Lehrens, des Heiligens und des Leitens in der Person Christi des Hauptes wahrzunehmen. Das Kirchenamt ist eine Modalität, durch die ihre Weihe und Bestimmung zur Ausübung des dreifachen Dienstes in der Person Christi zum Ausdruck kommt und verwirklicht wird. Dies gilt auf besondere Weise für das Bischofsamt, v.a. für das Amt des Diözesanbischofs (vgl. cann. 375, 376, 1008).

Dieser Bezug zwischen Weihe und Amt bedeutet auch, dass z.B. einem Priester potentiell ein Amt übertragen werden kann (vgl. cann. 150, 274 § 1), wie das Amt des Pfarrers, in dem sein Amtspriestertum ganz involviert ist (vgl. die cann. 519 und 1008), oder ein Amt, das «nur» einen spezifischen Dienst betrifft.

Die Gläubigen *können* also zu einem Kirchenamt berufen werden — sie haben die Fähigkeit oder/und das Recht dazu — jeder nach seiner Stellung (vgl. die cann. 149 § 1, 228 § 1 und 274 § 1)[4]. Ihre Anteil-

---

[4] Unter den Autoren befassten sich z.B. Erdö und Ghirlanda mit der Frage nach der Fähigkeit oder/und dem Recht der Laien und Kleriker, zu einem Kirchenamt berufen zu werden. Erdö geht in einem Abschnitt über die Rechte der Laien in Zusammenhang mit ihrer Fähigkeit zu einem Kirchenamt («I diritti dei laici provenienti dalla loro capacità agli uffici») auf diese Fragen ein. Er verweist darauf, dass die Laien (nach can. 228 § 1) von den Hirten der Kirche zu einem Kirchenamt herangezogen werden können. Der Laie hat (grundsätzlich) nicht ein Recht dazu. Sicher nicht in bezug auf die Kirchenämter, die die Ausübung der kirchlichen Leitungsgewalt mit sich bringen. Der Kleriker hat jedoch ein Recht auf die Ausübung eines Dienstes, zu dem er geweiht worden ist. P. ERDÖ, «Uffici e funzioni pubbliche», 71-72. Nach Ghirlanda können die Laien aufgrund von can. 228 § 1 von der zuständigen kirchlichen Autorität zu bestimmten Kirchenämtern herangezogen werden, ohne dass sie dazu ein Recht haben

nahme am dreifachen Amt Christi befähigt und berechtigt sie, diese ihre Anteilnahme zu verwirklichen. Wird ihnen ein Kirchenamt übertragen, so sind sie zu seiner Ausübung *verpflichtet und berechtigt* (vgl. can. 145 § 2).

Unter den Kirchenämtern gibt es u.a. solche, die von Laien sowie von Klerikern besetzt werden können (vgl. die cann. 228 § 1 und 274 § 1). Das Kirchenamt kann objektiv das gleiche sein, doch übt es der eine Gläubige als Laie aus und der andere als Kleriker.

1.2 *Eine der Modalitäten*

Die Gläubigen haben auf ihre Weise Anteil am priesterlichen, prophetischen und königlichen Amt Christi. Sie sind je nach ihrer Stellung zur Ausübung der Sendung berufen, die Gott der Kirche zur Erfüllung in der Welt anvertraut hat (vgl. cann. 204 § 1, 1008).

Diese Anteilnahme am dreifachen Amt Christi verwirklicht sich im Leben der Gläubigen auf vielfältige Art und Weise, sei es in einem bestimmten Lebensstand, sei es durch Aufgaben und Tätigkeiten, die der Gläubige — der Laie, der Kleriker, der Ordensangehörige — in Kirche und Welt ausübt. Das Kirchenamt ist nun *eine* Modalität, durch die die Anteilnahme des Gläubigen am dreifachen Amt Christi zum Ausdruck kommt und die er je nach seiner Stellung — als Laie oder als Kleriker — verwirklicht. Das Kirchenamt ist eine Modalität, durch die der Inhaber des Amtes die Sendung der Kirche erfüllt.

(«senza averne un diritto»). Im Gegensatz dazu haben die Kleriker durch die Tatsache der Weihe («per il fatto stesso di essere nell'ordine sacro») ein eigentliches Recht, ein Kirchenamt zu erhalten, dessen Ausübung die Weihegewalt oder die kirchliche Leitungsgewalt erfordert (can. 274 § 1). G. GHIRLANDA, *Il diritto nella Chiesa*, n. 294. In einem früheren Kommentar (von 1983) zu can. 228 § 1 verweist Ghirlanda in Zusammenhang mit den cann. 129 und 274 § 1 darauf, dass allein die Kleriker *an sich* das Recht auf ein Kirchenamt, dessen Ausübung die Weihegewalt oder die kirchliche Leitungsgewalt erfordert, haben. Der genannte can. 274 § 1 befindet sich unter der Kapitelüberschrift «Pflichten und Rechte der Kleriker». Die Laien haben nach can. 228 § 1 allgemein eine Fähigkeit, zu einem Kirchenamt herangezogen zu werden. Aufgrund dieser Fähigkeit haben die Laien *an sich ein Recht*, generell zu einem Kirchenamt herangezogen zu werden, das nach der Definition von can. 145 § 1 nicht notwendigerweise die Ausübung der kirchlichen Leitungsgewalt erfordert. Das schliesst jedoch nicht ihre Fähigkeit aus, zu einem Kirchenamt herangezogen zu werden, das die Ausübung von Leitungsgewalt erfordert. G. GHIRLANDA, «De obligationibus», 64-66. Auch wenn Ghirlanda in *Il diritto nella Chiesa* nicht mehr unmittelbar vom Recht der Laien auf ein Kirchenamt spricht, so ist doch der Zusammenhang zwischen der Fähigkeit und dem Recht auf die Ausübung einer bestimmten Tätigkeit, so wie er bei Erdö und Ghirlanda erörtert wird, von Bedeutung. Vgl. dazu auch F. DANEELS, *De subiecto Officii Ecclesiastici*, 104-106.

Diese verschiedenen Aspekte kommen z.B. in den cann. 211 und 759 zum Ausdruck. In can. 211 wird allgemein auf das Recht und die Pflicht der Getauften hingewiesen, Christus zu verkünden. In can. 759 wird auf die Laien Bezug genommen: sie sind, kraft der Taufe und Firmung, durch ihr Wort und das Beispiel christlichen Lebens Zeugen des Evangeliums. Beim Dienst am Wort können sie jedoch auch zu einer kirchenamtlichen Mitarbeit berufen werden (vgl. cann. 228 § 1 und 759). Laien können in verschiedenen Lebenssituationen durch ihr Wort und Beispiel Zeugnis vom Herrn geben. Sie können dies jedoch auch auf eine besondere Weise durch eine kirchenamtliche Tätigkeit tun. Ein einfaches Beispiel dafür ist die Mutter, die mit ihren Kinder zu Hause betet und ihnen vom Glauben erzählt. Wenn sie dies tut, übt sie kein Kirchenamt aus — sie verwirklicht ihre Berufung und Sendung, ihre Kinder im Glauben zu erziehen (vgl. cann. 226 § 2, 793 § 1, 835 § 4). Sie kann aber auch als Religionslehrerin einer Schulklasse Religionsunterricht erteilen und dadurch eine kirchliche institutionelle Tätigkeit ausüben. Neben ihrer allgemeinen christlichen Berufung nimmt sie damit eine besondere Berufung wahr, die mit dieser Tätigkeit verbunden ist (vgl. can. 804). Die eine Tätigkeit der religiösen Erziehung kann einerseits Teil und Verwirklichung einer Berufung sein, die Eltern ihren Kindern gegenüber haben, und andererseits Teil und Verwirklichung einer besonderen Berufung, die mit einem Kirchenamt verbunden ist[5].

2. Ein Dienst

Das Kirchenamt ist ein eigenständiger und ein ganz bestimmter Dienst der Kirche. Es unterscheidet sich dadurch von anderen «Institutionen» in der Kirche.

2.1 *Ein eigenständiger Dienst*

Das Kirchenamt ist *ein Dienst (munus)* — also nicht ein Lebensstand und nicht ein Sakrament[6]. Das Kirchenamt wird im *CIC* in einem eigenen Titel der Allgemeinen Normen behandelt, nicht bei den Bestimmungen des II. Buches über die Gläubigen (Teil I) und nicht im IV.

---

[5] Vgl. Kap. VIII/1.8.

[6] Das kommt auch deutlich durch die in Kapitel III erstellten Schemata zum Ausdruck. Lebensstand und Sakramente und damit verbundene Pflichten und Rechte sind Spalte I zugeordnet und das Kirchenamt sowie damit verbundene Pflichten und Rechte Spalte II. Das heisst aber nicht, dass sie voneinander getrennt sind. Sie sind aufeinander bezogen (vgl. dazu cann. 145 und 204).

Buch über den Heiligungsdienst der Kirche. Die Sakramente der Taufe, der Ehe und der Weihe sind keine Kirchenämter. Das Kirchenamt setzt vielmehr einen bestimmten Lebensstand und den Empfang bestimmter Sakramente voraus und steht gleichsam in deren Dienst, ist aber nicht damit gleichzusetzen. Jemand ist und bleibt getauft, aber ein Kirchenamt kann ein Gläubiger erlangen und auch wieder «verlieren» (vgl. die cann. 146 und 184)[7].

Das Kirchenamt ist kein Lebensstand und kein Sakrament. Dadurch unterscheidet sich der Dienst eines Kirchenamtes auch von den mit einem Lebensstand und mit dem Empfang eines Sakramentes verbundenen Aufgaben, Pflichten und Rechten, auch wenn sie aufeinander hingeordnet sind (s. 6.). Die mit einem Lebensstand und einem Sakrament verbundenen Pflichten und Rechte bleiben bestehen, während die mit einem Kirchenamt verbundenen Pflichten und Rechte mit dem Verlust des Amtes für den Gläubigen nicht mehr gegeben sind.

2.2 Ein bestimmter Dienst

So wie das Kirchenamt ein Amt der Kirche ist, so ist auch der durch dieses wahrgenommene Dienst ein Dienst und eine Aufgabe der Kirche.

Worin besteht der Dienst selbst? Die Definition von can. 145 legt nicht unmittelbar fest, um welch einen Dienst es sich handelt — es kann vielmehr «jeder Dienst» (*quodlibet munus*) sein. Der *CIC* lässt uns jedoch nicht ohne Hinweis, welche Dienste mit einem Kirchenamt verbunden sind. Es sind die Dienste der Kirche, insbesondere der Dienst der Verkündigung, der Heiligung und der Leitung sowie der Dienst der Seelsorge[8]. Diese Dienste werden auf vorzügliche Weise durch die Inhaber eines Kirchenamtes wahrgenommen. Dies geht deutlich aus den cann. 375, 376 und 381 § 1 hervor, die sich auf das Amt des Bischofs bzw. des Diözesanbischofs beziehen[9].

Beim Kirchenamt handelt es sich zugleich um einen Dienst und eine Aufgabe, die durch eine göttliche oder kirchliche Anordnung näher bestimmt sind (s. Punkt 4.).

---

[7] Vgl. auch die Bemerkung von Urrutia, dass niemand daran denke, die Bestimmungen über die Verleihung und den Verlust eines Amtes auf die Ehe anzuwenden (s. Kap. I/2.1.12). Gleiches kann auch vom «Amt» des Taufpaten gesagt werden. Die Ehe betrifft die interpersonale Beziehung zwischen den Eheleuten, das Kirchenamt eine Aufgabe, deren Wahrnehmung auf einer institutionellen Ebene zum Aufbau der kirchlichen Gemeinschaft notwendig bzw. erforderlich ist.

[8] Vgl. F. COCCOPALMERIO, «Note», 65.

[9] Vgl. dazu die in Kap. I/2.1.3/4 zitierten Stellen von Berlingò zu can. 145 und von Corecco zu can. 228 § 1 in bezug auf die von Laien wahrgenommenen Kirchenämter.

2.3 *Im Dienst der Kirche*

Für wen sind diese Dienste bestimmt? Die Verkündigung, die Heiligung, die Leitung und die Seelsorge sind Dienste, die an jemanden gerichtet sind. Das Beispiel einzelner Kirchenämter zeigt, dass es Dienste an der Gemeinschaft der Kirche, an den Gläubigen, am Menschen sind[10]. Für sie sind diese Dienste, die durch den Inhaber eines Kirchenamtes ausgeübt werden, bestimmt. Das kommt z.B. unverkennbar in den Pflichten des Bischofs nach den cann. 383-387 zum Ausdruck. Der Inhaber eines Kirchenamtes steht im Dienst der Kirche, im Dienst einer Teilkirche, im Dienst einer Gemeinschaft, im Dienst der Gläubigen, im Dienst des Menschen[11]. Das Kirchenamt ist ein Amt der Gemeinschaft und für die Gemeinschaft (vgl. dazu 3.2).

3. Das geistliche Ziel

Das Kirchenamt ist ein Dienst, der zu einem geistlichen Ziel auszuüben ist — «munus in finem spiritualem exercendum». Diese Bestimmung findet sich bereits beim Begriff des Kirchenamtes im weiten Sinn nach can. 145 § 1/*CIC* 1917; sie findet sich in PO 20 und nun in can. 145 § 1. Das Kirchenamt besteht und wird im Hinblick auf ein Ziel ausgeübt, das geistlicher Natur ist.

3.1 *Das Amt zur Verwirklichung des Zieles*

Bei der Definition des Amtes wird also eine Verbindung zwischen dem Dienst, der durch den Inhaber des Kirchenamtes ausgeübt wird, und dem Erreichen eines geistlichen Zieles ausdrücklich hergestellt. Das ist von Bedeutung. Das Ausüben des mit dem Amt verbundenen Dienstes ist zur Erreichung des geistlichen Zieles notwendig bzw. erforderlich. Das Kirchenamt erfüllt m.a.W. eine wichtige und zum Teil notwendige Funktion zur Verwirklichung der Ziele der Kirche.

Die verschiedenen Dienste — seien sie nun Teil eines Kirchenamtes (nach den Schemata Spalte II) oder nicht (Spalte III) — tragen auf unterschiedliche Weise zur Verwirklichung der Ziele der Kirche bei. So ist z.B. die Eucharistie, die ein Pfarrer in seiner Gemeinde feiert, für das

---

[10] S. Kap. I/2.1.12 zu Urrutia, der auf den Gemeinschaftsbezug des Kirchenamtes hinweist.

[11] Vgl. cann. 381, 383-387, 617, 618 sowie V. DE PAOLIS, «Il libro primo», 366. Vgl. auch can. 360, in dem dieser Gesichtspunkt allgemein in bezug auf die Römische Kurie ausdrücklich genannt wird. Diese übt ihre Aufgabe im Namen und in der Autorität des Papstes *zum Wohl und zum Dienst an den Teilkirchen* aus («quae nomine et auctoritate ipsius munus explet in bonum et in servitium Ecclesiarum»).

Leben und den Glauben der Gläubigen von zentraler Bedeutung (vgl. die cann. 528 § 2, 899). Die Feier der Eucharistie gehört zu den Aufgaben, die dem Pfarrer in besonderer Weise aufgetragen sind (vgl. can. 530.7°) und die gleichsam zur Verwirklichung des Zieles seines Amtes, zur Seelsorge in der ihm anvertrauten Gemeinde (vgl. can. 519), notwendig sind. Dies ist auch der Grund für den Verpflichtungscharakter der mit seinem Amt gegebenen Aufgaben[12]. Wieder anders ist der Beitrag des Dienstes der Ministranten. Dieser ist ein Dienst im Gottesdienst der Gemeinde, den er gleichsam voraussetzt. Auch wenn einmal keine Ministranten da sind, so kann doch Gottesdienst gefeiert werden. Sie sind auch nicht rechtlich verpflichtet, diesen Dienst auszuüben. Ihr Dienst ist auf den Dienst des Pfarrers hingeordnet und ist nach unserem Dafürhalten zu den in Spalte III genannten Diensten zu zählen. Zu diesen gehören wohl auch die Dienste des Lektors, des Akolythen und des Organisten.

Die unterschiedliche Bedeutung, die den einzelnen Kirchenämtern selbst im Hinblick auf die Verwirklichung des geistlichen Zieles zukommt, zeigt sich auch in der Unterscheidung zwischen den Grundämtern und Hilfsämtern[13]. Die Grundämter, wie die des Papstes und des Bischofs, sind für die Verwirklichung des der Kirche aufgegebenen Zieles von grundlegender Bedeutung. Die Hilfsämter tragen auf «helfende» Weise dazu bei.

Ein Kirchenamt hat also dieses Merkmal, dass es zur Erreichung eines geistlichen Zieles «gegeben» und auszuüben ist. Durch das Kirchenamt soll dieses Ziel verwirklicht werden.

3.2 *Das Ziel selbst*

Im Gegensatz zu can. 1254 erläutert can. 145 § 1 den Begriff des geistlichen Zieles nicht näher. In can. 1254 § 1 werden die der Kirche eigenen Ziele («fines sibi proprios») genannt, zu deren Verwirklichung die Kirche das Recht hat, Vermögen zu erwerben, zu besitzen, zu verwalten und zu veräussern. In § 2 werden diese Ziele aufgezählt.

Der Begriff des geistlichen Zieles wird von den Autoren, die in der Einleitung zitiert sind, in einem umfassenden Sinn gesehen. Aymans spricht vom Kirchenamt als einem Dienst mit kirchlicher Zielsetzung. Die geistliche Zielsetzung («ad finem spiritualem») umfasst alle Dienste, die zur kirchlichen Sendung gehören bzw. die der kirchlichen

---

[12] Vgl. z.B. die cann. 528, 530, 534.
[13] Vgl. dazu W. AYMANS, *Kanonisches Recht*, 449-451.

Sendung dienen[14]. Nach De Paolis ist das Ziel eines Kirchenamtes kirchlich und als solches geistlich, da es sich um ein Amt in der Kirche handelt[15]. Nach Socha geht es hierbei um die wenigstens mittelbare Verwirklichung der Sendung, die Gott der Kirche aufgetragen hat[16]. Auch Urrutia sieht das geistliche Ziel in Verbindung mit der Sendung der Kirche[17].

Das geistliche Ziel wird also unmittelbar mit der Sendung der Kirche und ihrer Diensten in Zusammenhang gebracht. Das Kirchenamt erfüllt eine wichtige Funktion zur Erfüllung der Sendung der Kirche. Das kommt auch durch das Schema 1b zum Ausdruck.

Das geistliche Ziel hängt sodann unmittelbar mit den Diensten der Kirche zusammen, insbesondere mit dem Dienst der Verkündigung, der Heiligung und der Leitung und, damit verbunden, mit dem Dienst der Seelsorge. Wenn ein solcher Dienst vorliegt, ist auch ein geistliches Ziel gegeben. Die Ziele dieser einzelnen jedoch nicht voneinander getrennten Dienste sind geistlicher Natur: die Verkündigung des Evangeliums, die Heiligung der Menschen und Verherrlichung Gottes, das Wohl der Gläubigen[18].

Nach 1 Joh 1,1-3 hat die Verkündigung der Apostel das Ziel, die Menschen zur Gemeinschaft mit Gott zu führen. Die Verkündigung gehört zu den Aufgaben, die auf eine besondere Weise mit einem Kirchenamt verbunden sind (vgl. z.B. die cann. 756 und 757). Das zeigt, dass das Kirchenamt im Grund ein Instrument für etwas Grösseres und jemand Grösseren ist. Es ist Gottes Wort, das verkündet wird, es sind Sakramente, die gespendet werden. Das geistliche Ziel eines Amtes ist gleichsam das Ziel, das Gottes Geist durch die wahrgenommenen Tätigkeiten der Verkündigung, Heiligung und Leitung, der Seelsorge unter den Gläubigen, unter den Menschen herbeiführt — die Gemeinschaft mit Gott und untereinander. Das Kirchenamt steht so im Dienst Gottes und der Gemeinschaft der Kirche, es steht im Dienst der Gläubigen, im Dienst des Menschen.

Gerade weil das Kirchenamt zur Verwirklichung dieser Ziele beiträgt, ist es ein *Dienst* und eine *Grundlage* für das Wohl und die «Auferbauung» der Gläubigen. Das kommt besonders in Schema 1b

---

[14] W. AYMANS, *Kanonisches Recht*, 447 (s. Kap. I/2.1.2).
[15] V. DE PAOLIS, «Il libro primo», 453 (s. Kap. I/2.1.5).
[16] H. SOCHA, *MK*, 145/4 (s. Kap. I/2.1.11).
[17] F.J. URRUTIA, «Il libro I», 167 (s. Kap. I/2.1.12).
[18] Vgl. dazu die cann. 747 und 834 § 1, die sowohl den Inhalt wie auch das Ziel der Dienste der Verkündigung und der Heiligung nennen.

zum Ausdruck, nach dem das Kirchenamt (Spalte II) im Dienst der Gläubigen und der ihnen aufgegebenen Aufgaben (Spalten I, II — in bezug auf andere Inhaber eines Amtes — und III) steht.

Das Ziel des Kirchenamtes ist ein Ziel der Kirche. Dieses wird der Kirche von Gott gesetzt und von Ihm herbeigeführt. Oder es ist ein Ziel, das die Kirche in und zur Erfüllung ihrer Sendung setzt. Es ist dem Inhaber des Amtes vorgegeben, er setzt es sich nicht selber.

3.3 Unmittelbar oder/und mittelbar?

Je weiter der Begriff des geistlichen Zieles gefasst wird, desto weniger kann er als Kriterium für ein Kirchenamt im Unterschied zu anderen Diensten gelten. Socha weist darauf hin, dass die Sendung der Kirche wenigstens mittelbar verwirklicht werden sollte, damit es sich um ein geistliches Ziel handelt. Hierbei stellt sich die Frage, ob auch «Ämter», die nicht unmittelbar einem geistlichen Ziel dienen, Kirchenämter sind und als solche gelten sollen, wie z.B. das «Amt» des Verwalters oder der Dienst der Pfarrhaushälterin. Auch wenn die Verwaltung kirchlichen Vermögens zur Verwirklichung kirchlicher Ziele dient (vgl. can. 1254), so geht es doch zunächst und unmittelbar um die Verwaltung «zeitlicher Güter»[19]. Der Dienst der Pfarrhaushälterin, den Pfarrhaushalt zu besorgen, hat zunächst und unmittelbar auch nicht ein geistliches Ziel. Er ist nach unserem Dafürhalten nicht zu den Kirchenämtern zu zählen, sondern zu den in den Schemata unter Spalte III genannten Diensten. Dies mindert jedoch *keineswegs* den Wert und die Bedeutung ihres Dienstes. Das Kirchenamt ist *eine* der Modalitäten, um die Sendung der Kirche zu erfüllen. Auch die in Spalte III genannten Dienste tragen wesentlich zur Erfüllung der Sendung der Kirche bei.

Wenn es beim Kirchenamt um die *unmittelbare* Verwirklichung geistlicher Ziele geht, so würde es sich von jenen Diensten unterscheiden, die nicht unmittelbar ein geistliches Ziel verwirklichen, dies aber durchaus mittelbar tun können und auch tun. Welche Dienste verwirklichen unmittelbar ein geistliches Ziel? Es sind grundsätzlich jene Dienste der Kirche, die für ein Kirchenamt «typisch» sind: vor allem der Dienst der Verkündigung, der Heiligung und der Leitung und, damit verbunden, der Dienst der Seelsorge[20].

---

[19] Vgl. dazu die Überschrift zum V. Buch *CIC*: «De bonis Ecclesiae temporalibus».

[20] Vgl. dazu die cann. 375 in Verbindung mit 376 (das Bischofsamt und die drei Dienste), 676 (der Seelsorgsauftrag der Kirche) und 150 (die Kirchenämter, die der Seelsorge dienen).

4. Die dauerhafte Einrichtung

Das Kirchenamt ist jeder Dienst, der durch göttliche oder kirchliche Anordnung auf Dauer eingerichtet ist — «quodlibet munus ordinatione sive divina sive ecclesiastica stabiliter constitutum» (can. 145 § 1). Das Element der Konstituierung eines Kirchenamtes findet sich beim Begriff des Kirchenamtes im engen Sinn nach can. 145 § 1/*CIC* 1917 und wurde in der Schlussredaktion in can. 145 § 1 aufgenommen — anstelle des Elementes der dauerhaften Übertragung, so wie es in PO 20 enthalten ist[21].

4.1 *Die göttliche oder kirchliche Anordnung*

Die Konstituierung eines Kirchenamtes schafft die Voraussetzungen und die Grundlage zu seiner Übertragung und Ausübung. Ein Kirchenamt kann nicht von jedermann konstituiert werden. Nach can. 145 § 1 geht dessen Konstituierung (*constituere*) auf eine göttliche oder kirchliche Anordnung zurück, nach can. 145 § 2 kann ein Amt durch das Recht selbst konstituiert (*constituere*) werden oder durch ein Dekret der zuständigen Autorität; can. 148 weist auf die Autorität hin, der es zukommt, Ämter zu errichten (*erigere*), zu verändern und aufzuheben. Ein Kirchenamt steht also immer auch in einem Bezug zu demjenigen, der es konstituiert hat. Dieser Bezug hat unmittelbar damit zu tun, für wen eine Aufgabe ausgeübt wird, in wessen Namen und Auftrag, und wie sie ausgeübt werden soll — dem Auftrag entsprechend.

Es bestehen danach eine eigene für das Kirchenamt geltende göttliche oder kirchliche Anordnung, eigene für das Kirchenamt geltende rechtliche Bestimmungen, die göttlichen oder/und kirchlichen Rechts sind[22]. Wird ein Kirchenamt durch das kirchliche Recht oder durch ein Dekret der zuständigen Autorität konstituiert (can. 145 § 2), so geschieht dies in Ausübung der kirchlichen Leitungsgewalt, insbesondere der gesetzgebenden und der ausführenden Gewalt (vgl. can. 135 § 1). Mit der Konstituierung eines Kirchenamtes erfolgt zugleich die rechtliche Bestimmung der mit diesem verbundenen Pflichten und Rechte (vgl. can. 145 § 2).

Die konstituierende Instanz muss demnach kirchliche Leitungsgewalt besitzen. Wird ein Kirchenamt durch das Recht oder durch ein Dekret

---

[21] S. Kap. II/3.5.5.

[22] Nach Socha kann die kirchliche Einrichtung eines Kirchenamtes in allen Formen der öffentlich-objektiven Rechtsbildung erfolgen, wie durch Gesetze (cann. 7-22), Verwaltungsdekrete (cann. 30-33), Statuten (can. 94) und Gewohnheitsrecht (cann. 23-28). H. SOCHA, *MK*, 145/2.

geschaffen (vgl. can. 145 §§ 1 und 2, 148), so handelt es sich hierbei um Gesetzgebung und einen Verwaltungsakt, die von einer dazu bevollmächtigten Instanz erlassen werden müssen (vgl. can. 135). Durch das Wahrnehmen des Leitungsamtes (*munus regendi*) und der kirchlichen Leitungsgewalt (*potestas regiminis*) regelt und bestimmt die kirchliche Autorität — ordnet sie an —, wie kirchliche Dienste durch ein Kirchenamt ausgeübt werden sollen.

Die rechtlichen Bestimmungen, die aus allgemeinen Normen — wie die cann. 145-196 u.a. — und besonderen Normen bestehen, bilden die Rechtsgrundlage für die einzelnen Kirchenämter und für die mit diesen verbundenen Pflichten und Rechte. Die mit einem Amt verbundenen Pflichten und Rechte heben sich dadurch von den Pflichten und Rechten ab, die mit einem Lebensstand verbunden sind oder die mit einem anderen Dienst gegeben sind. Das heisst jedoch nicht, dass diese verschiedenen Pflichten und Rechte nicht aufeinander bezogen sind.

Wenn eine göttliche oder kirchliche Anordnung in bezug auf ein Kirchenamt vorhanden ist, wenn die kirchliche Rechtsordnung ein Kirchenamt vorsieht, so ist dieses als solches konstituiert (s.u. 4.3).

Nach can. 145 § 1 wird zudem gefordert, dass es sich um eine *dauerhafte* Einrichtung eines Amtes handelt. Dies ist nach De Paolis der Fall, wenn die Einrichtung in der Rechtsordnung von Bestand ist[23]. Socha spricht von der dauerhaften rechtlichen Festlegung, die dem Amt objektive Beständigkeit verleiht[24].

4.2 *In der Kirchenrechtslehre*

Die dauerhafte Einrichtung eines Amtes durch göttliche oder kirchliche Anordnung ist ein Wesenselement, mit dem sich Autoren in der Kirchenrechtslehre eingehend befasst haben. Einzelne Stellungnahmen, die im I. Teil enthalten sind, sollen hier im Zusammenhang wiedergegeben werden.

Nach *Arrieta* ist das Kirchenamt ein abstraktes Rechtssubjekt, durch das öffentliche Dienste der Kirche wahrgenommen werden[25]. Das Kirchenamt bestehe in einer rechtlichen abstrakten Subjektivität, die auf dauerhafte Weise durch die kirchliche Autorität gemäss can. 148 errichtet (*eretta*) werde. Diese Errichtung würde, wie aus can. 145 § 2 hervorgeht, die Zusammenfassung (*unificazione*) einer Gesamtheit von Pflichten und von öffentlichen Diensten, die dem Kirchenamt rechtlich

---

[23] V. DE PAOLIS, «Il libro primo», 453.
[24] H. SOCHA, *MK*, 145/1-2.
[25] Vgl. dazu J.I. ARRIETA, *Diritto dell'organizzazione ecclesiastica*, 147.

KAP. IV: DIE WESENSELEMENTE EINES KIRCHENAMTES   165

zugeteilt werden, mit sich bringen[26]. Ein Kirchenamt errichten bedeutet also nach Arrieta die Errichtung eines abstrakten Rechtssubjektes, mit dem ganz bestimmte öffentliche Dienste verbunden sind.

Nach *De Paolis* ist das Kirchenamt, ausgehend von can. 145 § 1, ein Dienst (*incarico*, *munus*) zu einem geistlichen Ziel, der dauerhaft eingerichtet ist, sei es durch göttliches oder kirchliches Recht. Es handelt sich um eine dauerhafte Einrichtung, die in der Rechtsordnung von Beständigkeit ist. Es genügt eine objektive Beständigkeit (*stabilità*), auch wenn das Amt nur für eine gewisse Zeit übertragen wird. Das Kirchenamt hat zudem seinen Ursprung im göttlichen oder im kirchlichen Recht. Dieses kann universal- wie auch partikularrechtlich sein. Der Dienst (*incarico*) umfasst daher eine Gesamtheit von Rechten und Pflichten, die objektiv das Kirchenamt bilden. Diese Rechte und Pflichten sind durch die göttliche oder menschliche Norm bestimmt, die das Kirchenamt einrichtet (*istituisce*)[27]. Bei De Paolis kommt vor allem die Bedeutung des Rechts, des göttlichen und des kirchlichen, für das Kirchenamt und seine Einrichtung zum Ausdruck.

Listl sieht es als notwendig, das Kirchenamt auch in einem engeren Sinn zu definieren. Zu Beginn dieser Definition bezeichnet er dieses als eine dauernde und von der Person des Amtsinhabers unabhängige Einrichtung (Institution)[28].

Die dauerhafte Einrichtung gehört auch für *Socha* zu den wesentlichen Elementen des Kirchenamtes[29]. Nach seinen Ausführungen erfolgt die Einrichtung (*constitutio*) eines Amtes als Institution, indem die für die Wahrnehmung bestimmter Aufgaben erforderlichen Voraussetzungen und Befugnisse in der kirchlichen Rechtsordnung auf Dauer festgelegt werden. Das entscheidende Kennzeichen für das Kirchenamt ist für ihn die vom Wechsel der Personen unabhängige objektive Beständigkeit des Amtes, die diesem durch die dauerhafte rechtliche Fixierung seines Inhaltes verliehen wird[30]. Die subjektive Beständigkeit bzw. die ständige Übertragung gehört für ihn hingegen nicht zum Wesen des Amtes[31].

Zu den Wesenselementen des Begriffs des Kirchenamtes zählt *Urrutia* die objektive Beständigkeit des Amtes. Die Pflichten und

---
[26] J.I. ARRIETA, *Diritto dell'organizzazione ecclesiastica*, 143-144.
[27] V. DE PAOLIS, «Il libro primo», 453-454.
[28] J. LISTL, «Das Amt in der Kirche», 594.
[29] H. SOCHA, *MK*, 145/1.
[30] H. SOCHA, *MK*, 145/1.
[31] H. SOCHA, *MK*, 145/1-2.

Rechte sind nach seiner Auffassung als dauerhaft anzusehen, ausser sie werden von der Autorität geändert oder aufgehoben. Eine Person erhält eine Aufgabe (*incarico*), die schon «zuvor besteht», oder sie verliert sie, wobei das Amt «bleibt», um von jemand anderem besetzt zu werden. Das Kirchenamt wird durch eine göttliche oder kirchliche Anordnung (*disposizione*) eingerichtet: sei es durch die göttliche Autorität, die das Amt mit seinen Pflichten und Rechten bestimmt hat, sei es durch die kirchliche Autorität, die ein Amt einrichtet. Auf keinen Fall ist jedoch die weltliche Autorität zuständig, Kirchenämter einzurichten. In gleicher Weise wird auch die Privatinitiative der Gläubigen ausgeschlossen[32].

In diesen Äusserungen werden verschiedene Merkmale hervorgehoben: Die Rolle der göttlichen oder kirchlichen Autorität für die Einrichtung eines Amtes (Urrutia); die Bedeutung des Rechts, des göttlichen und des kirchlichen, für die dauerhafte Errichtung eines Amtes und für die Bestimmung der damit verbundenen Pflichten und Rechte (De Paolis); die rechtliche Festlegung der für die Wahrnehmung bestimmter Aufgaben erforderlichen Voraussetzungen und Befugnisse (Socha); das Amt als abstraktes Rechtssubjekt, mit dem bestimmte Dienste verbunden sind (Arrieta); das Amt als dauernde von der Person des Amtsinhabers unabhängige Einrichtung (Listl); die mit einem Amt verbundenen Pflichten und Rechte (Arrieta, De Paolis); die objektive Beständigkeit des Amtes und dessen Übertragung (De Paolis, Socha, Urrutia).

4.3 Wann ist ein Amt konstituiert?

In can. 145 wird dreimal der Begriff des Einrichtens — *constituere* — verwendet. In can. 148 ist vom Errichten — *erigere* — eines Amtes die Rede. Wie sind diese beiden Begriffe zu verstehen? Ist ein Amt dann «konstituiert», wenn die Rechtsgrundlage dafür geschaffen ist, oder erst dann, wenn es auch konkret «errichtet» worden ist?

4.3.1 Eine objektive Definition

Nach can. 145 § 1 ist es die göttliche oder die kirchliche Anordnung, durch die ein Dienst auf Dauer konstituiert wird. Nach dessen § 2 ist es das Recht, durch das ein Amt konstituiert wird, oder ein Dekret der zuständigen Autorität, durch das es konstituiert und zugleich übertragen wird. Die göttliche oder kirchliche Anordnung und das Recht schaffen

---

[32] F.J. URRUTIA, «Il libro I», 167.

KAP. IV: DIE WESENSELEMENTE EINES KIRCHENAMTES 167

und enthalten grundsätzlich *die Rechtsgrundlagen* für das Amt selbst, für seine konkrete Errichtung (in einem weiten Sinn)[33] und seine Übertragung. Es wird ja *ein Kirchenamt* konkret errichtet und übertragen. Die tatsächliche Errichtung ist zwar für die Existenz eines Kirchenamtes konstitutiv — sie beruht jedoch auf den Rechtsgrundlagen, die *das Kirchenamt* als solches vorsehen und seine konkrete Errichtung ermöglichen. Das Amt des Diözesanbischofs ist als solches ein Kirchenamt und nicht erst dann, wenn konkret eine Diözese und das Amt des Diözesanbischofs geschaffen werden.

In can. 145 § 2 sind zwei Formen der Konstitution vorgesehen: durch das Recht und durch ein Dekret der zuständigen Autorität[34]. Die zweite Form eröffnet die Möglichkeit, Kirchenämter zu konstituieren, die im Kirchenrecht nicht als solche vorgesehen sind. Wenn ein Amt durch ein Dekret konstituiert und zugleich übertragen wird, so bringt die Konstitution des Amtes in diesem Fall unmittelbar eine tatsächliche Errichtung mit sich — da es zugleich übertragen wird.

Mit can. 145 gibt der kirchliche Gesetzgeber eine «objektive» Definition des Kirchenamtes. Diese Tatsache spricht dafür, dass es sich nicht nur um die Definition eines konkreten, tatsächlich errichteten und existierenden Amtes handelt[35], wie dies in der «subjektiven» Definition des II. Vatikanischen Konzils in PO 20 der Fall war. Dazu schrieb Robleda:

> Potuisset Concilium absque dubio officium etiam obiective definire. Non fecit, tamen, quia voluit officium solum concretum, existens in rerum natura solum definire; officium vero, prout seu quod in rerum natura existit, non est munus conferendum, sed collatum; non sunt ius et obligatio in se, sed alicui subiecto phisico iam inhaerentia (commendata, collata)[36].

---

[33] Wie die Ausführungen unter 4.3.2 zeigen, kann das Wort «errichten» in einem weiten und in einem engen Sinn verstanden werden. Wenn aus dem Zusammenhang nicht anders hervorgeht, wird der Ausdruck «errichten» in diesem Punkt im weiten Sinn verwendet.

[34] In diesem Zusammenhang ist auch der folgende Entwurf zu diesem Kanon interessant: «Obligationes et iura singulis officiis ecclesiasticis propria definiuntur sive ipsa lege qua officium instituitur et ordinatur sive decreto auctoritatis competentis quo constituitur et confertur.» *Comm.* 21 (1989) 178-179.197. Hier wird die erste Form der Einrichtung eines Amtes dadurch beschrieben, dass dieses durch *ein Gesetz* eingerichtet und geregelt («instituitur et ordinatur») wird (s. Kap. II/3.5.3).

[35] Wird die Definition in can. 145 in bezug auf das Amt des Papstes und des Bischofskollegiums gesehen, so handelt es sich in diesem Fall um konkret vorhandene und funktionsfähige Ämter (s. 4.3.2).

[36] O. ROBLEDA, «Notio officii ecclesiastici», 150 Fn. 45.

Nach Robleda hätte das Konzil das Kirchenamt auf eine objektive Weise definieren können, tat es aber nicht. Denn es wollte die Definition nur des konkret existierenden Kirchenamtes, das jemandem übertragen worden ist (*munus collatum*). In der Schlussredaktion zu can. 145 wurde das Element der dauerhaften Übertragung durch das Element der dauerhaften Einrichtung ersetzt[37]. Dadurch liegt eine «objektive» Definition des Kirchenamtes vor. Im Gegensatz zur «subjektiven» Definition bedeutet dies, dass es sich nicht um ein konkret existierendes Kirchenamt handeln muss, das jemandem tatsächlich übertragen worden ist, sondern um ein Kirchenamt, das in der Rechtsordnung im Hinblick auf eine nachfolgende konkrete Errichtung und Übertragung konstituiert und vorgesehen ist.

4.3.2 Einrichten und Errichten

Unter den verschiedenen Autoren befasst sich Socha eingehender mit dem Begriff des Einrichtens (*constituere*) und dem des Errichtens (*erigere*). Nach Socha erfolgt die *Einrichtung* (*constitutio*) eines Kirchenamtes als Institution dadurch, dass die Voraussetzungen und Befugnisse, die zur Wahrnehmung der mit diesem verbundenen Aufgaben erforderlich sind, in der kirchlichen Rechtsordnung auf Dauer festgelegt werden. Diese Einrichtung ist für Socha das entscheidende Kennzeichen für das Kirchenamt[38].

Durch die göttliche Einrichtung seien allein die Ämter des Papstes und des Bischofskollegiums ohne weiteres vorhanden und funktionsfähig. Neben der Einrichtung bedürfen bestimmte Kirchenämter jedoch auch einer *Errichtung* (*erectio*) durch einen Verwaltungsakt, um für eine bestimmte Gemeinschaft der Kirche existent und wirksam zu sein — wie z.B. auch das auf göttlicher Einrichtung beruhende Amt des Diözesanbischofs. Durch die Errichtung würde eine rechtsfähige kirchliche Teilgemeinschaft entstehen (wie z.B. die Diözese nach can. 369 in Verbindung mit can. 373), die im jeweiligen Inhaber des errichteten Amtes ihren leitenden Vorsteher erhält. Diese Ämter können als Vorsteher- oder Grundämter bezeichnet werden[39]. Die übrigen Kirchenämter, die Hilfsämter genannt werden können, seien funktionsfähig, wenn für die rechtlich umschriebenen Dienste Stellen eingerichtet und besetzt werden[40].

---

[37] S. Kap. II/3.5.5.
[38] H. Socha, *MK*, 145/1.
[39] H. Socha, *MK*, 145/3.
[40] H. Socha, *MK*, 145/3-4.

Im Kommentar zu can. 148 kommt Socha noch einmal auf die Errichtung im engeren Sinn zu sprechen:

> *Errichten* im engeren Sinne bedeutet, ein in der Rechtsordnung dauerhaft umschriebenes Amt durch Verwaltungsakt für eine konkrete kirchliche Gemeinschaft ins Dasein zu rufen und mit Rechtsfähigkeit auszustatten[41].

Da dieser engere Sinn nur bestimmte Ämter betrifft, can. 148 jedoch alle Kirchenämter umfasst, ist *erigere* in einem weiteren Sinn zu verstehen:

> Da 148 für alle Kirchenämter Geltung beansprucht, ist es notwendig, den Ausdruck *erigere* im weiteren Sinne zu verstehen: Der Autorität, der es zukommt, ein Amt zu errichten oder eine Amtsstelle einzurichten, steht im allgemeinen auch die Amtsübertragung zu[42].

Im Kommentar zu den cann. 145 und 148 unterscheidet Socha demnach deutlich zwischen der dauerhaften Einrichtung eines Amtes durch die Rechtsordnung und dessen konkreter Errichtung (im weiten Sinn). Die dauerhafte rechtliche Einrichtung entspricht dem Begriff der Konstitution. Sie ist die Rechtsgrundlage, um ein Amt konkret zu errichten oder eine Amtsstelle einzurichten.

Im Kommentar zu den Allgemeinen Normen *CIC* verwendet De Paolis statt dem Begriff des Errichtens (*erigere*) den Ausdruck des Konstituierens. Er verweist darauf, dass der Begriff *erigere* allgemein juristischen Personen vorbehalten sei[43].

Nach Arrieta besteht das Kirchenamt als ein abstraktes Rechtssubjekt, das auf Dauer durch die kirchliche Autorität gemäss can. 148 errichtet (*eretta*) werde. Diese Errichtung («tale atto giuridico di erezione») würde, wie aus can. 145 § 2 hervorgeht, die Zusammenfassung (*unificazione*) einer Gesamtheit von Pflichten und von öffentlichen Diensten, die dem Kirchenamt rechtlich zugeteilt werden, mit sich bringen[44].

Das Errichten (*erigere*) eines Amtes wird demnach auf zweifache Weise verstanden: einerseits als rechtliche Einrichtung im Sinn von *constituere* und andererseits als tatsächliche Errichtung (im weiten und im engeren Sinn nach Socha), u.z. durch rechtliche Bestimmungen und Dekrete, mit denen die dafür zuständige Autorität ein Kirchenamt konkret ins Dasein ruft.

---

[41] H. SOCHA, *MK*, 148/1.
[42] H. SOCHA, *MK*, 148/4.
[43] V. DE PAOLIS, «Il libro primo», 455.
[44] J.I. ARRIETA, *Diritto dell'organizzazione ecclesiastica*, 143-144, 147.

Aufgrund des in can. 145 verwendeten Begriffs des *constituere* (und nicht *erigere*) und der damit gegebenen objektiven Definition des Kirchenamtes kann ein Kirchenamt (das durch eine kirchliche Anordnung eingerichtet wird) dann als konstituiert gelten, wenn es in der Rechtsordnung als solches vorgesehen wird und die rechtlichen Voraussetzungen geschaffen sind, damit es von der zuständigen kirchlichen Autorität konkret ins Dasein gerufen und jemandem übertragen werden kann[45].

4.4 Institution und Person

Beim Element der dauerhaften Einrichtung eines Amtes kommt zunächst der institutionelle Aspekt des Kirchenamtes zum Ausdruck. Dieses wird von der göttlichen oder kirchlichen Autorität auf Dauer eingerichtet. Dies geschieht durch eine göttliche oder kirchliche Anordnung, durch das Recht oder ein Dekret, in denen das Amt als solches geschaffen wird und die damit verbundenen Pflichten und Rechte sowie die zur Wahrnehmung der Aufgabe notwendigen Voraussetzungen und Befugnisse bestimmt werden. Das Kirchenamt geht also auf die Anordnungen und rechtlichen Bestimmungen der konstituierenden Instanz zurück. Das Kirchenamt stellt sich so als eine Institution der Kirche dar, als ein Rechtsinstitut. Als solches ist es eine Gesamtheit und ein eigenständiger Bestand von rechtlich festgelegten Pflichten und Rechten[46].

Als Institution besteht jedoch das Kirchenamt nicht um seiner selbst willen. Ihm ist zutiefst ein personeller Charakter zu eigen. Einerseits ist es dazu bestimmt, einer Person, einem Gläubigen übertragen zu werden, und andererseits soll seine Ausübung im Dienst des Menschen, im Dienst der Gläubigen und der Gemeinschaft der Kirche stehen[47].

---

[45] Vgl. dazu F. COCCOPALMERIO, «Note», 70 (der Sinn von «konstituieren» sei doppelt: «costituire un ufficio sul piano della statuizione della norma e costituire un ufficio sul piano dell'*esecuzione* della norma stessa.» Und in Zusammenhang mit der Frage, wer für die Konstitution zuständig ist: «Quanto al *significato* dell'espressione "constituere" non vi sono dubbi che in essa deve ricomprendersi l'esecuzione.» Hierbei verweist er auf can. 148). Nach Coccopalmerio umfasst das «Konstituieren» nicht nur die Normgebung sondern auch die konkrete Errichtung eines Kirchenamtes.

[46] Für den Inhaber eines Kirchenamtes bestehen also eigene im Recht festgelegte und mit dem Amt verbundene Pflichten und Rechte (vgl. can. 145 § 2). Im Gegensatz dazu haben viele Dienste, die die Gläubigen in Kirche und Welt wahrnehmen, ihre Rechtsgrundlage in allgemeinen und z.T. auch spezifischen Pflichten und Rechten der Gläubigen, der Laien und Kleriker.

[47] Vgl. dazu die cann. 149, 228 § 1, 274 § 1 zur Übertragung eines Amtes sowie die cann. 150, 375, 381, 383-388 zum Amt des Diözesanbischofs.

4.5 *Die rechtliche Bestimmung als Kriterium*

Das Kirchenamt wird durch eine göttliche und kirchliche Anordnung, durch göttliches und kirchliches Recht konstituiert (vgl. can. 145). Für Urrutia liegt hier die Lösung zur Abgrenzung eines Kirchenamtes, das durch kirchliche Anordnung geschaffen wird, von anderen Diensten. Denn sowohl das allgemeine Recht wie auch das Dekret der Autorität würden bestimmen, welche Aufgaben (*incarichi*) als Kirchenämter zu halten sind. Diese letzte Bestimmung (*ulteriore determinazione*) durch die kirchliche Autorität könnte auch notwendig sein, wenn die göttliche Anordnung unbestimmt bleibt[48]. Nach Urrutia machen also die für einen Dienst geltenden Rechtsbestimmungen deutlich, ob es sich bei diesem um ein Kirchenamt handelt oder nicht.

Hierbei geht es um die Frage, wie und woran man eine göttliche oder kirchliche Anordnung, durch die ein Kirchenamt eingerichtet wird, erkennt? In einzelnen Fällen wird im Kirchenrecht ausdrücklich von «Amt» — oft synonym für Kirchenamt — gesprochen (als *officium* oder als *munus*) — wie beim Amt des Papstes und des Bischofs[49]. Doch bleibt eine ganze Anzahl von Fällen, bei denen ein Dienst genannt wird, ohne ihn ausdrücklich als Kirchenamt zu qualifizieren. Den diesbezüglichen rechtlichen Bestimmungen ist nicht ohne weiteres zu entnehmen, ob es sich bei diesem Dienst um ein Kirchenamt handelt oder nicht. Gerade hier liegt die Schwierigkeit.

Damit ein Kirchenamt gegeben ist, muss jedoch in den rechtlichen Bestimmungen nicht ausdrücklich gesagt werden, dass dies bei einem Dienst der Fall ist. Ein solcher Dienst ist dann ein Kirchenamt, wenn er die Wesenselemente eines Kirchenamtes nach can. 145 besitzt.

5. Die Übertragung

Das Element der Übertragung eines Kirchenamtes, so wie es in PO 20 vorgesehen war, ist in der Definition von can. 145 § 1 nicht mehr unmittelbar enthalten. Statt dessen wird das Element der Konstituierung eines Amtes genannt. Auf die Übertragung eines Amtes wird jedoch in can. 145 § 2 hingewiesen, in Zusammenhang mit der Einrichtung und Übertragung eines Amtes durch ein Dekret der zuständigen Autorität, sowie in den cann. 146 und 148[50]. Das Konzil hob in PO 20 den subjektiven Aspekt der Übertragung hervor, der *CIC* den objektiven

---

[48] F.J. URRUTIA, «Il libro I», 167 Fn. 47 (s. Kap. I/2.1.12).
[49] Vgl. cann. 331, 381 § 1, 401 (s. Kap. III/3.1 und 4.2).
[50] Vgl. H. SOCHA, *MK*, 145/4.

Aspekt der Einrichtung. Beide Elemente sind aufeinander bezogen[51]. Ein dauerhaft übertragenes Amt (PO 20) setzt einerseits ein eingerichtetes Amt voraus[52]. Das kommt auch in can. 145 § 2 zum Ausdruck, das zunächst von der Einrichtung des Amtes durch ein Dekret spricht, das dann zugleich durch dieses übertragen wird. Andererseits wird ein Amt eingerichtet, um es jemandem zu seiner Ausübung zu übertragen[53].

5.1 In der Kirchenrechtslehre

Auch hier sollen Stellungnahmen aus der Kirchenrechtslehre, die im I. Teil enthalten sind, im Zusammenhang wiedergegeben werden.

Arrieta zählt die Übertragung zu den integrativen Elementen des Begriffs des Kirchenamtes; die abstrakt geschaffene Einheit des Kirchenamtes bestehe im Hinblick auf die nachfolgende Übertragung an einen geeigneten Gläubigen durch die kanonische Amtsverleihung (can. 146)[54].

Aymans fügt den Konstitutivelementen des can. 145 § 1 ein weiteres Konstitutivelement hinzu: die Übertragungsbedürftigkeit nach can. 146[55]. Nach ihm haben nur solche Dienste den Charakter eines Kirchenamtes, «für deren rechtsgültige Übernahme es eines ausdrücklichen Übertragungsaktes durch die zuständige kirchliche Autorität bedarf»[56]. Dadurch wird wieder eine Unterscheidung zwischen dem Kirchenamt im weiten Sinn und im engen Sinn eingeführt. Kirchenamt im weiten Sinn ist «jedweder Dienst, der die Bedingungen des c. 145 § 1 erfüllt, nicht aber zugleich dem Erfordernis des c. 146 unterliegt»[57]. Das Erfordernis der Übertragungsbedürftigkeit grenze das Kirchenamt gegenüber all jenen Diensten ab, «die Gläubige in blosser Wahrnehmung ihrer Berufung in die aktive Teilhabe an der Sendung der ganzen Kirche (c. 204 § 1, 208) ausüben»[58].

Nach *Berlingò* müssten infolge des weiten Begriffs des Kirchenamtes unterschiedliche Formen der Übertragung eines Kirchenamtes vorgese-

---

[51] S. O. ROBLEDA, «Notio officii ecclesiastici», 150 Fn. 45; F. DANEELS, *De subiecto Officii Ecclesiastici*, 75-76.78-79.
[52] Vgl. F. DANEELS, *De subiecto Officii Ecclesiastici*, 78-79.
[53] Vgl. J.I. ARRIETA, *Diritto dell'organizzazione ecclesiastica*, 143-144.
[54] J.I. ARRIETA, *Diritto dell'organizzazione ecclesiastica*, 143-144.
[55] W. AYMANS, *Kanonisches Recht*, 445.448-449.454.
[56] W. AYMANS, *Kanonisches Recht*, 448.
[57] W. AYMANS, *Kanonisches Recht*, 448.
[58] W. AYMANS, *Kanonisches Recht*, 449.

hen sein, um den verschiedenen Arten von Kirchenämtern gerecht zu werden[59].

De Paolis verweist darauf, dass der Gesetzestext den Begriff der dauerhaften Einrichtung (*stabiliter constitutum*) eines Kirchenamtes und nicht den der dauerhaften Übertragung (*stabiliter collatum*), wie er im Konzilstext PO 20 vorliegt, verwendet. Dieser Unterschied ist von Bedeutung. Da das Wort *collatum* des Konzilstextes auf verschiedene Weise interpretiert worden sei, wollte der *CIC* die Frage durch die Verwendung von *constitutum* lösen. Es handelt sich um eine dauerhafte Einrichtung, die in der Rechtsordnung von Beständigkeit ist. Es genügt eine objektive Beständigkeit (*stabilità*), auch wenn das Amt nur für eine gewisse Zeit übertragen wird.

Das entscheidende Kennzeichen für das Kirchenamt ist für *Socha* die vom Wechsel der Personen unabhängige objektive Beständigkeit des Amtes, die diesem durch die dauerhafte rechtliche Fixierung seines Inhaltes verliehen werde[60]. Die subjektive Beständigkeit bzw. die ständige Übertragung gehört für ihn hingegen nicht zum Wesen des Amtes[61]. In Zusammenhang mit der Zielsetzung eines Kirchenamtes schreibt er zum Charakter eines übertragenen Amtes:

> Wem ein Kirchenamt übertragen wurde, der übt in dem rechtlich festgelegten Aufgabenbereich, das eine gemeinsame Apostolat nicht mehr nur aufgrund der christlichen Initiation in eigener Verantwortung, sondern *im Namen der Kirche* und als deren besonderes Organ aus[62].

Diese Darlegungen machen auf verschiedene Schwerpunkte aufmerksam: der gegenseitige Bezug der Einrichtung eines Amtes und seiner nachfolgenden Übertragung (Arrieta, De Paolis, Socha); die Übertragungsbedürftigkeit nach can. 146 als Konstitutivelement des Kirchenamtes (Aymans); die kanonische Amtsverleihung nach can. 146 (Arrieta); verschiedene Formen der Amtsverleihung, die den verschiedenen Kirchenämtern entsprechen (Berlingó); Kirchenämter im weiten Sinn, die dem Erfordernis von can. 146 nicht unterliegen (Aymans); ein Amt kann auch nur für eine gewisse Zeit übertragen werden (De Paolis,

---

[59] Für die Kirchenämter im weiten Sinn sieht er eine ganze Reihe von verschiedenen Formen der Übertragung vor; für die Kirchenämter im engen oder hierarchischen Sinn gelten die im I. Kapitel des IX. Titels über die Kirchenämter enthaltenen Formen der kanonischen Amtsübertragung. S. BERLINGÒ, *Diritto canonico*, 194-196.
[60] H. SOCHA, *MK*, 145/1.
[61] H. SOCHA, *MK*, 145/1-2.
[62] H. SOCHA, *MK*, 145/4 (Hervorhebung durch den Autor).

Socha); ein übertragenes Amt wird im Namen der Kirche ausgeübt (Socha).

5.2 *Die Übertragungsbedürftigkeit des Amtes*

Nach can. 148 steht der Autorität, der es zukommt, Ämter zu errichten, zu verändern und aufzuheben, auch deren Übertragung zu, wenn nichts anderes im Recht bestimmt ist. Ein Kirchenamt kann also nicht von jedermann übertragen werden, sondern nur von der dafür zuständigen Autorität (cann. 147 und 148). Das Einrichten eines Kirchenamtes erfordert kirchliche Leitungsgewalt (s. 4.1). Für das Verleihen eines Kirchenamtes ist grundsätzlich ausführende Leitungsgewalt notwendig (vgl. cann. 48, 135 §§ 1 und 4, 146).

Die Übertragung eines Amtes setzt nicht nur die verleihende kirchliche Autorität voraus (vgl. cann. 147 und 148), sondern auch jemanden, dem es übertragen wird. Die cann. 149 und 150 enthalten grundlegende Voraussetzungen, die an den Inhaber eines Kirchenamtes gestellt sind[63]. Hierbei betrifft can. 149 alle Kirchenämter und can. 150 die Kirchenämter, die der umfassenden Seelsorge dienen. Die letzteren können nur denen gültig übertragen werden, die die Priesterweihe erhalten haben.

Übertragen wird ein Kirchenamt, das durch das Recht eingerichtet ist oder durch ein Dekret eingerichtet wird (vgl. can. 145 § 2). Es kann auf kürzere oder längere Zeit übertragen werden[64].

Wichtig ist das von Aymans hervorgehobene Konstitutivelement: das Kirchenamt *bedarf* der Übertragung. In der Definition des II. Vatikanischen Konzils war die Übertragung ausdrücklich ein Konstitutivelement: nach PO 20 ist das Kirchenamt eine übertragene Aufgabe — ein *munus collatum*. Die «Übertragungsbedürftigkeit» bedeutet einerseits, dass niemand von sich aus ein Amt wahrnehmen kann, ohne dass ihm dieses von der zuständigen Autorität übertragen wird[65]. Zu einem Amt muss immer jemand beauftragt werden, das heisst, es muss ihm übertragen werden. Andererseits ist eine Aufgabe, die ein Gläubiger aus eigener Initiative wahrnehmen kann und soll, ohne dass er dazu einer Beauftragung durch die kirchliche Autorität

---

[63] Die rechtlichen Bestimmungen zu den einzelnen Kirchenämtern enthalten weitere Voraussetzungen, die für die jeweiligen Ämter gefordert werden (vgl. can. 149 § 1).

[64] Vgl. V. DE PAOLIS, «Il libro primo», 453; H. SOCHA, *MK*, 145/1-2.

[65] Vgl. dazu die cann. 146 und 1381 § 1. Nach can. 146 kann ein Kirchenamt ohne kanonische Amtsübertragung nicht gültig erlangt werden. Die Amtsanmassung ist nach can. 1381 § 1 ein Strafbestand.

bedarf, kein Kirchenamt[66]. Die Übertragungsbedürftigkeit ist ein Kriterium, das zwischen dem Kirchenamt (Spalte II in den Schemata) und anderen Diensten, die die Gläubigen wahrnehmen (Spalte III), zu unterscheiden hilft. Unter diesen gibt es jedoch auch Dienste und Aufgaben, zu deren Ausübung die Gläubigen einer Beauftragung durch die kirchliche Autorität bedürfen, ohne dass es sich bei diesen um ein Kirchenamt handeln muss[67].

Im Zusammenhang mit dieser Unterscheidung ist auch die Feststellung von Socha bedeutend, dass das mit dem Amt verbundene Apostolat im Namen der Kirche ausgeübt wird und nicht mehr nur aufgrund der christlichen Initiation in eigener Verantwortung[68].

Eines ist die Übertragungsbedürftigkeit des Amtes, etwas anderes wiederum die Übertragung selbst, die auf verschiedene Weise erfolgen kann. Nach can. 146 kann ein Kirchenamt ohne kanonische Amtsübertragung nicht gültig erlangt werden. In can. 147 werden die verschiedenen Formen der Übertragung genannt, die dann in den vier Artikeln des Kapitels (über die Verleihung eines Amtes) dargelegt werden. Erdö weist darauf hin, dass zwar der Begriff des Kirchenamtes erneuert worden ist (can. 145), die Bestimmungen über die Übertragung eines Amtes und dessen Verlust jedoch weitgehend von der nach dem *CIC* 1917 geltenden Disziplin übernommen worden sind[69]. Es handelt sich also vor allem um eine Disziplin, die auf das Kirchenamt im engen Sinn nach can. 145 § 1/*CIC* 1917 zugeschnitten gewesen ist. Da der Begriff des Kirchenamtes nun weiter gefasst ist, sollte auch für jene Kirchenämter eine Form der Übertragung vorgesehen sein, für die die kanonischen Formen nach can. 147 nicht entsprechen. Darauf macht Berlingò aufmerksam. Seiner Meinung nach sollten je nach den einzelnen Kirchenämtern verschiedene Formen der Übertragung — neben den in can. 147 enthaltenen — möglich sein[70]. Wird diese Möglichkeit bejaht, bleibt ein jedes Kirchenamt ein Amt im eigentlichen Sinn —

---

[66] Diese Dienste und Aufgaben können sie aufgrund der allgemeinen und z.T. auch besonderen Pflichten und Rechte ausüben, die ihnen als Gläubige, als Laien und Kleriker zustehen.

[67] Vgl. dazu die cann. 228 § 1 (Aufgaben, zu denen die Laien von den Hirten herangezogen werden können) und 274 § 2 (Aufgaben, die Klerikern übertragen werden).

[68] H. SOCHA, *MK*, 145/4.

[69] P. ERDÖ, «Quaestiones quaedam», 363-365.

[70] S. BERLINGÒ, *Diritto canonico*, 194-196.

dann muss nicht erneut zwischen einem Amt im weiten und im engen Sinn unterschieden werden[71].

6. Pflichten und Rechte

Während der Redaktionsarbeiten zum *CIC* bezeichnete Onclin das Kirchenamt als eine Gesamtheit von Pflichten und Rechten[72]. Dieses Begriffspaar fand auch Eingang in can. 145 § 2: Einem Kirchenamt sind Pflichten und Rechte zu eigen, die durch das Recht selbst bestimmt werden, durch das ein Amt eingerichtet wird, oder durch das Dekret der zuständigen Autorität, durch das es eingerichtet und zugleich übertragen wird. Nach can. 145 §§ 1 und 2 besteht ein unmittelbarer Zusammenhang zwischen der göttlichen und kirchlichen Anordnung und dem Recht, durch die ein Kirchenamt eingerichtet wird, und den Pflichten und Rechten, die im Recht festgelegt und mit dem Amt verbunden sind.

Auf diesen Zusammenhang machen auch De Paolis und Urrutia aufmerksam. *De Paolis* verweist darauf, dass das Kirchenamt seinen Ursprung im göttlichen wie auch im kirchlichen Recht hat. Der Dienst (*incarico*) umfasse daher eine Gesamtheit von Pflichten und Rechten, die objektiv das Kirchenamt bilden. Diese Pflichten und Rechte werden durch die göttliche oder menschliche Norm bestimmt, die das Kirchenamt einrichtet (*istituisce*)[73]. Nach *Urrutia* geht die göttliche oder kirchliche Anordnung (*disposizione*) auf die göttliche Autorität, die das Amt mit seinen Pflichten und Rechten bestimmt hat, zurück oder auf die kirchliche Autorität, die ein Amt einrichtet[74].

Mit dem Wesenselement der Pflichten und Rechte sind drei Charakteristiken des Kirchenamtes verbunden. Es handelt sich zunächst um *bestimmte* Pflichten und Rechte in bezug auf eine *bestimmte* Aufgabe. Dem Amt ist sodann ein rechtlicher Verpflichtungscharakter zu eigen. Zugleich berechtigt es den Inhaber des Amtes zur Ausübung der mit diesem verbundenen Aufgabe.

6.1 *Zu einer bestimmten Aufgabe*

Das Kirchenamt ist eine *bestimmte* Aufgabe — ein *munus determinatum*[75]. Diese *Bestimmung* geschieht durch die göttliche oder kirchliche

---

[71] Vgl. W. AYMANS, *Kanonisches Recht*, 448-449.
[72] *Comm.* 21 (1989) 177.
[73] V. DE PAOLIS, «Il libro primo», 453-454.
[74] F.J. URRUTIA, «Il libro I», 167.
[75] S. Kap. II/3.5.3.

Anordnung, durch das göttliche oder kirchliche Recht. Durch das Recht wird eine ganze Anzahl von Fragen näher bestimmt, die mit einem Kirchenamt in Zusammenhang stehen: die Voraussetzungen, die an den Amtsinhaber gestellt sind, seine Zuständigkeit, insbesondere das Gebiet und der Personenkreis, für die er zuständig ist, die Aufgaben und Dienste, die durch ihn wahrgenommen werden sollen, die Befugnisse und die Ausübung von Kirchengewalt, die für bestimmte Ämter erforderlich ist[76].

Als eine näher bestimmte Aufgabe (Spalte II in den Schemata) unterscheidet sich das Kirchenamt dadurch von allgemeinen und z.T. auch besonderen Aufgaben der Gläubigen, sowohl der Laien wie auch der Kleriker (Spalten I und III in den Schemata). So haben z.B. alle Gläubigen nach can. 211 die Pflicht und das Recht, dazu beizutragen, dass die göttliche Heilsbotschaft immer mehr zu allen Menschen gelangt. Auch wenn es sich hierbei um eine «bestimmte» Pflicht und ein «bestimmtes» Recht handelt, so ist es doch eine allgemeine Pflicht und ein allgemeines Recht, die alle Gläubigen betreffen und die auf vielfache Weise wahrgenommen werden können. Es wird den Gläubigen hier nicht vorgeschrieben, wie sie dies tun sollen. Mit einem Kirchenamt ist jedoch ein rechtlich bestimmter Zuständigkeitsbereich in bezug auf die wahrzunehmende Aufgabe, auf ein Gebiet und einen Personenkreis verbunden. Es gibt also Aufgaben, die die Gläubigen aufgrund allgemeiner und z.T. auch spezifischer Pflichten und Rechte wahrnehmen (Spalten I und III), sowie auch ganz bestimmte Aufgaben, zu deren Ausübung sie als Inhaber eines Amtes verpflichtet und berechtigt sind (Spalte II).

Dieses Merkmal einer «bestimmten Aufgabe» kommt unverkennbar in der NEP 2 zum Ausdruck[77]. Aus dieser Stelle geht hervor, dass das Kirchenamt, das gerade einen bestimmten Aufgaben- und Zuständigkeitsbereich umfasst, eine wichtige Funktion zur rechtlichen Bestimmung der zum Vollzug freigegebenen Vollmacht (*potestas*) erfüllt. Diese Bestimmung — die auf vorzügliche Weise durch das Rechtsinstitut des Kirchenamtes geschieht — ist notwendig und von der Natur der Sache her gefordert, weil die Ämter (*munera*), die durch die Weihe seinsmässig verliehen werden, von mehreren nach Christi Willen hierarchisch zusammenwirkenden Trägern ausgeübt werden müssen (vgl. NEP 2).

---

[76] Vgl. z.B. dazu die Bestimmungen über das Amt des Diözesanbischofs nach den cann. 368, 369, 375, 376, 378-380, 381-402 u.a.
[77] Vgl. Kap. III/6.3.3.

Dieses Merkmal wird auch von *Berlingò* angesprochen, wenn er das Kirchenamt in Zusammenhang mit der Organisation und Struktur der Kirche und der Wahrnehmung ihrer Aufgaben sieht. So stelle das Kirchenamt gleichsam die organisative und vorausbestimmte Struktur (Institution) zur Ausübung kirchlicher Aufgaben (*munera*) dar[78].

6.2 *Verpflichtet*

Das Amt hat sodann einen rechtlichen Verpflichtungscharakter. Der Inhaber des Amtes ist rechtlich zur Wahrnehmung der mit diesem verbundenen Aufgaben verpflichtet (vgl. can. 145 § 2). *Berlingò* hebt dieses Merkmal deutlich hervor: es müsse sich beim Kirchenamt um objektiv (rechtlich) festgelegte Verpflichtungen handeln[79].

Das Kirchenamt unterscheidet sich dadurch von anderen Diensten, die den Gläubigen zwar aufgetragen sind, zu denen sie aber nicht im strengen Sinn rechtlich verpflichtet werden können. Die Gläubigen sind z.B. aufgefordert, dazu beizutragen, dass die Heilsbotschaft zu allen Menschen gelangt (can. 211). Hierbei handelt es sich um eine allgemeine Pflicht (vgl. can. 225 § 1) im Gegensatz zu einer streng rechtlichen Verpflichtung. Eine streng rechtliche Verpflichtung besteht z.B. auch nicht für die Ministranten. Fehlt dieser rechtliche Verpflichtungscharakter einer Aufgabe — was jedoch keineswegs deren Wert mindert —, so liegt kein Kirchenamt vor. Dies gilt für viele ehrenamtliche Tätigkeiten, die die Gläubigen in der Kirche wahrnehmen.

Der rechtliche Verpflichtungscharakter ist v.a. dadurch begründet, dass die tatsächliche Ausübung der mit dem Amt verbundenen Aufgabe zur Erreichung eines bestimmten geistlichen Zieles notwendig bzw. erforderlich ist. Die Aufgabe (*munus*) *ist* nach can. 145 § 1 zu einem geistlichen Ziel *wahrzunehmen*.

6.3 *Und berechtigt*

In can. 145 § 2 sind Pflichten und Rechte nicht ohne Grund als Begriffspaar genannt. Mit der Aufgabe (*munus*), die durch ein Kirchenamt erfüllt werden soll (Verpflichtung), sind auch alle dazu notwendigen Rechte gegeben, sei es von Gott selbst, sei es durch die Kirche[80].

---

[78] S. BERLINGÒ, «I laici nella chiesa», 211-214 (s. Kap. I/2.1.3).

[79] Vgl. S. BERLINGÒ, *Diritto canonico*, 185 (das Kirchenamt als «dovere oggettivamente determinato ed orientato a perseguire i fini propri dell'ordinamento») und 194 («doveri oggettivamente determinati»).

[80] Durch das Recht der Kirche oder durch eine Verfügung seitens der zuständigen kirchlichen Autorität (vgl. can. 145 § 2). Wenn nach can. 145 § 1 ein Kirchenamt auf

KAP. IV: DIE WESENSELEMENTE EINES KIRCHENAMTES 179

Die Rechte sind im Hinblick auf die Erfüllung einer Aufgabe gegeben. Es handelt sich um Pflichten und Rechte der Kirche, die auf ihre Weise mittels des Kirchenamtes wahrgenommen werden. So spricht z.B. can. 747 § 1 allgemein von der Pflicht und vom Recht der Kirche zur Verkündigung und die cann. 756 und 757 davon, wie dieser Verkündigungsdienst v.a. auch durch die Inhaber eines Kirchenamtes ausgeübt wird[81]. Hier kommt auch der Bezug zwischen den allgemeinen Pflichten und Rechten der Kirche und den mit einem Kirchenamt verbundenen Pflichten und Rechten gut zum Ausdruck.

Der Auftrag Christi und der Kirche enthält immer den doppelten Aspekt einer Verpflichtung und einer Berechtigung[82]. Wenn Christus jemandem eine Aufgabe gibt, verleiht er ihm auch alle Rechte, die zu ihrer Erfüllung notwendig sind[83]. Gleiches gilt für die Kirche. Die «Pflichten und Rechte» dienen der Erfüllung der Sendung, die der Herr der Kirche anvertraut hat und an der die Gläubigen je nach ihrer Stellung und Aufgabe Anteil erhalten[84].

Auf das Merkmal der «Berechtigung» verweisen mehrere Autoren. So spricht *Arrieta* einerseits von der abstrakten Berechtigung zur Ausübung der mit dem Amt verbundenen Aufgaben durch die Einrichtung des Amtes und von der konkreten Berechtigung zu deren Ausübung durch die Übertragung des Amtes[85].

Lombardia und *Souto* sehen das Kirchenamt als abstrakte Berechtigung zur Ausübung öffentlicher kirchlicher Funktionen, zu denen die Kirche als Institution berechtigt ist[86]. Hier kommt die Verbindung zwischen dem Recht der Kirche zur Ausübung ihrer Aufgaben und dem Kirchenamt gut zum Ausdruck.

---

eine Anordnung Gottes oder der Kirche zurückzuführen ist, so gilt dies in entsprechender Weise für die damit verbundenen Pflichten und Rechte, die ihrerseits auf eine göttliche oder kirchliche Anordnung zurückzuführen sind und entsprechend göttliches oder kirchliches Recht bilden.

[81] Auch die Laien können aufgrund der cann. 228 § 1 und 759 zu einer kirchenamtlichen Mitarbeit bei der Ausübung des Verkündigungsdienstes berufen werden.

[82] Das kommt z.B. in can. 747 § 1 deutlich zum Ausdruck.

[83] Die Aufgabe selbst soll zur Verwirklichung eines bestimmten Zieles führen. So werden die Rechte zur Erfüllung der Aufgabe und zugleich zur Verwirklichung des Zieles gegeben.

[84] Vgl. u.a. die cann. 204 § 1, 208, 228 § 1, 274 und die cann. 747 § 1, 756-759 in bezug auf den Verkündigungsdienst.

[85] J.I. ARRIETA, *Diritto dell'organizzazione ecclesiastica*, 141f (s. Kap. I/2.1.1).

[86] P. LOMBARDIA, *Lezioni di diritto canonico*, 157 (s. Kap. I/2.1.9).

Urrutia spricht bei den Wesensmerkmalen des Kirchenamtes zunächst davon, dass dieses eine Aufgabe (*incarico*) ist, d.h. eine oder mehrere obligatorische Funktionen, mit entsprechenden Rechten (vgl. can. 145 § 2)[87].

Nun kann folgende Umschreibung des Amtes gegeben werden: Das Kirchenamt ist ein durch das Recht (und gegebenenfalls durch ein Dekret) eingerichteter und näher bestimmter Dienst, zu dessen Ausübung der Inhaber des Amtes verpflichtet und berechtigt ist. Es handelt sich hierbei um die Wahrnehmung von kirchlichen Aufgaben, zu deren Ausübung die Kirche selbst verpflichtet und berechtigt ist. In den Pflichten und Rechten des Amtes (vgl. can. 145 § 2) verwirklichen sich die Pflichten und Rechte der Kirche, in der Aufgabe des Amtes die Aufgabe und Sendung der Kirche.

7. Amt und Kirchengewalt

In der Definition des Kirchenamtes nach can. 145 wird das Element der Kirchengewalt nicht mehr genannt — wie dies in can. 145 § 1/*CIC* 1917 der Fall gewesen ist. Im jetzigen Kirchenrecht besteht jedoch nach wie vor ein enger Bezug zwischen Amt und Kirchengewalt. Dieser Bezug ist beidseitig. So ist einerseits die Ausübung von Kirchengewalt, insbesondere von kirchlicher Leitungsgewalt für das Kirchenamt von grundlegender Bedeutung und andererseits das Kirchenamt selbst für die Ausübung von Kirchengewalt, insbesondere von kirchlicher Leitungsgewalt.

7.1 *Zur Ausübung eines Amtes*

Die Ausübung von Kirchengewalt ist für das Kirchenamt in mehrfacher Hinsicht grundlegend. Die Ausübung von kirchlicher Leitungsgewalt ist insofern ein Wesenselement des Kirchenamtes, als die Einrichtung und Übertragung eines (durch die kirchliche Anordnung eingerichteten) Amtes in Ausübung von kirchlicher Leitungsgewalt erfolgt. Ohne göttliche oder kirchliche Anordnung besteht kein Kirchenamt. Die kirchliche Anordnung wird nun durch das Recht oder ein Dekret erlassen, durch die ein Amt eingerichtet und im Falle des Dekretes zugleich übertragen wird (vgl. can. 145 §§ 1 und 2). Gesetzgebung und Dekret werden kraft kirchlicher Leitungsgewalt erlassen (vgl. cann. 129 § 1 und 135 § 1).

---

[87] F.J. URRUTIA, «Il libro I», 166 (s. Kap. I/2.1.12).

Kraft kirchlicher Leitungsgewalt werden im Recht (oder gegebenenfalls im Dekret) mit der Einrichtung zugleich die mit dem Amt verbundenen Pflichten und Rechte näher bestimmt (vgl. can. 145).
Das Ausüben von Kirchengewalt ist noch auf eine andere Weise für das Kirchenamt grundlegend. Nach can. 274 § 1 gibt es Kirchenämter, zu deren Ausübung Weihegewalt oder kirchliche Leitungsgewalt erforderlich ist. Sie können nur Klerikern übertragen werden. Zur Wahrnehmung bestimmter Dienste und Aufgaben ist also Kirchengewalt erforderlich (vgl. auch can. 150).
Das kommt auch in einer Definition zum Ausdruck, die Listl vom Kirchenamt in einem engeren Sinn gibt:

> Das Kirchenamt im engeren Sinn ist eine dauernde und von der Person des Amtsinhabers unabhängige Einrichtung (Institution), die neben der Teilhabe an der in der Kirche kraft göttlicher Weisung bestehenden *Leitungsgewalt* (potestas regiminis oder iuridicionis) den Empfang der bischöflichen oder priesterlichen Weihegewalt (potestas ordinis) erfordert. Jeder Amtsträger ist Repräsentant Christi[88].

7.2 Zur Ausübung von Kirchengewalt

Auf der anderen Seite ist das Kirchenamt selbst für die Ausübung der Kirchengewalt, der Weihegewalt und der kirchlichen Leitungsgewalt von grundlegender Bedeutung. Das zeigte sich besonders deutlich bei den früher bestehenden «relativen Weihen», bei denen jemand zum Dienst für eine ganz bestimmte «Gemeinde» geweiht wurde und Weihe und Übertragung eines Amtes Hand in Hand gingen[89]. Die Weihegewalt und die kirchliche Leitungsgewalt werden zur Ausübung eines Dienstes, eines Amtes gegeben (vgl. cann. 375, 381 § 1, 1008).

Der Bezug zwischen der Kirchengewalt (*potestas*) und dem Amt wird von der NEP 2 dargelegt und begründet. In der Weihe wird die seinsmässige Teilnahme an den heiligen Ämtern (*munera*) verliehen. Damit aber eine zum Vollzug völlig freigegebene Vollmacht (*potestas*) vorliegt, muss noch die rechtliche Bestimmung durch die zuständige kirchliche Autorität hinzukommen. Dies geschieht auf vorzügliche Weise durch das Verleihen eines Amtes (*officium*)[90].

---

[88] J. LISTL, «Das Amt in der Kirche», 594 (Hervorhebung durch den Autor).
[89] Vgl. dazu V. DE PAOLIS, «Il sistema beneficiale», 21-22.
[90] Nach NEP 2 erfolgt die rechtliche (*canonica*) Bestimmung durch das Verleihen eines Amtes. Dadurch ist nicht nur die Bestimmung, die mit einem Amt als solchem gegeben ist, von Bedeutung, sondern auch die Bestimmung, die durch das Verleihen des Amtes erfolgt.

Wenn das Kirchenamt und dessen Verleihung zur rechtlichen Bestimmung der auszuübenden Leitungsgewalt notwendig sind (vgl. NEP 2), so hängt das unmittelbar mit den Charakteristiken des Amtes zusammen. Da mit dem Kirchenamt der jeweilige Aufgaben- und Zuständigkeitsbereich rechtlich bestimmt und festgelegt ist, wird dadurch zugleich rechtlich bestimmt und festgelegt, für welche Aufgaben und Zuständigkeit dem Inhaber des Amtes kirchliche Leitungsgewalt zusteht. Es ist notwendig und aus der Natur der Sache gefordert zu bestimmen, wem welche Leitungsgewalt zukommt (vgl. NEP 2). Das Kirchenamt und dessen Verleihung erfüllt diesbezüglich eine wichtige Funktion.

Das Kirchenamt ist also zur Ausübung von Leitungsgewalt grundlegend. Die Ausübung der kirchlichen Leitungsgewalt ist auf eine besondere Weise an das Rechtsinstitut des Kirchenamtes gebunden (vgl. can. 131 § 1). Das kommt v.a. bei den sogenannten Grund- oder Leitungsämtern in der Kirche zum Ausdruck (vgl. cann. 204 § 2, 331, 336, 375). Deshalb kann auch gesagt werden, dass grundsätzlich da, wo kirchliche Leitungsgewalt ausgeübt wird, unmittelbar oder mittelbar ein Kirchenamt vorhanden ist. Ein Kirchenamt ist unmittelbar bei der Ausübung von ordentlicher Leitungsgewalt vorhanden. Diese ist ja gerade dadurch definiert, dass sie von Rechts wegen mit einem Amt verbunden ist (can. 131 § 1). Bei Ausübung delegierter Gewalt kann ein Kirchenamt vorhanden sein, wenn die delegierte Person Inhaber eines Amtes ist (vgl. can. 131 § 1). Delegierte Gewalt geht letztlich immer von einem Inhaber ordentlicher Gewalt aus (vgl. cann. 135, 137), also vom Inhaber eines Kirchenamtes. Deshalb weist die Ausübung delegierter Gewalt mittelbar auf das Vorhandensein eines Amtes.

Ein Kirchenamt im eigentlichen Sinn kann jedoch — nach der Definition von can. 145 — auch bei einer Aufgabe vorhanden sein, zu deren Ausübung keine Weihegewalt oder kirchliche Leitungsgewalt erforderlich ist[91].

7.3 *Zur Übertragung der kirchlichen Leitungsgewalt*

Wird durch die Übertragung des Amtes auch kirchliche Leitungsgewalt übertragen? Oder wird die Leitungsgewalt durch die Übertragung des Amtes zur Ausübung frei? Wie ist das Verhältnis von Taufe, Weihe, Amt und kirchlicher Leitungsgewalt? Das sind Fragen über Ursprung, Übertragung und Ausübung von kirchlicher Leitungsgewalt,

---

[91] Vgl. auch die cann. 228 § 1 und 274 § 1 und V. DE PAOLIS, «Il libro primo», 453-454.

die bis heute diskutiert werden[92]. Hier sei lediglich auf einzelne Punkte verwiesen.

Die Sakramente der Taufe und Weihe sind grundlegend für die Anteilnahme am Leitungsamt (*munus regendi*) und an der kirchlichen Leitungsgewalt (vgl. dazu cann. 129 § 1, 204 § 1, 849, 1008). Die Ausübung von kirchlicher Leitungsgewalt ist jedoch grundsätzlich an ein Amt gebunden (vgl. can. 131 § 1). Amt und damit verbundene Leitungsgewalt werden demnach nur für den ausübbar, dem dieses Amt übertragen wird. Zur Ausübung kirchlicher Leitungsgewalt bedarf es also grundsätzlich der Befähigung der Gläubigen zu ihrer Übernahme durch die Weihe und der Übertragung eines Amtes (vgl. cann. 129 § 1 und 131 § 1).

Durch die Taufe und Weihe erhalten die Gläubigen auf ihre Weise Anteil am priesterlichen, prophetischen und königlichen Amt Christi (vgl. cann. 204 § 1 und 1008). Mit diesem dreifachen Amt Christi, an dem die Gläubigen auf ihre Weise Anteil erhalten, ist zugleich eine bestimmte «Vollmacht», ein Auftrag gegeben, dieses zu verwirklichen[93]. Deshalb ist auch von den allgemeinen Pflichten und Rechten der Gläubigen, der Laien und Kleriker die Rede[94]. Eine besondere Art der Verwirklichung der Anteilnahme der Gläubigen am dreifachen Amt Christi bildet ein Kirchenamt (s.o. 1.). In bezug auf die Geweihten stellt ein Kirchenamt, mit dem Leitungsgewalt verbunden ist, eine Modalität dar, durch die sie das Leitungsamt — *munus regendi* —, zu deren Ausübung sie je nach ihrer Weihestufe geweiht und bestimmt worden sind, wahrnehmen (vgl. cann. 375, 376, 381 § 1, 1008). Die Gläubigen sind je nach ihrer Stellung zur Wahrnehmung eines Kirchenamtes befähigt (vgl. cann. 149 § 1, 228 § 1 und 274 § 1) — wobei nur Kleriker Ämter erhalten können, zur deren Ausübung Weihegewalt oder kirchliche Leitungsgewalt erforderlich ist (can. 274 § 1). Damit ein Kirchenamt und die mit diesem verbundene kirchliche Leitungsgewalt jedoch tatsächlich ausgeübt werden können und sollen, bedarf es der Übertragung des Amtes. Neben den allgemeinen Pflichten und Rechten der Gläubigen gibt es also Aufgaben, wie z.B. das Kirchenamt, die diese nicht von

---

[92] Vgl. V. DE PAOLIS, «Il libro primo», 422-436.

[93] Vgl. O. ROBLEDA, «Iurisdictio — officium ecclesiasticum», 687 («Utique, character baptismalis potentia est activa, et quidem ad agendum erga alios [ad apostolatum seu missionem salvificam Ecclesiae], verum, non, quoad agendum auctoritative sue vi potestatis publicae»).

[94] Vgl. die Überschriften vor den cann. 208 (Pflichten und Rechte aller Gläubigen), 224 (Pflichten und Rechte der Laien) und 273 (Pflichten und Rechte der Kleriker).

sich aus wahrnehmen können, ohne dazu beauftragt zu werden (vgl. cann. 228 § 1 und 274).

7.4 Zur Verwirklichung des Zieles

Kirchengewalt ist nicht um ihrer selbst willen gegeben, sondern zur Erfüllung einer Aufgabe, eines Dienstes — und dadurch zur Verwirklichung des geistlichen Zieles. Das kommt besonders deutlich in zwei Kanones über den Diözesanbischof zum Ausdruck. Nach can. 381 § 1 kommt ihm alle ordentliche, eigenberechtigte und unmittelbare Gewalt zu, die zur Ausübung seines Hirtendienstes erforderlich ist. In can. 383 werden die Gläubigen und alle Menschen genannt, um die sich der Bischof in Ausübung seines Hirtendienstes kümmern soll.

Die mit einem Amt verbundene kirchliche Leitungsgewalt ist nicht gegeben, um über andere zu herrschen, sondern um ihnen zu dienen (vgl. Mk 10, 42-45). Sie ist zum Hirtendienst gegeben, zum Dienst an den Gläubigen, zum Dienst am Menschen (vgl. cann. 381 § 1 und 383). In diesem Sinn ausgeübte Leitungsgewalt wird zum Dienst, zur Bedingung des Wohles des anderen. Das Kirchenamt und die damit verbundene Leitungsgewalt (Spalte II in den Schemata) stehen im Dienst der Gläubigen und ihrer verschiedenen Tätigkeiten (Spalten I, II — in bezug auf andere Inhaber eines Kirchenamtes — und III), sie stehen im Dienst der Sendung der Kirche.

8. Eine Charakterisierung des Kirchenamtes

Das Kirchenamt kann nun im Hinblick auf verschiedene Kanones, insbesondere die cann. 145, 204, 330, 331, 336, 375 und 381 auf folgende Weise charakterisiert werden.

Das Kirchenamt ist *eine* Modalität, durch die die Anteilnahme der Gläubigen am priesterlichen, prophetischen und königlichen Amt Christi zum Ausdruck kommt und verwirklicht wird (vgl. cann. 204 § 1, 1008). Das Amt üben sie je nach ihrer Stellung als Laien oder als Kleriker aus (vgl. cann. 204 § 1, 228 § 1, 274 § 1, 1008).

Das Kirchenamt ist eine Modalität, durch die die Dienste der Kirche wahrgenommen werden und die Sendung der Kirche erfüllt wird. Die Dienste, die zu einem geistlichen Ziel wahrgenommen werden, sind insbesondere der Dienst der Verkündigung, der Heiligung, der Leitung und, damit verbunden, der Dienst der Seelsorge (vgl. cann. 145 § 1, 204 § 2, 330, 331, 336, 375, 381 § 1).

Diese Modalität des Dienstes (*munus*) der Gläubigen ist durch eine göttliche oder kirchliche Anordnung auf Dauer eingerichtet und näher bestimmt (vgl. can. 145). Das Amt bedarf der Übertragung durch die zuständige Autorität und es verpflichtet und berechtigt seinen Inhaber zur Ausübung der damit verbundenen Aufgabe (vgl. cann. 145 § 2 und 146).

Das Ausüben von Kirchengewalt, insbesondere von kirchlicher Leitungsgewalt kann mit dem Kirchenamt auf unterschiedliche Weise verbunden sein (vgl. cann. 131 § 1, 145 und 274 § 1).

Das Kirchenamt steht im Dienst der Kirche, im Dienst der Gläubigen, im Dienst des Menschen (vgl. cann. 330, 381, 383-387). Es ist ein Dienst und eine Grundlage für die Gemeinschaft der Kirche und das Wohl der Gläubigen.

Diese Charakterisierung enthält mehrere Teile und Elemente.

a) Das Kirchenamt wird zunächst als *ein Ausdruck und eine Verwirklichung der Anteilnahme der Gläubigen am dreifachen Amt Christi* dargestellt. Dieser erste Teil zeigt einen «subjektiven» Aspekt des Amtes auf, da er sich auf die Inhaber des Amtes bezieht, und den Bezug des Amtes zu den Sakramenten, insbesondere zur Taufe und zur Weihe. Das in den Schemata unter Spalte II dargestellte Kirchenamt ist auf der Grundlage von Spalte I zu sehen.

Die Inhaber des Amtes sind Gläubige, Laien oder Kleriker (vgl. can. 149 § 1, 204 § 1, 1008). Durch die Taufe erhalten die Gläubigen auf ihre Weise Anteil am priesterlichen, prophetischen und königlichen Amt Christi und an der Sendung der Kirche. Durch die Weihe werden einige der Gläubigen dazu geweiht und bestimmt, je nach ihrer Weihestufe die Dienste des Lehrens, des Heiligens und des Leitens in der Person Christi wahrzunehmen (can. 1008). Diese «Aufgaben» (*munera*), an denen die Gläubigen auf ihre Weise Anteil erhalten, können auf verschiedene Arten verwirklicht werden. Eine davon ist das Kirchenamt, das die Gläubigen je nach ihrer Stellung als Laien oder als Kleriker ausüben (vgl. cann. 204 § 1, 228 § 1, 274 § 1, 1008). Hierbei können allein Kleriker Ämter erhalten, zu deren Ausübung Weihe- oder kirchliche Leitungsgewalt erforderlich ist (can. 274 § 1).

b) *Das Kirchenamt ist eine Modalität, durch die die Dienste der Kirche wahrgenommen werden und die Sendung der Kirche erfüllt wird*. Dieser Teil der Definition weist auf einen «objektiven» Aspekt des Amtes hin, da es sich um ganz bestimmte vorgegebene Dienste handelt, durch die die Kirche ihre vom Herrn aufgetragene Sendung erfüllt. Sie bilden den Dienst oder die Aufgabe (*munus*), die für ein bestimmtes Kirchenamt kennzeichnend ist.

Das Kirchenamt ist ein Dienst, eine Aufgabe oder ein Aufgabenbereich (vgl. can. 145 § 1). Es ist *ein Dienst der Kirche*, zu dessen Wahrnehmung sie kraft ihrer Sendung und des Auftrags des Herrn verpflichtet und berechtigt ist (vgl. z.B. can. 747 § 1). Die Kirche erfüllt ihre Sendung v.a. durch die ihr aufgetragenen Dienste der Verkündigung, der Heiligung, der Leitung und der Seelsorge. Diese Dienste sind auf besondere Weise mit einem Kirchenamt verbunden (vgl. cann. 145 § 1, 375, 381 § 1, 756, 757 u.a.). Auch hier kommt zum Ausdruck, dass das Kirchenamt und die damit verbundenen Aufgaben (Spalte II in den Schemata) in Erfüllung der Sendung und des Auftrags des Herrn (Allgemeine Überschrift und Spalte I in den Schemata) wahrgenommen werden. Auftrag und Sendung des Herrn sind der Kirche zur Verwirklichung *eines geistlichen Zieles* gegeben. Dieses Ziel eignet auch den Diensten der Kirche und dem Kirchenamt[95]. So wie Sendung und Auftrag vom Herrn kommen, so auch das Ziel der Kirche. Es ist dem Inhaber eines Amtes vorgegeben, es ist nicht sein eigenes. Durch das Ausüben eines Kirchenamtes soll unmittelbar zur Verwirklichung dieses geistlichen Zieles beigetragen werden. Da die Erfüllung des mit dem Amt verbundenen Dienstes für das Erreichen des Zieles notwendig bzw. erforderlich ist, besteht auch die Pflicht und das Recht zur Wahrnehmung dieses Dienstes.

c) Dieser Dienst ist sodann *durch göttliche oder kirchliche Anordnung auf Dauer eingerichtet*, d.h. durch göttliches oder kirchliches Recht und gegebenenfalls durch ein Dekret der zuständigen Autorität, mit dem das Amt zugleich übertragen wird. Eingerichtet wird ein Amt durch die kirchliche Autorität kraft kirchlicher Leitungsgewalt (vgl. cann. 135 § 1 und 145). Zugleich mit der Einrichtung des Amtes werden die mit diesem verbundenen Pflichten und Rechte und Aufgaben *näher durch das Recht oder das Dekret bestimmt*. Die rechtlichen Bestimmungen, die diesen Dienst vorsehen, können mehr oder weniger ausführlich sein. Sie betreffen den Inhaber des Amtes, die Übertragung des Amtes, die Natur der Aufgabe, die damit verbundenen spezifischen Pflichten und Rechte, Befugnisse und Vollmachten, diejenigen, für die der Dienst bestimmt ist, die Amtsdauer usw.

d) Das Amt bedarf der *Übertragung durch die zuständige Autorität*. Die Übertragungsbedürftigkeit ist ein Wesensmerkmal des Kirchenam-

---

[95] Wenn ein solcher Dienst der Kirche besteht, der Dienst der Verkündigung, der Heiligung, der Leitung und der Seelsorge, ist damit auch das geistliche Ziel gegeben und — bei Vorliegen der übrigen Voraussetzungen — ein Kirchenamt.

tes. Übertragen wird das Amt grundsätzlich kraft kirchlicher Leitungsgewalt (vgl. dazu cann. 48, 135 § 1, 146 und 148).

e) *Das eingerichtete und übertragene Amt verpflichtet und berechtigt seinen Inhaber zur Wahrnehmung der mit diesem verbundenen Aufgabe.* Die wahrzunehmenden Pflichten und Rechte sind im Recht (und gegebenenfalls im Dekret) näher bestimmt und dienen der Erfüllung der Sendung der Kirche, um dessentwillen das Amt eingerichtet und übertragen wird.

f) *Das Ausüben von Kirchengewalt, insbesondere von kirchlicher Leitungsgewalt kann mit dem Kirchenamt auf unterschiedliche Weise verbunden sein.* Ein Kirchenamt wird zunächst kraft kirchlicher Leitungsgewalt eingerichtet und übertragen (vgl. cann. 145, 146, 148). Sodann erfordern bestimmte Kirchenämter zu ihrer Ausübung Weihegewalt oder kirchliche Leitungsgewalt (can. 274 § 1). Auf der andern Seite ist das Kirchenamt selbst für das Ausüben von kirchlicher Leitungsgewalt von grundlegender Bedeutung (vgl. NEP 2 und can. 131 § 1). Taufe, Weihe, Amt und Ausübung von kirchlicher Leitungsgewalt stehen in einem unmittelbaren Bezug zueinander.

Amt und kirchliche Leitungsgewalt werden jemandem gegeben, nicht um über andere zu herrschen, sondern um ihnen zu dienen — zur Verwirklichung des Zieles der Kirche. Das Kirchenamt und damit verbundene Leitungsgewalt (Spalte II in den Schemata) stehen im Dienst der Gläubigen und ihrer verschiedenen Aufgaben und Tätigkeiten (Spalten I, II — in bezug auf die anderen Inhaber eines Amtes — und III).

g) *Das Kirchenamt steht im Dienst der Kirche, im Dienst der Gläubigen, im Dienst des Menschen* (vgl. cann. 330, 381, 383-387). Ein Kirchenamt wird eingerichtet und übertragen — zur Erfüllung der Sendung und des Auftrags der Kirche den Gläubigen und dem Menschen gegenüber. Das Amt (vgl. Spalte II in den Schemata) ist ein Dienst und eine Grundlage für die Gemeinschaft der Kirche und das Wohl der Gläubigen (vgl. Spalten I, II und III). Es ermöglicht und gewährleistet eine personelle und institutionelle Erfüllung der Sendung der Kirche.

ZUSAMMENFASSUNG

Ein weiter und doch nicht so weiter Begriff

Die drei Kapitel des II. Teiles befassten sich mit dem Begriff des Kirchenamtes. Kapitel II zeigte die Entstehung und den Weg des heute nach can. 145 geltenden Begriffs des Kirchenamtes auf. Dieser Weg führte über das II. Vatikanische Konzil, das sich auch in diesem Punkt auf das Wesen einer Institution der Kirche besann und dieses in PO 20 auf eine verbindliche Weise zum Ausdruck brachte. Die in PO 20 gegebene Definition des Kirchenamtes blieb während sämtlicher Redaktionsarbeiten zu can. 145 mass- und ausschlaggebend. Der durch das Konzil festgelegte Begriff wurde in can. 145 aufgenommen und teilweise modifiziert. So wurde das in PO 20 genannte Element der dauerhaften Übertragung durch das Element der dauerhaften Einrichtung ersetzt. Im Gegensatz zu can. 145/*CIC* 1917 wird nicht mehr zwischen einem Kirchenamt im weiteren und im engeren Sinn unterschieden. Das Element der Teilnahme an der Kirchengewalt wird in den Definitionen von PO 20 und can. 145 nicht mehr genannt und gefordert. Dies führte dazu, dass auch Laien Inhaber bestimmter Kirchenämter sein können (vgl. can. 228 § 1).

Kapitel III zeigte auf, wie die Begriffe Amt, Aufgabe und Kirchengewalt — *officium*, *munus* und *potestas* — im *CIC* gebraucht werden. Sie haben einerseits je verschiedene Bedeutungen und sind andererseits aufeinander bezogen — wie dies auch dadurch zum Ausdruck kommt, dass das Kirchenamt (*officium ecclesiasticum*) durch eine näher bestimmte Aufgabe (*munus*) definiert wird (can. 145 § 1). Zur Ausübung bestimmter Dienste (*munera*) ist seinerseits Weihegewalt oder kirchliche Leitungsgewalt erforderlich (vgl. cann. 150, 274 § 1). Die Verwendung dieser Begriffe konnte in mehreren Schemata dargestellt werden. Diese Schemata machen deutlich, wie das Kirchenamt in ein Ganzes, in die Sendung der Kirche (vgl. can. 204 § 1) eingefügt ist. Das in Spalte II dargestellte Kirchenamt beruht einerseits auf Wort,

Sakrament und Charisma, wie sie in Spalte I zum Ausdruck kommen, und steht andererseits in deren Dienst. Es unterscheidet sich auch von den in Spalte III genannten vielfältigen Diensten und Aufgaben, die die Gläubigen in Kirche und Welt wahrnehmen und die keine Kirchenämter sind. Das Kirchenamt steht zugleich im Dienst dieser von den Gläubigen wahrgenommenen Aufgaben und Tätigkeiten (Spalte III). Auf der anderen Seite können gerade auch diese Tätigkeiten der Gläubigen (Spalte III) auf die Tätigkeit eines Amtsinhabers (Spalte II) hingeordnet sein.

Bereits in Kapitel III wird offensichtlich, wie der Begriff des Kirchenamtes, der zunächst sehr weit gefasst erscheint, nicht alle Tätigkeiten und Dienste, die die Gläubigen ausüben und die irgendwie unter die Definition von can. 145 fallen könnten, umfasst. Neben den durch ein Kirchenamt ausgeübten Tätigkeiten (Spalte II) gibt es eine Vielzahl von Diensten, die die Gläubigen in Kirche und Welt wahrnehmen und die wesentlich zur Erfüllung der Sendung der Kirche beitragen (Spalte III).

Kapitel IV ging auf die Wesenselemente eines Kirchenamtes ein. Sie wurden der Definition von can. 145 entnommen, auf dem Hintergrund von can. 204 und in Zusammenhang mit der Verwendung der drei Begriffe Kirchenamt, Aufgabe und Kirchengewalt im *CIC*. Anhand der einzelnen Wesenselemente wurde versucht, Kriterien zur Bestimmung eines Kirchenamtes zu finden und zu formulieren. Dadurch sollte eine Abgrenzung des Begriffs des Kirchenamtes gefunden werden. Wie schwierig diese Abgrenzung ist, kam besonders in Kap. I/2.1 zum Ausdruck.

Der in Kapitel IV zuerst genannte Punkt macht auf eine Grundlage des Amtes aufmerksam. Dieses ist *eine* Modalität, durch die die Anteilnahme der Gläubigen am priesterlichen, prophetischen und königlichen Amt Christi (can. 204 § 1) zum Ausdruck kommt und verwirklicht wird. Es besteht ein unmittelbarer Bezug zwischen den Sakramenten der Taufe und der Weihe und den von den Gläubigen als Laien und als Kleriker ausgeübten Tätigkeiten, besonders auch dann, wenn dies ein Kirchenamt ist. Durch dieses verwirklichen sie das dreifache Amt Christi, an dem sie auf ihre Weise Anteil erhalten haben (vgl. cann. 204 § 1, 1008). Als Inhaber eines Kirchenamtes erfüllen die Gläubigen zugleich die Sendung der Kirche, die auf eine besondere Weise mit der Aufgabe des Amtes wahrgenommen wird. Das Kirchenamt ist eine Modalität, durch die die Dienste der Kirche wahrgenommen und die Sendung der Kirche erfüllt wird.

Zur Bestimmung eines Kirchenamtes sind mehrere Kriterien aufgestellt worden. Es muss zunächst göttliches oder kirchliches Recht (und gegebenenfalls ein Dekret, durch das ein Amt geschaffen und zugleich übertragen wird) in bezug auf einen ganz bestimmten Dienst, der wahrgenommen werden soll, vorliegen[1]. In diesem Recht wird dieser Dienst einerseits eingerichtet — vorgesehen — und andererseits näher bestimmt. Diese rechtlichen Bestimmungen können ausführlich oder knapp sein. Sie betreffen den Inhaber des Amtes, die Übertragung des Amtes, die Natur der Aufgabe, die damit verbundenen spezifischen Pflichten und Rechte, Befugnisse und Vollmachten, diejenigen, für die der Dienst bestimmt ist, die Amtsdauer usw.

Die durch ein Amt ausgeübten Dienste sind grundsätzlich die Dienste der Kirche, der Dienst der Verkündigung, der Heiligung, der Leitung und, damit verbunden, der Dienst der Seelsorge. Diesen Diensten eignet ein geistliches Ziel. Ein Kirchenamt soll grundsätzlich zur unmittelbaren Verwirklichung des geistlichen Zieles, des Zieles der Kirche beitragen. Das Amt bedarf sodann der Übertragung; das Amt ist nicht eine Tätigkeit, die die Gläubigen von sich aus, aus eigener Initiative und ohne Auftrag ausüben können. Der Inhaber eines Amtes ist sodann zu dessen Ausübung verpflichtet und berechtigt. Das Amt hat unter anderem deswegen einen Verpflichtungscharakter, weil die Ausübung eines damit verbundenen Dienstes zur Verwirklichung des geistlichen Zieles notwendig bzw. erforderlich ist. Obgleich das Element der Teilnahme an der Kirchengewalt nicht mehr in der Definition von can. 145 genannt wird, so kann es doch nicht ausser acht gelassen werden. Einerseits ist das Kirchenamt zur Ausübung von kirchlicher Leitungsgewalt von grundlegender Bedeutung (vgl. NEP 2 und can. 131 § 1). Andererseits gibt es bestimmte Ämter, zu deren Ausübung Weihegewalt oder kirchliche Leitungsgewalt erforderlich ist (can. 274 § 1). Das (durch eine kirchliche Anordnung konstituierte) Kirchenamt selbst wird kraft kirchlicher Leitungsgewalt eingerichtet und übertragen (vgl. cann. 135 § 1, 145, 146, 148). Grundsätzlich kann da, wo kirchliche Leitungsgewalt ausgeübt wird, direkt oder indirekt auf das Vorhandensein eines Kirchenamtes geschlossen werden (vgl. cann. 131 § 1, 274 § 1). Ein Kirchenamt im eigentlichen Sinn kann jedoch nach can. 145 auch dann vorliegen, wenn keine Kirchengewalt — als Weihe- und Leitungsgewalt — ausgeübt wird.

---

[1] Hierbei ist nicht notwendig, dass der Gesetzgeber ausdrücklich sagt, dass dieser Dienst ein Kirchenamt ist.

Das Kirchenamt ist ein *Dienst* und eine *Grundlage* für die Gemeinschaft der Kirche und das Wohl der Gläubigen.

Diese Kriterien helfen, ein Kirchenamt (Spalte II in den Schemata) gegenüber den in Spalte III genannten Diensten und Aufgaben der Gläubigen abzugrenzen.

TEIL III

DER KATHOLISCHE RELIGIONSUNTERRICHT

KAPITEL V

Eine Aufgabe der Kirche in der Welt von heute

Im III. Teil der Arbeit ist oft von der Aufgabe der Kirche und den Aufgaben der Gläubigen die Rede gewesen. Das II. Vatikanische Konzil widmet in der Pastoralkonstitution *Gaudium et spes* (GS) ein eigenes Kapitel der Aufgabe der Kirche in der Welt von heute[1]. Diese Aufgabe wird auf eine besondere Weise durch den katholischen Religionsunterricht an katholischen und nichtkatholischen Schulen wahrgenommen.

1. Die Aufgabe der Kirche in der Welt von heute

Zu Beginn des Kapitels über die Aufgabe der Kirche in der Welt von heute steht in GS 40:

> Alles, was wir über die Würde der menschlichen Person, die menschliche Gemeinschaft und über den letzten Sinn des menschlichen Schaffens gesagt haben, bildet das Fundament für die Beziehung zwischen Kirche und Welt wie auch die Grundlage ihres gegenseitigen Dialogs. Unter Voraussetzung all der bisherigen Aussagen dieses Konzils über das Geheimnis der Kirche ist sie nun darzustellen, insofern sie gerade in dieser Welt besteht und mit ihr lebt und wirkt.

Die zunächst genannten drei Punkte bilden den Inhalt der Kapitel I bis III des ersten Hauptteiles der Pastoralkonstitution GS. Die Beziehung zwischen Kirche und Welt sowie ihr gegenseitiger Dialog gründen auf diesen drei Anliegen, denen die Kirche ein grosses Gewicht in der Welt von heute gibt: die Würde des Menschen, die Bedeutung der menschlichen Gemeinschaft und der Sinn des menschlichen Schaffens.

---

[1] Kap. IV (des ersten Hauptteiles): «De munere Ecclesiae in mundo huius temporis».

Die Gegenwart und das Wirken der Kirche in der Welt sind ihrerseits auf dem Hintergrund der Lehre des Konzils über das Geheimnis der Kirche zu sehen[2]. Diese Aussagen zu Beginn von GS 40 sind «programmatisch». Ihnen entsprechen eine Vielzahl von anderen Stellen in GS[3].

Der Kirche und dem Konzil geht es um den Menschen. So steht in GS 3: «Der Mensch also, der eine und ganze Mensch, mit Leib und Seele, Herz und Gewissen, Vernunft und Willen steht im Mittelpunkt unserer Ausführungen.» Diese Ausführungen sprechen vom Menschen und von Gott. Sie sind nicht nur an die Gläubigen, sondern an alle Menschen gerichtet[4].

1.1 *Die Welt der Menschen und ihre Fragen*

Das Konzil geht auf vielfache Weise auf die Situation des Menschen in der Welt von heute ein, besonders in GS 1-3 und im darauffolgenden Einführungsteil («De hominis condicione in mundo hodierno»). Es ist die Welt der Menschen (*mundum hominum*)[5], die das Konzil im Licht des Glaubens sieht:

> Die ganze Menschheitsfamilie mit der Gesamtheit der Wirklichkeiten, in denen sie lebt; die Welt, der Schauplatz der Geschichte der Menschheit, von ihren Unternehmungen, Niederlagen und Siegen geprägt; die Welt, die nach dem Glauben der Christen durch die Liebe des Schöpfers begründet ist und erhalten wird; die unter die Knechtschaft der Sünde geraten, von Christus aber, dem Gekreuzigten und Auferstandenen, durch Brechung der

---

[2] Vgl. auch DH 13. Danach ist die Freiheit, die Christus der Kirche gegeben hat, «das grundlegende Prinzip in den Beziehungen zwischen der Kirche und den öffentlichen Gewalten sowie der gesamten bürgerlichen Ordnung. In der menschlichen Gesellschaft und angesichts einer jeden öffentlichen Gewalt erhebt die Kirche Anspruch auf Freiheit als geistliche, von Christus dem Herrn gestiftete Autorität, die kraft göttlichen Auftrags die Pflicht hat, in die ganze Welt zu gehen, um das Evangelium allen Geschöpfen zu verkündigen.»

[3] So z.B. in GS 2.3.11.40-45.91. Vgl. auch GE 1.3, AA 5.7 und DH 1.

[4] GS 1.2.10. Vgl. auch IM 3 (die Kirche ist von Christus gegründet, um allen Menschen das Heil zu bringen); die Einleitung zu GE (die Kirche soll allen Menschen das Heilsmysterium verkünden und alles in Christus erneuern); AA 3 (durch die Christen soll die göttliche Heilsbotschaft von allen Menschen erkannt und angenommen werden), AG 1 (die Kirche müht sich, das Evangelium allen Menschen zu verkünden), AG 10 (Christus sendet die Kirche zu allen Menschen und Völkern, um ihnen die Liebe Gottes zu verkünden und mitzuteilen), AG 12 (die christliche Liebe erstreckt sich auf alle); can. 747 § 1 (die Kirche verkündet allen Völkern das Evangelium).

[5] GS 2.

Herrschaft des Bösen befreit wurde; bestimmt, umgestaltet zu werden nach Gottes Heilsratschluss und zur Vollendung zu kommen[6].

In GS 3 wird darauf verwiesen, dass die Menschheit trotz aller eigenen Erfindungen und der eigenen Macht oft «durch die Fragen nach der heutigen Entwicklung der Welt, nach Stellung und Aufgabe des Menschen im Universum, nach dem Sinn seines individuellen und kollektiven Schaffens, schliesslich nach dem letzten Ziel der Dinge und Menschen» ängstlich bedrückt wird.

Der Einführungsteil von GS geht auf die Situation des Menschen in der heutigen Welt ein. Das Konzil verweist auf die komplexe Situation unserer Zeit (GS 4), auf den tiefgehenden Wandel der Lebensbedingungen und die Komplexität der Probleme (GS 5), auf die Wandlungen in der Gesellschaft (GS 6), auf die psychologischen, sittlichen und religiösen Wandlungen (GS 7), auf die Spannungen in der heutigen Welt (GS 8), auf das Verlangen des Menschen nach einem erfüllten, freien und menschenwürdigen Leben (GS 9) und auf die tiefen Fragen des Menschen (GS 10). Nach GS 10 werden sich gerade angesichts der heutigen Weltentwicklung immer mehr Menschen folgender Grundfragen bewusst:

> Was ist der Mensch? Was ist der Sinn des Schmerzes, des Bösen, des Todes — alles Dinge, die trotz solchen Fortschrittes noch immer weiterbestehen? Wozu diese Siege, wenn sie so teuer erkauft werden mussten? Was kann der Mensch der Gesellschaft geben, was von ihr erwarten? Was kommt nach diesem irdischen Leben?

Die Antwort des Konzils ist der Glaube der Kirche:

> Die Kirche aber glaubt: Christus, der für alle starb und auferstand[7], schenkt dem Menschen Licht und Kraft durch seinen Geist, damit er seiner höchsten Berufung nachkommen kann; es ist kein anderer Name unter dem Himmel den Menschen gegeben, in dem sie gerettet werden sollen[8]. Sie glaubt ferner, dass in ihrem Herrn und Meister der Schlüssel, der Mittelpunkt und das Ziel der ganzen Menschheitsgeschichte gegeben ist. Die Kirche bekennt überdies, dass allen Wandlungen vieles Unwandelbare zugrunde liegt, was seinen letzten Grund in Christus hat, der derselbe ist gestern, heute und in Ewigkeit[9]. Im Licht Christi also, des Bildes des unsichtbaren Gottes, des Erstgeborenen vor aller Schöpfung[10], will das

---

[6] GS 2.
[7] Vgl. 2 Kor 5,15.
[8] Vgl. Apg 4,12.
[9] Vgl. Hebr 13,8.
[10] Vgl. Kol 1,15.

Konzil alle Menschen ansprechen, um das Geheimnis des Menschen zu erhellen und mitzuwirken dabei, dass für die dringlichsten Fragen unserer Zeit eine Lösung gefunden wird (GS 10).

Es ist nicht ohne Bedeutung, dass sich diese Darlegung des Glaubens der Kirche im Einführungsteil selbst befindet, in dem die Situation des Menschen in der Welt von heute beschrieben wird. Die Welt des Menschen ist durch die Menschwerdung des Gottessohnes, durch seinen Tod und seine Auferstehung in eine neue Wirklichkeit hineingenommen, die für den Menschen von existentieller Bedeutung ist[11]. Es ist eine Wirklichkeit, in der die Menschheitsfamilie lebt[12].

1.2 *Die Antwort der Kirche und ihr Dienst am Menschen*

Die Kirche steht dem Menschen in der Welt von heute nicht gleichgültig gegenüber. Im Gegenteil. So steht am Anfang der Pastoralkonstitution GS:

> Freude und Hoffnung, Trauer und Angst der Menschen von heute, besonders der Armen und Bedrängten aller Art, sind auch Freude und Hoffnung, Trauer und Angst der Jünger Christi (GS 1).

Die Gemeinschaft der Gläubigen selbst ist in die Menschheitsfamilie eingefügt[13]. Im ersten Hauptteil von GS über die Kirche und die Berufung des Menschen geht das Konzil erneut auf die Situation des Menschen ein, die sie im Licht des Glaubens deutet. Das Konzil verweist in GS 11 auf die Fragen, auf die es in den folgenden Kapiteln eine Antwort gibt:

> Was denkt die Kirche vom Menschen? Welche Empfehlungen erscheinen zum Aufbau der heutigen Gesellschaft angebracht? Was ist die letzte Bedeutung der menschlichen Tätigkeit in der gesamten Welt? Auf diese Fragen erwartet man Antwort. Von da wird klarer in Erscheinung treten, dass das Volk Gottes und die Menschheit, der es eingefügt ist, in gegenseitigem Dienst stehen, so dass die Sendung der Kirche sich als eine religiöse und gerade dadurch höchst humane erweist.

Zunächst werden die drei Themen angesprochen, die in den Kapiteln I bis III behandelt werden. Dann wird auf das gegenseitige Verhältnis zwischen dem Volk Gottes und der Menschheit hingewiesen: auf den Dienst der Kirche am Menschen und ihre Sendung, auf die Kapitel IV

---

[11] Vgl. Kol 1,12-20 und GS 22.
[12] Vgl. GS 2.
[13] GS 1-3 und 11.

eingehen wird, und auf den Dienst, den die Menschheit der Kirche erweist, worauf GS 44 hinweist.

Das erste Kapitel des ersten Hauptteiles von GS über die Würde des Menschen handelt vom Menschen, der «nach dem Bild Gottes» geschaffen und zur Gemeinschaft mit Gott berufen ist (GS 12.19). Es handelt von der Sünde (GS 13), von der Natur des Menschen (GS 14.15), von seinem Gewissen (GS 16), von seiner Freiheit (GS 17), vom Geheimnis des Todes (GS 18) und vom Atheismus (GS 19-21). Es spricht von Christus, dem menschgewordenen Sohn Gottes, der die Menschen durch seinen Tod am Kreuz und die Auferstehung erlöst hat. Nur in ihm klärt sich das Geheimnis des Menschen wahrhaft auf (GS 22).

Das zweite Kapitel äussert sich über die menschliche Gemeinschaft im Licht der Offenbarung. Hier soll vor allem auf *einen* Gedanken hingewiesen werden, der vom Konzil besonders betont wird. Es geht in der Gesellschaft *um den Menschen*. So heisst es in GS 25:

> Wurzelgrund nämlich, Träger und Ziel aller gesellschaftlichen Institutionen ist und muss auch sein die menschliche Person, die ja von ihrem Wesen selbst her des gesellschaftlichen Lebens durchaus bedarf.

Nach GS 26 müssen sich die gesellschaftliche Ordnung und ihre Entwicklung dauernd am Wohl des Menschen orientieren. GS 27 handelt von der Achtung der menschlichen Person, GS 28 von der Achtung und der Liebe gegenüber dem Gegner, GS 29 von der grundlegenden Gleichheit aller Menschen. In GS 24 und 32 wird auf die Bedeutung des Gebotes der Liebe zu Gott und zum Nächsten verwiesen, sowie auf das Gebot, einander brüderlich zu begegnen.

Das dritte Kapitel über das menschliche Schaffen will im Licht der Offenbarung eine Antwort geben auf die Fragen nach dem Sinn und dem Wert der menschlichen Tätigkeit, nach dem Ziel des individuellen und kollektiven Bemühens[14]. Das Konzil verweist auf den Wert des menschlichen Schaffens (GS 34), auf dessen Hinordnung auf den Menschen (GS 35), auf die richtige Autonomie der irdischen Wirklichkeiten (GS 36), auf den Einfluss der Sünde auf das menschliche Schaffen (GS 37) und die Auswirkungen der Erlösung auf das menschliche Schaffen (GS 38 und 39).

Im vierten Kapitel wird ausgehend von den ersten drei Kapiteln die Aufgabe der Kirche in der Welt von heute dargelegt[15]. Nach einer

---

[14] GS 33.
[15] S. den in der Einleitung zu diesem Punkt zitierten ersten Absatz von GS 40.

kurzen Darstellung des Geheimnisses der Kirche fasst GS 40 die Aufgabe der Kirche auf folgende Weise zusammen:

> In Verfolgung ihrer eigenen Heilsabsicht vermittelt die Kirche nicht nur den Menschen das göttliche Leben, sondern lässt dessen Widerschein mehr oder weniger auf die ganze Welt fallen, vor allem durch die Heilung und Hebung der menschlichen Personenwürde, durch die Festigung des menschlichen Gemeinschaftsgefüges, durch die Erfüllung des alltäglichen menschlichen Schaffens mit tieferer Sinnhaftigkeit und Bedeutung. So glaubt die Kirche durch ihre einzelnen Glieder und als ganze viel zu einer humaneren Gestaltung der Menschenfamilie und ihrer Geschichte beitragen zu können.

Diesem Absatz entsprechend[16] wird in GS 41 auf die Hilfe eingegangen, welche die Kirche den einzelnen Menschen leisten möchte; in GS 42 auf die Hilfe, welche die Kirche der menschlichen Gemeinschaft bringen möchte; in GS 43 auf die Hilfe, mit der die Kirche das menschliche Schaffen unterstützen möchte.

GS 40 und 44 verweisen auf die Hilfe, welche die Kirche ihrerseits von der heutigen Welt erfährt, sei es von einzelnen Menschen, sei es von der Gesellschaft[17].

Wenn sich die Kirche für die Menschenwürde, die menschliche Gemeinschaft und die Sinnhaftigkeit des menschlichen Schaffens einsetzt, so will sie dadurch zugleich zum Aufbau einer menschlicheren Gesellschaft beitragen. Hier kommt ein Grundanliegen zum Ausdruck — das der Menschlichkeit — auf das in GS so oft verwiesen wird[18]. All

---

[16] Und dadurch in Anlehnung an die ersten drei Kapitel des ersten Hauptteiles von GS.

[17] Vgl. auch GS 11 und CD 12. Nach GS 11 stehen das Volk Gottes und die Menschheit, in die es eingefügt ist, in gegenseitigem Dienst. Nach CD 12 sollen die Bischöfe aufzeigen, «dass selbst die irdischen Dinge und die menschlichen Einrichtungen nach dem Plan des Schöpfergottes auf das Heil der Menschen hingeordnet sind und somit zum Aufbau des Leibes Christi nicht wenig beitragen können.»

[18] Z.B. GS 3 (der Aufbau der menschlichen Gesellschaft), GS 11 (Der Glaube orientiert [für die Fragen unserer Zeit] auf humane Lösungen hin; die religiöse und dadurch höchst humane Sendung der Kirche), GS 15 (unsere Zeit braucht die Weisheit, «damit humaner wird, was Neues vom Menschen entdeckt wird»), GS 26 (die gesellschaftliche Ordnung muss ein immer humaneres Gleichgewicht finden), GS 29 (die Gleichheit der Personenwürde und humanere Lebensbedingungen), GS 35 (alles, was die Menschen zur Erreichung einer humaneren Ordnung der gesellschaftlichen Verflechtungen tun), GS 38 (das Bemühen der Menschheitsfamilie, ihr eigenes Leben humaner zu gestalten), GS 40 (der Beitrag der Kirche zu einer humaneren Gestaltung der Menschenfamilie und ihrer Geschichte), GS 41 («Wer Christus, dem vollkommenen Menschen, folgt, wird auch selbst mehr Mensch»), GS 57 (die Aufgabe der Christen, «zusammen mit allen Menschen am Aufbau einer menschlicheren Welt

dies soll durch die Kirche als ganze und durch ihre Mitglieder angestrebt und verwirklicht werden[19].

Die Aufgabe der Kirche in der Welt von heute — so wie sie in GS dargelegt wird — gehört zur Sendung, die Gott der Kirche zur Erfüllung in der Welt anvertraut hat[20].

1.3 *Der Anteil der Gläubigen an der Aufgabe der Kirche*

An der Aufgabe der Kirche in der Welt von heute haben die Gläubigen Anteil[21]. Nach GS 40 glaubt die Kirche «durch ihre einzelnen Glieder und als ganze viel zu einer humaneren Gestaltung der Menschenfamilie und ihrer Geschichte beitragen zu können.»

Auf eine besondere Weise wird die Aufgabe der Kirche in der heutigen Welt durch die Inhaber eines Kirchenamtes wahrgenommen. Dies kommt in verschiedenen Stellen der Konzilsdokumente zum Ausdruck, v.a. in bezug auf das Bischofsamt.

So sollen nach CD 13 die Bischöfe die christliche Lehre «auf eine Weise vortragen, die den Erfordernissen der Zeit angepasst ist, das heisst, die den Schwierigkeiten und Fragen, von denen die Menschen so sehr bedrängt und geängstigt werden, entspricht.» Weiter wird auf ihre Pflicht hingewiesen, «zu den Menschen zu gehen und das Gespräch mit ihnen zu suchen und zu fördern.» Zudem sollen sie bei der Verkündigung die verschiedenen Mittel anwenden, die heute zur Verfügung stehen, u.a. die Darlegung der christlichen Lehre an den Schulen[22].

In CD 13 werden so Grundanliegen angesprochen, um die es in GS geht: die Verkündigung und die Fragen der Menschen von heute, die Sorge der Kirche für alle Menschen und das Gespräch mit ihnen[23].

In GS 43 (im Kapitel über die Aufgabe der Kirche in der Welt von heute) steht in bezug auf das menschliche Schaffen:

---

mitzuarbeiten»). Vgl. auch GE 3 (zum Aufbau einer Welt, die menschlicher gestaltet werden muss), AA 4 (die Menschlichkeit als Tugendhaltung, die sich auf den mitmenschlichen Umgang bezieht), AA 29 (mitmenschliche Beziehungen und menschliche Werte), AG 11 (Christus führte die Menschen durch echt menschliches Gespräch zum göttlichen Licht), DH 7 («Allen Menschen gegenüber muss man Gerechtigkeit und Menschlichkeit walten lassen»).

[19] Das zeigt sich bereits darin, dass sich das Konzil selbst gerade mit diesen Fragen befasste.
[20] Vgl. can. 204 § 1.
[21] Vgl. GS 43.45.93, AA 5.6 und cann. 204 § 1, 208.
[22] Vgl. auch GE 7.
[23] Vgl. GS 1-3.40.

Die Bischöfe aber, denen das Amt, die Kirche Gottes zu leiten, anvertraut ist, sollen mit ihren Priestern die Botschaft Christi so verkündigen, dass alle irdischen Tätigkeiten der Gläubigen von dem Licht des Evangeliums erhellt werden.

1.4 Mittel zur Erfüllung der Aufgabe

Unter den Mitteln, die der Kirche und ihren Mitgliedern bei der Erfüllung dieser ihrer Aufgabe in der Welt dienen, sollen hier v.a. hervorgehoben werden: die Verkündigung, der Dialog und die Erziehung. Sie sind miteinander verbunden[24].

Ihre Aufgabe in der Welt von heute nimmt die Kirche auf vorzügliche Weise durch ihren *Dienst der Verkündigung* wahr. Dieser gehört wesentlich zum Auftrag, den sie vom Herrn erhält. Das Bewusstsein, vom Herrn zu allen Völkern gesandt zu sein, das Evangelium zu verkünden und sie zu lehren[25], kommt im II. Vatikanischen Konzil

---

[24] Das kommt z.B. deutlich in CD 12-13, in der Einleitung zu GE, in GE 1 und 8 zum Ausdruck.

[25] Vgl. dazu Mt 28,19-20 und Mk 16,15. Bei Mt gibt der Herr den Aposteln den Auftrag, zu allen Völkern zu gehen und alle Menschen zu seinen Jüngern zu machen, sie zu taufen und zu lehren, alles zu befolgen, was er ihnen geboten hat. Bei Mk gibt der Auferstandene den Aposteln den Auftrag, in die ganze Welt hinauszugehen und allen Geschöpfen das Evangelium zu verkünden. Die Apostel sind also in die ganze Welt, zu allen Völkern und zu allen Menschen gesandt, um zu taufen, zu lehren und zu verkünden. Die beiden Aufgaben des Lehrens und des Verkündens werden auch in CD 12 genannt. Danach sollen die Bischöfe bei der Erfüllung ihrer Aufgabe zu lehren (*munus docendi*) den Menschen das Evangelium Christi verkünden; das habe den Vorrang unter den hauptsächlichen Aufgaben der Bischöfe. Die Verkündigung der Kirche und ihre Lehrtätigkeit sind miteinander verbunden und sie werden auch auf je eigene Weise ausgeübt — wie dies u.a. im *CIC* zum Ausdruck kommt. Es ist interessant, dass der Ausdruck *munus docendi* der Überschrift des III. Buches *CIC* mit Verkündigungsdienst übersetzt wird. In can. 1008 wird der gleiche Ausdruck mit dem Dienst des Lehrens übersetzt. Es finden sich z.B. folgende Verwendungsweisen der beiden Ausdrücke: das Verkünden — *annuntiare* — der geoffenbarten Wahrheit (can. 747 § 1), der sittlichen Grundsätze (can. 747 § 2) und der christlichen Lehre (can. 761); der Dienst, das Volk Gottes zu lehren — *docere* (can. 255), in authentischer Lehre über Sachen des Glaubens oder der Sitte — *docentes* (can. 749 § 2), die Unfehlbarkeit in der Lehre — *in docendo* (can. 753). Häufig verwendet wird der Begriff «Lehre» — *doctrina*, u.a. als katholische Lehre, als christliche Lehre, Lehre der Kirche und als «Rechtgläubigkeit» — *recta doctrina* (wie z.B. in can. 804 § 2 in bezug auf die Religionslehrer). Zu den Belegstellen s. X. OCHOA, *Index verborum*, 151. Neben «verkünden» und «lehren» finden sich z.B. auch: das Evangelium verkünden — *praedicare* (can. 747 § 1), eine Glaubens- und Sittenlehre verkünden — *proclamare* (can. 749 § 1), eine Lehre in Glaubens- und Sittenfragen verkündigen — *enuntiare* (can. 752), das Geheimnis Christi treu darlegen — *proponere* (can. 760). Gegenstand der Verkündigung und der Lehrtätigkeit sind: die geoffenbarte

stark zum Ausdruck. Indem das Konzil nach LG 1 allen Menschen das Evangelium verkündet, möchte sie alle Menschen durch die Herrlichkeit Christi erleuchten. Er ist das Licht der Völker (*Lumen gentium*). Die Kirche hat nach GS 1 eine Heilsbotschaft empfangen, die allen auszurichten ist[26]. Das Konzil legt nach GS 2 nicht nur den Gläubigen, sondern allen Menschen dar, «wie es Gegenwart und Wirken der Kirche in der Welt von heute versteht.» Im Licht des Glaubens erschliesst die Kirche dem Menschen in der Welt von heute das Geheimnis des Menschen sowie die Bedeutung der menschlichen Gemeinschaft und des menschlichen Schaffens[27].

Bei der Verkündigung der christlichen Lehre sollen nach CD 13 die verschiedenen Mittel angewandt werden, die in der heutigen Zeit zur Verfügung stehen. Zu diesen gehören u.a. die Predigt, die Katechese, die Darlegung der Lehre in den Schulen und die Verbreitung der Lehre durch soziale Kommunikationsmittel[28].

Zu Beginn des Kapitels über die Aufgabe der Kirche in der Welt von heute wird in GS 40 auf *den gegenseitigen Dialog* zwischen der Kirche und der Welt verwiesen. Grundlage des Dialogs bildet auf kirchlicher Seite die Lehre der Kirche über die Menschenwürde, über die menschliche Gemeinschaft und über den letzten Sinn menschlichen Schaffens[29]. Es ist ein gegenseitiger Dialog, in dem die Kirche der Welt von heute zu Grundfragen im Licht des Glaubens eine Anwort gibt und in dem die Kirche ihrerseits von der Welt vieles empfängt[30]. Das Schlusswort von GS verweist auf die Bedeutung der Sendung der Kirche und des Dialogs mit allen Menschen (GS 92). Neben GS gehen auch andere Konzilstexte auf dieses Thema ein. So ist es z.B. nach CD 13 der Kirche aufgegeben, «mit der menschlichen Gesellschaft, in der sie lebt, in ein Gespräch zu kommen.» Deshalb ist es eine Pflicht der Bischöfe, zu den Menschen zu gehen und mit ihnen ins Gespräch zu kommen.

Wahrheit und das Evangelium (can. 747 § 1), die sittlichen Grundsätze (can. 747 § 2), eine Glaubens- oder Sittenlehre — «doctrina de fide vel de moribus» (can. 749 § 1), das Geheimnis Christi (can. 760), die christliche Lehre (can. 761), das Wort des lebendigen Gottes (can. 762). Eine besondere Form des *munus docendi* bildet das «Lehramt» — *magisterium* — des Papstes und des Bischofskollegiums (vgl. cann. 749, 750, 752, 753).

[26] Vgl. auch GS 92.
[27] S. dazu den ersten Hauptteil von GS über die Kirche und die Berufung des Menschen.
[28] Vgl. can. 761.
[29] GS 40.91.
[30] Vgl. GS 40.44.45.

Nach AA 31a sind die Laien besonders zum Gespräch mit anderen und zur Kundmachung der Botschaft Christi an alle zu bilden. In AG 11 wird für die Jünger Christi auf das Vorbild ihres Herrn verwiesen: Christus selbst hat die Menschen, deren Herz er kannte, «durch echt menschliches Gespräch zum göttlichen Licht geführt.»

Die Aufgabe der Kirche in der heutigen Zeit wird auf besondere Weise auch durch *die Erziehung* wahrgenommen. Nach GE 1 erstrebt die wahre Erziehung «die Bildung der menschlichen Person in Hinordnung auf ihr letztes Ziel, zugleich aber auch auf das Wohl der Gemeinschaften, deren Glied der Mensch ist und deren Aufgaben er als Erwachsener einmal Anteil erhalten soll»[31]. Die Erziehung soll ihrerseits zum Gespräch mit anderen befähigen (GE 1). Die christliche Erziehung erstrebt die Reifung der Person und zielt darauf ab, dass die Getauften der empfangenen Gabe des Glaubens immer mehr bewusst werden (GE 2). Nach GE 3 soll der Erziehungsauftrag der Kirche einerseits den Gläubigen eine Erziehung zuteil werden lassen, die ihr ganzes Leben mit dem Geist Christi erfüllt[32]. Andererseits bietet die Kirche allen Völkern ihre Hilfe an «zur Vervollkommnung der menschlichen Persönlichkeit, zum Wohl der irdischen Gesellschaft und zum Aufbau einer Welt, die menschlicher gestaltet werden muss»[33].

Wie aus GE 1 bis 3 hervorgeht, ist die Erziehung, sei es im allgemeinen wie auch die christliche im besonderen, aufs engste mit der Würde der menschlichen Person, mit der menschlichen Gemeinschaft und der Bedeutung der menschlichen Tätigkeit verbunden. Die Erziehungsaufgabe der Kirche ist damit aufs engste mit ihrer Aufgabe in der Welt von heute verbunden[34].

Zu den Hilfsmitteln, die der Kirche in der Erfüllung der Erziehungsaufgabe dienen, gehören nach GE 4 die katechetische Unterweisung, die sozialen Kommunikationsmittel und vor allem die Schulen. Dazu gehört auf eine besondere Weise der Religionsunterricht, der an nichtkatholischen Schulen erteilt wird. So spricht GE 7 vom Dienst (*ministerium*) der Priester und Laien, die den katholischen

---

[31] Vgl. can. 795.

[32] In GE 3 wird zunächst auf die Erziehungsaufgabe der Eltern verwiesen, dann auf die Rechte und Pflichten, die dem Staat in bezug auf die Erziehung der Jugend zukommen.

[33] GE 3.

[34] Vgl. GE 1-3 und GS 40.

Kindern und Jugendlichen an nichtkatholischen Schulen die Heilslehre vermitteln[35].

Nach GE 8 ist die Bedeutung der katholischen Schule in der heutigen Welt damit verbunden, dass sie dem Auftrag der Kirche so förderlich ist und dem Gespräch zwischen Kirche und menschlicher Gemeinschaft nützlich sein kann. Der Dienst der Lehrer an den katholischen Schulen ist u.a. «ein echter Dienst an der Gesellschaft». Das gleiche gilt auf besondere Weise für den katholischen Religionsunterricht an katholischen und nichtkatholischen Schulen (s. 2.4).

1.5 Das Ziel dieser Aufgabe

Die Kirche hat das Heil des Menschen in dieser Welt und sein endzeitliches Heil vor Augen. In GS 40 wird das endzeitliche Heil genannt, das die Kirche zum Ziel hat und das erst in der künftigen Weltzeit voll verwirklicht werden kann. In Verfolgung ihrer Heilsabsicht vermittelt die Kirche den Menschen das göttliche Leben und lässt dessen Widerschein mehr oder weniger auf die ganze Welt fallen. Dies geschieht vor allem dadurch, dass sie die Würde der menschlichen Person heilt und hebt, das menschliche Gemeinschaftsgefüge festigt und das menschliche Schaffen mit tieferer Sinnhaftigkeit und Bedeutung erfüllt. So glaubt die Kirche «viel zu einer humaneren Gestaltung der Menschenfamilie und ihrer Geschichte beitragen zu können» (GS 40)[36].

Diese Stelle macht besonders deutlich, dass es der Kirche und dem Konzil um den Menschen geht[37]. Die Kirche hat einen Auftrag zum Dienst am Menschen («De ministerio homini praebendo»), wie es zu Beginn von GS 3 zusammengefasst wird[38].

Die beiden Gesichtspunkte des Heiles des Menschen in dieser Welt und in der kommenden werden mehrfach genannt. So geht es der Kirche nach GS 3 um die Rettung der menschlichen Person und um den Aufbau der menschlichen Gesellschaft. Nach GS 45 strebt die Kirche

---

[35] So ist der Religionsunterricht nach CD 13 und GE 7 ein Mittel der Verkündigung und der sittlichen und religiösen Erziehung. Diese Sichtweise wird auch vom *CIC* übernommen, insbesondere durch die can. 761 und can. 804 § 1 («institutio et educatio religiosa catholica») sowie durch die Einordnung der cann. 804 und 805 unter dem Titel III (über die katholische Erziehung) des III. Buches über den Verkündigungsdienst der Kirche.

[36] S.o. 1.2 (zum Ziel einer menschlicheren Welt).

[37] Vgl. z.B. auch CD 13 («die mütterliche Sorge der Kirche um alle Menschen»).

[38] Vgl. auch GS 93. In diesem Schlusswort wird erneut auf den Dienst der Christen an den Menschen unserer Zeit verwiesen.

nach dem einen Ziel, «nach der Ankunft des Reiches Gottes und der Verwirklichung des Heiles der ganzen Menschheit.»

Das Ziel der Kirche steht mit der Berufung des Menschen in einem engen Zusammenhang. Nach GS 92 sind wir alle dazu berufen, Brüder zu sein, da Gott der Vater Ursprung und Ziel aller ist. «Und darum können und müssen wir aus derselben menschlichen und göttlichen Berufung ohne Gewalt und ohne Hintergedanken zum Aufbau einer wahrhaft friedlichen Welt zusammenarbeiten» (GS 92).

Der Aufbau einer menschlicheren Welt soll seinerseits in den Menschen die Hoffnung auf die kommende Welt wecken. So steht im Schlusswort von GS:

> Der Vater will, dass wir in allen Menschen Christus als Bruder sehen und lieben in Wort und Tat und so der Wahrheit Zeugnis geben und anderen das Geheimnis der Liebe des himmlischen Vaters mitteilen. Auf diese Weise wird in den Menschen überall in der Welt eine lebendige Hoffnung erweckt, die eine Gabe des Heiligen Geistes ist, dass sie am Ende in Frieden und vollkommenem Glück aufgenommen werden in das Vaterland, das von der Herrlichkeit des Herrn erfüllt ist[39].

Der Mensch hat eine Berufung in dieser Welt, die ihrerseits auf das Leben in der kommenden Welt ausgerichtet ist. Der Mensch ist zur Gemeinschaft mit Gott berufen — in dieser Welt und in der kommenden[40]. In GS spricht das Konzil ganz allgemein von der Berufung des Menschen, wie auch besonders von der Berufung und Aufgabe der Gläubigen[41].

Der Kirche ist es nach GS 41 anvertraut, «das Geheimnis Gottes, des letzten Zieles der Menschen, offenkundig zu machen.» Gott allein ist die Antwort auf das tiefste Sehnen des menschlichen Herzens[42]. Im Licht Christi erhellt die Kirche den Menschen das Geheimnis des Menschen und seine Berufung und orientiert den Geist auf wirklich humane Lösungen für all die Fragen unserer Zeit[43]. So werden die Darlegungen in GS über die Menschenwürde, die menschliche Gemeinschaft und das menschliche Schaffen im Licht der Offenbarung Gottes

---

[39] GS 93.
[40] Vgl. 1 Joh 1,3 sowie GS 19.21 und 24 (alle Menschen sind «zu einem und demselben Ziel, d.h. zu Gott selbst, berufen»).
[41] S. z.B. die Überschrift zum ersten Hauptteil von GS («Die Kirche und die Berufung des Menschen») und GS 10.
[42] GS 41. Vgl. auch GS 21.
[43] GS 10.11.41.

gesehen und im Hinblick auf das Ziel, das Gott selbst für den Menschen ist[44].

Wie aus diesen Stellen deutlich wird, sind das Heil der Menschen in dieser Welt und das endzeitliche Heil in der kommenden Welt miteinander verbunden und aufeinander bezogen[45]. Die Berufung des Menschen in dieser Welt und seine Berufung zum Leben in der kommenden können nicht voneinander getrennt werden.

Die Kirche hat eine Aufgabe zum Dienst am Menschen — am Menschen in der Welt von heute. Sie soll ihm seine Berufung und sein Geheimnis erschliessen und ihn zu Gott führen[46]. Das Ziel der Aufgabe der Kirche in der Welt von heute ist zugleich das Ziel des Menschen und der menschlichen Geschichte, das Ziel der Welt und der Kirche selbst[47]. Auf dieses Ziel sind die Verkündigung, der Dialog der Kirche mit der Welt und die Erziehung ausgerichtet[48].

---

[44] Vgl. GS 11.41.

[45] Vgl. dazu GS 4.11.21.57.93, AA 5, die Einleitung zu GE (der Sorge der Kirche ist «das ganze irdische Leben des Menschen aufgegeben, insofern es mit der himmlischen Berufung im Zusammenhang steht»).

[46] Vgl. dazu GS 41.42.42 Fn. 11.

[47] Von diesem Ziel sprechen neben den bereits zitierten Stellen eine ganze Anzahl von weiteren Stellen in GS sowie in anderen Dokumenten des Konzils. So z.B. GS 2 (die Umgestaltung der Welt nach Gottes Heilsratschluss und ihre Vollendung), GS 10 (In Christus ist «der Schlüssel, der Mittelpunkt und das Ziel der ganzen Menschheitsgeschichte»), GS 18 (der Mensch ist zu einem seligen Ziel jenseits des irdischen Elends geschaffen), GS 45 (Christus ist das Ziel der menschlichen Geschichte), LG 1 (dass alle Menschen die volle Einheit in Christus erlangen), LG 48 (die Vollendung der Kirche in der himmlischen Herrlichkeit und die vollkommene Erneuerung der ganzen Welt in Christus), NE 1 (Alle Völker sind eine einzige Gemeinschaft, sie haben denselben Ursprung und haben Gott als ein und dasselbe letzte Ziel); NE 4 (das Leiden und der Tod Christi für das Heil aller Menschen), AA 2 (die Erlösung aller Menschen und die Hinordnung der gesamten Welt auf Christus), AA 3 (das Wirken der Christen für das ewige Leben aller Menschen), AA 5 (das Erlösungswerk Christi zielt auf das Heil des Menschen, aber auch auf den Aufbau der gesamten zeitlichen Ordnung), AA 6 (die Sendung der Kirche zielt auf das Heil der Menschen), AA 7 (die zeitliche Ordnung als «Hilfsmittel» zur Erreichung des letzten Zieles des Menschen; der richtige Aufbau der zeitlichen Ordnung und ihre Hinordnung durch Christus auf Gott), AA 31 (der Wert der zeitlichen Güter, den sie in sich selbst sowie im Zusammenhang mit dem Gesamtziel des Menschen haben), AG 13 (Gott hat Christus zum Heil aller gesandt), AG 15 (der Heilige Geist ruft alle Menschen durch die Verkündigung zu Christus). In diesen Stellen wird ganz allgemein vom Ziel des Menschen/aller Menschen und aller Völker, vom Ziel der menschlichen Geschichte, von der Erneuerung der ganzen Welt in Christus und ihrer Hinordnung auf den Herrn, von ihrer Vollendung, vom Aufbau der gesamten zeitlichen Ordnung und dem Erlösungswerk Christi und von der Vollendung der Kirche in Gottes Herrlichkeit gesprochen.

[48] Vgl. dazu GE 1 und can. 795.

Die Hinordnung auf das letzte Ziel des Menschen schliesst jedoch nicht aus, dass die «diesseitigen» Ziele nicht angestrebt werden. Im Gegenteil. Der Weg zu Gott führt über den Menschen und den Aufbau einer menschlicheren Welt, wie die vielen von GS zitierten Stellen zeigen[49]. Diese beiden Aspekte kommen z.B. deutlich in der Definition der Erziehung in GE 1 zum Ausdruck:

> Die wahre Erziehung erstrebt die Bildung der menschlichen Person in Hinordnung auf ihr letztes Ziel, zugleich aber auch auf das Wohl der Gemeinschaften, deren Glied der Mensch ist und an deren Aufgaben er als Erwachsener einmal Anteil erhalten soll.

2. Der Religionsunterricht als Aufgabe der Kirche in der Welt von heute

Auf dem Hintergrund der in GS enthaltenen Lehre des Konzils über die Aufgabe der Kirche in der Welt von heute gewinnt der katholische Religionsunterricht an katholischen und nichtkatholischen Schulen eine besondere Bedeutung. Viele der Grundzüge von GS sind auch für den Religionsunterricht charakteristisch. Im Religionsunterricht spiegelt sich die Situation des Menschen in der Welt von heute und die Aufgabe der Kirche wider.

2.1 *Ein Mittel der Verkündigung, der Erziehung und des Gesprächs*

Der katholische Religionsunterricht ist ein eigenständiges Mittel der Verkündigung, der Erziehung und auch des Gesprächs[50]. Er ist dadurch ein Mittel, das geeignet ist, die Aufgabe der Kirche in der Welt von heute wahrzunehmen. Vor allem auch dann, wenn er an den staatlichen Schulen gehalten wird und so eine wirkliche Aufgabe der Kirche in der Welt von heute darstellt.

Nach CD 13 und dem entsprechenden can. 761 ist der Religionsunterricht ein Mittel der Verkündigung, ein Mittel, um die christliche Lehre darzulegen. Die Kanones über den katholischen Religionsunterricht sind im III. Buch *CIC* über den Verkündigungsdienst der Kirche enthalten. Die ersten zwei Absätze von CD 13 sind nicht ohne Bedeutung für die im dritten Absatz genannten Mittel der Verkündigung. Absatz eins weist darauf hin, dass die christliche Lehre auf eine Weise

---

[49] Vgl. auch Mt 25,31-46.
[50] Wie aus den cann. 761 und 804 hervorgeht, hat der Religionsunterricht seinen eigenen Stellenwert neben anderen Mitteln der Verkündigung, insbesondere der Katechese.

vorgetragen werden soll, «die den Erfordernissen der Zeit angepasst ist, das heisst, die den Schwierigkeiten und Fragen, von denen die Menschen so sehr bedrängt und geängstigt werden, entspricht.» Bei der Verkündigung soll zudem die Sorge der Kirche um alle Menschen zum Ausdruck kommen. In Absatz zwei wird auf die Bedeutung des Gesprächs mit den Menschen und mit der Gesellschaft, in der die Kirche lebt, verwiesen[51]. Die Verkündigung ist also auf eine besondere Weise mit den Fragen der Menschen von heute und mit dem Gespräch mit ihnen verbunden, also mit Grundanliegen von GS[52]. Auf je eigene Weise gilt dies für die einzelnen Mittel der Verkündigung, u.a. für den Religionsunterricht.

Nach GE 7 steht der Religionsunterricht (die Vermittlung der Heilslehre) in nichtkatholischen Schulen im Dienst der sittlichen und religiösen Erziehung der Kinder[53]. Im *CIC* werden die cann. 804 und 805 über den katholischen Religionsunterricht im Titel über die katholische Erziehung eingeordnet. Zudem wird er in can. 804 § 1 selbst als «institutio et educatio religiosa catholica» bezeichnet. Wie aus der Redaktionsgeschichte dieses Kanons hervorgeht, soll dadurch der bildende und erzieherische Charakter des Religionsunterrichts hervorgehoben werden. Dieser soll nicht nur Wissen vermitteln[54]. Nach can. 804 § 2 sollen sich die Lehrer auch durch pädagogisches Geschick auszeichnen. Dieser bildende, erzieherische Charakter des Religionsunterrichts wird besonders von Johannes Paul II. betont[55].

In der Verkündigung und in der Erziehung ist das Gespräch mit den Menschen von grosser Bedeutung[56]. Das gilt auch für den Religionsunterricht, sei es im Gespräch zwischen dem Lehrer und den Schülern, sei es im Gespräch der Kirche mit der Gesellschaft bezüglich der Fragen, die im Religionsunterricht behandelt werden[57].

---

[51] Es ist interessant, dass sich der Absatz über das Gespräch zwischen zwei Absätzen über die Verkündigung befindet. Wie implizit aus GS 40 hervorgeht, ist die Lehre der Kirche — m.a.W. ihre Verkündigung — die Grundlage dieses Dialogs der Kirche mit der Welt, in der sie lebt.
[52] Vgl. dazu GS 3.40.
[53] Vgl. dazu DH 5. Danach werden die Rechte der Eltern verletzt, «wenn nur eine einzige Erziehungsform für alle verpflichtend gemacht wird, bei der die religiöse Ausbildung völlig ausgeschlossen ist.»
[54] S. Kap. VI/2.2.
[55] JOHANNES PAUL II., Audienzansprache vom 15. April 1991, Punkte 4 und 6.
[56] Vgl. GE 1.3.8, CD 13, GS 40.
[57] Der Dialog des Lehrers mit den Kindern und Jugendlichen bildet einen festen Bestandteil der Didaktik und Religionspädagogik. Der Dialog der Kirche mit der

Zum Erziehungscharakter und Dialog des Unterrichts sagt Johannes Paul II.:

> Ich fordere die Religionslehrer/innen besonders auf, den Bildungscharakter ihres Unterrichts nicht abzuschwächen und zu ihren Schülern und Schülerinnen ein erzieherisches Verhältnis zu entwickeln, das reich an Freundschaft und Dialog ist und in möglichst vielen, auch wenn sie nicht ausdrücklich gläubig sind, Interesse und Aufmerksamkeit für ein Fach weckt, das ihr leidenschaftliches Suchen nach Wahrheit trägt und motiviert[58].

Im Allgemeinen Direktorium für die Katechese wird darauf hingewiesen, dass der Religionsunterricht nicht als etwas bloss Zusätzliches neben den anderen Schulfächern und ihren Wissensinhalten steht, sondern in einem notwendigen interdisziplinären Dialog:

> Dann wird die Darlegung der christlichen Botschaft die Art und Weise beeinflussen, wie man den Ursprung der Welt und den Sinn der Geschichte, die Grundlage der ethischen Werte, die Funktion der Religion in der Kultur, das Schicksal des Menschen und sein Verhältnis zur Natur sieht[59].

Der Religionsunterricht ist nicht nur ein Mittel des Dialogs, er soll auch — durch das Kennenlernen der eigenen Religion — zum Verständnis und zum Dialog selbst heranbilden. Ein Beispiel dafür enthält das Direktorium für die Katechese in einem Abschnitt zum Verhältnis zwischen Katechese und Judentum, in dem folgende Stelle zitiert wird:

> Der Religionsunterricht, die Katechese und die Predigt sollen nicht nur zur Objektivität, Gerechtigkeit und Toleranz heranbilden, sondern auch zum Verständnis und zum Dialog. Unsere beiden Traditionen sind einander zu nahe verwandt, als dass sie einander ignorieren dürften. Es muss auf allen Ebenen zu gegenseitiger Kenntnis ermutigt werden[60].

2.2 *Die Person des Menschen im Mittelpunkt*

Nach GS 3 hat die Kirche einen Auftrag zum Dienst am Menschen. Es ist der Mensch, der im Mittelpunkt der Ausführungen des Konzils in GS steht.

Gesellschaft gehört zu jenem Dialog zwischen Kirche und Welt, von dem in GS 40 die Rede ist.

[58] JOHANNES PAUL II., Audienzansprache vom 15. April 1991, Punkt 4.
[59] *ADfK* 73.
[60] *Juden und Judentum in der katholischen Predigt*, Nr. 7. Vgl. *ADfK* 199.

In der bereits genannten Audienzansprache macht Johannes Paul II. darauf aufmerksam, um wen es im Religionsunterricht geht:

> Es sei daran erinnert, dass im Mittelpunkt dieses Unterrichts die Person des Menschen steht, den wir fördern müssen, indem wir dem Kind und dem Jugendlichen helfen, die religiöse Dimension als für sein Wachsen in Menschlichkeit und Freiheit unerlässlich zu erkennen. Wer Religion unterrichtet, wird sich also bemühen, die tiefreichenden Sinnfragen herauszustellen, die die Jugendlichen in sich tragen und aufzeigen, dass das Evangelium Christi eine wahre und volle Antwort gibt, deren unerschöpfliche Fruchtbarkeit sich in den Werten des Glaubens und der Menschlichkeit zeigt, wie sie in der Gemeinschaft der Glaubenden zum Ausdruck kommen und im historischen und kulturellen Erbe der Völker Europas verwurzelt sind[61].

In diesem kurzen Abschnitt geht der Papst auf die Adressaten des Unterrichts ein, auf die religiöse Dimension im Leben des Menschen und ihre Bedeutung, auf die Lehrer, auf die Inhalte und Ziele sowie auf den Bezug des Glaubens zur Kirche und zur Geschichte und Kultur der Völker[62].

2.3 Die Fragen der Kinder und Jugendlichen

Die Religion steht mit den Grundfragen der Menschen in einem engen Zusammenhang. Das wird aus dem Konzilstext *Nostra aetate* 1 besonders deutlich:

> Die Menschen erwarten von den verschiedenen Religionen Antwort auf die ungelösten Rätsel des menschlichen Daseins, die heute wie von je die Herzen der Menschen im tiefsten bewegen: Was ist der Mensch? Was ist Sinn und Ziel unseres Lebens? Was ist das Gute, was die Sünde? Woher kommt das Leid, und welchen Sinn hat es? Was ist der Weg zum wahren Glück? Was ist der Tod, das Gericht und die Vergeltung nach dem Tode? Und schliesslich: Was ist jenes letzte und unsagbare Geheimnis unserer Existenz, aus dem wir kommen und wohin wir gehen?

Die katholische Religion gibt eine Antwort auf diese Fragen der Menschen, wie dies v.a. in GS zum Ausdruck kommt[63]. Nach GS 11 erweist sich die Sendung der Kirche als eine religiöse und gerade dadurch als eine höchst humane, weil sie dem Menschen eine Antwort auf diese Fragen gibt und ihn so nicht im Dunkeln lässt.

---

[61] JOHANNES PAUL II., Audienzansprache vom 15. April 1991, Punkt 4.

[62] Vgl. dazu *Accordo*, Art. 9.2. Hier werden die beiden Gesichtspunkte der religiösen Kultur und des geschichtlichen Erbes genannt.

[63] Vgl. dazu GS 3.11 und DH 1.

Wenn die religiöse Dimension für das Wachsen der Kinder und Jugendlichen in Menschlichkeit und Freiheit unerlässlich ist, so bedeutet dies auch, dass die tiefen Sinnfragen der Kinder und Jugendlichen nicht ohne Antwort bleiben sollen[64]. Hierin besteht die Aufgabe des katholischen Religionsunterrichts. Dieser bietet einen spezifischen und ursprünglichen Beitrag zur schulischen Ausbildung der Kinder und Jugendlichen[65].

Der katholische Religionsunterricht geht gerade auf die Situation des Menschen in der Welt von heute ein, insbesondere auf die Situation der Kinder und Jugendlichen und auf ihre Grundfragen und zeigt ihnen die Antwort aus dem Glauben der Kirche auf[66].

Während des Symposiums über den Religionsunterricht an den öffentlichen Schulen in Europa (1991) ist jedoch auch auf die Schwierigkeiten hingewiesen worden, die dem Religionsunterricht in Europa begegnen, u.a. das Desinteresse der Schüler:

> Es herrschen Mutlosigkeit und Sorge der Lehrer angesichts der Feststellung, dass gegenwärtig die christliche Verkündigung, die der katholische Religionsunterricht anbietet, nicht selten von den Schülern als Antwort auf Probleme wahrgenommen wird, die sich ihnen nicht stellen, oder als ein irrelevantes Angebot. Diese Verkündigung scheint ihnen weit von ihren Interessen und ihren Lebensproblemen entfernt zu sein. Sie entbehrt der Bezüge, die für sie Bedeutung haben[67].

Trotz dieser und anderer Schwierigkeiten verweist der Autor darauf, dass der katholische Religionsunterricht für eine grosse Mehrzahl der Kinder und Jugendlichen der einzige Bereich ist,

> in dem die Frage nach Gott, nach dem Sinn des Lebens, nach den wesentlichen Problemen des Menschen, nach den Werten und Bedeutungen gestellt wird, die eine Orientierung im Leben ermöglichen[68].

2.4 Das Ziel des Unterrichts

Wie aus GS hervorgeht, ist es ein grosses Anliegen der Kirche, die Würde der menschlichen Person zu fördern und zum Aufbau einer menschlicheren Welt beizutragen. Dies soll in den Menschen die Hoff-

---

[64] JOHANNES PAUL II., Audienzansprache vom 15. April 1991, Punkt 4. Vgl auch GS 11.

[65] JOHANNES PAUL II., Audienzansprache vom 15. April 1991, Punkt 4.

[66] Vgl. GS 3.4-10.11.41, GE 7; JOHANNES PAUL II., Audienzansprache vom 15. April 1991, Punkt 4.

[67] M. DEL CAMPO GUILARTE, «Art, Zielsetzung und Inhalte», 57.

[68] M. DEL CAMPO GUILARTE, «Art, Zielsetzung und Inhalte», 59.

nung auf das Leben in der kommenden Welt wecken, zu dem sie berufen sind (s.o. 1.5).

Der Religionsunterricht trägt auf seine Weise dazu bei, die menschliche Person zu fördern und eine menschlichere Welt aufzubauen. In der Audienzansprache an die Teilnehmer des Symposiums über den Religionsunterricht an den öffentlichen Schulen in Europa geht der Papst auf diese Ziele ein.

Die Kinder und Jugendlichen fördern bedeutet, ihre ganzheitliche Bildung zu fördern. Dazu gehört nach der Überzeugung der Kirche ihre religiöse Bildung[69]. Der Religionsunterricht trägt zur ganzheitlichen Bildung der Kinder und Jugendlichen bei[70].

Der Religionsunterricht hilft den Kindern und Jugendlichen, in Menschlichkeit und Freiheit zu wachsen, indem er ihnen die religiöse Dimension des menschlichen Daseins erschliesst. Auf ihre tiefen Sinnfragen und ihre Suche nach Wahrheit gibt er ihnen die Antwort der Botschaft Christi, die in den Werten des Glaubens und der Menschlichkeit Frucht trägt[71].

Die Kinder und Jugendlichen tragen nicht nur tiefe Sinnfragen in sich, sondern auch grosse Ideale:

> Das Verlangen nach den grossen Idealen der Freiheit, der Solidarität und des Friedens, das aus den Herzen der neuen europäischen Generationen aufsteigt, kann in der Begegnung mit dem Evangelium Christi und dem Glauben der Kirche Licht und Kraft gewinnen und sie für jene Wahrheit öffnen, die dem Leben vollen Sinn gibt und die konkrete Anerkennung der unverletzlichen Würde einer jeden menschlichen Person fördert[72].

Die Förderung der menschlichen Person bedeutet immer auch die Förderung seiner Würde. Das ist ein Grundanliegen der Kirche in der Welt von heute[73]. Der Religionsunterricht leistet einen eigenen Beitrag dazu — durch die Begegnung der Kinder und Jugendlichen mit dem Inhalt des christlichen Glaubens, durch das Kennenlernen ihrer Religion[74].

---

[69] Vgl. GE 1 und can. 795; JOHANNES PAUL II., Audienzansprache vom 15. April 1991, Punkt 5.

[70] JOHANNES PAUL II., Audienzansprache vom 15. April 1991, Punkt 5.

[71] JOHANNES PAUL II., Audienzansprache vom 15. April 1991, Punkt 4.

[72] JOHANNES PAUL II., Audienzansprache vom 15. April 1991, Punkt 7.

[73] Der erste Hauptteil von GS widmet das erste Kapitel der Würde der menschlichen Person. Nach GS 40 und 41 ist es Aufgabe der Kirche in der Welt von heute, diese Würde des Menschen zu fördern.

[74] JOHANNES PAUL II., Audienzansprache vom 15. April 1991, Punkte 5 und 7.

In der Literatur wird besonders auf dieses humanisierende Element des Religionsunterrichts hingewiesen, das auch in der Audienzansprache des Papstes so stark zum Ausdruck kommt. So wird heute nach del Campo Guilarte der Religionsunterricht als ein Dienst der Kirche «an den Schülern bei dem Prozess ihrer Personalisierung und vollen Humanisierung aufgefasst»[75].

Der Religionsunterricht trägt zudem zu einer menschlicheren Schule bei:

> Aufgrund seines biblischen Lebens- und Werteangebots bietet er einen besonderen, unersetzlichen Beitrag zur Humanisierung der Schule selbst: so entsteht ein Universum der Bedeutung und Transzendenz, das es dem Schüler erlaubt, die Grenzen zu überwinden, die sich aus einem allzu sehr auf die wissenschaftlich-technischen, funktionalen und instrumentalen Dimensionen ausgerichteten Unterricht ergeben[76].

Wie in GS zum Ausdruck kommt, vermindert die Hinordnung auf Gott nicht die Bedeutung der Aufgabe, am Aufbau einer menschlicheren Welt mitzuarbeiten, sondern vermehrt sie[77]. Dies gilt auch für den Religionsunterricht. Als ein Mittel der Erziehung trägt er zur Bildung der menschlichen Person in Hinordnung auf ihr letztes Ziel und zugleich auf das Gemeinwohl der Gesellschaft bei[78]. So spricht der Papst den sozial Verantwortlichen und den staatlichen Autoritäten gegenüber die Überzeugung der Kirche aus, dass der Religionsunterricht «einen Dienst am Gemeinwohl darstellt»[79]. Der Religionsunterricht soll Persönlichkeiten heranbilden, «die offen sind für Werte der Gerechtigkeit, der Solidarität und des Friedens und fähig, die eigene Freiheit gut zu gebrauchen»[80]. Das ist kein geringer Dienst an der Gesellschaft.

Da der Religionsunterricht an katholischen und nichtkatholischen Schulen gehalten wird, ist er zugleich in Zusammenhang mit den Zielen

---

[75] M. DEL CAMPO GUILARTE, «Art, Zielsetzung und Inhalte», 54.
[76] M. DEL CAMPO GUILARTE, «Art, Zielsetzung und Inhalte», 54-55.
[77] GS 57.
[78] Vgl. can. 795.
[79] JOHANNES PAUL II., Audienzansprache vom 15. April 1991, Punkt 8. Vgl. dazu auch GE 8 und CD 19. Nach GE 8 erzieht die katholische Schule ihre Schüler u.a. dazu, das Wohl der irdischen Gemeinschaft wirksam zu fördern. Nach CD 19 sorgen die geweihten Hirten in der Tat auch für das staatsbürgerliche Wohl und den sozialen Fortschritt, indem sie sich die geistliche Betreuung ihrer Herde angelegen sein lassen.
[80] JOHANNES PAUL II., Audienzansprache vom 15. April 1991, Punkt 4.

zu sehen, die der Schule zu eigen sind[81]. Nach del Campo Guilarte trägt der Religionsunterricht im Rahmen des Bildungszwecks der Schule, der sich letztlich auf die ganzheitliche Erziehung ausrichtet, zur Förderung der Reife und Entwicklung der Persönlichkeit der Schüler bei[82].

2.5 *Eine Aufgabe der Kirche*

Die Bedeutung der Religion für den Menschen kommt in verschiedenen Konzilstexten deutlich zum Ausdruck, wie z.B. in den in diesem Kapitel zitierten Stellen der Konzilstexte GE, NE, GS und DH[83]. Ohne religiöse Dimension bleibt das menschliche Dasein ein ungelöstes Rätsel[84].

Die Aufgabe der Kirche in der Welt von heute, wie sie im vierten Kapitel des ersten Hauptteiles von GS dargestellt wird, besteht vor allem darin, dem Menschen die religiöse Dimension seines Daseins zu erschliessen. Ausgehend von der Situation des Menschen in der Welt von heute, legt die Kirche im Licht des Glaubens die Berufung des Menschen, die Würde der menschlichen Person, den tieferen Sinn und die Bedeutung der menschlichen Gemeinschaft sowie des menschlichen Schaffens dar[85].

So stellt sich die Sendung der Kirche in den Worten von GS 11 als eine religiöse und dadurch als eine höchst humane dar.

Die Religion, von der die Kirche den Menschen Kenntnis gibt, ist mit ihr selbst und ihrer Verkündigung wesentlich verbunden. Das kommt besonders in DH 1 zum Ausdruck:

> Gott selbst hat dem Menschengeschlecht Kenntnis gegeben von dem Weg, auf dem die Menschen, ihm dienend, in Christus erlöst und selig werden können. Diese einzige wahre Religion, so glauben wir, ist verwirklicht in der katholischen, apostolischen Kirche, die von Jesus dem Herrn den Auftrag erhalten hat, sie unter allen Menschen zu verbreiten. Er sprach ja zu den Aposteln: «Gehet hin, und lehret alle Völker, taufet sie im Namen

---

[81] Vgl. dazu JOHANNES PAUL II., Audienzansprache vom 15. April 1991, Punkt 5. Vgl. z.B. *Accordo*, Art. 9.2. Hier wird ausdrücklich auf die Ziele der Schule Bezug genommen.
[82] M. DEL CAMPO GUILARTE, «Art, Zielsetzung und Inhalte», 54.
[83] Vgl. auch DH 1.
[84] Vgl. NE 1.
[85] GS Einführung (Die Situation des Menschen in der heutigen Welt), I. Hauptteil (Die Kirche und die Berufung des Menschen) und dessen vier Kapitel über die Würde der menschlichen Person, die menschliche Gemeinschaft, das menschliche Schaffen in der Welt und die Aufgabe der Kirche in der Welt von heute.

des Vaters und des Sohnes und des Heiligen Geistes, und lehret sie alles halten, was ich euch geboten habe» (Mt 28,19-20).

Danach besteht eine Einheit zwischen dem von Gott den Menschen geoffenbarten Heilsweg in Christus, zwischen der nach dem Glauben der Kirche einzig wahren Religion und der Kirche selbst. Christus gab der Kirche die Aufgabe (*munus*), diese Religion, die in ihr verwirklicht ist (*subsistere*), unter den Menschen zu verbreiten. Die Kirche hat wesentlich eine religiöse Sendung (vgl. GS 11), sowie ihr auch ein religiöser Charakter zu eigen ist. Der Kirche ist es aufgegeben, die Menschen auf dem Weg zu Gott zu führen[86]. Die katholische Religion ist also wesenhaft mit der katholischen Kirche verbunden. So ist auch die Lehre der katholischen Religion ihrem Wesen nach eine Lehre der katholischen Kirche.

Auf diesem Hintergrund kommt besonders zum Vorschein, dass der katholische Religionsunterricht seinem Wesen nach eine Aufgabe der Kirche ist. Er gibt den Kindern und Jugendlichen Kenntnis von der katholischen Religion, und dadurch von der Lehre der Kirche, vom Inhalt des christlichen Glaubens, vom Weg, den Gott den Menschen geoffenbart hat, von Jesus Christus, in dem die Würde des Menschen ihren Ursprung und ihre Vollendung hat[87]. Durch den katholischen Religionsunterricht wird die Aufgabe der Kirche in der Welt von heute auf eine besondere Weise wahrgenommen — immer auch ausgehend von der Situation in einem bestimmten Land und Volk[88]. Er erschliesst den Kindern und Jugendlichen die religiöse Dimension des menschlichen Daseins und gibt ihnen auf ihre tiefen Sinnfragen die Antwort der Botschaft Christi[89].

Der Religionsunterricht ist eine kirchliche Aufgabe. Deshalb kann auch vom ursprünglichen und spezifischen Beitrag der Kirche zur ganzheitlichen Ausbildung der Kinder und Jugendlichen gesprochen werden[90]. Der katholische Religionsunterricht ist auf eine besondere Weise eine Aufgabe der Kirche in der Welt von heute und ein Dienst am Menschen.

---

[86] Vgl. GS 42, insbes. 42 Fn. 11.

[87] Vgl. dazu JOHANNES PAUL II., Audienzansprache vom 15. April 1991, Punkte 4 und 5; M. DEL CAMPO GUILARTE, «Art, Zielsetzung und Inhalte», 68.

[88] Vgl. JOHANNES PAUL II., Audienzansprache vom 15. April 1991, Punkt 5, in dem auf die unterschiedlichen Situationen des Religionsunterrichts selbst in den verschiedenen Ländern hingewiesen wird.

[89] Vgl. JOHANNES PAUL II., Audienzansprache vom 15. April 1991, Punkt 4.

[90] Vgl. dazu JOHANNES PAUL II., Audienzansprache vom 15. April 1991, Punkt 4; M. DEL CAMPO GUILARTE, «Art, Zielsetzung und Inhalte», 54.66.68.

KAPITEL VI

Die Kanones über den katholischen Religionsunterricht

Die Kanones über den katholischen Religionsunterricht finden sich im III. Buch *CIC*, das vom Verkündigungsdienst der Kirche, von ihrer Lehrtätigkeit — «de Ecclesiae munere docendi» — handelt. Auch in diesem III. Buch kommt die Lehre des II. Vatikanischen Konzils zum Ausdruck[1].

1. Die Kanones

Die cann. 761, 804 und 805 sind die grundlegenden Bestimmungen des *CIC* über den katholischen Religionsunterricht[2]. Nach can. 761 zählt die Darlegung der christlichen Lehre in den Schulen zu den Mitteln der Verkündigung:

> Bei der Verkündigung der christlichen Lehre sollen die verschiedenen zur Verfügung stehenden Mittel angewendet werden, besonders die Predigt und die katechetische Unterweisung, die ja immer den ersten Platz einnehmen; aber auch die Darlegung der Lehre in Schulen und Akademien, auf Konferenzen und Versammlungen jedweder Art wie auch ihre Verbreitung durch öffentliche Erklärungen der rechtmässigen Autorität zu bestimmten Anlässen in der Presse und in anderen sozialen Kommunikationsmitteln[3].

---

[1] Vgl. dazu SDL XIX.XXI; H. MUSSINGHOFF, *MK*, vor 747/1; W. REES, *Der Religionsunterricht*, 114-138.

[2] Vgl. G. FELICIANI, «L'insegnamento della religione cattolica», 25.

[3] «Varia media ad doctrinam christianam annuntiandam adhibeantur quae praesto sunt, imprimis praedicatio atque catechetica institutio, quae quidem semper principem locum tenent, sed et propositio doctrinae in scholis, in academiis, conferentiis et coadunationibus omnis generis, necnon eiusdem diffusio per declarationes publicas a

Can. 804 § 1 enthält die Bestimmung über die Zuständigkeit der kirchlichen Autorität für den katholischen Religionsunterricht:

> Der kirchlichen Autorität unterstehen der katholische Religionsunterricht und die katholische religiöse Erziehung, die in den Schulen jeglicher Art vermittelt oder in den verschiedenen sozialen Kommunikationsmitteln geleistet werden; Aufgabe der Bischofskonferenz ist es, für dieses Tätigkeitsfeld allgemeine Normen zu erlassen, und Aufgabe des Diözesanbischofs ist es, diesen Bereich zu regeln und zu überwachen[4].

Can. 804 § 2 enthält eine erste Bestimmung in bezug auf die Religionslehrer:

> Der Ortsordinarius hat darum bemüht zu sein, dass sich diejenigen, die zu Religionslehrern in den Schulen, auch den nichtkatholischen, bestellt werden sollen, durch Rechtgläubigkeit, durch das Zeugnis christlichen Lebens und durch pädagogisches Geschick auszeichnen[5].

Can. 805 befasst sich erneut mit den Religionslehrern[6]:

> Der Ortsordinarius hat für seine Diözese das Recht, die Religionslehrer zu ernennen bzw. zu approbieren und sie, wenn es aus religiösen oder sittlichen Gründen erforderlich ist, abzuberufen bzw. ihre Abberufung zu fordern[7].

2. Die verschiedenen Bezeichnungen

Der *CIC* enthält keine unmittelbare Begriffsbestimmung des katholischen Religionsunterrichtes. Er bezeichnet den Unterricht in can. 761 als Darlegung der (christlichen) Lehre in Schulen («propositio doctrinae in scholis»), in can. 804 § 1 als religiöse katholische Unterweisung und Erziehung («institutio et educatio religiosa catholica») und in can.

---

legitima auctoritate occasione quorundam eventuum factas prelo aliisque instrumentis communicationis socialis.»

[4] «Ecclesiae auctoritati subicitur institutio et educatio religiosa catholica quae in quibuslibet scholis impertitur aut variis communicationis socialis instrumentis procuratur; Episcoporum conferentiae est de hoc actionis campo normas generales edicere, atque Episcopi dioecesani est eundem ordinare et in eum invigilare.»

[5] «Loci Ordinarius sollicitus sit, ut qui ad religionis institutionem in scholis, etiam non catholicis, deputentur magistri recta doctrina, vitae christianae testimonio atque arte paedagogica sint praestantes.»

[6] Inhaltlich gesehen, könnten cann. 804 § 2 und 805 einen eigenen Kanon bilden — mit je zwei Paragraphen.

[7] «Loci Ordinario pro sua dioecesi ius est nominandi aut approbandi magistros religionis, itemque, si religionis morumve ratio id requirat, amovendi aut exigendi ut amoveantur.»

804 § 2 als Religionsunterricht (*religionis institutio*). Wie es sich aus dem Zusammenhang ergibt, verweist die erste Bezeichnung vor allem auf den Lehr- und Verkündigungscharakter des Religionsunterrichts, die zweite und dritte auf die Aufgabe der religiösen Erziehung und Unterweisung der Kinder und Jugendlichen.

2.1 Die Darlegung der Lehre in den Schulen («*propositio doctrinae in scholis*»)

Zu den Mitteln, die bei der Verkündigung der christlichen Lehre zur Verfügung stehen («media ad doctrinam christianam annuntiandam»), gehören nach can. 761 an erster Stelle die Predigt und die katechetische Unterweisung, aber auch die Darlegung der Lehre in den Schulen («propositio doctrinae in scholis»). Der Religionsunterricht ist also neben der Katechese ein eigenständiges Mittel der Verkündigung und der Darlegung der christlichen Lehre. Dies kommt auch dadurch zum Ausdruck, dass die Katechese in einem eigenen Kapitel des ersten Titels behandelt wird, während der Religionsunterricht im III. Titel über die katholische Erziehung und dessen I. Kapitel über die Schulen geregelt wird.

2.2 Eine religiöse katholische Unterweisung und Erziehung («*institutio et educatio religiosa catholica*»)

Nach can. 804 § 1 unterstehen der kirchlichen Autorität die religiöse katholische Unterweisung und Erziehung («institutio et educatio religiosa catholica»), die in den Schulen oder in den verschiedenen sozialen Kommunikationsmitteln vermittelt werden.

2.2.1 Unterweisung und Erziehung

In can. 804 § 1 werden Unterricht und Erziehung in einem Atemzug genannt[8]. Warum? Die Erläuterungen in der Kommission zur Neufassung des *CIC* können uns eine Antwort darauf geben. Während der Redaktion des Kanons wurde auf die Schwierigkeit hingewiesen, das lateinische Wort *institutio* in die einzelnen Volkssprachen zu übersetzen. Im Italienischen sei der Ausdruck in bezug auf die «Sacram Congregationem pro Institutione Catholica» zunächst mit Unterricht (*per l'insegnamento*) und dann mit Erziehung (*per l'educazione*) über-

---

[8] In ähnlicher Weise nennt can. 803 § 2 beide Ausdrücke miteinander: «In der katholischen Schule müssen Unterricht und Erziehung [*institutio et educatio*] von den Grundsätzen der katholischen Lehre geprägt sein».

setzt worden⁹. Es wurde weiter bemerkt: Der Ausdruck *institutio* enthalte ein intellektuelles und ein erzieherisches Element. Im vorliegenden Kanon (can. 13 § 1) soll das Wort zum Ausdruck bringen, dass eine sittliche Erziehung gemäss der überlieferten Lehre notwendig ist («ad affirmandam necessitatem educationis moralis praeter traditionem doctrinae»). Der Kanon über den Religionsunterricht stehe unter dem Titel über die christliche Erziehung («de educatione christiana»). Der Unterricht, *institutio*, sei in der Erziehung, *educatio*, enthalten. Die Erziehung ihrerseits umfasse sowohl die Vermittlung der Lehre wie auch die Bildung der Person («doctrinae traditionem tum personae formationem»). Am Ende wurden beide Ausdrücke im Text belassen — «institutio et educatio iuventutis religiosa catholica»¹⁰. Im Vergleich dazu sprach can. 1381 § 1/*CIC* 1917 nur von «religiosa iuventutis institutio».

Der Religionsunterricht sollte also den Kindern und Jugendlichen nicht nur ein Wissen vermitteln, sondern auch zu ihrer religiösen und sittlichen Bildung beitragen. Indem beide Ausdrücke, Unterricht und Erziehung, miteinander genannt werden, wird betont, dass auch im Unterricht Erziehung geschieht.

Dieser Gedanke kommt auch an zwei anderen Stellen zum Ausdruck: der Religionslehrer soll sich durch pädagogisches Geschick (*ars paedagogica*) auszeichnen (can. 804 § 2). Er ist auch Erzieher. Und im Staat soll die Bildung der Jugendlichen (*iuvenum formatio*) auch deren religiöse und sittliche Erziehung in den Schulen vorsehen (can. 799). Der Religionsunterricht ist ein Mittel dazu¹¹.

---

⁹ Im Deutschen finden wir im *CIC* für *institutio* die Übersetzungen Unterricht, Unterweisung, Bildung und Ausbildung. So übersetzt can. 761 *institutio catechetica* mit katechetischer Unterweisung, can. 803 § 2 und 804 § 1 übersetzen *institutio* mit Unterricht, can. 806 § 2 mit Ausbildung. Andere Stellen im *CIC* verwenden sowohl *institutio* wie auch *formatio*: can. 234 § 1 spricht von der religiösen Bildung (*formatio religiosa*) und der geistes- und naturwissenschaftlichen Ausbildung («institutio humanistica et scientifica»); can. 244 von der geistlichen Bildung (*formatio spiritualis*) und der wissenschaftlichen Ausbildung (*institutio doctrinalis*); can. 251 von der philosophischen Ausbildung (*institutio philosophica*), can. 252 § 1 von der theologischen Ausbildung (*institutio theologica*); can. 295 § 2 verwendet für das Wort geistliche Bildung *institutio spiritualis* und nicht *formatio* (wie in can 244); can. 659 § 1 spricht von der Ausbildung (*institutio*) der Ordensleute, can. 773 von der (katechetischen) Unterweisung in der Lehre (*doctrinae institutio*); can. 788 § 2 von Unterweisung und Einübung im christlichen Leben («vitae christianae institutio et tirocinium»), can. 789 von der angemessenen Unterweisung (*apta institutio*) der Getauften; can. 827 §§ 1-3 von den Texten für die Unterweisung (*institutio*).

¹⁰ *Comm.* 20 (1988) 227-228.

¹¹ Vgl. JOHANNES PAUL II., Audienzansprache vom 15. April 1991, Punkt 4.

2.2.2 Religiöse katholische Unterweisung und Erziehung

Nach can. 804 § 1 handelt es sich um eine religiöse katholische Unterweisung und Erziehung («institutio et educatio religiosa catholica»), die der kirchlichen Autorität unterstehen. Can. 804 § 2 spricht von Religionsunterricht (*institutio religionis*).

Der Gegenstand des Unterrichts ist die katholische Religion, die christliche Lehre (vgl. cann. 761 und 804)[12]. Der Religionsunterricht ist Teil der katholischen Erziehung[13].

Bei der Redaktion dieses Kanons wurde folgende Formulierung vorgeschlagen: «institutio et educatio iuventutis religiosa». Die Kirche habe das Recht und die Pflicht, über alle Getauften zu wachen, somit auch über die Protestanten («ius et officium invigilandi in omnes baptizatos, ergo etiam protestantes»). Nach der Bemerkung, dass sich dieses Recht der Kirche in der Praxis auf die Katholiken begrenze, wurde das Eigenschaftswort *catholica* beigefügt. Dadurch wird auch betont, dass es sich um eine katholische und nicht um eine möglicherweise protestantische Unterweisung und Erziehung handle[14].

Hierbei geht es um den konfessionellen Charakter des Religionsunterrichts. Der Kodex äussert sich nicht ausdrücklich, welche Bedingungen erfüllt sein müssen, dass der Religionsunterricht katholisch ist. Er tut dies z.B. für die Schulen. Nach can. 803 müssen folgende Bedingungen erfüllt sein, dass eine Schule katholisch ist und sich als solche bezeichnen darf:

§ 1. Als katholische Schule versteht man jene Schule, welche die zuständige kirchliche Autorität oder eine kirchliche öffentliche juristische Person

---

[12] Vgl. Kap. V/2.5 sowie JOHANNES PAUL II., Audienzansprache vom 15. April 1991, Punkt 5. Vgl. dazu auch *Accordo*, Art. 9.2 und *Protocollo addizionale* 5.a). In Art. 9,2 geht es um die Gewährleistung des katholischen Religionsunterrichts («l'insegnamento della religione cattolica») an den öffentlichen Schulen, in Punkt 5.a) des Zusatzprotokolls wird u.a. darauf verwiesen, dass der katholische Religionsunterricht in Übereinstimmung mit der Lehre der Kirche («in conformità alla dottrina della Chiesa») zu halten ist.

[13] Vgl. dazu die weiteren Bezeichnungen des *CIC* in Zusammenhang mit der Erziehung: christliche Erziehung — *educatio christiana* (can. 217), wahre Erziehung — *vera educatio* (can. 795), religiöse und sittliche Erziehung — «educatio religiosa et moralis» (can. 799), katholische Erziehung — *educatio catholica* (cann. 801), eine Erziehung im christlichen Geist — «educatio [...] christiano spiritu imbuta» (can. 802 § 1), Unterricht und Erziehung, die von den Grundsätzen der katholischen Lehre geprägt sind — «institutio et educatio [...] principiis doctrinae catholicae nitatur» (can. 803 § 2).

[14] *Comm.* 20 (1988) 179.

führt oder welche die kirchliche Autorität durch ein schriftliches Dokument als solche anerkennt.

§ 2. In der katholischen Schule müssen Unterricht und Erziehung von den Grundsätzen der katholischen Lehre geprägt sein; die Lehrer haben sich durch Rechtgläubigkeit und rechtschaffenen Lebenswandel auszuzeichnen.

§ 3. Keine Schule, selbst wenn sie tatsächlich katholisch ist, darf die Bezeichnung *Katholische Schule* führen, es sei denn mit Zustimmung der zuständigen kirchlichen Autorität.

Aufgrund der cann. 761, 804 und 805 können für den katholischen Religionsunterricht ähnliche Erfordernisse bestimmt werden, die den konfessionellen Charakter des Unterrichts ausmachen: die Zuständigkeit der kirchlichen Autorität, die auf verschiedene Weise zum Tragen kommt; die Vermittlung der christlichen Lehre; die katholische Lehrerschaft und die grundsätzlich katholische Schülerschaft[15]. Zumeist werden nur die letzten drei Elemente genannt, um die Konfessionalität des Unterrichts zu kennzeichnen[16].

3. Die Darlegung der christlichen Lehre

Die Kanones über den Religionsunterricht finden sich im III. Buch *CIC* über den Verkündigungsdienst der Kirche. Nach can. 761 gehört er zu den Mitteln der Verkündigung der christlichen Lehre.

Als ein Mittel der Verkündigung beruht der katholische Religionsunterricht auf dem Fundament des Verkündigungsrechts, das in can. 747 zusammengefasst ist[17]:

§ 1. Christus der Herr hat der Kirche das Glaubensgut anvertraut, damit sie unter dem Beistand des Heiligen Geistes die geoffenbarte Wahrheit heilig bewahrt, tiefer erforscht und treu verkündigt und auslegt; daher ist es ihre Pflicht und ihr angeborenes Recht, auch unter Einsatz der ihr eigenen sozialen Kommunikationsmittel, unabhängig von jeder menschlichen Gewalt, allen Völkern das Evangelium zu verkündigen.

§ 2. Der Kirche kommt es zu, immer und überall die sittlichen Grundsätze auch über die soziale Ordnung zu verkündigen wie auch über menschliche

---

[15] Als einem Mittel der katholischen Erziehung wendet sich der Religionsunterricht in erster Linie an die katholischen Kinder und Jugendlichen. S.u. 4.5.

[16] *Die bildende Kraft des Religionsunterrichts*, 5.3 (Lehrer, Schüler und Lehre im Religionsunterricht); H. MUSSINGHOFF, *MK*, vor 804/1 und 804/1; E. FEIFEL, «Referat», 77-97.

[17] Vgl. G. DALLA TORRE, *La questione scolastica*, 36 (s. Kap. I/2.2); H. MUSSINGHOFF, *MK*, 747/1; C.J. ERRÁZURIZ, *Il «munus docendi Ecclesiae»*, 277-279 (die Gliederung des Werkes).

Dinge jedweder Art zu urteilen, insoweit die Grundrechte der menschlichen Person oder das Heil der Seelen dies erfordern.

Ausgehend von can. 747 und von anderen Bestimmungen des Verkündigungsrechts sind für den Religionsunterricht verschiedene Grundlagen vorgegeben.

3.1 *Der Auftrag des Herrn*

Die Kirche hat nach can. 747 § 1 die Pflicht und das angeborene Recht («officium est et ius nativum»), allen Völkern das Evangelium zu verkünden, unabhängig von jeder menschlichen Gewalt[18]. Dieses Recht gründet im Auftrag Christi an die Apostel, allen Völkern die frohe Botschaft zu verkünden (vgl. Mt 28,18-20; Mk 16,15)[19].

Wie es in der Struktur des dritten Buches zum Ausdruck kommt, erfüllt die Kirche den Verkündigungsauftrag des Herrn durch den Dienst am Wort Gottes, die Predigt und Katechese, durch ihre Missionstätigkeit, durch die katholische Erziehung — und hier u.a. durch den katholischen Religionsunterricht — und besonders auch durch die sozialen Kommunikationsmittel[20].

Das Recht der Kirche, das can. 747 zum Ausdruck bringt, gilt auch für diese einzelnen Gebiete der Verkündigung[21].

Der Religionsunterricht ist eine Modalität, wie die Kirche ihren Auftrag und ihre Sendung zur Verkündigung des Evangeliums erfüllt[22].

---

[18] Vgl. can. 756 § 1 (die Aufgabe, das Evangelium zu verkünden — «munus Evangelii annuntiandi»).

[19] Vgl. CT 1; H. MUSSINGHOFF, *MK*, 747/1.

[20] V. DE PAOLIS, «La funzione di insegnamento nel Codice», 451.

[21] Der Gesetzgeber formuliert eine ganze Reihe von spezifischen Rechten und Pflichten, die sich aus dem Recht der Verkündigung ergeben oder eng mit ihm verbunden sind: das Recht und die Pflicht zur Predigt und Katechese (cann. 756, 757, 762, 773); das Recht und die Pflicht zur Erziehung (can. 794 § 1); das Recht der Kirche, Schulen zu gründen und zu leiten (can. 800 §1); das Recht der Kirche, Universitäten zu errichten und zu führen (can. 807); das Recht, die sozialen Kommunikationsmittel anzuwenden (can. 822 §1). Im zweiten Buch weist can. 211 auf die Pflicht und das Recht aller Gläubigen, dazu beizutragen, dass die göttliche Heilsbotschaft zu allen Menschen gelangt. Der Pflicht zur Verkündigung entspricht das Recht der Gläubigen, aus den geistlichen Gütern der Kirche von ihren Hirten Hilfe zu empfangen (can. 213). Wie diese Aufzählung zeigt, schliesst das Recht und die Pflicht zur Verkündigung das Recht und die Pflicht ein, sich der verschiedenen Mittel, die der Verkündigung zur Verfügung stehen, zu bedienen (vgl. cann. 747 und 761).

[22] Vgl. H. MUSSINGHOFF, *MK*, 804/2 (s. Kap. I/2.2).

3.2 Der Kirche anvertraut

In can. 747 § 1 wird gesagt, dass Christus der Kirche die Verkündigung der frohen Botschaft anvertraut hat. Die einleitenden Kanones des ersten Titels über den Dienst am Wort Gottes, die cann. 756 bis 759, legen dar, wem in der Kirche die Aufgabe der Verkündigung des Evangeliums («munus Evangelii annuntiandi») anvertraut ist: dem Papst und dem Bischofskollegium für die ganze Kirche (can. 756 § 1), den Bischöfen für die Teilkirchen (can. 756 § 2), den Priestern und Diakonen (can. 757), den Ordensleuten (can. 758) und Laien (can. 759). Nach can. 759 können die Laien, die kraft der Taufe und Firmung Zeugen des Evangeliums sind, auch zur Mitarbeit mit dem Bischof und den Priestern in der Verkündigung berufen werden.

Die cann. 756-759 spezifizieren auf besondere Weise für den Dienst am Wort Gottes, die Predigt und Katechese, die grundlegenden Rechte und Pflichten der Gläubigen, der Laien und der Kleriker, wie sie in den cann. 204, 208-211, 225, 228-231, 331, 336, 375 und 519 enthalten sind. Die Gläubigen nehmen je nach ihrer Stellung und Aufgabe am Verkündigungsdienst der Kirche teil[23].

Der Gesetzgeber geht nicht so ausführlich auf den Religionsunterricht ein wie auf Predigt und Katechese. Die Ordnung für den Religionsunterricht beruht jedoch auf der gleichen Struktur. Can. 804 § 1 formuliert grundsätzlich die Zuständigkeit der kirchlichen Autorität für den katholischen Religionsunterricht und weist den Bischofskonferenzen und dem Diözesanbischof Aufgaben zu; die cann. 804 § 2 und 805 regeln die Beauftragung der Religionslehrer durch den Ortsordinarius.

3.3 Das anvertraute Glaubensgut

Das dritte Buch lässt keinen Zweifel über den Inhalt der Verkündigung, die der Kirche vom Herrn aufgetragen ist. Nach can. 747 § 1 verkündet die Kirche unter dem Beistand des Heiligen Geistes das ihr anvertraute Glaubensgut, die geoffenbarte Wahrheit, das Evangelium; sie verkündet das Wort des lebendigen Gottes (cann. 750, 762), das Geheimnis Christi (can. 760), die christliche Lehre (cann. 761, 769), die sittlichen Grundsätze (can. 747 § 2). Von der Verkündigung und Lehre dieses Inhaltes kann die Kirche nicht dispensieren, da es um das göttliche Wort und den Auftrag des Herrn selbst geht[24].

---

[23] H. MUSSINGHOFF, *MK*, vor 747/3-4.
[24] Vgl. dazu can. 85, nach dem die Dispens die Befreiung von einem rein kirchlichen Gesetz in einem Einzelfall betrifft.

Der Religionsunterricht ist nach can. 761 ein Mittel der Verkündigung und der Darlegung der christlichen Lehre. In can. 761 (und CD 13) wird «die christliche Lehre» (*doctrina christiana*) als allgemeine Bezeichnung für den Inhalt der verschiedenen Mittel der Verkündigung verwendet — also sowohl für die Katechese wie auch für den Religionsunterricht.

Der Bezug des Religionsunterrichts zur Verkündigung wird auch in der Kirchenrechtslehre hervorgehoben. So wird der Religionsunterricht z.B. von Listl als «Teilhabe an der amtlichen Verkündigung der christlichen Lehre, die im Namen und im Auftrag der Kirche erfolgt», charakterisiert[25]. Der schulische Religionsunterricht ist «in Übereinstimmung mit der Glaubenslehre der Kirche und in deren Auftrag» zu erteilen[26]. Mussinghoff sieht den Religionsunterricht als öffentliche Lehre des Glaubens in der Schule[27]. Der Religionsunterricht vermittle christliche Erziehung und Unterweisung in der christlichen Lehre (cann. 217, 229 § 1)[28].

Die Kirche legt die christliche Lehre dar, das Geheimnis Christi. Dazu steht in can. 760:

> Beim Dienst am Wort, der sich auf Schrift und Überlieferung, auf Liturgie, Lehramt und Leben der Kirche zu stützen hat, ist das Geheimnis Christi vollständig und getreu vorzulegen[29].

Dies gilt in erster Linie für die Predigt und die Katechese, um die es im I. Titel über den Dienst am Wort Gottes geht, gilt aber auch auf eigene Weise für den katholischen Religionsunterricht. Denn can. 760 bezieht sich auf eine Anzahl von Quellen, die von der Katechese in einem weiteren Sinn sprechen und demnach auch den katholischen Religionsunterricht umfassen[30].

---

[25] J. LISTL, «Der Religionsunterricht», 604 (s. Kap. I/2.2).
[26] J. LISTL, «Der Religionsunterricht», 592 (s. Kap. I/2.2).
[27] H. MUSSINGHOFF, *MK*, 805/2 (s. Kap. I/2.2).
[28] H. MUSSINGHOFF, *MK*, vor 804|3 (s. Kap. I/2.2).
[29] «In ministerio verbi, quod sacra Scriptura, Traditione, liturgia, magisterio vitaque Ecclesiae innitatur oportet, Christi mysterium integre ac fideliter proponatur.»
[30] Vgl. *AKD* 19 (Der Religionsunterricht als eine Form der Katechese; die katechetische Tätigkeit kann sehr verschiedene Formen und Strukturen haben); CT 18 (Verweis auf die Definition der Katechese in *AKD* 17-35), 67 (der Religionsunterricht an staatlichen Schulen und an katholischen Schulen als «Ort» der Katechese); EN 44 (religiöse Unterweisung, katechetische Unterweisung in Schulen; die Lehrer als Katecheten). Vgl. auch *ADfK* 73, 260 (der Religionsunterricht als eine Form des Dienstes am Wort).

In CT 5 bezeichnet Johannes Paul II. «das Geheimnis Christi» als den wesentlichen und wichtigsten Inhalt der Katechese. Dies bedeutet:

> Christus im Zentrum der Katechese bedeutet aber auch, dass in ihr nicht jeder seine eigene Lehre oder die eines anderen Meisters vermitteln will, sondern die Lehre Jesu Christi, die Wahrheit, die er mitteilt, oder genauer: die Wahrheit, die er ist. Man muss also sagen, dass in der Katechese nur Christus, das fleischgewordene Wort und der Sohn Gottes, gelehrt wird — und alles andere im Hinblick auf ihn (CT 6).

Nach can. 760 soll beim Dienst am Wort das Geheimnis Christi vollständig und getreu («integre ac fideliter») vorgelegt werden. Diese Forderung wird in den Quellen zu diesem Kanon (*AKD* 38/ CT 21,30) mehrfach erhoben und begründet. Sie gilt auch für den katholischen Religionsunterricht[31].

In CT 21 betont Johannes Paul II. die Notwendigkeit eines organischen und systematischen (katechetischen) Unterrichts (*institutio christiana*), da man von verschiedenen Seiten versucht ist, seine Wichtigkeit herunterzuspielen. Er nimmt dabei auf den Inhalt und das Ziel des Unterrichts Bezug:

> es muss ein systematischer Unterricht sein, der nicht improvisiert, sondern nach einem Programm dargeboten wird, so dass ein klares Ziel erreicht werden kann;
> es geht um einen Unterricht, der das Wesentliche behandelt, ohne den Anspruch zu erheben, alle anstehenden Fragen zu behandeln oder zu theologischer Forschung und wissenschaftlicher Exegese zu werden;
> es muss dennoch ein vollständiger Unterricht sein, der nicht bei der Erstverkündigung des christlichen Geheimnisses stehenbleibt, wie es beim Kerygma gegeben ist;
> es soll eine vollständige Einführung ins Christentum sein, die sich für alle Bereiche des christlichen Lebens offenhält.

Die Kinder und Jugendlichen haben ein Recht auf eine christliche Erziehung und Unterweisung (cann. 213, 217). In der Audienzansprache an die Teilnehmer des Symposiums über den Religionsunterricht an den öffentlichen Schulen in Europa spricht der Papst vom Recht der Schüler,

> ihre Religion wahrheitsgemäss und zuverlässig kennenzulernen. Dieses ihr Recht, gründlicher die Person Christi und das unverkürzte Ganze der von

---

[31] Vgl. JOHANNES PAUL II., Audienzansprache vom 15. April 1991, Punkt 5.

ihm gebrachten Heilsbotschaft kennenzulernen, darf nicht missachtet werden[32].

Die Schüler sollen also im Unterricht *ihre Religion* kennenlernen. Nach can. 804 handelt es sich gerade um den Unterricht der katholischen Religion («institutio et educatio religiosa catholica» und *religionis institutio*), der in Schulen und durch soziale Kommunikationsmittel erteilt wird. Es geht demnach nicht um einen inter- oder überkonfessionellen Religionsunterricht[33]. Der Inhalt des katholischen Religionsunterrichts gehört zu den wesentlichen Elementen, die seinen konfessionellen Charakter ausmachen[34].

3.4 *Ziele der Verkündigung*

Verschiedene Stellen im dritten Buch verweisen auf die Ziele der Verkündigung: das Heil der Seelen (can. 747 § 2), ein Glauben und ein Tun, das zur Ehre Gottes und zum Heil der Menschen nötig ist (can. 768 § 1 für die Predigt), ein lebendiger Glaube der Gläubigen und ein tätiges christliches Leben (can. 773 für die Katechese).

Die Ziele des Religionsunterrichts werden im Kodex nicht ausdrücklich genannt, sie sind aber in den Zielen der Verkündigung und der christlichen Erziehung enthalten. Punkt 4.4 geht näher darauf ein.

3.5 *Adressaten der Verkündigung*

An wen richtet sich die Verkündigung der Kirche? Das II. und III. Buch *CIC* weisen mehrfach auf die Adressaten der Verkündigung: die Kirche verkündet allen Völkern das Evangelium (can. 747 § 1); die göttliche Heilsbotschaft soll durch die Gläubigen immer mehr «zu allen Menschen aller Zeiten auf der ganzen Welt» gelangen (can. 211); die Predigt richtet sich an alle im Volk Gottes (s. can. 762); die Katechese wendet sich an das christliche Volk, die Gläubigen (can. 773), an die Erwachsenen, die Jugendlichen und die Kinder (can. 776); die Missionare wenden sich auch an die nicht an Christus Glaubenden (can.

---

[32] JOHANNES PAUL II., Audienzansprache vom 15. April 1991, Punkt 5. Vgl. dazu auch CT 30: kein wahrer Katechet ist berechtigt, «nach eigenem Gutdünken das Glaubensgut aufzuteilen und zu trennen zwischen dem, was er für wichtig hält, und anderem, was ihm unwichtig erscheint, um dann das eine zu lehren und das andere zu unterschlagen.»

[33] Vgl. H. MUSSINGHOFF, *MK*, vor 804/1f und 804/1.

[34] Vgl. JOHANNES PAUL II., Audienzansprache vom 15. April 1991, Punkt 5; *Die bildende Kraft des Religionsunterrichts*, 5.3.3 (Konfessionalität der Lehre); H. MUSSINGHOFF, *MK*, vor 804/1 und 804/1.

787 § 1), an die, welche zur Annahme der frohen Botschaft bereit sind, die Katechumenen (cann. 206 §1, 787 § 2), an die Neugetauften (can. 789); durch die sozialen Kommunikationsmittel wendet sich die Kirche an alle Völker und im besonderen an die Gläubigen (cann. 747 § 1, 823 § 1). In entsprechender Weise sollen alle Menschen in den Fragen, die sich auf Gott und die Kirche beziehen, die Wahrheit suchen (can. 748 § 1).

Diese kleine Aufzählung zeigt, dass die Kirche allen Menschen und allen Völkern die frohe Botschaft verkündet[35]. Die Verkündigung der Kirche wendet sich dann im besonderen an das Volk Gottes, an die Gläubigen (vgl. cann. 204 und 205).

Der *CIC* nennt nicht unmittelbar die Adressaten des Religionsunterrichts, wie er dies für die Katechese tut. Doch geht aus dem Zusammenhang hervor, für wen er bestimmt ist (s. Punkt 4.5).

3.6 *Mittel der Verkündigung*

Als letzter der einleitenden Kanones des ersten Titels über den Dienst am Wort Gottes zählt can. 761 die verschiedenen Mittel der Verkündigung auf. In den folgenden Kapiteln und Titeln des III. Buches geht der Gesetzgeber auf diese einzelnen Mittel näher ein.

Can. 761 übernimmt fast wörtlich den letzten Absatz von CD 13[36] und ist ein Beispiel, wie ein Konzilstext in das Kirchenrecht umgesetzt worden ist[37], sowohl inhaltlich wie auch in gewisser Weise in der Gliederung des III. Buches *CIC*.

3.6.1 Religionsunterricht und Katechese

In can. 761 wird der Religionsunterricht neben der Katechese als ein eigenständiges Mittel der Verkündigung genannt[38]. Der Religionsunterricht hat einen eigenständigen Wert und Charakter. Er wird auch eigens

---

[35] Vgl. EN 57.

[36] Der Konzilstext wendet sich direkt an die Bischöfe: «Bei der Verkündigung der christlichen Lehre seien sie bemüht, die verschiedenen Mittel anzuwenden, die in der heutigen Zeit zur Verfügung stehen, und zwar zunächst die Predigt und die katechetische Unterweisung, die ja immer den ersten Platz einnehmen, aber auch die Darlegung der Lehre in Schulen, Akademien, Konferenzen und Versammlungen jedweder Art sowie deren Verbreitung durch öffentliche Erklärungen bei bestimmten Anlässen, durch die Presse und die verschiedenen sozialen Kommunikationsmittel, die man zur Verkündigung des Evangeliums Christi unbedingt benützen muss.»

[37] Vgl. dazu SDL XIX.XXI.

[38] J. LISTL, «Der Religionsunterricht», 590-591.

im III. Titel behandelt und nicht als Anhang zum Kapitel über die Katechese (Titel I, Kapitel II). Der Ort des Religionsunterrichts ist vor allem der erzieherische und schulische Bereich (Titel III, Kapitel II). Dieser Bereich gibt dem Religionsunterricht seinen besonderen Charakter. Neben der Schule werden auch die sozialen Kommunikationsmittel als eigener Ort des Religionsunterrichts angegeben (can. 804 § 1).

Religionsunterricht und Katechese sind zwei verschiedene Mittel der Verkündigung. Der Kodex geht viel ausführlicher auf die Katechese ein als auf den Religionsunterricht. Ein Grund liegt darin, dass die Verhältnisse für den Religionsunterricht von Land zu Land verschieden sind und der *CIC* sich daher auf die wichtigsten Bestimmungen beschränkt. Da die Materie des Religionsunterrichts an den staatlichen Schulen zudem das Verhältnis zu einem Staat betrifft, ist eine einheitliche nationale Regelung erforderlich. In can. 804 § 1 werden daher nicht nur dem Diözesanbischof, sondern auch den Bischofskonferenzen Aufgaben zugewiesen, die die Regelung des Unterrichts betreffen[39].

Katechese und Religionsunterricht haben gemeinsame und verschiedene Elemente, sei es in bezug auf die Ziele, den Inhalt, die Methode, den «Sitz im Leben» (der Ort des Unterrichts und der Katechese), die Lehrerschaft (Katecheten und Religionslehrer) und die Art, wie die kirchliche Zuständigkeit zum Tragen kommt. Der Religionsunterricht hat je nach Land und Kultur, je nach der geschichtlichen Entwicklung und Tradition einen eigenen Charakter erhalten und kann der Katechese näher oder weniger nah sein[40].

So lesen wir z.B. zur Entwicklung des Religionsunterrichts in Deutschland:

> Voraussichtlich entwickelt sich schulischer Religionsunterricht immer mehr zu einem Handlungsfeld mit Zielspektrum, Inhalten und Verfahren, die ihn deutlich von katechetischen Diensten, aber auch von der «Schulweisheit» anderer Lehrfächer abheben[41].

Im Allgemeinen Katechetischen Direktorium und in *Catechesi Tradendae* wird der Religionsunterricht als eine Form der Katechese (im weiteren Sinn) angesehen[42]. Im Allgemeinen Direktorium für die

---

[39] Vgl. dazu JOHANNES PAUL II., Audienzansprache vom 15. April 1991, Punkt 5; G. FELICIANI, «L'insegnamento della religione cattolica», 25-26.

[40] Vgl. JOHANNES PAUL II., Audienzansprache vom 15. April 1991, Punkt 5. Zur Geschichte des Religionsunterrichts H.-J. FRISCH, *Leitfaden Fachdidaktik Religion*, 201-216.

[41] W. NASTAINCZYK, «Der Synodenbeschluss», 21.

[42] *AKD* 19; CT 18.67. Vgl. EN 44.

Katechese (1997) werden die Katechese und der Religionsunterricht als zwei Formen des Dienstes am Wort bezeichnet, die sich voneinander unterscheiden und sich wechselseitig ergänzen[43].

3.6.2 Der Religionsunterricht als Lernort des Glaubens

Can. 761 kann auch auf eine andere Weise gesehen werden. Er zählt verschiedene Wege auf, auf denen jemand der christlichen Botschaft begegnet: im Gottesdienst, im katechetischen Unterricht, im Religionsunterricht in der Schule und durch die verschiedenen sozialen Kommunikationsmittel. Das sind verschiedene Lernorte des Glaubens. Nicht genannt (in can. 761) wird die Familie als «Ort der Verkündigung» und als Lernort des Glaubens. Dies kommt jedoch in den cann. 774 § 2, 793 und 835 § 4 zum Ausdruck. Die verschiedenen Lernorte sollten sich ergänzen. Hierin liegt eine wichtige Begründung für den Religionsunterricht, die sich auch in der Gesetzgebung findet. Die religiöse Erziehung der Kinder in der Familie bedarf der Unterstützung (vgl. can. 793). Auch in den Schulen soll für die religiöse Erziehung der Kinder gesorgt werden (vgl. cann. 793, 796, 798, 799).

Trotz der Wichtigkeit mehrerer Lernorte ist der Religionsunterricht heute für viele junge Menschen der einzige Ort, wo sie der christlichen Botschaft begegnen. Darauf verweist Johannes Paul II. in der Ansprache an die Bischöfe aus Süddeutschland bei ihrem ad-limina-Besuch am 4. Dezember 1992:

> Für viele junge Menschen ist der Religionsunterricht heute der einzige Ort, wo sie der Botschaft des Glaubens begegnen und am Leben der Kirche über eine verhältnismässig lange Zeitspanne hin regelmässig teilhaben können.

Der Papst sagt weiter, dass in der heutigen Säkularisierung aller Lebensbereiche und der Privatisierung des Religiösen der schulische Religionsunterricht in gewisser Weise zum vorgeschobenen Aussenposten in einer pluralistischen Gesellschaft wird[44].

4. Religiöse katholische Unterweisung und Erziehung

Der katholische Religionsunterricht steht im Dienst der religiösen Unterweisung und Erziehung der Kinder und Jugendlichen. Die cann.

---

[43] *ADfK* 73. S. dazu auch Kap. VII/4.3.3.
[44] JOHANNES PAUL II., Ansprache an die Bischöfe aus Süddeutschland, Punkt 6. Vgl. dazu auch *Die bildende Kraft des Religionsunterrichts*, 1. (Viele Orte und Kräfte im Bildungsprozess).

804 und 805 über den katholischen Religionsunterricht befinden sich im III. Titel über die katholische Erziehung und dessen I. Kapitel über die Schulen. In can. 804 § 1 geht es ausdrücklich um die religiöse katholische Unterweisung und Erziehung; can. 804 § 2 spricht vom Religionsunterricht (*religionis institutio*).

4.1 *Unterweisung und Erziehung*

Der Titel über die katholische Erziehung befindet sich im III. Buch über den Verkündigungsdienst der Kirche. In can. 804 § 1 werden Unterweisung und Erziehung («institutio et educatio») miteinander genannt. Das ist kein Zufall. Die Verkündigung der christlichen Lehre und die Pädagogik sind miteinander verbunden und aufeinander bezogen. Das kommt z.B. in *AKD* 33 zum Ausdruck[45]:

> Jetzt nun, nach Abschluss der Offenbarung, muss die Kirche das ganze Heilsgeheimnis den Glaubensschülern mitteilen. Eingedenk der von Gott angewandten Pädagogik muss auch sie mit Pädagogik vorgehen, mit einer neuen jedoch, die den neuen Erfordernissen ihrer Botschaft entspricht. Sie bemüht sich nämlich, die Botschaft ohne Verfälschung und Verstümmelung vorzutragen und sie dabei dem Fassungsvermögen der Glaubensschüler anzupassen.

Einerseits muss die Darlegung der christlichen Lehre mit Pädagogik geschehen — nach dem Beispiel des Herrn — und andererseits vermittelt katholische Erziehung christliche Lehre (s.u. 4.4). So wie in can. 804 § 1 religiöse katholische Unterweisung und Erziehung zusammen genannt werden, so gehören auch die Erläuterungen der Punkte 3 und 4 zusammen[46].

4.2 *Das Recht auf religiöse Erziehung.*
Das Recht und die Pflicht zu erziehen

Im II. Buch sowie im III. Buch *CIC* und dessen III. Titel über die katholische Erziehung kommen grundlegende Rechte und Pflichten der Gläubigen und der Kirche zum Ausdruck:

Die Gläubigen haben das Recht auf eine christliche Erziehung, da sie durch die Taufe zu einem Leben nach der Lehre des Evangeliums beru-

---

[45] Vgl. auch *AKD* 38 (die Darlegung der christlichen Botschaft soll nach dem Beispiel der Pädagogik Gottes geschehen) und *ADfK* 139-147 (Die Erziehungskunst Gottes, Quelle und Vorbild der Pädagogik des Glaubens).

[46] In Punkt 3 geht es in erster Linie um die Darlegung der christlichen Lehre, um die Lehre der katholischen Religion, in Punkt 4 um die religiöse katholische Erziehung, die durch den Unterricht vermittelt wird.

fen sind (can. 217; vgl. GE 1-2); aus dem gleichen Grund sind die Laien verpflichtet und berechtigt, Kenntnis der christlichen Lehre zu erwerben, wie sie je ihrer eigenen Fähigkeit und Stellung entspricht (can. 229 § 1).

Das Recht und die Pflicht, die Kinder zu erziehen, steht den Eltern und denjenigen zu, die ihre Stelle einnehmen. Katholische Eltern sind verpflichtet und berechtigt, Mittel und Einrichtungen zu wählen, mit denen sie für die katholische Erziehung ihrer Kinder sorgen können (vgl. cann. 226, 774 § 2, 793 § 1, 798; GE 3; DH 5)[47]. In der katholischen Erziehung ihrer Kinder sollen sie sich auf die Hilfen der weltlichen Gesellschaft stützen können (can. 793 § 2). Dieses Recht der Eltern soll unter anderem dadurch gewährleistet werden, dass die staatlichen Gesetze über die Bildung der Jugendlichen «auch deren religiöse und sittliche Erziehung nach dem Gewissen der Eltern in den Schulen selbst vorsehen» (can. 799). Katholische Schulen und der katholische Religionsunterricht bilden eine solche Hilfe für die religiöse Erziehung der Kinder.

Pflicht und Recht zur Erziehung kommt in besonderer Weise der Kirche zu (can. 794 § 1; GE 3; DH 13)[48]. Sie hat das Recht, Schulen und Universitäten zu gründen und zu leiten (cann. 800 § 1, 807, 815, 816) und ist für die katholische religiöse Unterweisung und Erziehung zuständig (vgl. can. 804 § 1)[49].

Diese Bestimmungen betreffen auch das Verhältnis zwischen Kirche und Staat, die Religionsfreiheit und das Subsidiaritätsprinzip. Äusserungen des II. Vatikanischen Konzils finden sich hierzu u.a. in GE und DH. Danach stehen gewisse Pflichten und Rechte der Erziehung auch dem Staat zu, soweit dies vom Allgemeinwohl gefordert ist. Zu seinen Aufgaben gehört es, die Erziehung der Jugend zu fördern und eigene Schulen und Institute zu gründen. Wenn Initiativen der Eltern und anderer, die an der Erziehungsaufgabe teilhaben, nicht genügen, soll der Staat gemäss dem Subsidiaritätsprinzip Hilfe leisten, aber immer unter Beachtung des elterlichen Willens (GE 3). In bezug auf die religiöse Erziehung der Kinder und Jugendlichen soll der Staat die Religionszu-

---

[47] Vgl. JOHANNES PAUL II., *Familiaris Consortio*, Punkte 36-40; R. ILGNER, «Die Verantwortlichen», 67-70 (Die Rechte und Pflichten der Eltern in der Erziehung).

[48] Vgl. G. GHIRLANDA, «De obligationibus», 63. Ghirlanda verweist darauf, dass die in can. 226 § 2 festgelegte Pflicht und das Recht der Eltern zur christlichen Erziehung ihrer Kinder nicht ausschliesslicher Natur sind. Es bleibt Pflicht und Recht der Kirche, allen ihren Mitgliedern auf verschiedene Weise eine christliche Unterweisung zuteil werden zu lassen.

[49] Vgl. R. ILGNER, «Die Verantwortlichen», 82-87 (Der Dienst der Kirche).

gehörigkeit und die religiöse Freiheit seiner Bürger respektieren. Die Religionsfreiheit im negativen und im positiven Sinn verlangt, dass der Staat einerseits die Ausübung der Religion, sei es des einzelnen wie auch einer Religionsgemeinschaft, nicht behindert und andererseits Möglichkeiten schafft, die zu seiner Ausübung erforderlich sind (vgl. GE 6, DH 5.6.13)[50].

Aus kirchlicher Sicht beruht auf diesen Prinzipien und grundlegenden Rechten die Rechtfertigung für den katholischen Religionsunterricht an öffentlichen Schulen[51]. Dalla Torre verweist darauf, dass es letzlich um die Verwirklichung von Menschenrechten geht, die in der gegenwärtigen Zeit immer mehr zu ersten und unabdingbaren Prinzipien geworden sind[52]. Das kommt auch in den Worten von Johannes Paul II. in CT 69 zum Ausdruck:

> Ich denke aber auch an die nicht konfessionell ausgerichtete und an die staatliche Schule. Hier möchte ich den dringenden Wunsch aussprechen, dass es allen katholischen Schülern, entsprechend dem klaren Rechtsanspruch der menschlichen Person wie dem der Familien und unter Beachtung der religiösen Freiheit aller, ermöglicht werde, in ihrer geistlichen Bildung unter Mithilfe einer religiösen Unterweisung voranzuschreiten, die von der Kirche abhängt, jedoch je nach Ländern von der Schule oder im Rahmen der Schule oder auch aufgrund einer Abmachung mit den staatlichen Autoritäten über den Stundenplan angeboten werden kann, wenn die eigentliche Katechese nur in der Pfarrei oder einem anderen Seelsorgezentrum stattfindet.

4.3 *Erziehungsträger*

Die katholische Erziehung der Kinder und Jugendlichen ist den Eltern und denen, die ihre Stelle einnehmen, sowie der Kirche anvertraut (GE 3, cann. 226 § 2, 793, 794). In der religiösen Erziehung helfen auch die katholischen Lehrer, insbesondere die Religionslehrer (cann. 796 § 2, 804 § 2, 805). Nicht zu vergessen sind die Schüler und Schülerinnen selbst, die in ihrer eigenen religiösen Erziehung nicht unbeteiligt sind[53]. Sie sind füreinander wahre Zeugen für Christus (vgl. AA 12).

Die religiöse und sittliche Erziehung der Kinder stellt eine schwere Pflicht der Kirche dar (vgl. GE 7). Der Religionsunterricht ist in den

---

[50] Vgl. W. REES, *Der Religionsunterricht*, 137-138; R. ILGNER, «Die Verantwortlichen», 76-82 (Zur Rolle des Staates in der Erziehung).

[51] Vgl. *Zur katholischen Schule*, 16-24; G. DALLA TORRE, *La questione scolastica*, 37 (s. Kap. I/2.2); H. MUSSINGHOFF, *MK*, vor 804/3 und 804/1.

[52] G. DALLA TORRE, *La questione scolastica*, 37 (s. Kap. I/2.2).

[53] Vgl. *Die religiöse Dimension der Erziehung*, Punkt 32 (s.u. 4.6.1b).

Worten von Johannes Paul II. eine verantwortungsvolle Aufgabe, die die Kirche den Religionslehrern anvertraut[54].

4.4 *Inhalte und Ziele*

Die Inhalte und Ziele der christlichen Erziehung kommen im II. und III. Buch *CIC* an mehreren Stellen zum Ausdruck. Die christliche Erziehung soll nach can. 217 «zur Erlangung der Reife der menschlichen Person und zugleich zur Erkenntnis des Heilsgeheimnisses und zu einem Leben danach» anleiten[55]. Als wahre Erziehung strebt sie die umfassende Bildung des Menschen («integra personae humanae formatio») in Hinordnung auf sein letztes Ziel und auf das Gemeinwohl der Gesellschaft an (can. 795). Die religiöse Dimension gehört wesentlich zur Erziehung[56]. Die katholische Erziehung ist eine religiöse und sittliche Erziehung (vgl. can. 799, GE 7), eine Erziehung im christlichen Geist (vgl. can. 802 § 1), eine Erziehung, die von den Grundsätzen der katholischen Lehre geprägt ist (vgl. can. 803 § 2).

Der katholische Religionsunterricht steht im Dienst der christlichen Unterweisung und Erziehung (vgl. can. 804 § 1). Er verwirklicht deren Inhalte und Ziele auf eine besondere Weise. Wie bereits unter Kap. V/2.4 dargelegt worden ist, trägt der Religionsunterricht zur umfassenden Bildung der Kinder und Jugendlichen bei: er macht sie auf die religiöse Dimension in ihrem Leben aufmerksam; er gibt ihnen vom Glauben her eine Antwort auf ihre Fragen nach Gott, nach dem Menschen, nach der Welt und nach dem Sinn des Lebens. Der Religionsunterricht möchte nicht nur Wissen vermitteln, sondern auch zu einem Leben nach dem Evangelium anleiten (vgl. can. 217)[57].

Die Ziele des Religionsunterrichtes sind auch eingehend im Beschluss *Der Religionsunterricht in der Schule* der Gemeinsamen Synode der Bistümer in der Bundesrepublik Deutschland (1974) dargelegt worden (in dessen Punkt 2.5). Diese Ziele umfassen ein ganzes

---

[54] JOHANNES PAUL II., Ansprache vom 5. März 1981, Punkt 4.

[55] Vgl. GE 2.

[56] Vgl. auch die von Johannes Paul II. zitierte Stelle unter 4.6.1 (Brief an Kardinal Poletti).

[57] Vgl. dazu *AKD* 21-30.38.75, CT 5.19-20. *AKD* 19 und CT 18.67 sehen den Religionsunterricht als eine Form der Katechese. Die Ziele der Katechese (i.w.S.) kommen also auch im Religionsunterricht zum Tragen. Vgl. auch JOHANNES PAUL II., Audienzansprache vom 15. April 1991, Punkte 4 und 5; ID., Brief an Kardinal Poletti, 502-505; R. ILGNER, «Die Verantwortlichen», 69-70; F. WEIDMANN, «Der Schüler», 138-139.

Spektrum: Wissens- und Glaubensvermittlung, Orientierungs- und Lebenshilfe, Persönlichkeits- und Charakterbildung[58].

Beim Religionsunterricht ist immer auch vor Augen zu halten, dass dieser als Schulfach zur Verwirklichung der Ziele der Schule, d.h. der schulischen Ausbildung und Erziehung beiträgt[59]. So ist in den Worten von Johannes Paul II. das Ziel des Religionsunterrichts (an den öffentlichen Schulen) die integrale Bildung des Menschen und die Kenntnis und Begegnung mit dem Inhalt des christlichen Glaubens nach den der Schule eigenen Zielsetzungen und Methoden[60].

Die wesentlichen Ziele des Religionsunterrichts könnten wohl nicht schöner zusammengefasst werden, als dies von Johannes Paul II. in der bereits mehrfach zitierten Audienzansprache getan wird:

> Es sei daran erinnert, dass im Mittelpunkt dieses Unterrichts die Person des Menschen steht, den wir fördern müssen, indem wir dem Kind und dem Jugendlichen helfen, die religiöse Dimension als für sein Wachsen in Menschlichkeit und Freiheit unerlässlich zu erkennen. Wer Religion unterrichtet, wird sich also bemühen, die tiefreichenden Sinnfragen herauszustellen, die die Jugendlichen in sich tragen und aufzeigen, dass das Evangelium Christi eine wahre und volle Anwort gibt, deren unerschöpfliche Fruchtbarkeit sich in den Werten des Glaubens und der Menschlichkeit zeigt, wie sie in der Gemeinschaft der Glaubenden zum Ausdruck kommen und im historischen und kulturellen Erbe der Völker Europas verwurzelt sind. Die Didaktik des Religionsunterrichts muss darum ausgesprochen erzieherisch ausgerichtet sein, um junge Persönlichkeiten mit reichem Innenleben und moralischer Kraft heranzubilden, die offen sind für Werte der Gerechtigkeit, der Solidarität und des Friedens und fähig, die eigene Freiheit gut zu gebrauchen[61].

4.5 *Die Kinder und Jugendlichen*

Im III. Titel des III. Buches *CIC* geht es in erster Linie um die katholische Erziehung der katholischen Kinder und Jugendlichen. Sie sind die jungen Gläubigen, die in der Taufe zu Kindern Gottes geworden, zu einem christlichen Leben berufen sind und ein Recht auf christliche Unterweisung und Erziehung haben (cann. 213, 217). So spricht can. 793 von der katholischen Erziehung der Kinder und can. 794 § 2 von der katholischen Erziehung aller Gläubigen.

---

[58] R. KÖCHER, «Religionsunterricht — zwei Perspektiven», 28-29.
[59] JOHANNES PAUL II., Audienzansprache vom 15. April 1991, Punkt 5; C. RUINI, «Schlusswort», 80; H. MUSSINGHOFF, vor 804/2-3.
[60] JOHANNES PAUL II., Audienzansprache vom 15. April 1991, Punkt 5.
[61] JOHANNES PAUL II., Audienzansprache vom 15. April 1991, Punkt 4.

Dies gilt in besonderer Weise für den katholischen Religionsunterricht. Dieser wird in erster Linie für die katholischen Kinder und Jugendlichen erteilt (vgl. cann. 11, 96, 217, 793, 798). Die katholische Schülerschaft wird zur Trias gezählt, die neben der katholischen Lehre und der katholischen Lehrerschaft den konfessionellen Charakter des katholischen Religionsunterrichts ausmacht[62].

Die Schülerinnen und Schüler kommen heute aus verschiedenen Lebens- und Familiensituationen, von unterschiedlichem sozialen und kulturellen Hintergrund. Es besuchen nicht nur gläubige Schülerinnen und Schüler, die aus einer gläubigen Familie kommen, den Religionsunterricht, sondern auch solche, die nicht glauben oder im Glauben verunsichert sind. Für viele Kinder und Jugendliche ist der Religionsunterricht der einzige Ort, an dem sie der christlichen Botschaft über eine längere Zeit begegnen. In ihnen allen soll der Lehrer durch ein erzieherisches Verhältnis, das reich an Freundschaft und Dialog ist, das Interesse am Fach wecken und ihr leidenschaftliches Suchen nach Wahrheit motivieren[63].

4.5.1 Die Verpflichtung zur Teilnahme

An den katholischen Schulen in freier Trägerschaft sind die katholischen Schülerinnen und Schüler grundsätzlich verpflichtet, am Religionsunterricht teilzunehmen[64]. An den öffentlichen Schulen jedoch, in denen katholischer Religionsunterricht erteilt wird, haben in den meisten europäischen Ländern die Schüler oder ihre Erziehungsberechtigten das Recht, sich aus Gewissensgründen vom Religionsunterricht abzumelden oder sich zum Unterricht anzumelden. In der Regel nimmt eine grosse Zahl der Kinder und Jugendlichen am Unterricht teil[65].

In der bereits mehrfach genannten Audienzansprache ermuntert Johannes Paul II. die katholischen Eltern, für ihre Kinder den Religi-

---

[62] Vgl. dazu die unter 2.2 zitierte Stelle von *Comm.* 20 (1988) 179; *Die bildende Kraft des Religionsunterrichts*, 5.3.2 (Konfessionalität der Schülerinnen und Schüler); H. MUSSINGHOFF, *MK*, vor 804/1 und 804/1.

[63] Vgl. JOHANNES PAUL II., Audienzansprache vom 15. April 1991, Punkt 4; ID., Ansprache an die Bischöfe aus Süddeutschland, Punkt 6. Vgl. dazu auch can. 779, der für den katechetischen Unterricht auf die Anlagen und Fähigkeiten, das Alter und die Lebensbedingungen der Gläubigen hinweist.

[64] H. MUSSINGHOFF, *MK*, vor 804/3-4.

[65] R. ILGNER, «Zur Situation des Religionsunterrichts», 22; H. MUSSINGHOFF, *MK*, vor 804/3-4; G. FELICIANI, «L'insegnamento della religione cattolica», 26-27.

onsunterricht zu wählen und mit den Religionslehrern und den Kindern zusammenzuarbeiten, damit der Unterricht einen guten Erfolg hat[66].

4.5.2 Die Teilnahme nichtkatholischer Kinder

Können auch nichtkatholische Kinder am Unterricht teilnehmen? Zugunsten ihrer Teilnahme würde der universale Verkündigungs- und Erziehungsauftrag der Kirche sprechen. Dieser Auftrag der Kirche kommt in verschiedenen Stellen des II. Vatikanischen Konzils und des *CIC* zum Ausdruck.

So kommt der Kirche nach can. 794 § 1 in besonderer Weise «Pflicht und Recht zur Erziehung zu; denn ihr ist es von Gott aufgetragen, den Menschen zu helfen, dass sie zur Fülle des christlichen Lebens zu gelangen vermögen.» Zu den Quellen dieses Kanons gehört die Einleitung zu GE und GE 3. Nach diesen Stellen hat die Kirche die Aufgabe, allen Menschen den Heilsweg zu verkünden und den Gläubigen zu helfen, zur Fülle des Lebens Christi zu gelangen.

CD 13 enthält im letzten Absatz die verschiedenen Mittel der Verkündigung, denen wir bereits begegnet sind (vgl. can. 761). Im ersten Absatz von CD 13 kommt die Sorge der Kirche um alle Menschen zum Ausdruck.

Die Kirche ist zu allen Völkern und zu allen Menschen gesandt (vgl. Mt 28,19; cann. 204 §1 und 747). Die göttliche Heilsbotschaft soll durch die Gläubigen immer mehr zu allen Menschen auf der ganzen Welt gelangen (can. 211)[67].

Ist der katholische Religionsunterricht nicht auch ein mögliches Mittel der Verkündigung für nichtkatholische Kinder und Jugendliche? Auch sie suchen eine Antwort auf die tiefen Sinnfragen des Lebens.

Die Zulassung nichtkatholischer Kinder und Jugendlicher darf aber nicht zu einer Verfremdung oder Umfunktionierung des katholischen Religionsunterrichtes führen[68]. Der katholische Religionsunterricht ist grundsätzlich für die katholischen Kinder und Jugendliche bestimmt. Nach den Worten von Johannes Paul II. haben sie ein Recht, ihre Religion im Unterricht wahrheitsgemäss und zuverlässig kennenzulernen. Dieses ihr Recht darf nicht beeinträchtigt werden. Der konfessionelle Charakter des Unterrichtes ist «eine unverzichtbare Garantie für die

---

[66] JOHANNES PAUL II., Audienzansprache vom 15. April 1991, Punkt 7.
[67] Vgl. auch cann. 206 und 787 und weitere unter Punkt 3.5 zitierte Stellen.
[68] H. MUSSINGHOFF, *MK*, vor 804/1-2. Vgl. auch *Die bildende Kraft des Religionsunterrichts*, 7.2 (Teilnahme konfessionsfremder und konfessionsloser Schülerinnen und Schüler am Religionsunterricht).

Familien und Schüler, die sich für diesen Unterricht entscheiden»[69]. Katholischer Religionsunterricht ist nicht ein inter- oder überkonfessioneller Religionsunterricht[70].

4.6 *Mittel und Einrichtungen*

In can. 793 § 1 werden allgemein «Mittel und Einrichtungen» («media et instituta») genannt, die den Eltern in der katholischen Erziehung ihrer Kinder helfen. Der Konzilstext GE 4 nennt als solche Hilfsmittel die katechetische Unterweisung, die sozialen Kommunikationsmittel, Vereinigungen und vor allem die Schulen. Die Bedeutung der Schule wird dann in GE 5-9 dargelegt. In GE 7 wird auf den Dienst (*ministerium*) der Priester und Laien, die den katholischen Kindern und Jugendlichen an nichtkatholischen Schulen die Heilslehre vermitteln, hingewiesen.

4.6.1 Schulen

a) Gestützt auf die Konzilslehre geht das III. Buch *CIC* im I. Kapitel des III. Titels (über die katholische Erziehung) auf die Schulen ein. In ihnen soll für die katholische Erziehung der Kinder gesorgt werden (cann. 796 § 1, 798, 799; GE 4-9). Dies betrifft grundsätzlich nicht nur katholische Schulen, sondern auch nichtkatholische Schulen[71]. So handeln die cann. 796-799 ganz allgemein von den Schulen, bevor die folgenden cann. 800-803 auf die katholischen Schulen eingehen. Can. 804 spricht vom Religionsunterricht in *Schulen jeglicher Art* (§ 1), auch den *nichtkatholischen* (§ 2). Zu diesen gehören die öffentlichen oder staatlichen Schulen[72].

So wie zur wahren Erziehung die religiöse Dimension gehört (vgl. can. 795), so sollte nach kirchlicher Auffassung in der schulischen Unterweisung und Erziehung für die religiöse Ausbildung der Kinder

---

[69] JOHANNES PAUL II., Audienzansprache vom 15. April 1991, Punkt 5.

[70] Vgl. *Direktorium zur Ausführung der Prinzipien und Normen über den Ökumenismus*, Punkt 189; H. MUSSINGHOFF, *MK*, vor 804/1-2 und 804/1-2.

[71] Die neue kirchliche Gesetzgebung trägt den veränderten Zeitverhältnissen Rechnung. In can. 1374/*CIC* 1917 fand sich noch die Vorschrift, dass die katholischen Kinder nichtkatholische, neutrale oder gemischte Schulen, die auch Nichtkatholiken offenstehen, nicht besuchen sollten. Vgl. H. MUSSINGHOFF, *MK*, 798/1.

[72] In der Literatur finden sich beide Bezeichnungen, die jedoch nicht von allen auf gleiche Weise gebraucht werden. Vgl. dazu F.E. ADAMI, «Brevi note», 79-80, 80 Fn. 3. In der vorliegenden Arbeit werden beide Ausdrücke als gleichbedeutend verwendet.

und Jugendlichen gesorgt werden. So schreibt Johannes Paul II. in einem Brief:

> Die ganzheitliche Bildung des Menschen darf keineswegs von der religiösen Dimension, die für die Person und ihre volle Würde wesentlich ist, absehen[73].

Die kirchliche Auffassung von Schule und Erziehung widerspricht einem staatlichen Monopol, nach dem allein der Staat und die herrschenden Personen, Parteien und Ideologien Art und Inhalt der schulischen Erziehung bestimmen[74].

Die cann. 804 und 805 über den katholischen Religionsunterricht befinden sich im III. Titel über die katholische Erziehung und dessen I. Kapitel über die Schulen[75]. Katholischer Religionsunterricht ist ein Schulfach. Die Aufgabe der religiösen katholischen Unterweisung und Erziehung der Schüler und Schülerinnen soll auf eine besondere Weise durch dieses Fach, das an Schulen jeglicher Art erteilt wird — auch an nichtkatholischen Schulen (vgl. can. 804) —, wahrgenommen werden[76].

Zur Gegenwart der Kirche in der Schule findet sich eine Stelle in GE 8, die auch für den katholischen Religionsunterricht gelten kann:

> Die Präsenz der Kirche im schulischen Bereich zeigt sich in besonderer Weise durch die katholische Schule. Diese verfolgt nicht weniger als andere Schulen die Bildungsziele und die menschliche Formung der Jugend. Ihre besondere Aufgabe aber ist es, einen Lebensraum zu schaffen, in dem der Geist der Freiheit und der Liebe des Evangeliums lebendig ist. Sie hilft dem jungen Menschen, seine Persönlichkeit zu entfalten und zugleich der neuen Schöpfung nach zu wachsen, die er durch die Taufe geworden ist.

---

[73] «L'educazione integrale dell'uomo non può infatti prescindere dalla dimensione religiosa, che è costitutiva della persona e della sua piena dignità.» JOHANNES PAUL II., Brief an Kardinal Poletti, 503.

[74] H. MUSSINGHOFF, *MK*, 796/1-2. Vgl. GE 6. Sarnataro zeigt auf, wie eine andere Auffassung in Italien aussieht: «Il mondo laico, i politici e gli studiosi di tale area, in genere ritengono che la presenza di un insegnamento religioso "confessionale", nel nostro caso cattolico, e la forza con cui la Chiesa rivendica tale presenza nella scuola, indicano chiaramente che essa è uno "spazio di Chiesa", un'attività estranea ai fini e ai compiti della scuola.» C. SARNATARO, *L'insegnamento della religione cattolica*, 216.

[75] Da die Kapitel II und III von den katholischen Universitäten, beziehungsweise von den kirchlichen Universitäten und Fakultäten handeln, fallen diese nicht unter den Begriff der Schule, wie er im I. Kapitel verstanden wird. *Comm.* 15 (1983) 100-101.

[76] Vgl. dazu CT 69 und *ADfK* 73, auf die in Kap. VII/4.3.3 Bezug genommen wird.

Trotz der Bedeutung, die der Religionsunterricht aus kirchlicher Sicht hat, wird die Erfahrung gemacht, dass der Unterricht in den Schulen nicht selten ein Rand- und Inseldasein führt und die Kinder nicht formend ergreift[77].

b) Für die Stellung der Religionslehrer und den Religionsunterricht selbst ist nicht unbedeutend, wie die Schule selbst gesehen wird. In bezug auf die katholische Schule brachte die Erklärung *Gravissimum educationis* (GE 8) eine entscheidende Wende: den Übergang von der Schule als Institution zur Schule als Gemeinschaft[78]. Zur Schulgemeinschaft gehören all jene, die unmittelbar in sie einbezogen sind:

> die Lehrkräfte, das Leitungs-, Verwaltungs- und Hilfspersonal, die Eltern, die als die unersetzlichen natürlichen Erzieher ihrer Kinder zentrale Gestalten sind, und die Schüler, die als wahre Hauptpersonen und aktive Subjekte des Erziehungsprozesses mitbeteiligt und mitverantwortlich sind[79].

Dieses Konzept ist heute auch für eine staatliche Schule nicht fremd. So wird z.B. gerade die staatliche Schule in Italien als eine Schulgemeinschaft (*comunità scolastica*) charakterisiert, die mit der grösseren sozialen und zivilen Gemeinschaft in Beziehung steht («che interagisce con la più vasta comunità sociale e civica»)[80].

In einer Schule als Gemeinschaft fällt es leichter, die Bedeutung und den Wert der religiösen Unterweisung und Erziehung anzuerkennen und ihr den Raum zu geben, der ihr — nach der Auffassung der Kirche — in der Ausbildung der Kinder und Jugendlichen zukommt.

4.6.2 Soziale Kommunikationsmittel

Die Bedeutung der sozialen Kommunikationsmittel in unserer Zeit kommt nicht nur im Konzilsdekret *Inter mirifica* (IM) zum Ausdruck, sondern auch im III. Buch *CIC*. Nach IM 3 hat die Kirche

> ein ursprüngliches Recht [*nativum ius*] darauf, jedes dieser sozialen Kommunikationsmittel zu benutzen und zu besitzen, soweit es für die christliche Erziehung und ihr Wirken am Heile der Seelen notwendig und nützlich ist.

---

[77] Vgl. H. MUSSINGHOFF, *MK*, 802/1.
[78] *Die religiöse Dimension der Erziehung*, Punkt 31.
[79] *Die religiöse Dimension der Erziehung*, Punkt 32. Vgl. dazu *ADfK* 259.
[80] *Testo Unico*, Art. 3.1.

Nach den cann. 747 § 1, 761 und 822 gehören die sozialen Kommunikationsmittel zu den Mitteln, welche die Kirche in der Verkündigung anwenden soll[81]. In can. 804 § 1 werden sie neben den Schulen als eigener Ort des Religionsunterrichts genannt[82]. Der IV. Titel des III. Buches ist eigens den sozialen Kommunikationsmitteln, insbesondere den Büchern, gewidmet[83]. In diesem Titel geht es u.a. um verschiedene soziale Kommunikationsmittel, die auch im Religionsunterricht verwendet werden[84].

5. Die Zuständigkeit der kirchlichen Autorität

Can. 804 § 1 enthält die grundlegende Bestimmung über die Zuständigkeit der kirchlichen Autorität für den katholischen Religionsunterricht:

Der kirchlichen Autorität unterstehen der katholische Religionsunterricht und die katholische religiöse Erziehung, die in den Schulen jeglicher Art vermittelt oder in den verschiedenen sozialen Kommunikationsmitteln geleistet werden; Aufgabe der Bischofskonferenz ist es, für dieses Tätigkeitsfeld allgemeine Normen zu erlassen, und Aufgabe des Diözesanbischofs ist es, diesen Bereich zu regeln und zu überwachen[85].

Unter kirchlicher Autorität sind grundsätzlich die höchste Autorität der Kirche, der Papst und das Bischofskollegium, und die in den Teilkirchen eingesetzte Autorität, der Diözesanbischof (can. 381), und nach Massgabe des Rechts die Bischofskonferenzen (cann. 447, 455 § 1) zu verstehen[86]. Die letzten beiden werden in can. 804 § 1 ausdrücklich genannt.

Die kirchliche Autorität ist auch auf einem Gebiet zuständig, das u.a. für den Religionsunterricht von Bedeutung ist: die sozialen Kommunikationsmittel, die zur Erfüllung der Aufgabe der Kirche dienen, insbe-

---

[81] Vgl. dazu V. DE PAOLIS, «La funzione di insegnamento», 1210-1212.
[82] Anlass zu dieser Einfügung mag in der Redaktion des Kanons die Feststellung gewesen sein, dass in südamerikanischen Ländern überregionale Radioschulen Religionsunterricht ausstrahlen. *Comm.* 20 (1988) 127.
[83] Vgl. dazu V. DE PAOLIS, «La funzione di insegnamento», 1207-1208.
[84] Vgl. G. STAUDIGL, «Medien», 228-229.
[85] Vgl. can. 1381 §§ 1.2/*CIC* 1917: «Religiosa iuventutis institutio in scholis quibuslibet auctoritati et inspectioni Ecclesiae subiicitur. Ordinariis locorum ius et officium est vigilandi ne in quibusvis scholis sui territorii quidquam contra fidem vel bonos mores tradatur aut fiat.»
[86] Vgl. dazu vor can. 330 Sektion I (Die höchste Autorität der Kirche) und vor can. 368 Titel I (Teilkirchen und die in ihnen eingesetzte Autorität). Vgl. dazu G. FELICIANI, «L'insegnamento della religione cattolica», 25-26.

sondere zur Verkündigung (vgl. cann. 747 § 1, 823 § 1). Die dafür geltenden Bestimmungen finden sich im IV. Titel des III. Buches *CIC*[87].

Die Zuständigkeit der kirchlichen Autorität für den katholischen Religionsunterricht kommt auf der Ebene der Gesamtkirche und auf der Ebene der Teilkirchen zum Tragen.

5.1 Auf der Ebene der Gesamtkirche

Auf der Ebene der Gesamtkirche bildet der *CIC* die Grundlage für die kirchenrechtliche Ordnung des katholischen Religionsunterrichts, insbesondere die cann. 761, 804 und 805[88].

Aufgrund der Zuständigkeit der kirchlichen Autorität sind verschiedene nachkonziliäre päpstliche Schreiben, die für Katechese und Religionsunterricht wichtig sind, erlassen worden. Dazu gehören das Apostolische Schreiben *Evangelii nuntiandi* von Paul VI. über die Evangelisierung in der Welt von heute (1975) und die Apostolischen Schreiben von Johannes Paul II. *Catechesi Tradendae* über die Katechese in unserer Zeit (1979) und *Christifideles laici* über die Berufung und Sendung der Laien in Kirche und Welt (1988). Mit dem Apostolischen Schreiben *Laetamur magnopere* vom 15. August 1997 promulgierte Johannes Paul II. die lateinische Ausgabe des Katechismus der katholischen Kirche.

Für Fragen, die auch die Katechese und den Religionsunterricht betreffen, sind gemäss der Apostolischen Konstitution *Pastor bonus* besonders folgende Dikasterien der römischen Kurie (vgl. cann. 360, 361) zuständig: die Kongregation für die Glaubenslehre bezüglich der Glaubens- und Sittenlehre (Art. 48); die Kongregation für den Klerus für die Förderung der religiösen Bildung der Gläubigen und die Katechese (Art. 94); die Kongregation für die Seminare und die Studieneinrichtungen für die katholische Erziehung und die katholischen Schulen (Art. 112, 114, 115).

In nachkonziliärer Zeit sind von der römischen Kurie folgende Dokumente, die auch für den Religionsunterricht von Bedeutung sind, herausgegeben worden: das *Allgemeine Katechetische Direktorium* der Kongregation für den Klerus (1971), die Erklärung der Kongregation

---

[87] Dieser Titel enthält die Gesetzgebung, die die Erlaubnis oder Genehmigung zur Herausgabe von Büchern (cann. 824-830) und die Erlaubnis zur Ausübung des Apostolats durch soziale Kommunikationsmittel (cann. 831 und 832) betrifft. Vgl. dazu V. DE PAOLIS, «La funzione di insegnamento», 1207-1208; ID., «La funzione di insegnamento nel Codice», 457-458.

[88] Vgl. dazu W. REES, *Der Religionsunterricht*, 164-193.

für das katholische Bildungswesen *Zur katholischen Schule* (1977)[89], das Dokument *Der katholische Laie — Zeuge des Glaubens in der Schule* von derselben Kongregation (1982), das Dokument *Die religiöse Dimension der Erziehung in der katholischen Schule* von der Kongregation für das katholische Erziehungswesen (1988) und die *Instruktion über einige Aspekte des Gebrauchs der sozialen Kommunikationsmittel bei der Förderung der Glaubenslehre* von der Kongregation für die Glaubenslehre (1992) sowie das *Allgemeine Direktorium für die Katechese* von der Kongregation für den Klerus (1997).

5.2 Auf der Ebene der Teilkirche

Nach can. 804 § 1 ist es Aufgabe der Bischofskonferenz, «für dieses Tätigkeitsfeld allgemeine Normen zu erlassen», und Aufgabe des Diözesanbischofs, «diesen Bereich zu regeln und zu überwachen.»

Das Tätigkeitsfeld umfasst den katholischen Religionsunterricht und die katholische religiöse Erziehung, die in den Schulen und durch soziale Kommunikationsmittel vermittelt wird. Die Bischofskonferenz wird durch diese Norm ermächtigt und beauftragt (vgl. can. 455 § 1), für diesen Bereich allgemeine Normen zu erlassen und somit allgemeine Dekrete nach den cann. 29 und 30[90]. Zu den allgemeinen Dekreten der Bischofskonferenz kann der Diözesanbischof für seine Diözese ausführende Normen erlassen (vgl. cann. 381, 804 § 1)[91].

In der Redaktion dieses Kanons wurde sowohl der Bischofskonferenz wie dem Ortsordinarius die Aufgabe zugewiesen, diesen Bereich zu regeln und zu überwachen. So hiess es in can. 13 § 1:

> Ecclesiae auctoritati subiicitur institutio et educatio iuventutis religiosa catholica quae in quibuslibet scholis sicut et quae variis communicationis socialis instrumentis procuratur; in specie Episcoporum Conferentiarum et locorum Ordinariorum est eandem ordinare atque in eandem invigilare[92].

Can. 804 § 1 sagt nur noch, dass der Diözesanbischof (nicht mehr der «Ortsordinarius») diesen Bereich regeln und überwachen soll[93].

Neben can. 804 § 1 gibt es eine Anzahl von Kanones, die einzelne Kompetenzen der Bischofskonferenz und des Diözesanbischofs, bezie-

---

[89] In dieser Erklärung geht es in den Punkten 49-52 um den Religionsunterricht an katholischen Schulen.
[90] Vgl. dazu G. GHIRLANDA, «De Episcoporum Conferentia», 589-596.
[91] Vgl. dazu G. FELICIANI, «L'insegnamento della religione cattolica», 25-26.
[92] *Comm.* 20 (1988) 227.
[93] Vgl. dazu die cann. 386, 392, 804 § 2, 805 und 806.

hungsweise des Ortsordinarius in diesem Bereich betreffen. Einzelne dieser Bestimmungen beziehen sich auf die sozialen Kommunikationsmittel, die auch im Religionsunterricht Verwendung finden.

5.2.1 Die Bischofskonferenzen

Die rechtliche Grundlage für die Tätigkeit der Bischofskonferenzen (vgl. cann. 447, 455 § 1) auf dem Gebiet des Religionsunterrichts und der katholischen religiösen Erziehung ist durch can. 804 § 1 gegeben[94].

Die Bischofskonferenz ist ausserdem zuständig bei der Herausgabe von Katechismen (can. 775 § 2), bei der Errichtung eines katechetischen Amtes (can. 775 § 3), auf dem Gebiet der sozialen Kommunikationsmittel (can. 823) und bei der Herausgabe der Hl. Schrift und ihrer Übersetzung in eine Landessprache (can. 825)[95].

Die in can. 804 § 1 grundgelegte Zuständigkeit der Bischofskonferenz für den katholischen Religionsunterricht führt v.a. auch zum Erlass entsprechender Dokumente. So hat z.B. die deutsche Bischofskonferenz (vor allem durch ihre Kommission für Erziehung und Schule) mehrere Dokumente herausgegeben, die den Religionsunterricht betreffen: *Zum Berufsbild und Selbstverständnis des Religionslehrers* (1983), *Kirchliche Anforderungen an die Studiengänge für das Lehramt in katholischer Religion* (1986), *Zur Spiritualität des Religionslehrers* (1987), *Zum Religionsunterricht an berufsbildenden Schulen* (1991), *Leitlinien zur Jugendpastoral* (1991), *Zum Religionsunterricht an Sonderschulen* (1992), *Bildung in Freiheit und Verantwortung* (1993), *Die bildende Kraft des Religionsunterrichts* (1996)[96].

Eine umfangreiche Tätigkeit entfaltet auch die italienische Bischofskonferenz. Rechtsgrundlage ihrer Tätigkeit bildet einerseits can. 804 § 1, sowie die in Punkt 5b des Zusatzprotokolls zur Übereinkunft

---

[94] Vgl. H. MUSSINGHOFF, *MK*, 804/2: «Lehrpläne und Lehrmittel für den katholischen Religionsunterricht, Programme für die katholische Erziehung, für Verkündigungs- und katholische Unterrichtssendungen in Hörfunk und Fernsehen und entsprechende katholische Lehr- und Studienprogramme in den Print-Medien unterliegen grundsätzlich dieser allgemeinen Normierungskompetenz der Bischofskonferenz.»

[95] Die cann. 775 § 2, 823 und 825 § 1 bestimmen gleichzeitig die Zuständigkeit des Apostolischen Stuhles auf diesem Gebiet.

[96] Vgl. *Die bildende Kraft des Religionsunterrichts*, Anhang (zu weiteren Erklärungen der deutschen Bischöfe zum Religionsunterricht). Ein Grundlagendokument nach dem Konzil bildete in Deutschland der Beschluss *Der Religionsunterricht in der Schule*, der von der Gemeinsamen Synode der Bistümer in der Bundesrepublik 1974 verabschiedet worden ist. Vgl. dazu W. NASTAINCZYK, «Der Synodenbeschluss», 13-25.

zwischen dem Hl. Stuhl und der italienischen Republik vorgesehenen Kompetenzen[97], die zum Abschluss zweier Übereinkünfte (*Intese* von 1985 und 1990) zwischen der italienischen Bischofskonferenz und dem italienischen Unterrichtsministerium führten[98].

5.2.2 Der Diözesanbischof bzw. der Ortsordinarius

Für die Zuständigkeit des Diözesanbischofs gelten besonders folgende Kanones: can. 804 §1 (Regelung und Überwachung dieses Bereichs); cann. 804 § 2 und 805 (bezüglich der Bestellung und Abberufung der Religionslehrer); cann. 386, 392 und 397 (allgemeines Aufsichts- und Visitationsrecht); can. 775 § 1 (hinsichtlich der Katechese, besonders katechetischer Hilfsmittel); can. 806 (Aufsichts- und Visitationsrecht über die katholischen Schulen); cann. 823 und 824 (hinsichtlich der sozialen Kommunikationsmittel, besonders der Schriften); can. 827 (hinsichtlich der Katechismen und der Unterrichtstexte)[99].

Dem Diözesanbischof steht nach can. 804 § 1 eine eigentliche Regelungsbefugnis zu (vgl. can. 381 § 1). Diese ist jedoch im Rahmen der kirchenrechtlichen Normen sowie gegebenenfalls der konkordatarischen Bestimmungen (vgl. can. 3) auf diesem Gebiet auszuüben (vgl. can. 135 § 2)[100].

Die cann. 804 § 2, 805, 806 § 2, 824 § 1 und 827 § 1 sprechen vom Ortsordinarius (can. 134 § 2). Auf diese Weise können z.B. in einer Diözese ein Generalvikar oder Bischofsvikar die entsprechenden Aufgaben wahrnehmen[101].

6. Der katholische Religionsunterricht an den staatlichen Schulen

Bestimmte Fragen, die den katholischen Religionsunterricht an staatlichen Schulen betreffen, gehören zu den Angelegenheiten, die in die

---

[97] Vgl. *Accordo*, Art. 9.2, *Protocollo addizionale* 5.b).

[98] Vgl. G. FELICIANI, «L'insegnamento della religione cattolica», 25; C. MIRABELLI, «L'insegnamento della religione cattolica», 42-46.

[99] Vgl. dazu H. MUSSINGHOFF, *MK*, 804/2: «Was für die kirchliche Katechese gilt, ist entsprechend auf den schulischen Religionsunterricht anzuwenden: danach soll der Diözesanbischof geeignete Lehr- und Lernmittel für den Religionsunterricht bereitstellen bzw. genehmigen, gegebenenfalls einen eigenen Katechismus herausgeben und katechetische Vorhaben pflegen und koordinieren (775 § 3; 827); er erteilt den Religionslehrern die *missio canonica* (805) und soll für deren fachliche und geistliche Bildung sorgen (804 § 2); er visitiert den Religionsunterricht.»

[100] Vgl. G. FELICIANI, «L'insegnamento della religione cattolica», 26.

[101] Vgl. G. FELICIANI, «L'insegnamento della religione cattolica», 26.

Zuständigkeit der Kirche[102] und des Staates fallen und entsprechend durch kirchliche und staatliche Normen bzw. durch staatskirchenrechtliche Bestimmungen geregelt werden[103]. In vielen Fällen sind diese Fragen Gegenstand eines Übereinkommens zwischen Kirche und Staat[104]. Ein Beispiel einer solchen Regelung findet sich in der Übereinkunft zwischen dem Hl. Stuhl und der italienischen Republik vom 18. Februar 1984[105].

Eine grundlegende Bestimmung zu solchen Übereinkommen findet sich in can. 3:

> Die Canones des Codex heben die vom Apostolischen Stuhl mit Nationen oder anderen politischen Gemeinschaften eingegangenen Vereinbarungen weder ganz noch teilweise auf; diese gelten daher wie bis jetzt fort ohne die geringste Einschränkung durch entgegenstehende Vorschriften dieses Codex.

Neben dem *CIC* gehören solche Übereinkommen zwischen Kirche und Staat zu den hauptsächlichen Rechtsquellen für den katholischen Religionsunterricht an den staatlichen Schulen in einem bestimmten Land[106]. In diesen Übereinkommen können anderslautende Bestimmungen getroffen werden als sie im *CIC* vorgesehen sind. Das heisst aber nicht, dass der *CIC* als Rechtsquelle ausgeschaltet ist. Der *CIC* enthält auf kirchlicher Seite die Grundnormen für den katholischen Religionsunterricht, der nach can. 804 § 1 der kirchlichen Leitung untersteht[107]. Die Übereinkommen zwischen Kirche und Staat sind ihrerseits notwendig, um der Kirche diesen Unterricht an den staatlichen Schulen zu ermöglichen. Schliesst die Kirche eine Übereinkunft mit einem Staat über den katholischen Religionsunterricht an staatlichen Schulen, so kommt gerade hierin die in can. 804 § 1 festgelegte Zuständigkeit der

---

[102] Die Zuständigkeit der Kirche für den katholischen Religionsunterricht beruht auf den bereits genannten grundlegenden Rechten und Pflichten, die sich auf die Verkündigung und katholische Erziehung beziehen (s. Punkte 3.1, 4.2 sowie u.a. die cann. 747 § 1, 794 § 1 und 804). Vgl. JOHANNES PAUL II., Audienzansprache vom 15. April 1991, Punkt 8; G. FELICIANI, «L'insegnamento della religione cattolica», 23; H. MUSSINGHOFF, *MK*, 804/2.

[103] G. DALLA TORRE, *La questione scolastica*, 34-35 (s. Kap. I/2.2).

[104] Vgl. CT 69. Hierin verweist Johannes Paul II. darauf, dass der Religionsunterricht (*religiosa institutio*), der von der Kirche abhängt («quae ex Ecclesia pendet»), je nach Ländern aufgrund einer Abmachung mit den staatlichen Behörden über den Stundenplan angeboten werden kann.

[105] *Accordo*, Art. 9.2 und *Protocollo addizionale* 5.

[106] Vgl. dazu G. FELICIANI, «L'insegnamento della religione cattolica», 25.

[107] Vgl. G. DALLA TORRE, *La questione scolastica*, 35.

kirchlichen Autorität auch für diesen Unterricht zum Ausdruck[108]. In der Übereinkunft wird bestimmt, wie die Zuständigkeit der Kirche und des Staates in Bezug auf die geregelten Fragen zum Tragen kommen soll. So werden Grundsätze und Modalitäten festgelegt, die den Religionsunterricht an staatlichen Schulen betreffen, wie dies z.B. in der Übereinkunft zwischen dem Hl. Stuhl und der italienischen Republik geschieht[109].

Die Bestimmung über die Zuständigkeit der kirchlichen Autorität von can. 804 § 1 bildet auf kirchlicher Seite eine Grundlage für die Regelung zwischen Kirche und Staat. Die Grundsätze der cann. 761, 804 und 805 über den katholischen Religionsunterricht sind und bleiben für die Kirche von massgebender Bedeutung, wenn sie mit einem Staat ein Übereinkommen über den Religionsunterricht an staatlichen Schulen trifft. So kann die Kirche z.B. nicht davon absehen, dass im Religionsunterricht die christliche Lehre dargelegt wird (vgl. cann. 747 § 1, 761 und 804 § 1). Das zeigt sich am Beispiel der zwischen dem Hl. Stuhl und der italienischen Republik getroffenen Übereinkunft vom 18. Februar 1984[110].

Zwischen Kirche und Staat können Modalitäten festgelegt werden, welche die in den cann. 804 und 805 vorgesehenen spezifizieren oder davon abweichen. Dies kann z.B. für die Ernennung der Religionslehrer der Fall sein. So sieht z.B. Punkt 5.a) des Zusatzprotokolls (zur Übereinkunft zwischen dem Hl. Stuhl und der italienischen Republik) vor, dass der Religionsunterricht von Lehrern erteilt wird, die von der kirchlichen Autorität als geeignet anerkannt werden und die von der Schulbehörde (*autorità scolastica*) in Übereinstimmung (*d'intesa*) mit der kirchlichen Autorität ernannt werden (*nominati*)[111].

Die in den cann. 761, 804 und 805 enthaltenen Bestimmungen gelten also grundsätzlich auch für den katholischen Religionsunterricht an nichtkatholischen Schulen[112]. Der katholische Religionsunterricht an den staatlichen Schulen bedarf einer Ermöglichung durch den Staat. In einer diesbezüglichen Übereinkunft zwischen Kirche und Staat (vgl. can. 3) kommen auf kirchlicher Seite die in den cann. 761, 804 und 805

---

[108] Vgl. dazu G. FELICIANI, «L'insegnamento della religione cattolica», 25.

[109] *Accordo*, Art. 9.2, *Protocollo addizionale* 5.

[110] Hier wird festgelegt, dass es sich um den katholischen Religionsunterricht handelt (*Accordo*, Art. 9.2), der in Übereinstimmung mit der christlichen Lehre zu halten ist (*Protocollo addizionale* 5.a).

[111] *Accordo*, Art. 9.2 und *Protocollo addizionale* 5.a); vgl. G. FELICIANI, «L'insegnamento della religione cattolica», 27-28.

[112] Vgl. dazu G. FELICIANI, «L'insegnamento della religione cattolica», 25.

enthaltenen Grundsätze zur Anwendung, wobei für bestimmte Fragen (wie z.B. für die Ernennung der Religionslehrer) eigene Modalitäten vorgesehen werden können[113].

7. Die Bestellung der Lehrer

Ein weiteres Gebiet, bei dem die Zuständigkeit der kirchlichen Autorität zum Tragen kommt, ist die Bestellung der Religionslehrer. Dazu enthält der *CIC* zwei grundlegende Bestimmungen, die cann. 804 § 2 und 805. Die hier gegebene Übersicht wird im nächsten Kapitel vertieft.

7.1 Die zuständige Autorität

Nach can. 804 § 2 soll der Ortsordinarius darum bemüht sein, dass sich diejenigen, die zu Religionslehrern bestellt werden sollen, durch bestimmte Qualitäten auszeichnen. Can. 805 regelt die Zuständigkeit des Ortsordinarius in bezug auf die Beauftragung der Religionslehrer und gegebenenfalls ihre Abberufung. Die jeweils zuständige Autorität ist der Ortsordinarius; dieser ist insbesondere der Diözesanbischof, sowie die Generalvikare und die Bischofsvikare (can. 134 §§ 1,2).

In einem Entwurf zu can. 805 hatten die Bischofskonferenzen für die interdiözesanen Schulen und der Ortsordinarius für seine Diözese das Recht und die Pflicht, die Religionslehrer zu ernennen oder zu approbieren:

> Episcoporum Conferentiae pro scholis interdioecesanis sui territorii, et loci Ordinario pro sua dioecesi, ius est nominandi aut approbandi magistros religionis, itemque, si religionis morumve ratio id requirat, exigendi ut amoveantur[114].

In der Folge wurde die Bestimmung über die Bischofskonferenzen weggelassen[115].

7.2 Der Auftrag an den Ortsordinarius

In can. 804 § 2 wird dem Ortsordinarius ein Auftrag gegeben. Er soll darum bemüht sein (*sollicitus sit*), dass sich diejenigen, die zu Religionslehrern bestellt werden, durch Rechtgläubigkeit, durch ein christliches Leben und erzieherisches Geschick auszeichnen. Diese «Sorge»

---

[113] Vgl. auch C. J. ERRÁZURIZ M., *Il «munus docendi Ecclesiae»*, 268 Fn. 178.
[114] Can.761 nach dem *Schema Codicis Iuris Canonici* von 1980.
[115] *Comm.* 15 (1983) 101-102.

des Ortsordinarius, besonders des Diözesanbischofs bezieht sich zunächst auf den Moment der Beauftragung, in dem er sich über das Vorliegen dieser Voraussetzungen vergewissern muss. Sie bezieht sich sodann auch auf die Zeit der Ausbildung der Religionslehrer und auf die Zeit ihrer Lehrtätigkeit. Diese dem Ortsordinarius anvertraute Sorge (*sollicitudo*) kommt besonders bei der Förderung der Berufungen (vgl. can. 385), bei der Ausbildung der Religionslehrer und ihrer Fortbildung (vgl. cann. 229, 780), bei ihrer geistlichen Begleitung, beim Gespräch mit ihnen und durch die Einladung zur Mitarbeit in der Gemeinde zum Tragen[116].

7.3 *Die Beauftragung*

Nach den cann. 804 § 2 und 805 bedürfen die Religionslehrer einer besonderen Beauftragung, um katholischen Religionsunterricht erteilen zu können. Can. 804 § 2 spricht allgemein von den Voraussetzungen, die jene haben sollen, die zu Religionslehrern bestellt werden sollen (*deputentur*). Nach can. 805 hat der Ortsordinarius das Recht, die Religionslehrer zu ernennen bzw. zu approbieren («nominandi aut approbandi») und sie gegebenenfalls abzuberufen bzw. ihrer Abberufung zu fordern («amovendi aut exigendi ut amoveantur»). Die Kanones sprechen also von der Bestellung (*deputatio*) von Religionslehrern, von ihrer Ernennung (*nominatio*) bzw. Approbation (*approbatio*) sowie von ihrer Abberufung (*amotio*).

In can. 805 sind zwei Formen der Beauftragung vorgesehen: die Ernennung sowie die Approbation, die beide dem Ortsordinarius zustehen. Die beiden Formen waren notwendig, weil es in den cann. 804 und 805 um den Religionsunterricht an allen Schulen geht — auch an den nichtkatholischen. Die Ernennung ist grundsätzlich für die Religionslehrer an katholischen Schulen (vgl. can. 803) bestimmt, die Approbation für die Religionslehrer an nichtkatholischen Schulen. In entsprechender Weise sieht can. 805 zwei Formen der Abberufung der Religionslehrer vor. Dem Ortsordinarius steht es gegebenenfalls zu, die Religionslehrer abzuberufen beziehungsweise ihre Abberufung zu fordern[117].

Die cann. 804 und 805 sagen im Unterschied zu can. 1373/*CIC* 1917 nichts mehr darüber, ob der Religionslehrer ein Kleriker oder Laie sein

---

[116] *Der katholische Laie*, 60-80; *Zum Berufsbild und Selbstverständnis des Religionslehrers*, 31-34; H. MUSSINGHOFF, *MK*, 804/3; vgl. G. FELICIANI, «L'insegnamento della religione cattolica», 28.
[117] H. MUSSINGHOFF, *MK*, 805/1-2.

soll[118]. Es können sowohl Laien wie auch Kleriker Religionslehrer sein (*magistri religionis*). Gerade die Laien, Männer und Frauen, sind zu diesem Dienst gerufen. Diese ihre Arbeit ist eine hervorragende Art des Laienapostolats[119].

7.4 Voraussetzungen

Can. 804 § 2 nennt drei Merkmale, welche die auszeichnen sollen, die zu Religionslehrer bestellt werden: Rechtgläubigkeit, das Zeugnis christlichen Lebens und pädagogisches Geschick[120]. Nach can. 805 kann ein Religionslehrer aus religiösen oder sittlichen Gründen abberufen werden[121]. Diese Eigenschaften sind für einen wirksamen Religionsunterricht erforderlich.

Die Kinder und Jugendlichen haben ein Recht, dass ihnen im katholischen Religionsunterricht die christliche Lehre unverkürzt und zuverlässig vermittelt wird[122]. Die Rechtgläubigkeit des Religionslehrers trägt wesentlich dazu bei.

In kirchlichen Dokumenten wird immer wieder darauf hingewiesen, dass das Zeugnis christlichen Lebens für die Verkündigung, besonders auch für die Katechese und den Religionsunterricht von entscheidender Bedeutung ist[123]. Die christliche Lehre und das christliche Leben sind nicht voneinander zu trennen. Ohne das Zeugnis christlichen Lebens wird es schwer, den Kindern und Jugendlichen die christliche Lehre glaubwürdig zu vermitteln (vgl. CT 35).

---

[118] Can. 1373/*CIC* 1917: § 1. «In qualibet elementaria schola, pueris pro eorum aetate tradenda est institutio religiosa. § 2. Iuventus, quae medias vel superiores scholas frequentat, pleniore religionis doctrina excolatur, et locorum Ordinarii curent ut id fiat per sacerdotes zelo et doctrina praestantes.» Paragraph 2 sah also vor, dass die Religionslehrer an höheren Schulen Priester seien.

[119] AA 30, *Der katholische Laie*, 57-58, CT 66, H. MUSSINGHOFF, *MK*, vor 747/3f.

[120] Im Entwurf dieses Kanons finden sich noch teilweise Ausdrücke vom oben zitierten can. 1373 § 2/*CIC* 1917. So lautete can. 12 § 2: «Locorum Ordinarii solliciti quoque sint scholarum non catholicarum sui territorii, curantes praesertim ut qui ad religionis institutionem in iisdem deputentur magistri, zelo, doctrina et arte paedagogica sint praestantes.» *Comm.* 20 (1988) 256.

[121] Vgl. can. 1381 § 3/*CIC* 1917: «Eisdem similiter ius est approbandi religionis magistros et libros; itemque, religionis morumque causa, exigendi ut tum magistri tum libri removeantur.»

[122] Vgl. JOHANNES PAUL II., Audienzansprache vom 15. April 1991, Punkt 5.

[123] CT 35; EN 41.46.76; *Der katholische Laie*, 32-33; *Zum Berufsbild und Selbstverständnis des Religionslehrers*, 24-27.

Das pädagogische Geschick des Religionslehrers ist gleicherweise für das Gelingen des Unterrichts wichtig. Kinder und Jugendliche sollen mit Freude und Interesse am Unterricht teilnehmen können[124].

Eine weitere Voraussetzung, die in can. 804 § 2 zwar nicht genannt wird, die aber von der Natur der Sache gefordert ist, bildet die Fachkenntnis der Religionslehrer[125]. Johannes Paul II. verweist darauf, dass die Fachkenntnis der Religionslehrer mit der der anderen Lehrer auf gleicher Stufe steht und noch wertvoller wird durch die Art des erzieherischen Beitrags, den das Fach von ihnen fordert[126].

Nach can. 805 bedarf es religiöser oder sittlicher Gründe, damit der Religionslehrer abberufen werden kann. Dies sind weit gefasste Gründe. Nach Mussinghoff dürfen es nicht pädagogisch-didaktische Gründe sein[127]. Anderer Ansicht ist Feliciani[128]. Da das pädagogische Geschick für die Darlegung der christlichen Lehre grundlegend ist und beide nicht voneinander getrennt sind (s. 4.1), ist eine Abberufung aus pädagogischen Gründen zu bejahen.

7.5 Rechte und Pflichten des Religionslehrers

Neben den cann. 804 und 805 gibt es im *CIC* eine ganze Reihe von Kanones, die die Religionslehrer an katholischen sowie an nichtkatholischen Schulen betreffen[129]. So gelten u.a. folgende Rechte und Pflichten für die Religionslehrer: das Recht und die Pflicht zur Ausbildung und Fortbildung (cann. 229 §§ 1 und 2, 231 § 1; vgl. can. 780); das Recht der Laien auf eine angemessene Vergütung (can. 231 § 2)[130]; das Recht, Vereinigungen zu gründen (cann. 215, 278, 298, 299); die Pflicht zur Zusammenarbeit mit den Eltern der Kinder (can. 796 § 2); das Recht der Meinungsäußerung (cann. 212 § 3, 218 und 227; CT 6).

---

[124] Vgl. JOHANNES PAUL II., Audienzansprache vom 15. April 1991, Punkt 4; H. MUSSINGHOFF, *MK*, 804/3; J. HEPP, «Der/die Religionslehrer/in», 160-168 (der Religionslehrer als Fachmann, als Pädagoge, als Christ und als Zeuge).

[125] Vgl. dazu die cann. 229, 231 § 1, 780.

[126] JOHANNES PAUL II., Audienzansprache vom 15. April 1991, Punkt 6.

[127] H. MUSSINGHOFF, *MK*, 805/2 (mit Beispielen).

[128] G. FELICIANI, L'insegnamento della religione cattolica, 28 («La formula "motivi di religione o di costumi" appare talmente ampia da ricomprendere questa fattispecie, poiché un insegnamento della religione cattolica impartito da un docente gravemente carente sotto il profilo pedagogico non risponderebbe certo alle esigenze del *bonum religionis*»).

[129] Vgl. dazu G. FELICIANI, «L'insegnamento della religione cattolica», 29-30.

[130] Vgl. can. 281 für die Vergütung der Kleriker.

Für die Religionslehrer an staatlichen Schulen gelten auch die Bestimmungen des staatlichen Rechts — aber nicht ausschliesslich. Darauf macht Feliciani in bezug auf Italien aufmerksam. Es könne nicht die Auffassung geteilt werden, dass die Pflichten und Rechte der Religionslehrer nach erfolgter kirchlicher Anerkennung ihrer Eignung allein auf dem staatlichen Recht beruhen. Die kirchenrechtlichen Bestimmungen gelten auch für die Religionslehrer an den staatlichen Schulen, da sie eine eigentliche kirchliche Aufgabe ausüben[131].

7.6 *Zum Lehrer berufen*

Die Beauftragung der Religionslehrer ist mit einer Wirklichkeit verbunden, die für die Kirche und ihre Tätigkeit von grundlegender Bedeutung ist: die persönliche Berufung, die Gott selbst den Gläubigen zur Wahrnehmung einer bestimmten Aufgabe schenkt. Die folgenden Worte des Allgemeinen Direktoriums für die Katechese gelten nicht weniger für den Religionslehrer und die Religionslehrerin:

> Die Berufung des Laien zur Katechese entspringt dem Sakrament der Taufe und wird durch die Firmung gestärkt, Sakramente, durch die der Laie teilhat am «priesterlichen, prophetischen und königlichen Amt Christi»[132]. Über die gemeinsame Berufung zum Apostolat hinaus fühlen sich einzelne Laien von Gott innerlich dazu berufen, die Katechetenaufgabe wahrzunehmen. Die Kirche weckt und prüft diese göttliche Berufung und erteilt die Sendung, im Glauben zu unterweisen. So lädt der Herr Jesus Männer und Frauen auf eine besondere Weise ein, ihm, dem Lehrer und Ausbilder der Jünger, zu folgen. Dieser persönliche Ruf Jesu Christi und die Beziehung zu ihm sind die wahre Triebkraft des Wirkens des Katecheten[133].

Die Religionslehrer sind Lehrer — Lehrer der katholischen Religion, der christlichen Lehre (vgl. can. 761, 804). Das ist keine geringe Sache. Es geht um die Lehre Christi. Die Worte von Johannes Paul II. in CT 6, die sich an die Katecheten wenden, sind auch für den Religionslehrer und die Religionslehrerin bedenkenswert:

> Und Christus allein ist Lehrer, jeder andere nur in dem Masse, wie er Christi Wort weitergibt und es so Christus ermöglicht, durch seinen Mund zu lehren. Jeder Katechet — welchen Verantwortungsgrad er auch immer in der Kirche haben mag — muss daher ständig darum besorgt sein, durch seinen Unterricht und sein Verhalten die Lehre und das Leben Jesu selber

---

[131] G. FELICIANI, «L'insegnamento della religione cattolica», 29.
[132] AA 2b.
[133] *ADfK* 231.

hervortreten zu lassen. Er sucht die Aufmerksamkeit und Zustimmung von Herz und Verstand des Glaubensschülers keineswegs auf sich selber und die eigenen Meinungen festzulegen. Vor allem darf er seine persönlichen Meinungen und Wertungen nicht so aufdrängen, als wären diese die Lehre und die Lektionen aus dem Leben Christi. Jeder Katechet müsste auf sich selber die geheimnisvollen Worte Jesu anwenden können: «Meine Lehre stammt nicht von mir, sondern von dem, der mich gesandt hat»[134]. Dies tat auch der heilige Paulus, als er eine Frage von grösster Wichtigkeit behandelte: «Ich habe vom Herrn empfangen, was ich euch überliefert habe»[135]. Welch ständigen Umgang mit dem Wort Gottes, wie es vom Lehramt der Kirche überliefert wird, welch inniges Verhältnis zu Christus und zum Vater, welchen Gebetsgeist und wieviel Selbstlosigkeit muss der Katechet haben, um sagen zu können: «Meine Lehre stammt nicht von mir!».

In der Wahrnehmung ihrer Tätigkeit sind die Religionslehrer nicht allein gelassen. Am Ende des Apostolischen Schreibens *Catechesi Tradendae* wendet sich Johannes Paul II. dem zu, «der die innere Triebkraft aller katechetischer Tätigkeit ist und in allen wirkt, die sie ausüben: der Geist des Vaters und des Sohnes, der Heilige Geist»[136]. Der Geist ist der Kirche und jedem Gläubigen verheissen als ein innerer Lehrer, der das verstehen lässt, was man gehört hat, aber noch nicht fassen konnte[137]. Er macht die Jünger zu Zeugen für Christus[138]. Die Gläubigen, die die Aufgabe haben zu lehren, sollen diesen inneren Lehrer nicht vergessen:

> Ständig diesen Geist anrufen, in Gemeinschaft mit ihm bleiben, sich bemühen, seine wahren Anregungen zu erkennen, das muss die Grundhaltung der lehrenden Kirche und jedes Katecheten sein[139].

---

[134] Joh 7,16.
[135] 1 Kor 11,23.
[136] CT 72. Nach CT 69 gehört der Religionsunterricht zu dieser katechetischen Tätigkeit im weiten Sinn (s. Kap. VII/4.3.3).
[137] Vgl. Joh 14,26 und 16,13.
[138] Vgl. Joh 15,26-27.
[139] CT 72. Vgl. dazu auch *ADfK* 288.

KAPITEL VII

Der Auftrag der Kirche

In Kapitel V wurde der Religionsunterricht als eine Aufgabe der Kirche in der Welt von heute dargestellt. An dieser Aufgabe erhalten die Gläubigen Anteil. Sowohl Laien wie auch Kleriker werden zu Religionslehrern *bestellt* (can. 804 § 2), sie werden von der zuständigen kirchlichen Autorität zu Religionslehrern *ernannt* oder als solche *bestätigt* (vgl. can. 805). Die Frage der Beauftragung der Religionslehrer ist unmittelbar mit dem kirchenrechtlichen Charakter des Religionsunterrichts verbunden. Der katholische Religionsunterricht wird nach den cann. 804 und 805 im Auftrag der Kirche erteilt.

1. Bestellen, ernennen, bestätigen und abberufen

Die cann. 804 § 2 und 805 verwenden vier Verben, von denen sich drei auf den Beginn und eines auf das Ende der Tätigkeit der Religionslehrer beziehen: bestellen, ernennen, bestätigen und abberufen. Wie werden diese Bezeichnungen im *CIC* verwendet?

1.1 *Bestellen (deputare)*

Die Worte *deputare* bzw. *deputatio* finden sich im *CIC* in einer Vielzahl von Stellen[1]. Hierbei kommen interessante Aspekte zum Vorschein.

---

[1] Cann. 173 § 1 (die *Bestellung* von Wahlprüfern), 225 § 1 (die Laien sind wie alle Gläubigen durch die Taufe und die Firmung zum Apostolat von Gott *bestimmt*), 230 § 2 (eine zeitlich begrenzte *Beauftragung* von Laien, bei liturgischen Handlungen die Aufgabe des Lektors zu erfüllen), 232 (die Ausbildung derer, die für die geistlichen Ämter *bestimmt sind*), 239 § 2 (die vom Bischof für die geistliche Begleitung von Seminaristen *bestellten* Priester), 346 § 1 (die kraft des für die Bischofssynode

Wie die kursiv hervorgehobenen Worte zeigen, wird *deputare* (bzw. *deputatio*) mit folgenden Worten ins Deutsche übersetzt: beauftragen, bestellen, bestimmen, abgeordnet werden, entsandt werden, berufen werden, ernennen. Eine Beauftragung, eine Entsendung, eine Berufung setzt immer jemanden voraus, der beauftragt, entsendet, beruft. Zudem ist es ein Auftrag, eine Sendung, eine Berufung, die an jemanden ergeht — zur Wahrnehmung einer bestimmten Aufgabe.

In bestimmten Kanones werden diejenigen genannt, die entsenden, die bestellen: Gott (can. 225 § 1), der Bischof (can. 239 § 2, 494 § 3), der Diözesanbischof (can. 539, 813), der Ortsordinarius (can. 861 § 2, 943). Zumeist ist es die kirchliche Autorität, die jemanden bestellt. In vielen Fällen wird jedoch nicht unmittelbar derjenige genannt, der bestellt. Doch geht dies zumeist aus dem Zusammenhang hervor. Das trifft auch für den Religionsunterricht zu: can. 804 § 1 spricht allgemein von der Bestellung der Religionslehrer, can. 805 von ihrer Ernennung oder Approbation durch den Ortsordinarius.

Wie erfolgt die Bestellung, die Sendung oder Berufung? Der Ausdruck *deputare* wird einerseits in Zusammenhang mit Sakramenten und andererseits in Zusammenhang mit verschiedenen Aufgaben, u.a. dem Kirchenamt verwendet. So sind die Gläubigen einerseits durch die Sakramente der Taufe und der Firmung zum Apostolat von Gott bestimmt (can. 225 § 1). Die Bestimmung, die durch das Sakrament der Weihe geschieht, kommt in can. 1008 zum Ausdruck. Die Sakramente sind gleichsam der Ursprung für die *allgemeine Bestimmung* der Gläu-

---

geltenden Rechtes *entsandten* Synodalen), 346 § 2 (die kraft ihres Amtes *entsandten* Synodalen), 363 § 2 (die in päpstlicher Mission als Delegaten oder Beobachter *abgeordnet werden*), 419, 421 § 2, 423 § 1, 425 §§ 1 und 3, 426, 436 § 1,3° (die *Bestellung* des Diözesanadministrators), 494 § 3 (die Anordnung von Ausgaben durch den Bischof oder durch andere von ihm dazu *Beauftragte*), 512 §§ 2, 3 (die Gläubigen, die für den Pastoralrat *bestellt werden*/in den Pastoralrat *berufen werden*), 539 (die *Ernennung* eines Pfarradministrators durch den Diözesanbischof), 791,2° (die *Bestellung* eines Priesters, der die Aufgabe hat, Vorhaben für die Missionen zu unterstützen), 813 (die durch den Diözesanbischof für die Studentenseelsorge auf Dauer *bestellten* Priester), 834 § 2 (der Gottesdienst, der im Namen der Kirche von rechtmässig dazu *beauftragten* Personen und durch Handlungen dargebracht wird, die von der kirchlichen Autorität anerkannt sind), 861 § 2 (der für die Aufgabe, die Taufe zu spenden, vom Ortsordinarius *bestimmt ist*), 910 § 2 (ein Gläubiger, der nach Massgabe von can. 230 § 3 *beauftragt ist*, die heilige Kommunion zu spenden), 943 (ein vom Ortsordinarius dazu *Beauftragter*, das Allerheiligste auszusetzen und einzusetzen), 1008 (die geistlichen Amtsträger werden ja dazu geweiht und *bestimmt*, je nach ihrer Weihestufe die Dienste des Lehrens, des Heiligens und des Leitens in der Person Christi wahrzunehmen), 1205 (die für den Gottesdienst oder das Begräbnis der Gläubigen durch Weihung oder Segnung *bestimmten* heiligen Orte).

bigen zur Wahrnehmung der Aufgaben, an denen sie als Laien oder als Kleriker Anteil erhalten (vgl. cann. 204 §1, 1008). Andererseits können die Gläubigen zu gewissen Aufgaben, u.a. zu einem Kirchenamt, durch eine Reihe verschiedener Rechtsakte (vgl. can. 124) bestellt werden — zumeist durch die kirchliche Autorität (vgl. cann. 239 § 2, 421 § 2, 494 § 3, 539, 813, 861 § 2, 943). Die Bestellung ist nach den entsprechenden Rechtsvorschriften vorzunehmen (vgl. cann. 124, 346 § 1, 834 § 2). So sieht z.B. can. 421 § 1 bei Vakanz des bischöflichen Stuhls die Wahl des Diözesanadministrators durch das Konsultorenkollegium vor. Dieses Bestellungsrecht geht nach can. 421 § 2 unter bestimmten Umständen auf den Metropoliten und allenfalls auf den dienstältesten Suffraganbischof über. Die Wahl ist eine Art, wie jemand zu einem Kirchenamt bestellt wird (vgl. cann. 146, 147, 164-179, 424). Für die Religionslehrer sieht can. 805 zwei Formen der Bestellung vor, die Ernennung und Approbation durch den Ortsordinarius.

An wen richtet sich die Sendung und Berufung zur Wahrnehmung einer Aufgabe: an die Gläubigen (can. 225 § 1, 512 §§ 2 und 3, 910 § 2), an die Laien (cann. 225 § 1, 230 § 2), an die Kleriker (cann. 239 § 2, 346, 425 § 1, 539, 791,2º, 813, 1008; vgl. can. 266 § 1). Hierbei geht es einerseits um eine allgemeine Bestimmung, an der alle Gläubigen, Laien wie auch Kleriker Anteil erhalten — wie z.B. can. 225 § 1 (die Bestellung zum Apostolat) — und andererseits um die Bestellung zu einer bestimmten Aufgabe, zu der einzelne Gläubige als Laien oder als Kleriker bestimmt werden — wie z.B. die Aufgabe des Lektors, die einem Laien übertragen werden kann (can. 230 § 2) oder das Amt des Diözesanadministrators, das einem Priester übertragen wird (vgl. cann. 421 und 425). In can. 804 § 1 ist allgemein von denjenigen die Rede, die zu Religionslehrern bestellt werden. Dies können Laien oder Kleriker sein.

Oft werden Voraussetzungen genannt, die gegeben sein müssen, damit jemand zu einer bestimmten Aufgabe bestellt werden kann — wie z.B. in can. 425[2]. In can. 804 § 1 werden Voraussetzungen genannt, die an die Religionslehrer gestellt werden.

Worin besteht die Aufgabe selbst, zu der jemand beauftragt wird? Diese wird einerseits ganz allgemein bezeichnet, wie z.B. das Apostolat in can. 225 § 1 oder die Dienste (*munera*) des Lehrens, des Heiligens und des Leitens, zu deren Wahrnehmung in der Person Christi jemand geweiht und bestimmt wird (can. 1008). Andererseits werden ganz

---

[2] Die in can. 425 § 1 genannten Bedingungen sind zur Gültigkeit der Bestellung erforderlich (vgl. cann. 10, 149).

bestimmte Aufgaben genannt, zu denen ein Gläubiger berufen und entsandt wird. Dies kann ein Kirchenamt sein, wie z.B. das Amt des Diözesanadministrators (can. 419). Durch die einzelnen konkreten Aufgaben, seien sie nun mit einem Kirchenamt verbunden oder nicht, werden die Dienste der Kirche wahrgenommen, insbesondere der Dienst der Verkündigung, der Heiligung, der Leitung und der Seelsorge. So erfüllt z.B. der Lektor einen Dienst der Verkündigung (vgl. cann. 230 § 2, 759).

Die *deputatio*, die Bestellung, Berufung oder Entsendung bezieht sich gerade auf die Wahrnehmung bestimmter Aufgaben und Dienste (vgl. cann. 230 § 2, 804 § 2, 834 § 2, 1008). Deren Wahrnehmung ist also mit einer *deputatio*, einer Berufung und Entsendung dazu verbunden[3].

In jedem dieser verschiedenen Aspekte kommt zum Ausdruck, dass es sich um eine *kirchliche* Berufung und Entsendung (*deputatio*) handelt.

1.2 *Ernennen (nominare)*

Nicht weniger zahlreich werden die Worte *nominare* bzw. *nominatio* im *CIC* gebraucht[4]. Die Begriffe *nominare* bzw. *nominatio* werden ein-

---

[3] Vgl. dazu can. 146, wonach ein Kirchenamt ohne kanonische Amtsübertragung nicht gültig erlangt werden kann.

[4] Cann. 98 § 2 (die *Ernennung* eines Vormunds durch den Diözesanbischof), 253 §§ 1,2 (zur *Ernennung* von Lehrern in den philosophischen, theologischen und kirchenrechtlichen Disziplinen), 317 §§ 1,2 (zur *Ernennung* des Vorsitzenden und des Kaplans bei bestimmten Vereinen), 318 § 2 (zur Entlassung eines *ernannten* Vorsitzenden eines öffentlichen Vereins oder eines *ernannten* Kaplans), 344.2º (zur *Ernennung* von Synodalen der Bischofssynode durch den Papst), 346 §§ 1,2 (vom Papst direkt *ernannte* Synodalen der ordentlichen sowie der ausserordentlichen Generalversammlung der Bischofssynode), 348 § 1 (der vom Papst *ernannte* Generalsekretär des ständigen Generalsekretariates der Bischofssynode), 348 § 2 (vom Papst *ernannte* Spezialsekretäre für eine Synodalversammlung), 362 (das Recht des Papstes, seine Gesandten zu *ernennen*), 364.4º (zur *Ernennung* von Bischöfen), 377 § 1 (die *Ernennung* der Bischöfe durch den Papst), 377 § 3 (zur *Ernennung* eines Diözesanbischofs oder eines Bischofskoadjutors), 377 § 5 (zur *Nomination* von Bischöfen), 404 und 405 § 1 (zu den apostolischen *Ernennungsschreiben* des Bischofskoadjutors und des Auxiliarbischofs), 420 (der *ernannte* Provikar bzw. Propräfekt), 425 § 1 (wer nicht schon für einen vakanten bischöflichen Stuhl *benannt worden ist*), 470 (die *Ernennung* derjenigen, die Ämter in der Diözesankurie ausüben, durch den Diözesanbischof), 473 §§ 2,3 (zur *Ernennung* des Moderators der Kurie), 477 § 1 (zur *Ernennung* des Generalvikars und des Bischofsvikars durch den Diözesanbischof), 477 § 2 (zur *Ernennung* eines Vertreters für den General- oder Bischofsvikar bei deren Abwesenheit oder Verhinderung), 492 § 1 (vom Bischof *ernannte* Gläubige für den Vermö-

heitlicher übersetzt als dies für die Begriffe *deputare* bzw. *deputatio* der Fall ist. So findet sich v.a. die Übersetzung ernennen bzw. Ernennung.

Der Begriff der Ernennung bezieht sich in erster Linie auf eine konkrete Aufgabe, die jemandem übertragen wird[5]. Dies ist in vielen Fällen ein Kirchenamt. Ernannt werden Lehrer in den philosophischen, theologischen und kirchenrechtlichen Disziplinen (can. 253 §§ 1,2), der Vorsitzende und der Kaplan von bestimmten Vereinen (can. 317 §§ 1,2), Synodalen der Bischofssynode (can. 344.2º), Gesandte des Papstes (can. 362), Bischöfe (can. 377), die Inhaber eines Amtes in der Diözesankurie (can. 470), der Ökonom (can. 494 §§ 1,2), Pfarrer (can. 522), Obere eines Ordensinstitutes (can. 623), Ordensleute als Inhaber eines Kirchenamtes (can. 682 § 1), Religionslehrer (can. 805), Dozenten an katholischen Universitäten (can. 810 § 1), der Gerichtsvikar (can. 1422), der Bandverteidiger (can. 1435) u.a.

Die Ernennung ist ein Rechtsakt, durch den wichtige Ämter und Aufgaben der Kirche verliehen werden; Ämter, durch die die Dienste der Verkündigung, der Heiligung und der Leitung wahrgenommen werden,

---

gensverwaltungsrat der Diözese), 492 § 2 (zur *Ernennung* der Mitglieder des Vermögensverwaltungsrates), 494 §§ 1,2 (zur *Ernennung* des Ökonoms durch den Bischof), 497.3º (vom Diözesanbischof frei *ernannte* Mitglieder des Priesterrates), 502 § 1 (vom Diözesanbischof frei *ernannte* Mitglieder des Konsultorenkollegiums), 522 und 525.2º (zur *Ernennung* des Pfarrers), 541 § 1 (*ernannte* Pfarrvikare), 542.2º (zur *Ernennung* von Priestern, denen solidarisch die Seelsorge einer Pfarrei oder verschiedener Pfarreien übertragen wird), 544 (zur *Ernennung* eines Leiters der in can. 517 § 1 erwähnten Gemeinschaft), 546 und 547 (zur *Ernennung* des Pfarrvikars), 553 § 2 und 554 § 2 (zur *Ernennung* des Dechanten durch den Diözesanbischof), 557 § 1 (zur *Ernennung* des Kirchenrektors durch den Diözesanbischof), 565 (zur *Ernennung* des Kaplans durch den Ortsordinarius), 567 § 1 (die *Ernennung* des Kaplans der Niederlassung eines laikalen Ordensinstituts durch den Ortsordinarius), 623 und 625 § 3 (zur *Ernennung* von Oberen eines Ordensinstitutes), 626 (die bei der Verleihung eines Amtes *zu benennen sind*), 682 § 1 (zur *Ernennung* eines Ordensangehörigen zu einem Kirchenamt in der Diözese durch den Diözesanbischof), 805 (die *Ernennung* der Religionslehrer durch den Ortsordinarius), 810 § 1 (zur *Berufung* der Dozenten an katholischen Universitäten), 1279 § 2 (zur *Ernennung* eines Verwalters für bestimmte öffentliche juristische Personen durch den Ordinarius), 1329 § 1 (diejenigen, die durch gemeinsame Planung einer Straftat daran mitwirken und im Gesetz oder im Verwaltungsbefehl nicht ausdrücklich *genannt* sind), 1329 § 2 (im Gesetz oder im Verwaltungsbefehl nicht *genannte* Mittäter), 1422 (zur *Ernennung* des Gerichtsvikars, der beigeordneten Gerichtsvikare und der übrigen Richter), 1435 (die *Ernennung* des Kirchenanwaltes und Bandverteidigers durch den Bischof), 1575 (die *Bestellung* von Sachverständigen durch den Richter), 1723 § 2 (zur *Bestellung* eines Anwalts durch den Richter), 1747 § 3 (zur *Ernennung* eines neuen Pfarrers durch den Bischof bei Beschwerde gegen ein Enthebungsdekret).

[5] Der Begriff *deputatio* kann demgegenüber eine allgemeine sowie eine besondere Bestellung betreffen.

die mit der Ausübung von Leitungsgewalt verbunden sind und die zur Seelsorge bestimmt sind. Die Ernennung ist eine Modalität, durch die eine Amtsverleihung erfolgt (vgl. cann. 146, 147).

Aufgrund der Bedeutung von Ernennungen werden die Voraussetzungen festgelegt, die erfüllt sein müssen, damit jemand zu einer bestimmten Aufgabe oder zu einem Kirchenamt ernannt werden kann[6].

Zugleich wird die kirchliche Autorität bestimmt, die für die Ernennung zuständig ist: der Papst (z.B. can. 377 § 1), der Diözesanbischof (z.B. can. 470), der Ortsordinarius (z.B. can. 805). Die Ernennung durch die jeweils zuständige kirchliche Autorität geschieht kraft ausführender kirchlicher Leitungsgewalt (vgl. cann. 35, 48, 135 § 1). Als ein Verwaltungsakt für Einzelfälle ist die Ernennung nach Massgabe des Rechts vorzunehmen (vgl. can. 48).

1.3 *Bestätigen (approbare)*

Die Worte *approbare* bzw. *approbatio* werden im *CIC* vielfach verwendet[7]. Zumeist wird *approbare* mit «genehmigen» übersetzt.

---

[6] Die Voraussetzungen sind zum Teil zur Gültigkeit einer Ernennung erforderlich (vgl. can. 149 § 2).

[7] Cann. 23 (die vom Gesetzgeber *genehmigte* Gewohnheit), 119.3° (was von allen *gebilligt* werden muss), 214 (die Feier des Gottesdienstes nach den Vorschriften des von den zuständigen Hirten der Kirche *genehmigten* Ritus), 237 § 2 (die *Genehmigung* des Apostolischen Stuhles für die Errichtung wie auch für die Statuten eines überdiözesanen Seminars), 242 § 1 (zur *Genehmigung* der Ordnung für die Priesterausbildung durch den Hl. Stuhl), 278 § 2 (eine allgemein *anerkannte* Lebensordnung), 314 (zur *Genehmigung* der Statuten jeden öffentlichen Vereins durch die kirchliche Autorität), 338 § 1 (die *Genehmigung* der Dekrete des Ökumenischen Konzils durch den Papst), 341 § 1 (vom Papst zusammen mit den Konzilsvätern *genehmigte* Dekrete des ökumenischen Konzils), 350 § 5 (eine vom Papst *genehmigte* Option), 439 § 1 (die *Genehmigung* des Apostolischen Stuhls in bezug auf die Abhaltung eines Plenarkonzils), 441.3° (der von der Bischofskonferenz gewählte und vom Apostolischen Stuhl *zu bestätigende* Vorsitzende des Plenarkonzils), 496 (die vom Diözesanbischof *genehmigten* Statuten des Priesterrates), 505 (die notwendige *Genehmigung* des Diözesanbischofs zur Änderung oder Aufhebung der Statuten eines Kanonikerkapitels), 576 (die Aufgabe der zuständigen kirchlichen Autorität, mit kanonischer *Anerkennung* feste Formen für eine Lebensweise nach den evangelischen Räten zu schaffen), 583 (das vom Apostolischen Stuhl in Instituten des geweihten Lebens *Bestätigte*), 587 § 2 (die *Genehmigung* des Rechtsbuchs von Instituten des geweihten Lebens durch die zuständige kirchliche Autorität), 589 (die *Anerkennung* eines Institutes des geweihten Lebens als Institut päpstlichen Rechts durch ein Dekret des Apostolischen Stuhles), 595 § 1 (zur *Genehmigung* von Konstitutionen durch den Bischof), 605 (die *Anerkennung* neuer Formen geweihten Lebens durch den Apostolischen Stuhl), 709 (die vom Heiligen Stuhl *genehmigten* Statuten der Konferenzen der höheren Oberen), 775 § 2

Daneben finden sich folgende Übersetzungen: billigen, anerkennen, bestätigen, approbieren, gutheissen, ermächtigen, zulassen und «mit entsprechender Befugnis».

Der Anwendungsbereich, in dem es einer Genehmigung durch die kirchliche Autorität bedarf, ist nicht unbedeutend. Die Approbation betrifft im I. und im II. Buch *CIC* das Entstehen von Gewohnheitsrecht (can. 23), die Statuten von öffentlichen Vereinen (can. 314), die Dekrete des ökumenischen Konzils (cann. 338 § 1, 341 § 1), die Statuten des Priesterrates (can. 496). Mehrere Bestimmungen finden sich unter den gemeinsamen Normen für die Institute des geweihten Lebens (cann. 576, 583, 587 § 2, 589, 595 § 1, 605).

Eine Anzahl von Bestimmungen über die Approbation durch die kirchliche Autorität enthält das III. Buch *CIC* über den Verkündigungsdienst der Kirche. Sie betreffen die Herausgabe von Katechismen (can. 775 § 2), die Religionslehrer (can. 805), die Errichtung von kirchlichen Universitäten und Fakultäten (cann. 816 § 1, 817), die Statuten und Studienordnung jeder kirchlichen Universität und Fakultät (can. 816 § 2), die Herausgabe von Büchern (cann. 824 § 1, 827 §§ 1,2,4 und 829), die Bücher der Hl. Schrift, die herausgegeben werden, und deren

---

(die vorherige *Genehmigung* des Apostolischen Stuhles zur Herausgabe von Katechismen durch die Bischofskonferenz), 805 (das Recht des Ortsordinarius, die Religionslehrer zu ernennen bzw. *zu approbieren*), 816 § 1, 817 (die *Anerkennung* des Apostolischen Stuhles zur Errichtung von kirchlichen Universitäten und Fakultäten), 816 § 2 (die vom Apostolischen Stuhl *genehmigten* Statuten und Studienordnung jeder kirchlichen Universität und Fakultät), 824 § 1, 827 §§ 1,2,4 und 829 (zur *Genehmigung* des Ortsordinarius bzw. der kirchlichen Autorität zur Herausgabe von Büchern), 825 § 1 (vom Apostolischen Stuhl oder von der Bischofskonferenz *genehmigte* Bücher der Heiligen Schrift, die herausgegeben werden; von derselben Autorität *genehmigte* Übersetzungen), 826 § 2 (die *genehmigte* Ausgabe liturgischer Bücher), 928 (rechtmässig *genehmigte* liturgische Texte), 976 (ein Priester *mit entsprechender Befugnis*), 991 (ein rechtmässig *bestellter* Beichtvater), 1230 (das Pilgern zu einem Heiligtum *mit Gutheissung* des Ortsordinarius), 1231 (zur *Anerkennung* von Heiligtümern durch die Bischofskonferenz bzw. durch den Heiligen Stuhl), 1232 § 1 (zur *Genehmigung* der Statuten von Heiligtümern durch den Ortsordinarius, die Bischofskonferenz oder den Heiligen Stuhl), 1246 § 2 (zur vorherigen *Genehmigung* des Apostolischen Stuhles zur Aufhebung oder Verlegung gebotener Feiertage durch die Bischofskonferenz), 1264.1° (vom Apostolischen Stuhl *zu genehmigende* Gebühren), 1272 (vom Apostolischen Stuhl *genehmigte* Normen), 1305 (ein vom Ordinarius *zu genehmigender* sicherer Ort zur Hinterlegung von geschenktem Geld und beweglichem Vermögen), 1428 §§ 1,2 (vom Bischof zur Aufgabe eines Vernehmungsrichters *ermächtigte* Kleriker oder Laien), 1445 § 3.3° (die *Genehmigung* der Einrichtung bestimmter Gerichte durch die Apostolische Signatur), 1483 (vom Diözesanbischof *zugelassener* Anwalt), 1610 § 2 (die den einzelnen Richtern zur *Gutheissung* vorzulegende Urteilsausarbeitung).

Übersetzungen (can. 825 § 1) und die Ausgabe liturgischer Bücher (can. 826 § 2).

Weitere Normen finden sich im VII. Buch *CIC* über die Prozesse (cann.1428 §§ 1 und 2, 1445 § 3.3°, 1483, 1610 § 2).

Wie die Aufzählung der Belegstellen zeigt, betreffen von allen Bestimmungen nur wenige unmittelbar die Bestätigung oder Zulassung von Personen zur Wahrnehmung einer Aufgabe. Dies sind insbesondere die cann. 805 (die Bestätigung von Religionslehrern), 1428 §§ 1 und 2 (die Ermächtigung von Klerikern und Laien zur Aufgabe des Vernehmungsrichters) sowie 1483 (die Zulassung eines Anwaltes). In den beiden letztgenannten Bestimmungen ist die Ermächtigung bzw. die Zulassung erforderlich, damit jemand als Vernehmungsrichter bzw. als Anwalt bei Gericht tätig werden kann.

Die Bestimmungen über die Approbation legen jeweils fest, wer für die Approbation zuständig ist: der Gesetzgeber[8], die zuständigen Hirten der Kirche[9], der Apostolische Stuhl[10], die kirchliche Autorität[11], der Papst[12], der Diözesanbischof[13], der Bischof[14], der Ortsordinarius[15], die Bischofskonferenz[16], der Ordinarius[17], die Apostolische Signatur[18] und die Richter eines Kollegialgerichts[19].

Die Approbation ist ein Rechtsakt, den die zuständige kirchliche Autorität kraft ausführender Leitungsgewalt erlässt (vgl. cann. 35, 48, 135 § 1). Als Verwaltungsakt für Einzelfälle ist die Approbation nach Massgabe des Rechts zu erlassen (vgl. can. 48). Neben den besonderen Normen, die die Approbation für einen bestimmten Fall vorsehen, gelten die allgemeinen Normen über die Verwaltungsakte für Einzelfälle im IV. Titel des I. Buches *CIC*, insbesondere die cann. 35-47 sowie die cann. 48-58.

---

[8] Can. 23.

[9] Can. 214.

[10] Cann. 237 § 2, 439 § 1, 441.3°, 583, 589, 605, 709, 775 § 2, 816, 817, 825 § 1, 1231, 1232 § 1, 1246 § 2, 1264.1°, 1272.

[11] Cann. 314, 576, 587 § 2, 827 §§ 2,4.

[12] Cann. 338 § 1, 341 § 1.

[13] Cann. 496, 505, 1483.

[14] Cann. 595 § 1, 1428 §§ 1,2.

[15] Cann. 805, 824 § 1, 827 § 1, 1230, 1232 § 1.

[16] Cann. 825 § 1, 1231, 1232 § 1.

[17] Can. 1305.

[18] Can. 1445 § 3.3°.

[19] Can. 1610 § 2.

1.4 *Abberufen* (*amovere*)

Die Begriffe *amovere* bzw. *amotio* werden im *CIC* weniger zahlreich, aber zumeist in einem bestimmten technischen Sinn verwendet[20]. In den meisten Fällen werden *amovere* bzw. *amotio* mit «eines Amtes entheben» bzw. mit «Amtsenthebung» wiedergegeben. Für den Ökonom wird *amovere* mit «absetzen» und für den Religionslehrer mit «abberufen» übersetzt.

Der Ausdruck der *amotio* bezieht sich in einer Vielzahl von Fällen auf die Amtsenthebung im technischen Sinn[21]. Diese ist eine Form des Verlustes eines Kirchenamtes (vgl. cann. 184 § 1 und 192-195).

In den Kanones wird die kirchliche Autorität bestimmt, die die Amtsenthebung vornimmt (vgl. can. 192 und cann. 538 § 1, 1740 zur Amtsenthebung eines Pfarrers). Damit jemand eines Amtes enthoben werden kann, muss ein Grund vorliegen und die im Recht festgelegte Verfahrensweise eingehalten werden (vgl. can. 193 § 3). Je nach Amt ist ein schwerwiegender Grund (can. 193 §§ 1,2) oder ein gerechter Grund (can. 193 § 3) erforderlich. Nach can. 1740 kann «ein Pfarrer, dessen Dienst aus irgendeinem Grund, selbst ohne seine schwere Schuld, schädlich oder wenigstens unwirksam wird», vom Diözesanbischof seiner Pfarrei enthoben werden. Im folgenden can. 1741 werden solche Gründe genannt.

Die Amtsenthebung ist grundsätzlich ein Verwaltungsakt für einen Einzelfall, der von der zuständigen kirchlichen Autorität kraft ausfüh-

---

[20] Cann. 143 § 2 (*Amtsenthebung*), 184 § 1 (der Verlust eines Kirchenamtes durch *Amtsenthebung*), 192-195 (von der *Amtsenthebung*), 253 § 3 (ein Lehrer, der sich in seiner Aufgabe schwer verfehlt, ist des Amtes *zu entheben*), 489 § 1 (ein Fach im Archiv, das so gesichert ist, dass man es nicht *entfernen* kann), 494 § 2 (zur *Absetzung* des Ökonoms), 538 § 1 (eine vom Diözesanbischof nach Massgabe des Rechts vorgenommene *Amtsenthebung* eines Pfarrers), 538 § 2 (zur *Amtsenthebung* eines Pfarrers, der Mitglied eines Ordensinstituts ist oder einer Gesellschaft des apostolischen Lebens inkardiniert ist), 552 (zur *Amtsenthebung* des Pfarrvikars), 554 § 3 (zur *Amtsenthebung* des Dechanten), 563 (zur *Amtsenthebung* des Kirchenrektors), 572 (die *Amtsenthebung* eines Kaplans), 624 § 3 (zur *Amtsenthebung* von Oberen in Ordensinstituten), 682 § 2 (zur *Amtsenthebung* eines Ordensangehörigen), 805 (zur *Abberufung* von Religionslehrern), 1235 § 1 (ein Altar, der nicht *wegbewegt werden* kann), 1420 § 5 (bei Sedisvakanz können der Offizial und die Vizeoffiziale vom Diözesanadministrator nicht ihres Amtes *enthoben werden*), 1740-1747 (vom Vorgehen bei *Amtsenthebung* von Pfarrern).

[21] Wie in den cann. 143 § 2, 184 § 1, 192-195, die allgemeine Bestimmungen zur Amtsenthebung enthalten, sowie in den cann. 538 §§ 1 und 2, 552, 554 § 3, 563, 572, 624 § 3, 682 § 2, 1420 § 5, 1740-1747, die die einzelnen Kirchenämter betreffen.

render Leitungsgewalt erlassen wird (vgl. cann. 35, 48, 135 § 1, 192)[22]. Als solcher ist er nach Massgabe des Rechts zu erlassen. Neben den allgemeinen Normen des I. Buches *CIC* zu den Verwaltungsakten für Einzelfälle (cann. 35-47 und 48-58) und zur Amtsenthebung (cann. 192-195) gelten die jeweils für ein bestimmtes Kirchenamt vorgesehenen besonderen Normen für eine Amtsenthebung (wie z.B. die ausführlichen Bestimmungen in den cann. 1740-1747 bei der Amtsenthebung von Pfarrern).

2. **In bezug auf die Religionslehrer**

Was ergibt sich nun aus diesen Darlegungen für den Religionsunterricht? In den cann. 804 § 1 und 805 werden die vier Verben in dieser Reihenfolge gebraucht: bestellen, ernennen, bestätigen und abberufen.

2.1 *Zu Religionslehrern bestellen*

Gemäss can. 804 § 1 ist der Religionsunterricht eine Aufgabe, zu der jemand bestellt wird. Das Wort *deputare* wird auch mit berufen, beauftragen und entsenden übersetzt (s. 1.1). Religionslehrer werden von jemand anderem zur Wahrnehmung dieser Aufgabe berufen und beauftragt. Sowohl Laien wie auch Kleriker können zu Religionslehrern bestellt werden[23].

Der Ausdruck «zu Religionslehrern bestellt werden» bezieht sich hier nicht auf eine allgemeine Bestellung oder Berufung (*deputatio*), sondern auf eine besondere. Diese besondere Berufung betrifft einen Dienst der Kirche, eine Aufgabe der Verkündigung und der katholischen Erziehung, wie dies der Religionsunterricht nach den cann. 761, 804 und 805 darstellt.

Von der allgemeinen Berufung der Gläubigen spricht can. 225 § 1:

> Da die Laien wie alle Gläubigen zum Apostolat von Gott durch die Taufe und Firmung bestimmt sind, haben sie die allgemeine Pflicht und das Recht, sei es als einzelne oder in Vereinigungen, mitzuhelfen, dass die göttliche Heilsbotschaft von allen Menschen überall auf der Welt erkannt und angenommen wird; diese Verpflichtung ist um so dringlicher unter solchen Umständen, in denen die Menschen nur durch sie das Evangelium hören und Christus kennenlernen können.

---

[22] Die cann. 192 und 194 sehen in bestimmten Fällen vor, dass jemand *von Rechts wegen* eines Amtes enthoben wird.

[23] Der *CIC* unterscheidet diesbezüglich nicht mehr — im Gegensatz zu can. 1373 § 2/*CIC* 1917.

Diese allgemeine Berufung der Gläubigen bildet die Grundlage für ihre Berufung zu einer bestimmten kirchlichen Aufgabe (vgl. cann. 204 § 1 und 225 § 1). Die Worte von 225 § 1 treffen gerade auf die Situation des Religionsunterrichts zu, der heute für viele junge Menschen der einzige Ort ist, wo sie der Botschaft des Glaubens begegnen[24].

Neben der allgemeinen Berufung setzt die besondere Bestellung zum Religionslehrer die in can. 804 § 2 genannten Eigenschaften voraus. Die Rechtgläubigkeit, das Zeugnis christlichen Lebens und das pädagogische Geschick sind zur Wahrnehmung der Aufgabe der religiösen katholischen Unterweisung und Erziehung gefordert (vgl. can. 804). Erforderlich ist auch die Fachkenntnis[25].

Der *CIC* lässt nicht unbestimmt, wie ein Laie oder ein Kleriker zu einem Religionslehrer bestellt wird. In can. 805 werden zwei Formen genannt, die mit der Bestellung der Religionslehrer in Zusammenhang stehen, die Ernennung und die Approbation. Für beide Formen gelten die in can. 804 § 2 festgelegten Voraussetzungen, die an die Religionslehrer gestellt sind.

Wenn in can. 804 § 2 von der *deputatio* der Religionslehrer die Rede ist, so handelt es sich hierbei um eine *kirchliche* Bestellung und Berufung. Die Kirchlichkeit hat verschiedene Aspekte. Die Berufung ergeht an Gläubige zur Wahrnehmung einer Aufgabe der Kirche in der Welt von heute. Sie setzt die allgemeine Berufung der Gläubigen voraus und erfordert bestimmte Eigenschaften, die zur Weitergabe der christlichen Lehre grundlegend sind. Als besondere Berufung kommt sie durch eine Ernennung oder Approbation der zuständigen kirchlichen Autorität zum Ausdruck.

2.2 *Religionslehrer ernennen*

Nach can. 805 hat der Ortsordinarius für seine Diözese das Recht, die Religionslehrer zu ernennen oder zu bestätigen. Die Ernennung ist eine Form, wie ein Laie oder ein Kleriker zum Religionslehrer *bestellt* wird. Was in can. 804 zum katholischen Religionsunterricht und insbesondere zur Bestellung der Religionslehrer bestimmt wird, bildet eine Grundlage für ihre Ernennung durch den Ortsordinarius.

---

[24] Vgl. JOHANNES PAUL II., Ansprache an die Bischöfe aus Süddeutschland, Punkt 6; C. SCHÖNBORN, «Diskussionsbeitrag», 160.

[25] Vgl. cann. 229, 231 § 1, 780; JOHANNES PAUL II., Audienzansprache vom 15. April 1991, Punkt 6.

Die *Ernennung* der Religionslehrer nach can. 805 reiht sich in eine Liste ein, die nicht unbedeutend ist und die die Ernennung verschiedener wichtiger Kirchenämter und Aufgaben vorsieht (s. 1.2). Wie dies allgemein für den Begriff der Ernennung im *CIC* der Fall ist, so bezieht er sich auch in can. 805 auf eine konkrete Aufgabe, die jemandem übertragen wird. Durch die Ernennung werden die Personen, Laien sowie Kleriker bestimmt, die diesen Dienst des schulischen Religionsunterrichts wahrnehmen sollen (vgl. cann. 761, 804 und 805).

Die in can. 804 § 2 genannten Voraussetzungen gelten insbesondere für die Ernennung von Religionslehrern, die eine Form der *Bestellung* ist. Die für die Ernennung zuständige kirchliche Autorität ist nach can. 805 der Ortsordinarius (vgl. can. 134 §§ 1,2). Die Ernennung durch den Ortsordinarius ist ein Verwaltungsakt für Einzelfälle, der nach Massgabe des Rechts vorzunehmen ist (vgl. cann. 35, 48).

2.3 *Als Religionslehrer bestätigen*

Für die Verleihung eines Kirchenamtes oder einer Aufgabe sind verschiedene Formen möglich (vgl. can. 147). Bei der Bestellung von Religionslehrern ist in can. 805 neben der Ernennung die Approbation der Religionslehrer vorgesehen.

Die Approbation ist als Rechtsinstitut nicht unbedeutend. Dies gilt für die verschiedenen Anwendungsbereiche und insbesondere für das III. Buch *CIC*. In der Kirchenrechtsliteratur wird *die Bestätigung* von Religionslehrern gelegentlich mit *der Approbation* von Büchern verglichen[26]. Ein solcher Vergleich hilft, auf ein wichtiges Merkmal der Approbation von Religionslehrern hinzuweisen. Die Approbation zur Herausgabe der Bücher der Hl. Schrift, von liturgischen Texten und von Katechismen betrifft Bücher und Texte, die zum Dienst der Verkündigung und der Heiligung gebraucht werden[27]. In ähnlicher Weise betrifft die Approbation eines Religionslehrers einen Laien oder einen Kleriker, der letztlich eine Aufgabe und einen Dienst der Kirche wahrnimmt (vgl. cann. 761, 804).

---

[26] Vgl. C. J. ERRÁZURIZ M., *Il «munus docendi Ecclesiae»*, 192 Fn. 26. Vgl. dazu auch can. 1381 § 3/*CIC* 1917, in dem in einem Atemzug von der Approbation der Religionslehrer und der Bücher durch den Ortsordinarius die Rede ist.

[27] Zwischen der Approbation, die bei der Herausgabe von bestimmten Büchern gefordert ist, und can. 747 § 1 besteht ein enger Zusammenhang. Es geht um das Glaubensgut, das der Herr der Kirche anvertraut hat, «damit sie unter dem Beistand des Heiligen Geistes die geoffenbarte Wahrheit heilig bewahrt, tiefer erforscht und treu verkündigt und auslegt» (can. 747 § 1).

Die Approbation der Religionslehrer ist eine Bestätigung, dass sie ihrer *Bestimmung* gemäss katholischen Religionsunterricht erteilen können und sollen. Diese ihre Bestimmung kommt in kirchenrechtlichen sowie in staatskirchenrechtlichen Normen zum Ausdruck. Zu den kirchenrechtlichen Normen gehören u.a. die cann. 761, 804 und 805. Die beiden in can. 805 vorgesehen Formen der Ernennung und Approbation der Religionslehrer sind auf dem Hintergrund von can. 804 zu sehen, insbesondere auf dem Hintergrund ihrer *Bestellung* zu Religionslehrern, die *kirchlicher* Natur ist (s. 2.1). Die Bestellung selbst kann auf verschiedene Weise erfolgen — je nach dem, ob es sich um den Religionsunterricht an katholischen oder an nichtkatholischen, besonders an staatlichen Schulen handelt. Der Religionsunterricht an staatlichen Schulen ist vielfach Gegenstand eines Übereinkommens zwischen Kirche und Staat. In einem solchen Übereinkommen wird u.a. geregelt, wie die Bestellung der Religionslehrer erfolgt. Hierbei kann für die kirchliche Autorität sowohl ein Ernennungsrecht wie auch ein Recht, die Religionslehrer zu bestätigen, festgelegt werden[28]. Wird die Approbation oder Bestätigung vorgesehen, so ist diese von der zuständigen kirchlichen Autorität für die Bestellung der Religionslehrer gefordert und zur Ausübung ihrer Tätigkeit vorausgesetzt. Die Approbation ist mit der Bestellung der Religionslehrer, mit ihrer Beauftragung verbunden. Es ist *eine Approbation zu einer Beauftragung*, die die Kirche in Übereinkunft mit dem Staat für den katholischen Religionsunterricht an staatlichen Schulen vorsieht[29].

Auf dem Hintergrund von can. 804 § 2 ist mit der Approbation implizit eine Beauftragung zur Wahrnehmung dieser Aufgabe gegeben — auch wenn eine Approbation an sich nicht unmittelbar als eine Beauftragung erscheint. Bei der Approbation eines Religionslehrers handelt es sich jedoch im Grund um *die Bestätigung eines Auftrags, den der Lehrer letztlich von der Kirche erhält*. Zur Ermöglichung und Verwirklichung dieses Auftrags, durch den eine Aufgabe der Kirche wahrgenommen werden soll, werden in einer Übereinkunft zwischen Kirche und Staat entsprechende Bestimmungen getroffen. Diese können verschiedene Modalitäten der Bestellung eines Religionslehrers vorsehen.

---

[28] Vgl. für Italien *Accordo*, Art. 9.2, *Protocollo addizionale* 5.a) (s. Kap. VI/6).
[29] Vgl. dazu W. AYMANS, *Kanonisches Recht*, 466 («In der oberhirtlichen Zustimmung zu der seitens des Staates zu vollziehenden Ernennung liegt die kirchliche Sendung»).

Hierbei kann die Approbation durch die kirchliche Autorität vorgesehen und neben der Ernennung (durch eine staatliche Instanz) erforderlich sein, damit jemand an einer staatlichen Schule katholischen Religionsunterricht erteilen kann.

Die Approbation, durch die ein bestimmter Gläubiger als Religionslehrer bestätigt wird, kann auf verschiedene Arten erfolgen. Die Approbation der Religionslehrer ist grundsätzlich ein Verwaltungsakt für Einzelfälle, der nach Massgabe des Rechts zu erlassen ist (vgl. cann. 35, 48). Falls in einer Übereinkunft zwischen Kirche und Staat nichts anderes bestimmt wird (vgl. can. 3), ist der Ortsordinarius für die Approbation zuständig (can. 805). Die in can. 804 § 2 genannten Voraussetzungen sind zugleich Kriterien für die Approbation der Religionslehrer.

2.4 Religionslehrer abberufen

Gemäss can. 805 hat der Ortsordinarius das Recht, die Religionslehrer abzuberufen bzw. ihre Abberufung zu fordern. Der Religionsunterricht ist eine der wenigen Aufgaben, auf die sich im *CIC* der Begriff *amovere* neben der hauptsächlichen Verwendung einer Amtsenthebung (sei es im allgemeinen wie auch im besonderen) bezieht. Jemand kann eines Kirchenamtes enthoben werden, jemand kann der Aufgabe enthoben werden, katholischen Religionsunterricht zu erteilen. Es spricht viel für die Bedeutung, die dem Religionsunterricht damit indirekt zugemessen wird. Im Kirchenrecht ist die Amtsenthebung gerade auch wegen der Bedeutung, die das Kirchenamt und seine Ausübung im Leben der Kirche hat, vorgesehen[30].

Die Abberufung darf nicht willkürlich und unbegründet erfolgen. Nach can. 805 muss ein religiöser oder sittlicher Grund die Abberufung erfordern (s. Kap. VI/7.4).

Wie für die Ernennung und Approbation, so ist auch für die Abberufung der Ortsordinarius die zuständige kirchliche Autorität. Nach can. 805 hat er entweder das Recht, die Religionslehrer abzuberufen, oder das Recht, ihre Abberufung zu fordern. Dies kann jeweils in staatskirchenrechtlichen Bestimmungen, die den Religionsunterricht an staatlichen Schulen betreffen, festgelegt und näher modifiziert werden.

Die Abberufung, die vom Ortsordinarius aus ergeht, ist ein Verwaltungsakt für Einzelfälle, der nach Massgabe des Rechts zu erlassen ist (cann. 35, 48). Neben dem Kirchenrecht gelten gegebenenfalls staatskirchenrechtliche Bestimmungen über ein entsprechendes Verfahren.

---

[30] Vgl. dazu can. 1740.

3. Das Anvertrauen einer Aufgabe der Kirche

Der Religionsunterricht ist eine Aufgabe, zu der Laien und Kleriker bestellt werden können (vgl. can. 804 § 2). In der Kirchenrechtslehre wird der Religionsunterricht vielfach zu den Ämtern und Aufgaben gezählt, zu denen Laien nach can. 228 § 1 herangezogen werden können (Cappelli, Dammacco, Mussinghoff, Reinhardt)[31]. Can. 228 § 1 lautet:

> Laien, die als geeignet befunden werden, können von den geistlichen Hirten für jene kirchlichen Ämter und Aufgaben herangezogen werden, die sie gemäss den Rechtsvorschriften wahrzunehmen vermögen[32].

Zu den Quellen von can. 228 § 1 zählen LG 33, CD 10 und AA 24[33]. In LG 33 und AA 24 finden sich Äusserungen, die einerseits can. 228 § 1 und andererseits die Qualifizierung einzelner Aufgaben, die Laien wahrnehmen, erhellen. Diese Stellen werden in den folgenden Punkten erläutert.

Der Religionsunterricht zählt zugleich zu den Aufgaben, die Klerikern nach can. 274 § 2 übertragen werden:

> Die Kleriker sind gehalten, wenn sie nicht durch ein rechtmässiges Hindernis entschuldigt sind, eine Aufgabe, die ihnen von ihrem Ordinarius übertragen wird, zu übernehmen und treu zu erfüllen.

3.1 *Das Apostolat der Gläubigen (LG 33c)*

In LG 33 wird zunächst auf das Apostolat verwiesen, zu dem alle Gläubigen vom Herrn selbst bestellt (*deputantur*) werden[34]:

> Der Apostolat der Laien ist Teilnahme an der Heilssendung der Kirche selbst. Zu diesem Apostolat werden alle vom Herrn selbst durch Taufe und Firmung bestellt[35].

Im Kommentar zu dieser Stelle macht Philips darauf aufmerksam, dass die beiden Worte Apostolat (*apostolatus*) und Sendung (*missio*) an sich das gleiche bedeuten. Als Mitglieder der Kirche nehmen die Gläu-

---

[31] S. Kap. I/2.2 und 2.3.

[32] «Laici qui idonei reperiantur, sunt habiles ut a sacris Pastoribus ad illa officia ecclesiastica et munera assumantur, quibus ipsi secundum iuris praescripta fungi valent.»

[33] *CIC fontium annotatione*, zu can. 228 § 1.

[34] Vgl. can. 225 § 1.

[35] «Apostolatus autem laicorum est participatio ipsius salvificae missionis Ecclesiae, ad quem apostolatum omnes ab ipso Domino per baptismum et confirmationem deputantur.»

bigen an der Sendung der Kirche teil[36]. Die Gläubigen sind je nach ihrer Stellung zur Ausübung der Sendung berufen, die Gott der Kirche zur Erfüllung in der Welt anvertraut hat (can. 204 § 1).

Ein weiterer Abschnitt verweist auf zwei besondere Formen des Apostolats:

> Ausser diesem Apostolat, das schlechthin alle Christgläubigen angeht, können die Laien darüber hinaus in verschiedener Weise zu unmittelbarerer Mitarbeit mit dem Apostolat der Hierarchie berufen werden, nach Art jener Männer und Frauen, die den Apostel Paulus in der Verkündigung des Evangeliums unterstützten und sich sehr im Herrn mühten (vgl. Phil 4,3; Röm 16,3ff). Ausserdem haben sie die Befähigung dazu, von der Hierarchie zu gewissen kirchlichen Ämtern herangezogen zu werden, die geistlichen Zielen dienen[37].

Diese Stelle verweist zunächst auf das Apostolat aller Gläubigen, sodann auf verschiedene Formen einer unmittelbareren Mitarbeit der Laien mit dem Apostolat der Hierarchie[38] und auf kirchliche Ämter (*munera ecclesiastica*), zu denen die Laien befähigt sind und von der Hierarchie herangezogen werden können.

Im Verlauf der Redaktionsarbeiten zu dieser Stelle wurde darauf hingewiesen, dass die letztgenannten Aufgaben eine eigene Kategorie bilden. Als Beispiele dafür werden die Aufgaben des Verwalters in Ordensinstituten und des Katechisten im eigentlichen Sinn genannt[39]. Bei diesen Beispielen handelt es sich um Aufgaben, die einem Laien dauerhaft übertragen werden können. Daneels spricht in diesem Zusammenhang von einer *stabilis deputatio*[40].

---

[36] G. PHILIPS, *La Chiesa e il suo mistero*, 359.

[37] Der letzte Satz, eine Quellstelle zu can. 228 § 1, lautet: «Praeterea aptitudine gaudent, ut ad quaedam munera ecclesiastica, ad finem spiritualem exercenda, ab Hierarchia adsumantur.»

[38] Bei der «unmittelbareren Mitarbeit» ist nach Klostermann an die Katholische Aktion oder ähnliche Formen eines mehr oder minder «offiziellen Laienapostolates» zu denken. Die Verbundenheit mit der Hierarchie werde in kirchlichen Dokumenten wiederholt mit dem Wort «Mandat» ausgedrückt. Die Hierarchie autorisiert und sanktioniert durch das Mandat die apostolische Tätigkeit der Laien und gibt ihr dadurch einen gewissen «offiziellen» Charakter. F. KLOSTERMANN, «Kommentar zum IV. Kapitel von LG», 270.

[39] *Schema constitutionis dogmaticae de Ecclesia, Modi, AS* III/VIII 113 (R. zu *modum* 18/zu n. 33: «Agitur hic de alia categoria, nempe de illis qui munera ecclesiastica exercent, v.gr. oeconomi in institutione religiosa, catechistae stricte dicti, etc.»). Vgl. dazu G. PHILIPS, *La Chiesa e il suo mistero*, 362, und F. DANEELS, *De subiecto Officii Ecclesiastici*, 89-90.

[40] F. DANEELS, *De subiecto Officii Ecclesiastici*, 90.

Weitere Beispiele werden von Klostermann genannt:

Der Schluss des Absatzes verweist auf eine noch innigere In-Dienst-Nahme von Laien seitens der Hierarchie für «gewisse kirchliche Ämter (*quaedam munera ecclesiastica*), die geistlichen Zielen dienen», also unmittelbar in der Linie des eigentlich kirchlichen Auftrages von Jesus her liegen. Es ist darum hier in keiner Weise etwa nur an bischöfliche Hausangestellte oder Chauffeure zu denken, sondern vor allem an die Übernahme geistlicher Ämter in der Ausübung des Kultes, in der Verkündigung, in der sonstigen Seelsorge und kirchlichen Verwaltung, in der Caritas und im ganzen Bereich des Apostolates. Hier handelt es sich schon um die Übernahme von apostolischen Tätigkeiten und Aufgaben, die an sich die Hierarchie angehen und verpflichten, die aber grundsätzlich auch Laien übertragen werden können, weil eben dafür keinerlei Weihe- oder Jurisdiktionsgewalt göttlichen Rechtes erfordert ist. Es geht hier nicht mehr um jenes allgemeine Mandat, von dem vorhin schon die Rede war, sondern um ein spezielles Mandat, wie es etwa in der missio canonica, in der Übertragung kirchlicher Ämter an Seelsorgehelferinnen, an führende Kräfte der Katholischen Aktion vorliegt[41].

Wie aus der Textstelle in LG 33c selbst hervorgeht, handelt es sich um Aufgaben, die den Laien von der Hierarchie übertragen werden[42]. Es sind *kirchliche* Aufgaben, die zu einem geistlichen Ziel ausgeübt werden[43]. In dieser Stelle werden die gleichen Worte verwendet («munera ecclesiastica ad finem spiritualem exercenda») wie in der Definition des Kirchenamtes nach PO 20 («munus [...] ad finem spiritualem exercendum»). Neben weiteren Konzilstexten stützt sich Daneels auf LG 33c, um die Fähigkeit der Laien nachzuweisen, ein Kirchenamt im Sinn von PO 20 innezuhaben[44]. Durch can. 228 § 1 ist diese Fähigkeit ausdrücklich anerkannt und festgelegt worden.

3.2 *Eine anvertraute Aufgabe (AA 24f)*

Im Konzilsdekret über das Laienapostolat wird in AA 24 darauf hingewiesen, dass das Apostolat der Laien, je nach seinen verschiedenen Formen und Inhalten, verschiedenartige Beziehungen zur Hierarchie zulässt. Hierbei gibt es Aufgaben, die auf besondere Weise mit den

---

[41] F. KLOSTERMANN, «Kommentar zum IV. Kapitel von LG», 271.

[42] Nach Klostermann erfolgt die Übertragung durch ein spezielles Mandat, wie die Missio canonica.

[43] Deshalb überrascht, dass Klostermann die bischöflichen Hausangestellten oder Chauffeure als Beispiele für solche kirchliche Aufgaben, die geistlichen Zielen dienen, nennt (wenn auch nicht in erster Linie).

[44] F. DANEELS, *De subiecto Officii Ecclesiastici*, 87-90.

Aufgaben der Hirten der Kirche verbunden sind und die diese Laien anvertrauen können. Ein Beispiel dafür ist die Unterweisung in der christlichen Lehre:

> Schliesslich vertraut die Hierarchie den Laien auch gewisse Aufgaben an, die enger mit den Ämtern der Hirten verbunden sind, etwa bei der Unterweisung in der christlichen Lehre, bei gewissen liturgischen Handlungen und in der Seelsorge. Kraft dieser Sendung unterstehen dann die Laien bei der Ausübung ihres Amtes voll der höheren kirchlichen Leitung[45].

Nach Daneels handelt es sich bei den hier genannten Aufgaben um die gleiche Kategorie wie die in LG 33c genannten (s. 3.1). Dies ergebe sich nicht nur aus dem Vergleich zwischen der Struktur und dem Inhalt der beiden Stellen, sondern auch aus den in AA 24f genannten Beispielen. Beide Stellen würden sich gegenseitig erhellen und ergänzen[46].

3.2.1 Die Aufgaben

Den Laien können gewisse Aufgaben (*munia*) anvertraut werden, die enger mit den Ämtern (*officiis*) der Hirten verbunden sind (*coniuncta sunt*). Durch eine Sendung wird ihnen ein Amt (*munus*) übertragen. Klostermann verweist darauf, dass das am Ende des Absatzes verwendete Wort *munus* auch Dienst, ja Amt heissen kann[47].

Die Redaktionsgeschichte zu AA 24f weist unterschiedliche Formulierungen auf. In der Fassung von 1963 war von Aufgaben die Rede, die eigentlich der Hierarchie zustehen («munia quaedam [...], quae proprie ad ipsam Hierarchiam pertinent»)[48]. Die Fassung von 1964 änderte die Formulierung und sprach von Aufgaben, die eigentlich mit den Ämtern der Hierarchie zusammenhängen («munia quaedam [...], quae proprius cum officiis Hierarchiae cohaerent»)[49]. 1965 wurde die Stelle erneut umformuliert in: Aufgaben, die mit den Ämtern der Hierarchie verbunden sind («munia quaedam [...], quae proprius cum officiis Hierarchiae coniuncta sunt»)[50]. In einer letzten Fassung wurde das

---

[45] «Denique Hierarchia laici munia quaedam committit, quae propius cum officiis pastorum coniuncta sunt, ut in propositione doctrinae christianae, in quibusdam actibus liturgicis, in cura animarum. Vi huius missionis laici quoad muneris exercitium plene subduntur superiori ecclesiasticae moderationi.»

[46] F. DANEELS, *De subiecto Officii Ecclesiastici*, 93. Vgl. auch I. M. CASTELLANO, «L'ordine da osservare», 311.

[47] F. KLOSTERMANN, «Kommentar zu AA», 676.

[48] *Schema decreti de apostolatu laicorum* (1963), *AS* III/IV 677 (n. 20).

[49] *Schema decreti de apostolatu laicorum* (1964), *AS* III/III 379 (n. 18).

[50] *Schema decreti de apostolatu laicorum* (1965), *AS* IV/II 350-351 (n. 24).

Wort Hierarchie durch den Ausdruck Hirten (zunächst gross, dann klein geschrieben) ersetzt[51].

Mit dem klein geschriebenen Wort *pastores* sind nach Klostermann wohl nicht nur die Bischöfe, sondern auch die Priester und unter Umständen die Diakone bezeichnet, die pastorale Ämter innehaben[52]. Hierbei werden drei Bereiche als Beispiele von Aufgaben genannt, die mit den Ämtern der Hirten verbunden sind. Es ist also nicht eine ausschliessliche Aufzählung. Die Bereiche sind die Unterweisung in der christlichen Lehre, die Liturgie und die Seelsorge. Diese Bereiche sind mit den Ämtern der Hirten verbunden. In diesen Bereichen nun können Laien gewisse Aufgaben wahrnehmen. So ist z.B. gerade die Seelsorge die Aufgabe (*officium, munus*) der Hirten der Kirche[53]. In der Seelsorge können nun Laien gewisse Aufgaben anvertraut werden. Die Laien können also auf einem Gebiet, das unmittelbar der Sorge der Hirten der Kirche anvertraut ist, bestimmte Aufgaben wahrnehmen.

3.2.2 Die Unterweisung in der christlichen Lehre

Ein Bereich, der in AA 24f genannt wird, ist die Unterweisung in der christlichen Lehre («propositio doctrinae christianae»). Dieser Ausdruck wurde erst in der Fassung von 1965 eingefügt. Zunächst wurde die Katechese in der katholischen Lehre genannt («doctrinae catholicae catechesis»)[54]. Im Schema von 1963 wurden die Beispiele nicht mehr im Text selbst belassen. In einer Anmerkung wurde jedoch ausführlich darauf Bezug genommen und die Predigt des Wortes Gottes genannt («Verbi Dei praedicatio») und insbesondere die Katechese[55]. Im folgenden Jahr wurden die Beispiele wieder in den Text aufgenommen. Nun stand: die Predigt des Wortes Gottes («verbi Dei praedicatio»)[56]. In der

---

[51] *Schema decreti de apostolatu laicorum, textus recognitus; Modi* (1965), *AS* IV/VI 110 (*modus* 34 zu n. 24); *Schema decreti de apostolatu laicorum, textus approbatus in sessione publica VIII* (18. November 1965), *AS* IV/VI 626 (n. 24). Vgl. dazu F. DANEELS, *De subiecto Officii Ecclesiastici*, 95-102, und F. KLOSTERMANN, «Kommentar zu AA», 676-677.

[52] F. KLOSTERMANN, «Kommentar zu AA», 676.

[53] Das Amt des Diözesanbischofs wird z.B. gerade durch den Hirtendienst (*munus pastoralis*) gekennzeichnet (vgl. cann. 381 § 1, 383 § 1).

[54] *Schema de apostolatu laicorum* (1962), *AD* Series II, III/II 311 (n. 11).

[55] *Schema decreti de apostolatu laicorum* (1963), *AS* III/IV 677 Fn. 3 und 681 (zu n. 19).

[56] *Schema decreti de apostolatu laicorum* (1964), *AS* III/III 379 (n. 18).

Fassung von 1965 wurde es für besser erachtet, stattdessen von der Unterweisung in der christlichen Lehre zu sprechen[57].

Im Verlauf der Redaktion dieser Stelle kamen also verschiedene Mittel der Verkündigung in Betracht, die Predigt und die Katechese sowie die Unterweisung in der christlichen Lehre (vgl. CD 13c). In der Endredaktion wurde der weitere Ausdruck der christlichen Unterweisung verwendet[58].

Die Unterweisung in der christlichen Lehre ist demnach ein Gebiet, das mit den Ämtern der Hirten der Kirche verbunden ist und auf dem die Laien bestimmte Aufgaben wahrnehmen können. Daneels zählt mehrere Stellen von Konzilstexten auf, die Beispiele dafür enthalten und insbesondere die Katechese (wie CD 30,2a, AA 10a, AG 17) sowie den Religionsunterricht (GE 7a) betreffen[59].

3.2.3 Die Übertragung der Aufgaben

Zwischen dem Charakter der Aufgabe und ihrer Übertragung besteht ein enger Zusammenhang. Nach LG 33c werden die Laien zu gewissen kirchlichen Aufgaben (*munera ecclesiastica*), die zu einem geistlichen Ziel auszuüben sind, von der Hierarchie herangezogen (*adsumantur*). Die Stelle AA 24f betrifft bestimmte Aufgaben (*munia*), die mit den Ämtern der Hirten der Kirche verbunden sind und welche die Hierarchie den Laien überträgt (*committit*), bzw. ein Amt (*munus*), das ihnen durch eine Sendung (*missio*) zuteil wird[60]. Zuständige Instanz ist jeweils die Hierarchie. Hierbei kann es sich nach Daneels um *dauerhaft anvertraute* Aufgaben handeln, wie z.B. die Aufgabe der Katechese (vgl. AG 17 a-d) oder des Religionsunterrichts (vgl. GE 7a)[61].

Der Bezug zwischen einer bestimmten Aufgabe und deren Übertragung kommt besonders auch in der Textgeschichte von AA 24f zum Ausdruck. Die Fassung von 1962 sprach von der *missio canonica*, durch die die Hierarchie die Laien zu den genannten Aufgaben (*munia*) beruft (*advocat*). Mit dieser *missio canonica* sind drei Rechtswirkungen

---

[57] *Schema decreti de apostolatu laicorum* (1965), *AS* IV/II 350-351 (n. 24). In der Relatio zu dieser Stelle wird lediglich festgestellt, dass es besser ist, statt von der «Predigt des Wortes Gottes» von «der Darlegung der Lehre der Kirche» zu sprechen. *AS* IV/II 355 (Relatio zu n. 24).

[58] Vgl. F. KLOSTERMANN, «Kommentar zu AA», 677.

[59] F. DANEELS, *De subiecto Officii Ecclesiastici*, 93 Fn. 66.

[60] Diese Stelle bezieht sich also nicht auf Aufgaben, die die Laien von sich aus wahrnehmen können und sollen, ohne dazu von der kirchlichen Autorität beauftragt zu sein.

[61] F. DANEELS, *De subiecto Officii Ecclesiastici*, 94.

verbunden: die Laien nehmen auf gewisse Weise am hierarchischen Apostolat teil, sie sind in bezug auf die Ausübung der übertragenen Aufgabe ganz der kirchlichen Leitung unterstellt und ihr Apostolat erhält einen offiziellen Charakter (*officialis*)[62].

Die Fassung von 1963 ändert in bezug auf die *missio canonica* und ihre Rechtswirkungen einzelne Worte, enthält aber die gleichen Gedanken[63]. In der Anmerkung wird der Charakter der hier vorliegenden *missio canonica* erläutert. Dadurch würden den Laien von der kirchlichen Autorität gewisse Aufgaben anvertraut, die an sich dem Klerus zustehen. Es handle sich um bestimmte klerikale Aufgaben (*munia clericalia*)[64].

In der Fassung von 1964 werden die Aufgaben nicht mehr auf die gleiche Weise gekennzeichnet. Es sind Aufgaben, die mit den Ämtern der Hierarchie zusammenhängen (*cohaerent*). Zudem werden nur noch zwei Rechtswirkungen der *missio canonica* erwähnt: die Laien nehmen auf eigene Weise (*suo modo*) am Apostolat der Hierarchie teil; bei der Ausübung der Aufgabe unterstehen sie der kirchlichen Leitung[65].

Die Fassung von 1965 verwendet nur noch den Ausdruck der *missio* (ohne *canonica*) und fügt allein die Rechtswirkung, die die kirchliche Leitung vorsieht, hinzu. Um nicht auf diesbezügliche Kontroversen unter Kanonisten einzugehen, wurde darauf verzichtet, das Eigenschaftswort *canonica* beizufügen sowie die Formulierung, dass die Laien auf eigene Weise am Apostolat der Hierarchie teilhaben[66].

Klostermann kommt zu diesen Schlussfolgerungen:

> Aus der ganzen Textgeschichte ergibt sich eindeutig, dass hier nicht nur an akthafte Übertragungen von gewissen Aufgaben zu denken ist, sondern auch an richtige Ämter, die zwar zunächst in den Kompetenzbereich der Hierarchie fallen, zu deren Ausübung aber keine kirchliche Weihe- oder Leitungsgewalt göttlichen Rechtes erforderlich ist und die darum auch Laien übertragen werden können, ohne dass diese dadurch dem Klerikerstand angehören müssten. Während es sich beim gewöhnlichen Mandat nur um Aufgaben handelt, die die Laien auch so tun können, die sie aber aufgrund des Mandates nun in Verbindung, ja im Auftrag der kirchlichen

---

[62] *Schema de apostolatu laicorum* (1962), *AD* Series II, III/II 311 (n. 11).

[63] *Schema decreti de apostolatu laicorum* (1963), *AS* III/IV 677-678 (n. 20).

[64] *Schema decreti de apostolatu laicorum* (1963), *AS* III/IV 677 Fn. 3 und 680-681 (zu n. 19). Vgl. dazu auch F. KLOSTERMANN, «Kommentar zu AA», 676.

[65] *Schema decreti de apostolatu laicorum* (1964), *AS* III/III 379 (n. 18).

[66] *Schema decreti de apostolatu laicorum* (1965), *AS* IV/II 350-351 (n. 24) und 355 (*Relatio* zu n. 24f). Vgl. dazu auch N. JUBANY ARNAU, «Animadversiones», 326-329 (zum Mandat und zur *missio canonica*).

Autorität erfüllen, tun die Laien aufgrund der Sendung, von der hier die Rede ist, Dinge, die zu tun sie ohne diese Sendung gar nicht berechtigt wären. Es handelt sich also hier um eine missio specialis, man könnte auch sagen: um ein besonderes, mit einer missio specialis verbundenes Mandat. Hierher gehören die offizielle Lehrbefugnis, die man gewöhnlich missio canonica nennt, aber auch die Übertragung kirchlicher «Ämter im weiteren Sinn» oder sonstige besondere Aufträge[67].

3.2.4 Die kirchliche Leitung

Nach AA 24f besteht ein unmittelbarer Zusammenhang zwischen dem Charakter der Aufgabe (die Verbindung mit den Ämtern der Hirten), ihrer Übertragung an die Laien (die Sendung) und der kirchlichen Leitung bei der Ausübung der Aufgabe. Die Sendung ist hierbei im Mittelpunkt zwischen dem einen und dem andern: in ihr kommt zum Ausdruck, dass die Aufgabe mit den Ämtern der Hirten der Kirche (und dadurch auch mit den Diensten der Kirche) verbunden ist und die Ausübung der Aufgabe der höheren kirchlichen Leitung untersteht.

Mit einer Sendung ist immer auch ein bestimmter Auftrag verbunden. Dieser Auftrag kann unterschiedlich ausgestaltet sein und daher auch die Unterstellung unter die kirchliche Leitung. Das macht der Kommentar von Klostermann deutlich:

> Im übrigen wird es sehr auf die Art der missio ankommen, wie diese Unterstellung konkret aussieht: Ein Diplomat wird oft weit enger an seine Aufträge gebunden sein als etwa ein Jugendführer, der Präsident der Katholischen Aktion eines Landes oder ein Lehrer der Theologie. Zur Ausübung solcher Ämter ist vielfach eine Sachverständigkeit erforderlich, die die Hierarchie als solche ja noch gar nicht haben muss. Es wäre ein arges Missverständnis, aufgrund der Unterstellung unter die kirchliche Leitung etwa einem Laienkatecheten weniger Freiheit in pädagogischen und unterrichtsmethodischen Initiativen zu lassen als einem anderen Lehrer[68].

3.3 *Der katholische Religionsunterricht — eine anvertraute Aufgabe*

In den Darlegungen zu AA 24f zählt Daneels den Religionsunterricht zu den Tätigkeiten, die unter das genannte Beispiel der Darlegung der christlichen Lehre fallen. Er verweist auf die Stelle GE 7a, in der vom Dienst der Priester und Laien gesprochen wird, die an nichtkatholischen

---

[67] F. KLOSTERMANN, «Kommentar zu AA», 677.

[68] F. KLOSTERMANN, «Kommentar zu AA», 678. Vgl. dazu auch F. DANEELS, *De subiecto Officii Ecclesiastici*, 106-107.

Schulen die Heilslehre vermitteln[69]. Gerade die *missio* der Religionslehrer an den Mittelschulen (vgl. GE 7a) sei ein Beispiel einer dauerhaften Übertragung einer kirchlichen Aufgabe. Dadurch sei der Religionsunterricht ein Kirchenamt im eigentlichen Sinn nach PO 20[70]. Rees bezieht LG 33, Absatz 3 sowie AA 24, Absatz 5 auf die Katecheten bzw. Religionslehrer und sieht darin die Ermöglichung der amtlichen Beteiligung von Laien an der Glaubensverkündigung[71]. Nach den Ausführungen von Errázuriz scheint der Religionsunterricht jedoch nicht unter AA 24f zu fallen[72].

Zählt der Religionsunterricht zu den Aufgaben nach LG 33c und AA 24f? Wie die folgenden Erläuterungen zeigen, ist ein Vergleich zwischen den Merkmalen des Religionsunterrichts nach den cann. 761, 804 und 805 und den in AA 24f enthaltenen Kriterien aufschlussreich.

3.3.1 Die Aufgabe des Religionsunterrichts

In AA 24f werden zwei miteinander verbundene Aufgabenbereiche genannt: die Aufgaben (*munia*), die den Laien von der Hierarchie anvertraut werden, und die Ämter (*officia*) der Hirten. Ist der Religionsunterricht eine Aufgabe, die mit den Ämtern der Hirten der Kirche verbunden ist und die den Laien von der Hierarchie anvertraut wird?

Für die Zuordnung des Religionsunterrichts zu AA 24f spricht zunächst die verwendete Terminologie. In AA 24f wird ausdrücklich die Unterweisung in der christlichen Lehre («propositio doctrinae christianae») als Beispiel eines Bereichs für Aufgaben genannt, die mit den Ämtern der Hirten verbunden sind. Dieser Begriff ist weiter als die in den früheren Fassungen verwendeten Begriffe der Katechese («doctrinae catholicae catechesis») und der Predigt des Wortes Gottes («Verbi Dei praedicatio»). Derselbe Begriff wird in CD 13c für die Darlegung der christlichen Lehre in den Schulen («propostio doctrinae in scholis») verwendet, um damit ein eigenständiges Mittel der Verkündigung neben der Predigt und Katechese zu bezeichnen[73]. GE 7a spricht vom Dienst der Priester und Laien, die an nichtkatholischen Schulen die Heilslehre vermitteln («doctrinam salutis tradunt»).

---

[69] F. DANEELS, *De subiecto Officii Ecclesiastici*, 93 Fn. 66.
[70] F. DANEELS, *De subiecto Officii Ecclesiastici*, 94.
[71] W. REES, *Der Religionsunterricht*, 128. Vgl. auch I. CASTELLANO, «L'ordine da osservare», 312.
[72] C.J. ERRÁZURIZ M., *Il «munus docendi Ecclesiae»*, 227 Fn. 104, 267-268. S. dazu 4.1.
[73] Vgl. cann. 761, 804 und 805.

Die aufgezählten Beispiele in AA 24f betreffen Aufgaben, die selbst in den Aufgabenbereich der Hirten der Kirche fallen. Hierin kommt die Verbindung zwischen den beiden zum Ausdruck. So sind die Darlegung der christlichen Lehre, die Liturgie und die Seelsorge eigentliche Aufgabenbereiche der Hirten der Kirche. In diesen Bereichen können den Laien von der Hierarchie *bestimmte* Aufgaben anvertraut werden.

Der Religionsunterricht ist eine Aufgabe, die sowohl Laien wie auch Kleriker ausüben (vgl. cann. 804, 805). Wenn Kleriker Religionsunterricht erteilen, nehmen sie dann nicht eine Aufgabe wahr, die mit ihrem «Amt» verbunden ist? Ist nicht die religiöse katholische Unterweisung und Erziehung der Kinder und Jugendlichen (vgl. can. 804 § 1) eine eigentliche Aufgabe der Hirten der Kirche selbst — insbesondere dann, wenn unter diesen nicht nur die Bischöfe, sondern auch die Priester und unter Umständen die Diakone verstanden werden?

Die Seelsorge und die Darlegung der christlichen Lehre sind eigentliche Aufgaben der Hirten der Kirche (vgl. AA 24f). Zur Seelsorge gehört sicher die Sorge um die katholische religiöse Unterweisung und Erziehung der Kinder und Jugendlichen (vgl. GE 7a). Gemäss GE 7a ist der Religionsunterricht an nichtkatholischen Schulen ein Mittel, durch das die Kirche ihre überaus schwere Pflicht, für die sittliche und religiöse Erziehung aller ihrer Kinder zu sorgen, wahrnimmt[74]. Die religiöse Unterweisung ist zugleich ein Mittel der Darlegung der christlichen Lehre und der Verkündigung (vgl. CD 13c). Nach CD 13c sollen *die Bischöfe* bei der Verkündigung der christlichen Lehre die verschiedenen Mittel, die zur Verfügung stehen, anwenden. Die Darlegung der christlichen Lehre an Schulen ist eines davon.

Die Verwirklichung dieser Unterweisung ist deshalb in einer zweifachen Weise den Hirten der Kirche selbst anvertraut und eine Aufgabe, die ihnen zu eigen ist. Einerseits ist der schulische Religionsunterricht als solcher der kirchlichen Autorität unterstellt (can. 804 § 1) und andererseits ist die Aufgabe des Religionsunterrichts *Klerikern* und Laien anvertraut (vgl. cann. 804 und 805). Die Zuständigkeit der kirchlichen Autorität kommt auf verschiedene Weise zum Tragen, insbesondere bei der Normgebung auf diesem Gebiet und bei der Bestellung der Religionslehrer (vgl. cann. 804, 805)[75]. Dadurch nimmt sie nicht nur die ihr aufgetragene Sorge um die christliche Unterweisung und Erziehung der Kinder und Jugendlichen wahr (vgl. GE 7a), sondern auch den Auftrag, bei der Verkündigung der christlichen Lehre die zur Verfügung stehen-

---

[74] Vgl. dazu auch can. 794.
[75] Vgl. dazu Kap. VI/5. sowie Kap. VIII/1.4b) und 1.5b).

den Mittel anzuwenden (vgl. CD 13c). Den Auftrag, die christliche Lehre darzulegen, sowie die Sorge um die religiöse Unterweisung und Erziehung nehmen die Hirten der Kirche — hier insbesondere die Priester — auch dadurch wahr, dass sie selbst Religionsunterricht erteilen. Das ist eine ihnen eigene Aufgabe. Dies kam im früheren Recht dadurch zum Ausdruck, dass der Religionsunterricht an den Mittel- und Oberschulen nach can. 1373 § 2/*CIC* 1917 eine Aufgabe war, die Priester wahrgenommen haben. In GE 7a wird der Religionsunterricht an nichtkatholischen Schulen als ein Dienst der Priester und Laien bezeichnet. Nach Dezzas Kommentar zu dieser Stelle war es notwendig, dass auch Ordensangehörige und Laien zu dieser Aufgabe berufen werden («ad hoc munus vocentur»), da die Priester bei der wachsenden Zahl der Schüler nicht mehr in der Lage waren, den gesamten vorgesehenen Religionsunterricht zu halten — was ein schweres Problem darstellte[76]. Nun werden Kleriker und Laien zu dieser einen Aufgabe («ad hoc munus» — in den Worten von Dezza) der religiösen Unterweisung und Erziehung der Kinder und Jugendlichen berufen (vgl. can. 804).

Wenn der Religionsunterricht eine eigentliche Aufgabe der Hirten der Kirche — insbesondere der Priester — selbst darstellt, ist dann die Aufgabe des Religionsunterrichts, die den Laien anvertraut wird, nicht mit einer eigentlichen Aufgabe der Hirten der Kirche verbunden? Nehmen sie dann nicht eine Aufgabe wahr, die in den Aufgabenbereich der Hirten selbst fällt? Durch die Einrichtung des Religionsunterrichts nehmen die Hirten der Kirche (besonders die zuständige kirchliche Autorität) den Auftrag wahr, die christliche Lehre zu verkünden und darzulegen (vgl. CD 13c), sowie die überaus schwere Pflicht der Kirche, für die religiöse und sittliche Erziehung der Kinder zu sorgen (vgl. GE 7a). Die eine Aufgabe des Religionsunterrichts wird sodann durch Kleriker und Laien wahrgenommen. Wenn Kleriker dies tun, ist es unmittelbar mit ihrem «Amt» verbunden. Wenn Laien Religionsunterricht erteilen, erfüllen sie dann nicht eine Aufgabe, die auf eine engere Weise mit den Ämtern der Hirten zu tun hat? Die Laien helfen den Hirten der Kirche auf dem Gebiet der religiösen Unterweisung und Erziehung der Kinder und Jugendlichen, auf einem Gebiet, dem kein geringes Gewicht zukommt und in dem eine überaus schwere Pflicht der Kirche besteht (vgl. CD 13c, GE 7a). Die Tätigkeit der Laien auf diesem Gebiet stellt sich als eine Mitarbeit mit dem Bischof und den Priestern dar (vgl. can. 759).

---

[76] P. Dezza, «Declaratio Conciliaris», 51.

3.3.2 Die Übertragung dieser Aufgabe

Nach AA 24f gibt es Aufgaben, die mit den Ämtern der Hirten verbunden sind und die den Laien von der Hierarchie anvertraut werden. Die Laien erhalten eine Sendung (*missio*). Die Übertragung selbst ist erforderlich, damit die Laien diese Aufgabe wahrnehmen können.

Der Religionsunterricht ist eine Aufgabe, zu der die Religionslehrer bestellt werden (can. 804 § 2), zu der sie ernannt werden oder zu deren Ausübung sie einer Approbation durch die zuständige kirchliche Autorität bedürfen (vgl. can. 805). Die Bestellung zu Religionslehrern nach can. 804 § 2 ist eine eigene Berufung, die die allgemeine Berufung der Gläubigen zur Verkündigung (vgl. cann. 204 § 1, 225 § 1) voraussetzt und zudem bestimmte Eigenschaften erfordert, die Rechtgläubigkeit, das Zeugnis christlichen Lebens und pädagogisches Geschick[77]. Die Bestellung der Religionslehrer nach can. 804 § 2 ist *kirchlicher* Natur[78]. Der Religionsunterricht ist eine Aufgabe, zu der die Gläubigen, Laien wie auch Kleriker *bestellt* werden.

In can. 805 sind zwei Formen vorgesehen, die unmittelbar von der zuständigen kirchlichen Autorität ausgehen, die Ernennung bzw. die Approbation der Religionslehrer. Durch die Ernennung wird unmittelbar von der kirchlichen Autorität die Person bestimmt, die die Aufgabe des Religionsunterrichts wahrnehmen soll. Durch die Approbation wird von der kirchlichen Autorität die Person bestätigt, die diese Aufgabe wahrnehmen soll — eine Aufgabe, die letztlich im Auftrag der Kirche ausgeübt wird. Die Approbation ist eine Bestätigung eines letztlich kirchlichen Auftrags (s.o. 2.3).

Die Approbation ist nicht isoliert, sondern im Zusammenhang der cann. 804 und 805 zu sehen. Sie wird einerseits als eine zweite Form neben der Ernennung genannt, für die die kirchliche Autorität zuständig ist, damit einer bestimmten Person die Aufgabe des Religionsunterrichts übertragen wird[79]. Andererseits ist can. 805 auf dem Hintergrund von can. 804 zu sehen, in dem die allgemeine Zuständigkeit der kirchlichen Autorität für den Religionsunterricht festgelegt ist sowie ihre Kompetenz bei der Bestellung der Religionslehrer.

Der Religionsunterricht ist nach den cann. 804 und 805 eine Aufgabe, die in den Zuständigkeitsbereich der kirchlichen Autorität

---

[77] Vgl. dazu auch AA 30d.
[78] Vgl. dazu 1.1 und 2.1.
[79] Für die Übertragung der *einen* Aufgabe des Religionsunterrichts sind also zwei verschiedene Formen vorgesehen.

fällt, mit der eine *kirchliche* Bestellung verbunden ist und die jemand nur kraft einer Ernennung oder Approbation durch die kirchliche Autorität wahrnehmen kann. Mit der Ernennung oder Approbation wird ein Gläubiger zur Wahrnehmung einer kirchlichen Aufgabe bestellt. Diese Aufgabe wird sowohl Klerikern wie auch Laien übertragen.

Der kirchlichen Autorität sind nach den cann. 804 und 805 grundlegende Kompetenzen bei der Bestellung von Religionslehrern, bei ihrer Ernennung sowie bei ihrer Approbation gegeben. Der Religionsunterricht ist eine Aufgabe, die Laien und Klerikern von der Hierarchie anvertraut wird (vgl. AA 24f). Sie werden zu Religionslehrern bestellt. Der schulische Religionsunterricht ist nicht eine Aufgabe, die die Gläubigen von sich aus wahrnehmen können, ohne auf bestimmte Weise dazu bestellt zu werden. Wie die in can. 805 vorgesehenen zwei Formen zeigen, können die Modalitäten der Bestellung unterschiedlich sein.

3.3.3 Die kirchliche Leitung

Nach AA 24f unterstehen die Laien kraft der ihnen gegebenen Sendung bei der Ausübung der Aufgabe der vollen höheren kirchlichen Leitung. Diese kann verschieden ausgestaltet sein[80].

Der schulische Religionsunterricht ist ein Gebiet der Verkündigung, auf dem die Leitungsgewalt der kirchlichen Autorität auf besondere Weise zum Tragen kommt. Nach can. 804 § 1 untersteht der katholische Religionsunterricht der kirchlichen Autorität. Diese allgemein formulierte Zuständigkeit gelangt auf mehrfache Weise zur Anwendung. Der kirchlichen Autorität sind grundlegende Kompetenzen bei der Einrichtung und Regelung des Religionsunterrichts, bei der Übertragung dieser Aufgabe (und ihrer Enthebung) sowie bei der Beaufsichtigung in diesem Bereich gegeben (cann. 804 und 805). Die entsprechenden kirchenrechtlichen und gegebenenfalls staatskirchenrechtlichen Normen enthalten die Bestimmungen über den Religionsunterricht selbst (über die Natur des Unterrichts, die Religionslehrer, die Lehrprogramme u.a.) und über die jeweiligen Kompetenzen der kirchlichen Autorität, die unterschiedlich ausgestaltet sein können[81].

Die Religionslehrer sind bei der Ausübung dieser Aufgabe, die ihnen übertragen wird, der kirchlichen Leitung unterstellt. Sie sind an die

---

[80] Vgl. F. KLOSTERMANN, «Kommentar zu AA», 677-678.
[81] Eine erste Abgrenzung in bezug auf die Regelung des Religionsunterrichts findet sich bereits in can. 804 § 1, der sowohl den Bischofskonferenzen wie den Diözesanbischöfen bestimmte Aufgaben zuweist.

entsprechenden kirchenrechtlichen und staatskirchenrechtlichen Bestimmungen gebunden[82]. Der Religionsunterricht ist ein Gebiet, das unter der Leitung und Aufsicht der Kirche steht. Der katholische Religionsunterricht untersteht nach can. 804 § 1 der kirchlichen Autorität («Ecclesiae auctoritati subicitur institutio et educatio religiosa catholica»). Der Ausdruck *Ecclesiae auctoritati* kann hier auch im Sinn der Leitung der Kirche verstanden werden[83].

3.4 *Der Religionsunterricht als Beispiel zu LG 33c und AA 24f*

Aus den beiden erläuterten Konzilstexten, LG 33c und AA 24f, lassen sich Merkmale entnehmen, die auch für den katholischen Religionsunterricht nach den cann. 761, 804 und 805 charakteristisch sind.

Nach dem Verweis auf das Apostolat, das alle Gläubigen angeht, verweist LG 33 auf die Befähigung der Laien, von der Hierarchie zu gewissen kirchlichen Ämtern («ad quaedam munera ecclesiastica») herangezogen zu werden, die geistlichen Zielen dienen. Neben dem allgemeinen Apostolat bestehen demnach bestimmte Formen kirchlicher Tätigkeit, zu denen die Laien befähigt sind, die ihnen jedoch von der Hierarchie anvertraut werden müssen. Diese kirchlichen Aufgaben sind dadurch charakterisiert, dass sie zu einem geistlichen Ziel auszuüben sind. Es gibt keine bessere Erläuterung zu dieser Stelle als ein zweiter Konzilstext, AA 24f. Hier wird auf kirchliche Aufgaben (im Sinn von LG 33c) Bezug genommen, auf Dienste der Kirche, wie die Darlegung der christlichen Lehre, die Liturgie und die Seelsorge. Diese Dienste werden zu einem geistlichen Ziel ausgeübt. Sie sind auf besondere Weise mit den Ämtern der Hirten der Kirche verbunden. In diesen Bereichen können nun Laien gewisse Aufgaben von der Hierarchie anvertraut werden.

Nach der hier vertretenen Darlegung sind die in AA 24f genannten Elemente auch für die Aufgabe des Religionsunterrichts gegeben: eine Aufgabe, die mit den Ämtern der Hirten verbunden ist, die den Laien von der Hierarchie anvertraut wird und bei deren Ausübung die Laien der höheren kirchlichen Leitung unterstellt sind. Die Laien üben mit

---

[82] Vgl. dazu G. FELICIANI, «L'insegnamento della religione cattolica», 29-30.

[83] Can. 804 § 1 benützt diesbezüglich die gleichen Ausdrücke wie can. 1381 § 1/*CIC* 1917 («Religiosa iuventutis institutio in scholis quibuslibet auctoritati et inspectioni Ecclesiae subiicitur»). Rees gibt can. 1381 § 1 folgendermassen wieder: «Die religiöse Unterweisung der katholischen Jugend unterliegt in allen Schulen, seien sie staatlich-öffentlich oder privat, der *Leitung* und *Aufsicht* der Kirche» (Hervorhebung durch den Autor). W. REES, *Der Religionsunterricht*, 96.

dem Religionsunterricht eine Aufgabe aus, die auch Klerikern aufgegeben ist. Mit ihnen zusammen — in Gemeinschaft mit ihnen — sind sie auf dem Gebiet der religiösen Unterweisung und Erziehung der Kinder und Jugendlichen tätig (vgl. can. 759). Dieses Gebiet, das Teil der Seelsorge (die Sorge um die religiöse Unterweisung und Erziehung der Kinder) und der Verkündigung bzw. der Lehrtätigkeit der Kirche ist, fällt unmittelbar in den Aufgaben- und Zuständigkeitsbereich der Hirten der Kirche. Es ist nicht der freien Initiative der Gläubigen überlassen. Die Aufgabe des Religionsunterrichts wird Laien und Klerikern *anvertraut*. Sie werden zu Religionslehrern bestellt. Laien üben dadurch eine besondere Form des Laienapostolats aus, Kleriker üben damit eine Tätigkeit aus, die mit ihrem «Amt» verbunden ist. Bei beiden ist jedoch erforderlich, dass ihnen diese Aufgabe übertragen wird[84]. Bei deren Ausübung sind sie der kirchlichen Leitung unterstellt. Diese bestimmt sich nach den kirchenrechtlichen und staatskirchenrechtlichen Normen, die für dieses Gebiet erlassen werden.

Die beiden Konzilstexte LG 33c und AA 24f sind von can. 228 § 1 aufgenommen worden — wenn auch nicht in ihrem ganzen Wortlaut. Danach können Laien, die als geeignet befunden werden, von den geistlichen Hirten für jene kirchlichen Ämter und Aufgaben herangezogen werden, die sie gemäss den Rechtsvorschriften wahrzunehmen vermögen. Der Religionsunterricht ist zu diesen kirchlichen Ämtern und Aufgaben zu zählen.

4. Der kirchenrechtliche Charakter des Religionsunterrichts

In den vorausgehenden Darlegungen wurde ausführlicher auf die Redaktionsgeschichte und die Auslegung von AA 24f Bezug genommen. Das geschah nicht ohne Absicht. Denn gerade in diesem Konzilstext werden Fragen berührt, die in der Kirchenrechtslehre in bezug auf den Religionsunterricht auf die eine oder die andere Weise beantwortet werden. Die Fragen betreffen den kirchenrechtlichen Charakter des Religionsunterrichts und der Beauftragung dazu.

Einerseits kommt in AA 24f der Bezug zwischen dem Charakter einer bestimmten kirchlichen Aufgabe und ihrer Übertragung zum Ausdruck. Dieser Bezug findet sich auch in den verschiedenen Auffassungen der Kirchenrechtslehre zum Religionsunterricht. Andererseits wird in diesem Konzilstext eine Formulierung verwendet, die allgemein gehalten ist und nicht unmittelbar Ausdrücke verwendet, die in der Kirchenrechtslehre noch Gegenstand von Kontroversen sind. Dies ist

---

[84] Vgl. LG 33c und AA 24f (in bezug auf die Laien).

insbesondere für die Begriffe des Mandates und der Missio canonica der Fall[85].

In der Kirchenrechtslehre gibt es grundsätzlich drei unterschiedliche Auffassungen zum Religionsunterricht[86]. Die dritte Auffassung lässt sich eng an die beiden Konzilstexte LG 33c und AA 24f bzw. an can. 228 § 1 anschliessen.

4.1 Ein Apostolat der Gläubigen

In der Auffassung von Errázuriz kommt deutlich zum Ausdruck, wie die Frage der Beauftragung mit der Charakterisierung des Religionsunterrichts zusammenhängt.

Errázuriz geht von der allgemeinen Berufung der Gläubigen aus. Als Getaufte und Gefirmte sind die Gläubigen dazu berechtigt, das Wort zu verkünden, ohne dass sie dazu eines Auftrags, einer Erlaubnis oder einer anderen Form der «Beauftragung» durch die kirchliche Autorität bedürfen. Es gibt zwar Fälle, in denen sich eine solche «Beauftragung» auf apostolische Tätigkeiten bezieht, die den Gläubigen eigen sind. Sie ist jedoch als *condicio sine qua non* zum Schutz des Allgemeinwohls gefordert. Dies trifft z.B. für den katholischen Religionsunterricht zu (can. 805)[87].

Er spricht sodann von den nicht-öffentlichen Lehraufgaben («funzioni non ufficiali d'insegnamento»), zu deren Ausübung die Gläubigen berechtigt sind, wenn die dazu vom Kirchenrecht gestellten Bedingungen erfüllt sind. So haben die Gläubigen z.B. ein Recht, als Religionslehrer in einer Schule anerkannt zu werden, wenn sie die Voraussetzungen in bezug auf die Rechtgläubigkeit und das Zeugnis christlichen Lebens erfüllen[88].

Die folgenden Darlegungen lassen annehmen, dass der Religionsunterricht wohl nicht unter AA 24f fällt:

Nach Errázuriz lässt can. 805 nicht viel Raum für eine Interpretation, die den Religionsunterricht als eine der Hierarchie eigene Aufgabe (Funktion) sieht, an der sie die Religionslehrer teilhaben lassen

---

[85] Vgl. N. JUBANY ARNAU, «Animadversiones», 326-329.

[86] In den folgenden Darlegungen werden die in Kap. I/2.2 wiedergegebenen Gedanken der verschiedenen Autoren aufgenommen.

[87] C.J. ERRÁZURIZ M., *Il «munus docendi Ecclesiae»*, 191.192 («È vero che ci possono essere casi in cui l'intervento gerarchico si riferisca ad attività apostoliche proprie dei fedeli, per il cui lecito svolgimento sia richiesto dalle legge canonica una simile *condicio sine qua non* posta a tutela del bene comune») und 192 Fn. 26.

[88] C.J. ERRÁZURIZ M., *Il «munus docendi Ecclesiae»*, 202.

würde[89]. Der Religionsunterricht könne nicht als eine Lehrtätigkeit gesehen werden, die an sich (*per sé*) mit dem hierarchischen Verkündigungsdienst («munus docendi gerarchico») verbunden ist. Dennoch besteht tatsächlich eine Verbindung, die rechtlich durch die Bestimmung von can. 805 zum Ausdruck kommt. Da es sich um Initiativen im Bildungsbereich handelt, die von der institutionellen Kirche abhängen, ist diese Lehrtätigkeit auch von der kirchlichen Autorität abhängig, die für das ganze Bildungsprojekt und seine Verwirklichung an erster Stelle die Verantwortung übernimmt. Dennoch handelt es sich um eine nicht-hierarchische Lehrtätigkeit. Aufgrund der Natur dieser Lehrtätigkeit ist die institutionelle Kirche jedoch immer zuständig, diesbezügliche Normen in Ausübung ihrer Leitungstätigkeit zum Allgemeinwohl der Kirche zu erlassen[90].

Errázuriz sieht also den Religionsunterricht als eine den Gläubigen eigene apostolische Tätigkeit. Zum Schutz des Allgemeinwohls ist jedoch die «Beauftragung» des Religionslehrers (can. 805) als *condicio sine qua non* gefordert. Der Religionsunterricht ist eine nicht-öffentliche, nicht-hierarchische Lehrtätigkeit der Gläubigen, zu deren Ausübung sie grundsätzlich berechtigt sind, wenn sie die Voraussetzungen dazu erfüllen. Auch wenn der Religionsunterricht nicht als eine der Hierarchie eigene Aufgabe gesehen wird, so handelt es sich doch um ein Gebiet, auf dem der institutionellen Kirche bzw. der kirchlichen Autorität grundlegende Kompetenzen zukommen — sei es in der Normgebung, sei es bei der Approbation der Religionslehrer, immer zum Schutz des Allgemeinwohls[91].

Bei Errázuriz werden also nicht nur die Aufgaben der kirchlichen Autorität hervorgehoben, sondern auch die Aufgaben der Gläubigen, insbesondere der Laien. Die Gläubigen haben eine ihnen zukommende Aufgabe und Verantwortung in der Verkündigung der frohen Botschaft. Die Bedeutung ihrer Lehr- und Bildungstätigkeit in der Kirche und in der Welt kommt in dieser Sichtweise besonders zum Tragen.

Bei der Frage, wie der Religionsunterricht kirchenrechtlich zu qualifizieren ist, wird vor allem die Unterscheidung zwischen öffentlicher und nicht-öffentlicher, zwischen hierarchischer und nicht-hierar-

---

[89] C.J. ERRÁZURIZ M., *Il «munus docendi Ecclesiae»*, 227 Fn. 104. In ähnlicher Weise auch D. CITO, «can. 804», 253-254; «can. 805», 258.

[90] C.J. ERRÁZURIZ M., *Il «munus docendi Ecclesiae»*, 267-268.

[91] Die Ausführungen von Errázuriz erinnern an AA 24a: «Es ist die Aufgabe der Hierarchie, das Apostolat der Laien zu fördern, Grundsätze und geistliche Hilfen zu geben, seine Ausübung auf das kirchliche Gemeinwohl hinzuordnen und darüber zu wachen, dass Lehre und Ordnung gewahrt bleiben.»

chischer Lehrtätigkeit verwendet. Die Unterscheidung zwischen öffentlich und nicht-öffentlich ist jedoch nicht unproblematisch. Darauf macht z.B. Arrieta zu Beginn seines Werkes über das Recht der kirchlichen Organisation aufmerksam. Auch wenn für ihn selbst der Begriff des öffentlichen Dienstes (*funzione pubblica*) der Kirche von zentraler Bedeutung ist[92], so verweist er doch allgemein auf die Schwierigkeiten, die Kategorien von «öffentlich» und «privat» im Kirchenrecht zu übernehmen[93]. Ein Problem, das sich in diesem Zusammenhang stellt, ist, ob der Religionsunterricht, der als *nicht-öffentliche* Tätigkeit betrachtet wird, überhaupt ein Kirchenamt sein kann — besonders dann, wenn dieses seinerseits — nach Arrieta — zur Ausübung *öffentlicher* Aufgaben der Kirche bestimmt ist[94].

4.2 Im Namen der Kirche

Eine andere Auffassung zum Religionsunterricht nach den cann. 804 und 805 findet sich vor allem in der deutschen Kirchenrechtsliteratur. Von den verschiedenen Autoren wird sie von Link, Listl, Mussinghoff und Rees vertreten. Auch hier zeigt sich, dass die Charakterisierung des Religionsunterrichts mit der Frage der Beauftragung unmittelbar zusammenhängt.

4.2.1 Vier Autoren

Nach *Link* bedürfen die Religionslehrer in Deutschland neben der staatlichen auch einer kirchlichen Bevollmächtigung, die auf katholischer Seite durch die Missio canonica gegeben wird. Die Missio canonica, die der Diözesanbischof nach can. 805 gibt, ist notwendig, weil die Erteilung des Religionsunterrichts auch Teilhabe an der lehramtlichen Verkündigung der Kirche ist[95].

Listl hebt hervor, dass der Religionsunterricht nach den cann. 761, 804 und 805 eine Form der Glaubensverkündigung darstellt. Deshalb ist der schulische Religionsunterricht «in Übereinstimmung mit der Glaubenslehre der Kirche und in deren Auftrag» zu erteilen[96]. Die

---

[92] Vgl. J.I. ARRIETA, *Diritto dell'organizzazione ecclesiastica*, 3 («Articolazione della funzione pubblica nella Chiesa»).

[93] J.I. ARRIETA, *Diritto dell'organizzazione ecclesiastica*, 10 («al di là delle difficoltà del diritto canonico di recepire le categorie di pubblico e privato»).

[94] Vgl. J.I. ARRIETA, *Diritto dell'organizzazione ecclesiastica*, 137 (s. Kap. I/2.1.1); D. CITO, can. 804, 252-254; can. 805, 258 (s. Kap. I/2.3.3).

[95] C. LINK, «Religionsunterricht», 491-492.

[96] J. LISTL, «Der Religionsunterricht», 592.

kirchliche Lehrbeauftragung (*missio canonica*) ist notwendig (auch für den Unterricht an staatlichen Schulen), weil

> die Erteilung des Religionsunterrichts nicht eine private Veranstaltung des Religionslehrers ist, sondern Teilhabe an der amtlichen Verkündigung der christlichen Lehre, die im Namen und im Auftrag der Kirche erfolgt[97].

Nach *Mussinghoff* gründen der Anspruch und die Verpflichtung der Kirche, katholischen Religionsunterricht zu erteilen, in der göttlichen Sendung der Kirche, allen Menschen das Evangelium zu verkünden (can. 747 § 1) und dem Grundrecht der Gläubigen auf christliche Erziehung und Unterweisung (cann. 217, 229 § 1)[98]. Die Kirche muss deshalb um die Ermöglichung des Religionsunterrichts besorgt sein[99].

Nach can. 805 hat der Ortsordinarius das Recht, die Religionslehrer zu ernennen oder zu bestätigen. Zur Ausübung dieses Rechts steht die Rechtsfigur der *missio canonica* (kanonische Sendung) zur Verfügung:

> Die Missio ist die Teilhabe an dem *munus docendi*, das den Bischöfen als Nachfolgern der Apostel kraft Weihe zukommt.
> Während Kleriker kraft Weihe die Befugnis zur amtlichen Lehre haben und nur der Einweisung in einen konkreten Dienst bedürfen, bedarf der Laie einer amtlichen Beauftragung zur Lehrverkündigung durch die Kirche. Der Religionslehrer lehrt nicht in eigenem Namen und aufgrund persönlicher Autorität und eigenen Glaubenszeugnisses, sondern als amtlicher Zeuge des Glaubens im Namen Christi und der Kirche[100].

Der *CIC* fordert die kirchliche Beauftragung für die amtliche und öffentliche Lehre des Glaubens in der Schule, ohne jedoch den Begriff der *missio canonica* zu gebrauchen, weil die staatskirchenrechtlichen Verhältnisse in den verschiedenen Staaten unterschiedlich sind[101].

In entsprechender Weise ist der Entzug der *missio canonica* «der Widerruf der amtlichen Teilhabe am Verkündigungsdienst der Kirche in der Schule»[102].

Nach Mussinghoff handelt es sich also beim Religionsunterricht um eine amtliche und öffentliche Lehre des Glaubens, zu dem die Religionslehrer von der Kirche beauftragt werden. Sie lehren nicht im eigenen Namen, sondern im Namen der Kirche.

---

[97] J. LISTL, «Der Religionsunterricht», 604.
[98] H. MUSSINGHOFF, *MK*, 804/2.
[99] H. MUSSINGHOFF, *MK*, vor 804/3.
[100] H. MUSSINGHOFF, *MK*, 805/1.
[101] H. MUSSINGHOFF, *MK*, 805/2.
[102] H. MUSSINGHOFF, *MK*, 805/2.

Nach *Rees* ist die kirchliche Beauftragung notwendig, weil der Religionsunterricht «eine Teilhabe an der amtlichen Lehrverkündigung im Namen und Auftrag der Kirche» ist[103].

Der Religionsunterricht ist nach den genannten Autoren eine Teilhabe an der amtlichen Lehrverkündigung der Kirche (Link, Listl, Rees), eine Teilhabe am *munus docendi* der Bischöfe (Mussinghoff), eine amtliche Teilhabe am Verkündigungsdienst der Kirche in der Schule (Mussinghoff), eine amtliche und öffentliche Lehre des Glaubens in der Schule (Mussinghoff), eine Form der Glaubensverkündigung (Listl), ein Lehren im Namen und Auftrag der Kirche (Listl, Rees), ein Lehren als amtlicher Zeuge des Glaubens im Namen Christi und der Kirche (Mussinghoff). Die Beauftragung dazu wird als kirchliche Bevollmächtigung (Link), als Missio canonica (Link, Listl, Mussinghoff, Rees), als kirchliche Lehrbeauftragung (Listl, Mussinghoff, Rees) und als amtliche Beauftragung zur Lehrverkündigung durch die Kirche (Mussinghoff) bezeichnet. Der unmittelbare Bezug zwischen der kirchlichen Beauftragung und dem Charakter des Religionsunterrichts kommt bei allen vier Autoren auf eine kausale Weise zum Ausdruck. So ist z.B. nach Link die kirchliche Beauftragung erforderlich, weil die Erteilung des Religionsunterrichts Teilhabe an der amtlichen Lehrverkündigung ist.

4.2.2 Eine Gegenüberstellung

Wenn bei Errázuriz vor allem die allgemeine Berufung betont wird, die die Gläubigen dazu befähigt und berechtigt, Religionsunterricht zu erteilen, so kommt bei den vier genannten Autoren vor allem zum Ausdruck, dass die Gläubigen einer besonderen Berufung und Beauftragung bedürfen, da sie nicht in eigenem Namen, sondern im Namen und Auftrag der Kirche Religionsunterricht erteilen.

Nach Errázuriz ist der Religionsunterricht wohl nicht eine der Hierarchie eigene Aufgabe, an der sie die Religionslehrer teilhaben lassen würde. Er könne nicht als eine Lehrtätigkeit gesehen werden, die an sich mit dem hierarchischen Verkündigungsdienst verbunden ist. Der Religionsunterricht ist eine nicht-öffentliche, nicht-hierarchische Lehrtätigkeit der Gläubigen. Im Gegensatz dazu ist dem Religionsunterricht nach den vier Autoren ein öffentlicher Charakter zu eigen. Er wird von ihnen als amtliche Lehrverkündigung gesehen, an denen die Gläubigen (insbesondere die Laien) durch die kirchliche Beauftragung Anteil erhalten. Der Religionsunterricht ist in dieser Sichtweise nicht

---

[103] W. REES, *Der Religionsunterricht*, 191.

«nur» die Ausübung eines den Gläubigen als Getaufte und Gefirmte zukommenden Apostolats, sondern Teilhabe an der amtlichen Lehrverkündigung der Kirche.

Nach Errázuriz ist die kirchliche «Beauftragung» der Religionslehrer als *condicio sine qua non* zum Schutz des Allgemeinwohls erforderlich. Für die vier zitierten Autoren ist die kirchliche Beauftragung der Religionslehrer (durch die Missio canonica) notwendig, weil diese nicht im eigenen Namen, sondern im Namen und Auftrag der Kirche Religionsunterricht erteilen.

4.2.3 Die verwendeten Ausdrücke und AA 24f

Nach den vier Autoren handelt es sich beim Religionsunterricht um eine Aufgabe, die den Laien durch eine Missio canonica übertragen wird. Kraft dieser erhalten sie Anteil an der amtlichen Lehrverkündigung der Kirche. Sie charakterisieren den Religionsunterricht damit durch Begriffe und Elemente, die auch in der Redaktion von AA 24f Gegenstand von Formulierungen gewesen sind, die dann aber nicht als solche in die Schlussredaktion aufgenommen worden sind[104].

So sprach die Fassung von 1962 von der *missio canonica*, durch die die Laien von der Hierarchie zu bestimmten Aufgaben berufen werden und auf gewisse Weise am hierarchischen Apostolat teilnehmen. Durch die missio canonica erhält ihr Apostolat zudem einen offiziellen Charakter (*officialis*)[105]. Gemäss der Fassung von 1964 nehmen die Laien kraft der *missio canonica* u.a. auf eigene Weise (*suo modo*) am Apostolat der Hierarchie teil[106]. Die Fassung von 1965 spricht nur noch von der *missio* (ohne *canonica*) und fügt allein die Rechtswirkung, die auch in den früheren Fassungen enthalten ist und die die kirchliche Leitung vorsieht, hinzu (s. 3.2.3). Da immer noch diesbezügliche Kontroversen unter Kanonisten bestanden, wurde darauf verzichtet, das Eigenschaftswort *canonica* beizufügen sowie die Formulierung, dass die Laien auf eigene Weise am Apostolat der Hierarchie teilhaben[107]. Zugleich wurde jedoch im Text die Formulierung gewählt, dass es sich um Aufgaben handelt, die enger mit den Ämtern der Hirten (der Kirche) verbunden sind und die diese den Laien anvertrauen (AA 24f).

---

[104] Hier werden die unter 3.2.3 genannten Stellen wiedergegeben.

[105] *Schema de apostolatu laicorum* (1962), *AD* Series II, III/II 311 (n. 11).

[106] *Schema decreti de apostolatu laicorum* (1964), *AS* III/III 379 (n. 18).

[107] *Schema decreti de apostolatu laicorum* (1965), *AS* IV/II 350-351 (n. 24) und 355 (*Relatio* zu n. 24f); N. JUBANY ARNAU, «Animadversiones», 326-329.

Die von den vier Autoren verwendeten Ausdrücke (die amtliche Lehrverkündigung und die Teilnahme daran, die Missio canonica) betreffen also auch Fragen, die in der Kirchenrechtslehre noch Gegenstand von Kontroversen sind und die das II. Vatikanische Konzil durch AA 24f nicht unmittelbar löst. Im Konzilstext AA 24f wird das Element der Teilnahme am Apostolat der Hierarchie nicht mehr genannt; statt Missio canonica steht nur noch Missio. Dennoch kann auf jeden Fall (*a fortiori*) der Religionsunterricht in der Sichtweise von Link, Listl, Mussinghoff und Rees zu den Aufgaben gezählt werden, zu denen die Laien nach LG 33c und AA 24f bzw. nach can. 228 § 1 von der Hierarchie herangezogen werden.

4.3 *Eine kirchliche Tätigkeit*

Eine dritte Auffassung zum Religionsunterricht nach den cann. 804 und 805 lässt sich in Zusammenhang mit den beiden Konzilstexten LG 33c und AA 24f bzw. mit can. 228 § 1 formulieren. Verschiedene Elemente dieser Auffassung sind bei Dalla Torre und Felciani vorhanden.

4.3.1 Dalla Torre und Feliciani

Dalla Torre betont mehrfach, dass der katholische Religionsunterricht eine Aufgabe darstellt, die mit dem kirchlichen Lehramt verbunden ist[108]. Als solche ist sie mit dem Verkündigungsdienst der Kirche verbunden, der, zusammen mit dem Heiligungs- und Leitungsdienst, zur Sendung der Kirche gehört:

> Occorre rilevare in proposito che l'insegnamento della religione cattolica nelle scuole viene a realizzare una funzione connessa con il magistero ecclesiastico, e quindi collegata a quel *munus docendi* che integra — insieme al *munus sanctificandi* ed al *munus regendi* — la stessa missione della Chiesa[109].

Die wenigen Normen des *CIC* über den katholischen Religionsunterricht sind auf dem Hintergrund der grundlegenden einleitenden Bestimmungen zum III. Buch *CIC* über den Verkündigungsdienst der Kirche zu sehen, insbesondere auf dem Hintergrund von can. 747[110]. Der Religionsunterricht steht jedoch nicht nur mit dem grundlegenden Recht der Kirche zur Verkündigung (vgl. can. 747) und ihrer diesbezüglichen Freiheit in Verbindung, sondern auch mit den Grundrechten

---

[108] G. DALLA TORRE, *La questione scolastica*, 35.39.43.45.
[109] G. DALLA TORRE, *La questione scolastica*, 35.
[110] G. DALLA TORRE, *La questione scolastica*, 36.

der Gläubigen, insbesondere mit dem Recht auf religiöse Bildung (cann. 213, 217) und der Pflicht und dem Recht der Eltern, ihre Kinder christlich zu erziehen (can. 226; vgl. cann. 774 § 2, 793, 798)[111].
Dalla Torre erläutert sodann ausführlich die cann. 804 und 805. Das Recht des Diözesanbischofs (des Ortsordinarius), die Religionslehrer zu ernennen oder zu bestätigen (vgl. can. 805) sieht er darin begründet, dass der Religionsunterricht auf den Verkündigungsdienst der Hierarchie bezogen ist:

> la ragione della disposizione — lo si è già accennato — risiede nel rapporto funzionale dell'insegnamento da essi impartito rispetto al munus docendi della gerarchia[112].

Den Religionslehrern obliegt auf eine besondere Weise die in can. 209 § 1 festgelegte Pflicht der Gläubigen, die Gemeinschaft mit der Kirche zu wahren. Als Religionslehrer sind sie berufen, in der Schule — sei diese katholisch oder nicht, öffentlich oder nicht —, spezifische Aufgaben im Namen und im Auftrag der Kirche («specifiche funzioni in nome e per conto della Chiesa») auszuüben[113].

Nach Dalla Torre scheinen für den Religionsunterricht die Elemente eines Kirchenamtes nach can. 145 § 1 vorhanden zu sein. Dies würde bedeuten, dass er als ein öffentlicher kirchlicher Dienst zu charakterisieren ist, zu dem die Kirche als Institution berechtigt und verpflichtet ist[114].

Feliciani betont mehrfach, dass der Religionsunterricht an den öffentlichen Schulen (in Italien) eine eigentliche kirchliche Aufgabe ist, die ihre eigenen Charakteristiken hat[115]. Diese Sichtweise bestärkt er mit Aussagen des Lehramtes. So charakterisiert Johannes Paul II. den katholischen Religionsunterricht an den staatlichen Schulen als eine religiöse Unterweisung, «die von der Kirche abhängt, jedoch je nach Ländern von der Schule oder im Rahmen der Schule oder auch aufgrund einer Abmachung mit den staatlichen Autoritäten über den Stundenplan angeboten werden kann»[116]. Der Religionsunterricht ist eine

---

[111] G. DALLA TORRE, *La questione scolastica*, 37.
[112] G. DALLA TORRE, *La questione scolastica*, 43.
[113] G. DALLA TORRE, *La questione scolastica*, 45.
[114] G. DALLA TORRE, *La questione scolastica*, 45-46.
[115] G. FELICIANI, «L'insegnamento della religione cattolica», 22 («l'insegnamento della religione cattolica nelle scuole pubbliche come vera e propria attività ecclesiale»), 24-25.29 («L'insegnante di religione come titolare di un "munus" ecclesiale»; «l'insegnamento della religione cattolica nelle scuole pubbliche costituisce un vero e proprio *munus* ecclesiale»).
[116] CT 69.

verantwortungsvolle Aufgabe, die die Kirche den Religionslehrern anvertraut[117].

Ein Argument für den kirchlichen Charakter des Religionsunterrichts besteht nach Feliciani darin, dass die Zuständigkeit der kirchlichen Autorität für den katholischen Religionsunterricht, wie sie in den cann. 804 und 805 grundgelegt ist, keine Rechtfertigung hätte, wenn es sich beim Religionsunterricht ausschliesslich um eine zivile Angelegenheit handeln würde[118].

Feliciani zählt den Religionsunterricht zu den Aufgaben, zu denen die Laien nach can. 228 § 1 von den Hirten der Kirche herangezogen werden können[119]. Da die Religionslehrer eine Aufgabe der Kirche wahrnehmen, sind sie bei ihrer Ausübung an die entsprechenden kirchlichen Bestimmungen gebunden[120].

Dalla Torre und Feliciani machen folgende Charakteristiken des Religionsunterrichts deutlich. Nach Dalla Torre ist der Religionsunterricht ein Dienst, der in einem Bezug zum Verkündigungsdienst der Hierarchie steht und Teil des Verkündigungsdienstes und der Sendung der Kirche ist. Aufgrund der Verbindung des Unterrichts zum kirchlichen Lehramt werden die Religionslehrer vom Ortsordinarius nach can. 805 ernannt oder bestätigt. Sie sind berufen, eine besondere Aufgabe im Namen und Auftrag der Kirche auszuüben. Diese kann als ein öffentlicher kirchlicher Dienst charakterisiert werden.

So besteht auch nach Dalla Torre ein unmittelbarer und kausaler Bezug zwischen dem Charakter des Religionsunterrichts und der Beauftragung dazu. Im Gegensatz zu den unter 4.2 zitierten deutschen Autoren spricht Dalla Torre jedoch nicht von einer *Teilnahme* an der amtlichen Lehrverkündigung der Kirche, sondern von einem funktionalen Bezug (*rapporto funzionale*) zwischen dem Unterricht und dem Verkündigungsdienst der Hierarchie bzw. von einer Verbindung zwischen der Aufgabe des Unterrichts mit dem kirchlichen Lehramt und dem Verkündigungsdienst der Kirche. Er wählt somit eine Formulierung, die vom II. Vatikanischen Konzil für die in AA 24f genannten Aufgaben verwendet worden ist.

Nach Feliciani ist der Religionsunterricht eine eigentliche kirchliche Aufgabe; eine Aufgabe, welche die Kirche den Religionslehrern, Klerikern und Laien anvertraut (vgl. can. 228 § 1).

---

[117] JOHANNES PAUL II., Ansprache vom 5. März 1981, Punkt 4 (un «grave compito [...] affidato dalla Chiesa» agli insegnanti).
[118] Vgl. G. FELICIANI, «L'insegnamento della religione cattolica», 23.
[119] G. FELICIANI, «L'insegnamento della religione cattolica», 25.
[120] G. FELICIANI, «L'insegnamento della religione cattolica», 29.

4.3.2. Drei Auffassungen

Wie die bisherigen Ausführungen zeigen, sind gerade zwei Konzilstexte, LG 33c und AA 24f, die Quellstellen zu can. 228 § 1, nicht ohne Bedeutung, um die Aufgabe des Religionsunterrichts zu charakterisieren. Die Qualifizierung des Religionsunterrichts und seiner Beauftragung kann auf folgende Frage zurückgeführt werden: ist der Religionsunterricht im Sinn von AA 24f eine Aufgabe, die mit den Ämtern der Hirten der Kirche verbunden ist und die die Hierarchie den Laien anvertraut?

Die Frage wird unterschiedlich beantwortet. Nach Errázuriz ist der Unterricht ein den Gläubigen zukommendes eigenes Apostolat, zu dem sie grundsätzlich berechtigt sind. Der Religionsunterricht könne nicht als eine Lehrtätigkeit gesehen werden, die an sich mit dem hierarchischen Verkündigungsdienst verbunden ist. Die «Beauftragung» nach can. 805 ist zum Schutz des Allgemeinwohls erforderlich. Nach Link, Listl, Mussinghoff und Rees handelt es sich um eine Aufgabe, die Teil der lehramtlichen Verkündigung ist und an denen die Laien durch die Missio canonica Anteil erhalten. Dalla Torre charakterisiert den Unterricht als eine Aufgabe, die mit dem Verkündigungsdienst der Hierarchie bzw. mit dem kirchlichen Lehramt und dem Verkündigungsdienst der Kirche verbunden ist und zu der die Religionslehrer von der kirchlichen Autorität nach can. 805 beauftragt werden. Die Frage der Beauftragung entscheidet sich bei allen drei Auffassungen nach dem Charakter, der dem Religionsunterricht gegeben wird.

Nach der Auffassung von Errázuriz gehört der Religionsunterricht wohl nicht zu jener Form des Laienapostolats, die unter AA 24f subsumiert werden kann. So wie der Religionsunterricht von Link, Listl, Mussinghoff und Rees gesehen wird, lässt er sich unter AA 24f subsumieren, auch wenn sie Ausdrücke verwenden, die sich zwar in den Entwürfen zu dieser Stelle vorfanden, aber nicht mehr in der Schlussredaktion. In der Sichtweise von Dalla Torre kann der Religionsunterricht unter diesen Konzilstext subsumiert werden.

Der Religionsunterricht ist nach der hier vertretenen Auffassung eine Aufgabe, die zu LG 33c und AA 24f bzw. zu can. 228 § 1 gezählt werden kann (s.o. 3.4). Die in AA 24f als Beispiel genannten Aufgabenbereiche, die Darlegung der christlichen Lehre, die Liturgie und die Seelsorge sind eigentliche Aufgaben der Hirten der Kirche. Auf diesen Gebieten können den Laien gewisse Aufgaben anvertraut werden. Sie üben diese dann in Verbindung, in Gemeinschaft mit den Hirten der Kirche aus — und kraft ihrer Sendung unter kirchlicher Leitung.

Die religiöse katholische Unterweisung und Erziehung ist ein Gebiet, das unmittelbar die Darlegung der christlichen Lehre und einen wichtigen Teil der Seelsorge (gerade die Sorge um diese Unterweisung und Erziehung) betrifft und eine schwere Pflicht der Kirche darstellt (vgl. GE 7a). Mit der religiösen Unterweisung und Erziehung der Kinder sind solch grundlegende Pflichten und Rechte verbunden, so dass wohl festgelegt ist, wem diese zukommt[121]. Die Autorität der Eltern und der Kirche kommt auf diesem Gebiet auf besondere Weise zum Tragen. Im *CIC* wird die Aufgabe des katholischen Religionsunterrichts als solche der kirchlichen Autorität unterstellt (can. 804 § 1). Diese ist es auch, die die Gläubigen, Laien und Kleriker, bestimmt und bestätigt, die diese Aufgabe wahrnehmen sollen.

Auch wenn AA 24f nicht alle Fragen löst, so enthält gerade die gewählte Formulierung eine Lösung, die sich nach unserer Ansicht auch für die Frage, wie der Religionsunterricht kirchenrechtlich zu charakterisieren ist, anbietet. Dies soll im folgenden noch vertieft werden.

4.3.3 Die Verantwortung für die Verkündigung, die Katechese und den Religionsunterricht

Das Allgemeine Direktorium für die Katechese enthält in Punkt 222 einen Abschnitt über die Aufgabe der Bischöfe in der Verkündigung und damit verbunden in der Katechese:

> Das II. Vatikanische Konzil hebt den überaus hohen Stellenwert hervor, den die Verkündigung und Weitergabe des Evangeliums im bischöflichen Amt haben: «Unter den hauptsächlichsten Ämtern der Bischöfe hat die Verkündigung des Evangeliums einen hervorragenden Platz»[122]. Bei der Erfüllung dieser Aufgabe sind die Bischöfe erstens «Glaubensboten»[123], die Christus neue Jünger zu gewinnen suchen, und zugleich «authentische Lehrer»[124], die dem ihnen anvertrauten Volk den Glauben vermitteln, der bekannt und gelebt werden soll. Die missionarische Verkündigung und die Katechese stellen im prophetischen Amt der Bischöfe zwei eng miteinander verbundene Aspekte dar. Um diese Funktion auszuüben, empfangen die Bischöfe «ein Charisma der Wahrheit»[125].

---

[121] Vgl. cann. 793, 794.
[122] LG 25; vgl. CD 12a, EN 68c.
[123] LG 25.
[124] LG 25.
[125] DV 8.

Die Bischöfe sind «die für die Katechese zuallererst Verantwortlichen, die eigentlichen Katecheten»[126]. In der Geschichte der Kirche tritt die überaus wichtige Rolle grosser und heiliger Bischöfe deutlich hervor, die mit ihren Initiativen und Schriften die blühendste Periode des Katechumenats kennzeichnen. Sie fassten die Katechese als eine der Hauptpflichten ihres Amtes auf[127].

Im nächsten Punkt verweist das Direktorium darauf, dass diese Sorge für das katechetische Wirken den Bischof veranlassen wird, in der Teilkirche «die oberste Leitung der Katechese zu übernehmen»[128]. Dazu gehören eine ganze Reihe von Aufgaben[129].

Diese Stellen könnten nicht deutlicher illustrieren, wie die Katechese eine Aufgabe ist, die mit den Ämtern der Hirten der Kirche verbunden ist. Die Leitung auf diesem Gebiet ergibt sich aus ihrer Verantwortung für die Verkündigung.

Zu den zitierten Stellen gehört CT 63. Da verweist Johannes Paul II. auf die besondere Sendung der Bischöfe, in ihren Teilkirchen die Erstverantwortlichen für die Katechese zu sein, die eigentlichen Katecheten. Ihnen steht in den Diözesen in Übereinstimmung mit den Plänen der Bischofskonferenzen die oberste Leitung für die Katechese zu. In den folgenden Punkten wendet sich Johannes Paul II. den Priestern, Ordensleuten und Laien zu, die in der Katechese tätig sind. Danach kommt er auf die verschiedenen «Orte» der Katechese zu sprechen, in denen die Katecheten arbeiten: Pfarrei, Familie, Schule und Verbände[130]. Nach CT 69 bietet die Schule der Katechese beachtliche Möglichkeiten. In den Ländern, in denen es möglich ist, im Unterrichtsplan auch eine Glaubensunterweisung («educatio in fide») anzubieten, werde es für die Kirche zur Pflicht, dies auf bestmögliche Weise zu tun. Dies gelte vor allem für die katholische Schule, in der dem Religionsunterricht eine besondere Bedeutung zukommt. Johannes Paul II. denkt jedoch auch an die nicht konfessionell ausgerichtete und an die staatliche Schule:

> Hier möchte ich den dringenden Wunsch aussprechen, dass es allen katholischen Schülern, entsprechend dem klaren Rechtsanspruch der menschlichen Person wie dem der Familien und unter Beachtung der religiösen Freiheit aller, ermöglicht werde, in ihrer geistlichen Bildung unter Mithilfe einer religiösen Unterweisung voranzuschreiten, die von der Kirche

---

[126] CT 63b.
[127] Vgl. CT 12a.
[128] CT 63c.
[129] *ADfK* 223.
[130] CT 67-70.

abhängt, jedoch je nach Ländern von der Schule oder im Rahmen der Schule oder auch aufgrund einer Abmachung mit den staatlichen Autoritäten über den Stundenplan angeboten werden kann, wenn die eigentliche Katechese nur in der Pfarrei oder einem anderen Seelsorgezentrum stattfindet. Selbst dort, wo tatsächlich objektive Schwierigkeiten vorliegen, zum Beispiel wenn die Schüler verschiedenen Religionen angehören, sollte man die Unterrichtszeiten so ordnen, dass die Katholiken ihren Glauben und ihre religiöse Erfahrung mit Hilfe von qualifizierten Erziehern, Priestern oder Laien vertiefen können[131].

Sodann wird in CT 69 auf die Wichtigkeit hingewiesen, dass die Katechese die Schulsituation, die die Schüler prägt, in weitem Umfang berücksichtigt, um die anderen Elemente des Wissens und der Erziehung mitzuerfassen, «damit das Evangelium Geist und Herz der Schüler auf der Ebene ihrer Ausbildung erreicht und die Harmonisierung ihrer Kultur im Licht des Glaubens geschieht». Johannes Paul II. ermutigt dann die Priester, Ordensleute und Laien, die sich dafür einsetzen, den Schülern in ihrem Glauben zu helfen.

Es ist interessant, dass das Allgemeine Direktorium für die Katechese die gerade von CT 69 zitierte Stelle aufnimmt, um den Charakter des Religionsunterrichts zu beschreiben und die Notwendigkeit des im Unterricht stattzufindenden interdisziplinären Dialogs zu begründen[132].

In CT 69, der zuerst von den Möglichkeiten der Katechese in der Schule spricht und im letzten Abschnitt von der Katechese und der Schulsituation, ist in erster Linie vom Religionsunterricht an den katholischen Schulen und vom Unterricht, der Glaubensunterweisung an den nichtkatholischen Schulen, insbesondere den staatlichen Schulen die Rede. Dieser Punkt ist seinerseits in das Kapitel eingefügt, in dem es um die in der Katechese Verantwortlichen und die verschiedenen Orte der Katechese geht. Das ist nicht ohne Bedeutung. Der Religionsunterricht stellt in dieser Sichtweise eine eigene Form der Glaubensverkündigung und der Katechese im weiten Sinn dar — neben der Katechese im engen oder eigentlichen Sinn (wie sie auch als solche in CT 69 genannt wird).

Darauf weisen zwei weitere Stellen von CT hin, die auch vom Allgemeinen Direktorium für die Katechese in bezug auf den katholischen Religionsunterricht zitiert werden[133].

---

[131] CT 69.

[132] *ADfK* 73.

[133] Nach *ADfK* 74 wird der Religionsunterricht an der staatlichen und nichtkonfessionellen Schule, wo unter Umständen ein gemeinsamer Religionsunterricht für katholische und nichtkatholische Schüler gefordert wird, einen mehr ökume-

Wenn nun nach CT 63 die Bischöfe in ihrer Diözese die Erstverantwortlichen für die Katechese sind und ihnen die Leitung der Katechese anvertraut ist, so ist davon der katholische Religionsunterricht nicht ausgenommen, der im Sinn von CT 69 zur Katechese im weiten Sinn gerechnet werden kann. Er untersteht ausdrücklich der kirchlichen Autorität (can. 804 § 1) und ist neben der eigentlichen Katechese ein eigenständiges Mittel der Verkündigung, das die Bischöfe anwenden sollen, wenn es zur Verfügung steht (vgl. CD 13, can. 761).

4.3.4 «Wir»

In einem zentralen Punkt zum Religionsunterricht spricht Johannes Paul II. in der schon mehrfach zitierten Audienzansprache in der Wir-Form:

> Es sei daran erinnert, dass im Mittelpunkt dieses Unterrichts die Person des Menschen steht, den wir fördern müssen, indem wir dem Kind und dem Jugendlichen helfen, die religiöse Dimension als für sein Wachsen in Menschlichkeit und Freiheit unerlässlich zu erkennen. Wer Religion unterrichtet, wird sich also bemühen, die tiefreichenden Sinnfragen herauszustellen, die die Jugendlichen in sich tragen und aufzeigen, dass das Evangelium Christi eine wahre und volle Antwort gibt, deren unerschöpfliche Fruchtbarkeit sich in den Werten des Glaubens und der Menschlichkeit zeigt, wie sie in der Gemeinschaft der Glaubenden zum Ausdruck kommen

---

nischen Charakter und interreligiöses Bewusstsein haben. Hierbei wird auf CT 33 verwiesen. Diese Stelle bemerkt zu diesem Unterricht (dem auch im Direktorium nicht das Eigenschaftswort «katholisch» beigefügt wird), dass man wohl kaum darauf hinzuweisen brauche, dass es sich hierbei nicht um echte Katechese (*veram catechesim*) handle. Aber auch dieser Unterricht habe seine ökumenische Bedeutung, wenn er die christliche Lehre loyal darstelle. Im Falle eines solchen Unterrichts müsse jedoch auf andere Weise eine wirklich katholische Katechese gesichert sein. Das Direktorium verweist sodann auf einen Religionsunterricht, der einen eher kulturellen Charakter habe, der auf die Kenntnis der Religionen ausgerichtet sei und dabei auch der Darstellung der katholischen Religion einen gebührenden Platz einräume (*ADfK* 74). Hier wird auf CT 34 verwiesen. In CT 34 wird auf Bücher Bezug genommen, die an staatlichen Schulen zur Verfügung gestellt werden und die von einem kulturellen — historischen, moralischen oder literarischen — Standpunkt aus die verschiedenen Religionen darstellen, unter anderem auch die katholische. Solche Handbücher können keinesfalls als katechetische Werke betrachtet werden. Dafür fehle ihnen das Zeugnis von gläubigen Menschen, die ihren Glauben für andere Gläubige darlegen, sowie das Verständnis der christlichen Mysterien und des spezifisch Katholischen, so wie es sich aus dem Kern des Glaubens ergebe. Diese beiden Stellen (CT 33 und 34) zeigen, wann ein «Religionsunterricht» nicht mehr als eine echte Katechese und ein Handbuch nicht mehr als ein katechetisches Werk gesehen werden kann. Demgegenüber kann der katholische Religionsunterricht als eine wahre Katechese (im weiten Sinn) und ein katholisches Religionsbuch als ein katechetisches Werk gesehen werden.

und im historischen und kulturellen Erbe der Völker Europas verwurzelt sind[134].

Aus dem Inhalt ergibt sich, dass sich das «Wir» auf ein Anliegen und eine Aufgabe bezieht, die nicht nur dem Papst selbst, sondern auch den angesprochenen Teilnehmern des Symposiums zum Religionsunterricht an den öffentlichen Schulen in Europa, sowie den Verantwortlichen in der Seelsorge und der Verkündigung, den Hirten der Kirche, und — nicht zuletzt — den Religionslehrern selbst aufgegeben ist. Der Religionsunterricht ist eine Aufgabe, die mit den Ämtern der Hirten der Kirche verbunden ist. Er ist eine Aufgabe, die die Hirten der Kirche in erster Person angeht[135]. Ihre in can. 804 § 1 festgelegte Zuständigkeit liegt darin begründet.

Bedenkenswert ist auch ein Diskussionsbeitrag des Erzbischofs von Wien, Christoph Schönborn, zum katholischen Religionsunterricht. Darin kommt er auf seine Pflicht und Aufgabe zu sprechen:

> Eine wirksame Unterstützung des Religionsunterrichts ist für mich eine vorrangige Pflicht meines Amtes. Im besonderen will ich mich für ein Klima des Vertrauens zu den Religionslehrerinnen und Religionslehrern einsetzen. So werde ich mich bemühen, an den Religionsunterricht weniger *Forderungen* zu stellen als ihn selbst als grosse und für das Leben unserer Kirche entscheidende *Herausforderung* zu sehen. Religionsunterricht, das ist ein wichtiger Lernort für die jungen Menschen; er ist aber auch Lernort für die ganze Kirche[136].

4.3.5 Eine Charakterisierung des Religionsunterrichts

Ausgehend von den cann. 761, 804 und 805 sowie von den Konzilstexten LG 33c und AA 24f bzw. von can. 228 § 1 kann der katholische Religionsunterricht auf folgende Weise charakterisiert werden. Als Darlegung der christlichen Lehre in den Schulen (can. 761) und als religiöse katholische Unterweisung und Erziehung (can. 804 § 1) ist der katholische Religionsunterricht ein eigenständiges Mittel der Verkündigungs- und der Lehrtätigkeit der Kirche und der katholischen Erziehung. Der katholische Religionsunterricht ist der kirchlichen Autorität unterstellt. Sie ist für die Normgebung auf diesem Gebiet sowie für die Beauftragung der Religionslehrer zuständig (cann. 804 und 805). Durch Ernennung und Approbation bestimmt und bestätigt sie die Gläubigen,

---

[134] JOHANNES PAUL II., Audienzansprache vom 15. April 1991, Punkt 4.
[135] Vgl. dazu F. KLOSTERMANN, «Kommentar zum IV. Kapitel von LG», 271; ID., «Kommentar zu AA», 677.
[136] C. SCHÖNBORN, «Diskussionsbeitrag», 160.

Laien und Kleriker, die diese Aufgabe der Kirche wahrnehmen sollen. Bei deren Ausübung sind die Religionslehrer an die entsprechenden kirchenrechtlichen und staatskirchenrechtlichen Bestimmungen gebunden.

Aufgrund der Bedeutung, die der Religionsunterricht in der Darlegung der christlichen Lehre und in der Seelsorge (die Sorge um die religiöse Unterweisung und Erziehung der Kinder) hat, stellt er eine Aufgabe dar, die mit den Ämtern der Hirten der Kirche verbunden ist und die Laien und Klerikern anvertraut wird (vgl. LG 33c und AA 24f bzw. can. 228 § 1).

Die Elemente dieser Charakterisierung betreffen den Stellenwert des Religionsunterrichts innerhalb des Verkündigungsdienstes der Kirche, die Beauftragung und die kirchliche Leitung. Diese beiden letztgenannten Elemente setzen einerseits die Zuständigkeit der kirchlichen Autorität voraus und erfordern andererseits die Bindung der Religionslehrer an die kirchenrechtlichen Bestimmungen.

In der deutschen Ausgabe des *CIC* wird die Überschrift zum III. Buch *CIC* mit «Verkündigungsdienst der Kirche» übersetzt. «De Ecclesiae munere docendi» kann auch mit «Lehrtätigkeit der Kirche» übersetzt werden. Der Herr selbst ist der Lehrer und er hat der Kirche den Auftrag gegeben, zu lehren und zu verkünden. Diese Aufgabe hat er auf eine besondere Weise den Hirten der Kirche anvertraut[137]. Der katholische Religionsunterricht ist ein eigenständiges Mittel, durch das die Kirche ihre Verkündigungs- und Lehrtätigkeit in der Welt von heute ausübt. Nach CD 13 ist die Darlegung der christlichen Lehre in Schulen ein Mittel der Verkündigung, das die Bischöfe anwenden sollen, wenn es zur Verfügung steht. Als Mittel der Darlegung der christlichen Lehre kommt im Religionsunterricht auf eigene Weise zum Ausdruck, was Schrift und Überlieferung, Liturgie, Lehramt und Leben der Kirche vom Geheimnis Christi lehren (vgl. can. 760). Bei der Darlegung der Lehre Christi kommt dem Lehramt eine grundlegende Aufgabe zu (vgl. cann. 749, 750, 756 und 760). Katholischer Religionsunterricht wird nicht getrennt und unabhängig vom Lehramt der Kirche ausgeübt. Ein Religionslehrer übt nicht das Lehramt der Kirche (vgl. cann. 749, 750, 760) aus, aber eine kirchliche Lehrtätigkeit, für die das Lehramt der Kirche eine Grundlage darstellt (vgl. cann. 227, 760). In dieser Sichtweise ist es nicht unproblematisch und kann es zu Missverständnissen führen, den Religionsunterricht als eine Teilnahme am kirchlichen

---

[137] Vgl. Mt 23,10 sowie *ADfK* 137 und die cann. 756, 757.

Lehramt zu bezeichnen, auch wenn dieses in einem weiten Sinn verstanden wird[138].

Die Zuständigkeit der kirchlichen Autorität für den katholischen Religionsunterricht ist mit der Aufgabe verbunden, die die Hirten der Kirche in der Verkündigung des Evangeliums und in der Seelsorge haben (vgl. can. 375, 381, 756, 757 und 1008)[139]. Die Sorge um die religiöse Unterweisung und Erziehung der katholischen Kinder und Jugendlichen ist auf besondere Weise den Hirten der Kirche anvertraut[140]. Durch die Darlegung der christlichen Lehre, durch die Ermöglichung und Einrichtung des schulischen Religionsunterrichts sowie durch die Beauftragung von Religionslehrern nehmen die dafür verantwortlichen Hirten der Kirche die ihnen in der religiösen katholischen Unterweisung und Erziehung der Kinder anvertrauten Aufgaben wahr.

Der Religionsunterricht kann deshalb als eine Aufgabe bezeichnet werden, die mit den Ämtern der Hirten der Kirche (in der Darlegung der christlichen Lehre und in der Seelsorge) verbunden ist und die Laien und Klerikern anvertraut wird[141]. Die Religionslehrer unterrichten im Namen und im Auftrag der Kirche[142]. Sie nehmen eine Verkündigungs- und Lehrtätigkeit wahr, zu der sie als Laien oder als Kleriker bestellt werden und die sie unter kirchlicher Leitung ausüben. Hierbei verwirklichen sie auf eine besondere Weise das ihnen in der Taufe und Firmung — und den Geweihten in der Weihe — zuteilgewordene Apostolat zur Verkündigung (vgl. cann. 204 § 1, 225 § 1 und 1008). Die Tätigkeit der Laien auf diesem Gebiet stellt sich als eine Mitarbeit mit dem Bischof und den Priestern dar (vgl. cann. 228 § 1, 759, 804 und 805).

---

[138] Vgl. dazu 4.2.1.

[139] Verkündigung und Seelsorge sind unmittelbar miteinander verbunden. Das kommt z.B. in den cann. 375 § 1, 381 § 1, 757 und 1008 deutlich zum Ausdruck. Nach can. 375 § 1 werden die Bischöfe in der Kirche zu Hirten bestellt, «um auch selbst Lehrer des Glaubens, Priester des heiligen Gottesdienstes und Diener in der Leitung zu sein.» Der Dienst des Bischofs ist ein Hirtendienst — *munus pastoralis* bzw. *munus pastoris* — (cann. 381 § 1, 383 § 1). Nach can. 757 obliegt die Pflicht zur Verkündigung unmittelbar all jenen, denen Seelsorge übertragen wird. Nach can. 1008 werden bestimmte Gläubige dazu geweiht und bestimmt, je nach ihrer Weihestufe die Dienste des Lehrens, des Heiligens und des Leitens in der Person Christi wahrzunehmen und *dadurch* das Volk Gottes zu weiden (*pascere*).

[140] Vgl. GE 7 (die religiöse und sittliche Erziehung als eine schwere Pflicht der Kirche); cann. 756, 757, 794; JOHANNES PAUL II., Audienzansprache vom 15. April 1991, Punkt 4.

[141] Vgl. LG 33c und AA 24f bzw. can. 228 § 1 (in bezug auf die Laien).

[142] Vgl. G. DALLA TORRE, *La questione scolastica*, 43.45.

ZUSAMMENFASSUNG

Eine Verkündigungs- und Lehrtätigkeit der Kirche

Die drei Kapitel des III. Teiles befassen sich mit dem katholischen Religionsunterricht. Hierbei entsprechen die einzelnen Kapitel auf gewisse Weise den drei Begriffen, die im III. Kapitel dargelegt worden sind: der Begriff der Aufgabe (*munus*) und der Religionsunterricht als eine Aufgabe der Kirche in der Welt von heute (Kap. V), der Begriff des Amtes (*officium*) und der Religionsunterricht als eine im Recht näher bestimmte Aufgabe (Kap. VI), der Begriff der Kirchengewalt (*potestas*) und die Frage der Beauftragung der Religionslehrer (Kap. VII).

Das V. Kapitel stellt den Religionsunterricht als eine Aufgabe der Kirche in der Welt von heute dar. In einem ersten Punkt wird die Lehre des II. Vatikanischen Konzils über die Aufgabe der Kirche in der Welt von heute dargelegt, so wie sie in einem eigenen Kapitel der Pastoralkonstitution *Gaudium et spes* enthalten ist. Das Konzil stellt zunächst die Welt der Menschen und ihre Fragen dar, sodann die Antwort der Kirche und ihren Dienst am Menschen. Wie der zweite Punkt zeigt, ist gerade der Religionsunterricht ein Mittel zur Erfüllung dieser Aufgabe und ein Dienst am Menschen. In ihm verwirklicht sich auf besondere Weise, was das Konzil zur Aufgabe der Kirche in der Welt von heute lehrt. Dies kommt deutlich in der Audienzansprache von Johannes Paul II. an die Teilnehmer des Symposiums zum Religionsunterricht an den öffentlichen Schulen in Europa zum Ausdruck. Er erinnert daran, dass im Mittelpunkt des Religionsnterrichts die Person des Menschen steht. Den Kindern und Jugendlichen soll geholfen werden, die religiöse Dimension zu erkennen, die für ihr Wachsen in Menschlichkeit und Freiheit unerlässlich ist. Im Religionsunterricht sollen die tiefen Sinnfragen der Jugendlichen aufgezeigt werden sowie die Antwort des

Evangeliums Christi, die in den Werten des Glaubens und der Menschlichkeit auf vielfältige Weise zum Ausdruck kommt, sei es in der Gemeinschaft der Glaubenden wie auch im historischen und kulturellen Erbe der Völker[1]. Der Religionsunterricht stellt einen ursprünglichen und spezifischen Beitrag der Kirche zur ganzheitlichen Ausbildung der Kinder und Jugendlichen dar[2].

Das VI. Kapitel stellt den katholischen Religionsunterricht nach den grundlegenden Bestimmungen im *CIC* dar. Diese sind die cann. 761, 804 und 805. Als Darlegung der christlichen Lehre in den Schulen (can. 761) und als religiöse katholische Unterweisung und Erziehung (can. 804 § 1) ist der Religionsunterricht ein eigenständiges Mittel der Verkündigung und der christlichen Erziehung. Diese Sichtweise des Religionsunterrichts ist auch durch die beiden Konzilstexte CD 13c, dem Quelltext zu can. 761, und GE 7a gegeben. Sie wird auch durch die Einordnung der cann. 804 und 805 im III. Titel über die katholische Erziehung des III. Buches *CIC* über den Verkündigungsdienst der Kirche bestätigt[3]. In can. 804 § 1 werden die religiöse katholische *Unterweisung* und *Erziehung* nicht ohne Absicht miteinander genannt. Sie sind aufeinander bezogen: die schulische Darlegung der christlichen Lehre soll einerseits pädagogisch geschehen und andererseits nicht nur Wissen vermitteln, sondern auch zur Bildung der Kinder und Jugendlichen beitragen. Der Religionsunterricht ist ein eigenständiges Mittel der Verkündigung. Die Sendung und der Auftrag des Herrn zur Verkündigung (vgl. can. 747 § 1), der Inhalt — in can. 761 als christliche Lehre bezeichnet — und die Ziele der Verkündigung verwirklichen sich daher auf eine besondere Weise auch im Religionsunterricht. Davon kann die Kirche nicht absehen. Die Kinder und Jugendlichen haben ein Recht, ihre Religion wahrheitsgemäss und zuverlässig kennenzulernen[4].

Der Religionsunterricht ist zugleich ein eigenständiges Mittel der christlichen Erziehung. Mit dieser sind eine ganze Reihe von grundlegenden Rechten und Pflichten verbunden, sei es der Eltern und ihrer Kinder, sei es der Kirche selbst: insbesondere das Recht der Kinder auf eine christliche Erziehung (can. 217), das Recht und die Pflicht der

---

[1] JOHANNES PAUL II., Audienzansprache vom 15. April 1991, Punkt 4.

[2] Vgl. dazu JOHANNES PAUL II., Audienzansprache vom 15. April 1991, Punkt 4; M. DEL CAMPO GUILARTE, «Art, Zielsetzung und Inhalte», 54.66.68.

[3] Die Katechese wird hingegen im II. Kapitel des I. Titels über den Dienst am Wort Gottes geregelt. Das macht deutlich — wie dies bereits in can. 761 (bzw. in CD 13) zum Ausdruck kommt —, dass die Katechese und der Religionsunterricht je eigenständige Mittel der Verkündigung sind.

[4] JOHANNES PAUL II., Audienzansprache vom 15. April 1991, Punkt 5.

Eltern, ihre Kinder im Glauben zu erziehen (cann. 226 § 2, 793) sowie das Recht und die Pflicht der Kirche zur Erziehung (can. 794 § 1)[5]. Die Inhalte, Werte und Ziele der christlichen Erziehung kommen beim schulischen Religionsunterricht auf eigene Weise zum Tragen[6]. Adressaten des Unterrichts sind grundsätzlich die katholischen Kinder und Jugendlichen.

Nach can. 804 § 1 untersteht der katholische Religionsunterricht der kirchlichen Autorität. Diese allgemeine Zuständigkeit wird auf der Ebene der Gesamtkirche wie auch auf der Ebene der Teilkirchen und deren Verbände (Bischofskonferenzen, Diözesanbischof bzw. Ortsordinarius) ausgeübt und betrifft die Normgebung, Regelung und Aufsicht auf diesem Gebiet sowie die Bestellung der Religionslehrer. Die cann. 804 und 805 enthalten dazu die grundlegenden Bestimmungen.

Die cann. 804 und 805 betreffen den Religionsunterricht, der an allen Schulen erteilt wird, also auch an nichtkatholischen Schulen. Bestimmte Fragen, die den katholischen Religionsunterricht an staatlichen Schulen betreffen, gehören zu den Angelegenheiten, die in die Zuständigkeit der Kirche und des Staates fallen und entsprechend durch kirchliche und staatliche Normen bzw. durch staatskirchenrechtliche Bestimmungen geregelt werden.

In Zusammenhang mit dem katholischen Religionsunterricht ist oft von dessen konfessionellem Charakter die Rede. Dazu können folgende Elemente gezählt werden: die Zuständigkeit der kirchlichen Autorität, die Vermittlung der christlichen Lehre, die katholische Lehrerschaft und die grundsätzlich katholische Schülerschaft[7].

Das VII. Kapitel befasst sich mit dem Auftrag der Kirche, der mit dem Religionsunterricht verbunden ist. Der erste Punkt zeigt auf, wie die vier Verben «bestellen», «ernennen», «bestätigen» und «abberufen» allgemein im *CIC* verwendet werden. Der zweite Punkt zeigt, wie diese Verben in den cann. 804 § 2 und 805 in bezug auf die Religionslehrer angewandt werden. Der Ausdruck «zu Religionslehrern bestellt werden» bezieht sich auf eine besondere Bestellung und Berufung (*deputatio*). Diese betrifft eine bestimmte Aufgabe der Kirche, einen Dienst der Verkündigung und der katholischen Erziehung, wie dies der Religionsunterricht nach den cann. 761, 804 und 805 darstellt. Neben

---

[5] Diese Pflichten und Rechte betreffen Menschenrechte und insbesondere die Religionsfreiheit.

[6] Die katholische Erziehung beruht auf den Grundsätzen der katholischen Lehre und ist eine religiöse und sittliche Erziehung (vgl. cann. 795, 799 und 803 § 2).

[7] Vgl. *Die bildende Kraft des Religionsunterrichts*, Punkt 5.3; H. MUSSINGHOFF, *MK*, vor 804/1 und 804/1.

der allgemeinen Berufung, an der alle Gläubigen Anteil erhalten (vgl. cann. 204 § 1 und 225 § 1), erfordert die besondere Bestellung zum Religionslehrer die in can. 804 § 2 genannten Eigenschaften: die Rechtgläubigkeit, das Zeugnis christlichen Lebens und das pädagogische Geschick, die zur Weitergabe der christlichen Lehre grundlegend sind. Auch wenn sie in can. 804 § 2 nicht ausdrücklich genannt wird, ist zugleich Fachkenntnis erforderlich[8]. In can. 804 § 2 handelt es sich um eine *kirchliche* Bestellung und Berufung der Religionslehrer. Diese ergeht an Gläubige, an Laien und Kleriker zur Wahrnehmung einer Aufgabe der Kirche. Als besondere Berufung kommt sie durch eine Ernennung oder Approbation von seiten der zuständigen kirchlichen Autorität zum Ausdruck (vgl. can. 805).

Die Ernennung ist *eine* Form, wie ein Laie oder ein Kleriker zum Religionslehrer *bestellt* wird. Durch die Ernennung werden von der kirchlichen Autorität die Gläubigen, Laien sowie Kleriker bestimmt, die diesen Dienst der Darlegung der christlichen Lehre in Schulen wahrnehmen sollen (vgl. can. 761). In can. 805 ist neben der Ernennung die Approbation der Religionslehrer vorgesehen. Durch die Approbation wird von der kirchlichen Autorität die Person bestätigt, die die Aufgabe des Religionsunterrichts wahrnehmen soll — eine Aufgabe und ein Dienst der Kirche, die letztlich im Auftrag der Kirche ausgeübt werden.

Der Religionsunterricht ist eine der wenigen Aufgaben, auf die sich im *CIC* der Begriff *amovere* neben der hauptsächlichen Verwendung einer Amtsenthebung bezieht. Die Abberufung darf nicht willkürlich und unbegründet erfolgen. Nach can. 805 muss ein religiöser oder sittlicher Grund die Abberufung erfordern.

Die für die Ernennung, die Approbation und die Abberufung zuständige kirchliche Autorität ist nach can. 805 der Ortsordinarius (vgl. can. 134 §§ 1,2). Hierbei handelt es sich grundsätzlich um Verwaltungsakte für Einzelfälle, die nach Massgabe des Rechts zu erlassen sind (vgl. cann. 35, 48). Neben dem Kirchenrecht gelten gegebenenfalls diesbezügliche staatskirchenrechtliche Bestimmungen.

Ein dritter Punkt hat zwei Konzilstexte zum Mittelpunkt, die nicht von geringer Bedeutung sind, um den Religionsunterricht und die Beauftragung dazu kirchenrechtlich zu qualifizieren. In der Kirchenrechtslehre wird der Religionsunterricht vielfach zu den Ämtern und Aufgaben gezählt, zu denen Laien nach can. 228 § 1 herangezogen werden können (Cappelli, Dammacco, Mussinghoff, Reinhardt). Zu den

---

[8] Vgl. cann. 229, 231 § 1, 780; JOHANNES PAUL II., Audienzansprache vom 15. April 1991, Punkt 6.

Quellen von can. 228 § 1 zählen LG 33c und AA 24f. Diese beiden sich ergänzenden Stellen sind einerseits für can. 228 § 1 grundlegend und andererseits für die Qualifizierung bestimmter Aufgaben, die Laien wahrnehmen. Nach LG 33c haben die Laien die Befähigung dazu, von der Hierarchie zu gewissen kirchlichen Ämtern (*munera ecclesiastica*) herangezogen zu werden, die geistlichen Zielen dienen. In AA 24b wird darauf hingewiesen, dass das Apostolat der Laien, je nach seinen verschiedenen Formen und Inhalten, verschiedenartige Beziehungen zur Hierarchie zulässt. Nach AA 24f vertraut die Hierarchie den Laien gewisse Aufgaben (*munia*) an, die enger mit den Ämtern der Hirten verbunden sind, wie z.B. bei der Unterweisung in der christlichen Lehre («propositio doctrinae christianae»), bei gewissen liturgischen Handlungen und in der Seelsorge. Bei der Ausübung ihres Amtes (*munus*) unterstehen dann die Laien kraft dieser Sendung (*missio*) voll der höheren kirchlichen Leitung.

In den beiden Stellen LG 33c und AA 24f kommt ein wichtiger Bezug zum Ausdruck: zwischen dem Charakter einer kirchlichen Aufgabe und ihrer Übertragung. Dieser Bezug zeigt sich auch in den unterschiedlichen Auffassungen zum Religionsunterricht.

In Zusammenhang mit den beiden Konzilstexten kann die Qualifizierung des Religionsunterrichts und seiner Beauftragung auf folgende Frage zurückgeführt werden: ist der Religionsunterricht eine Aufgabe, die mit den Ämtern der Hirten der Kirche verbunden ist und die die Hierarchie den Laien anvertraut?

Die Frage wird unterschiedlich beantwortet. Nach Link, Listl, Mussinghoff und Rees handelt es sich sogar um eine Aufgabe, die Teil der lehramtlichen Verkündigung ist und an der die Laien durch die Missio canonica Anteil erhalten. Nach Dalla Torre ist es eine Aufgabe, die mit dem Verkündigungsdienst der Hierarchie verbunden ist und zu der die Religionslehrer nach can. 805 beauftragt werden. Nach Errázuriz handelt es sich um ein den Gläubigen zukommendes eigenes Apostolat, zu dem sie grundsätzlich berechtigt sind, und nicht um eine Lehrtätigkeit, die an sich mit dem hierarchischen Verkündigungsdienst verbunden ist. Die «Beauftragung» nach can. 805 ist zum Schutz des Allgemeinwohls erforderlich. Wie diese drei unterschiedlichen Auffassungen zeigen, entscheidet sich die Frage der Beauftragung jeweils nach dem Charakter, der dem Religionsunterricht gegeben wird.

Nach der in dieser Arbeit vertretenen Ansicht kann der Religionsunterricht zu den in AA 24f genannten Aufgaben gezählt werden. Dafür spricht zunächst der in AA 24f genannte Aufgabenbereich der «Darlegung der christlichen Lehre», ein Ausdruck der auch für den Religionsunterricht verwendet wird (vgl. CD 13c). Die in AA 24f als Beispiel genannten Aufgabenbereiche, die Darlegung der christlichen Lehre, die Liturgie und die Seelsorge sind eigentliche Aufgaben der Hirten der Kirche. Auf diesen Gebieten können den Laien gewisse Aufgaben anvertraut werden. Sie üben diese dann in Verbindung, in Gemeinschaft mit den Hirten der Kirche aus — und kraft ihrer Sendung unter kirchlicher Leitung. Die religiöse katholische Unterweisung und Erziehung ist nun ein Gebiet, das sowohl die Darlegung der christlichen Lehre wie auch einen wichtigen Teil der Seelsorge — die Sorge um eben diese Unterweisung und Erziehung — betrifft und eine schwere Pflicht der Kirche darstellt (vgl. GE 7). Der Religionsunterricht ist eine Modalität, wie die Kirche diese ihre schwere Pflicht wahrnimmt. Mit der religiösen Unterweisung und Erziehung der Kinder sind solch grundlegende Pflichten und Rechte verbunden, sei es der Eltern, der Kinder selbst sowie der Kirche, so dass wohl bestimmt ist, wem diese Aufgabe zukommt[9]. Der Autorität der Eltern und der Kirche kommt auf diesem Gebiet kein geringes Gewicht zu. Der katholische Religionsunterricht wird als solcher der kirchlichen Autorität unterstellt (can. 804 § 1). Ihr sind auf besondere Weise die Verkündigung und Seelsorge aufgetragen[10] und durch die cann. 761 (bzw. CD 13c), 804 sowie 805 der katholische Religionsunterricht. Die kirchliche Autorität ist es auch, die die Gläubigen, Laien und Kleriker, bestimmt und bestätigt, die diese Aufgabe wahrnehmen sollen. Bei der Ausübung ihrer Aufgabe sind die Religionslehrer der kirchlichen Leitung unterstellt und an die entsprechenden kirchenrechtlichen und staatskirchenrechtlichen Bestimmungen gebunden. Der Religionsunterricht ist eine Aufgabe, die zu LG 33c und AA 24f bzw. zu can. 228 § 1 gezählt werden kann. Nach can. 228 § 1 können Laien, die als geeignet befunden werden, von den geistlichen Hirten für jene kirchlichen Ämter und Aufgaben herangezogen werden, die sie gemäss den Rechtsvorschriften wahrzunehmen vermögen.

Der Religionsunterricht kann also auf folgende Weise charakterisiert werden. Als Darlegung der christlichen Lehre in den Schulen (can. 761) und als religiöse katholische Unterweisung und Erziehung (can. 804 § 1) ist der katholische Religionsunterricht ein eigenständiges Mittel der Verkündigung und der katholischen Erziehung. Der katholische Religionsunterricht ist der kirchlichen Autorität unterstellt. Sie ist für die Normgebung auf diesem Gebiet sowie für die Beauftragung der

---

[9] Vgl. cann. 747, 793, 794, 804 und 805.
[10] Vgl. cann. 375, 381 § 1, 756.

Religionslehrer zuständig (cann. 804 und 805). Von ihr werden die Gläubigen, Laien und Kleriker, durch Ernennung und Approbation bestimmt und bestätigt, die diese Aufgabe der Kirche wahrnehmen sollen. Bei deren Ausübung sind die Religionslehrer an die entsprechenden kirchenrechtlichen und staatskirchenrechtlichen Bestimmungen gebunden.

Aufgrund der Bedeutung, die der Religionsunterricht in der Darlegung der christlichen Lehre und in der Seelsorge (die Sorge um die religiöse Unterweisung und Erziehung der Kinder) hat, stellt er eine Aufgabe dar, die mit den Ämtern der Hirten der Kirche verbunden ist und Laien und Klerikern anvertraut wird[11].

---

[11] Vgl. LG 33c und AA 24f bzw. can. 228 § 1 (in bezug auf die Laien).

TEIL IV

EIN KIRCHENAMT UND EIN DIENST DER VERKÜNDIGUNG

KAPITEL VIII

Die Grundlage für die Rechtsstellung des Religionslehrers

Dieser Arbeit liegen zwei Fragen zugrunde, die miteinander verbunden sind: Wie ist der katholische Religionsunterricht kirchenrechtlich zu qualifizieren? Ist der Religionslehrer Inhaber eines Kirchenamtes? Nach den Darlegungen im II. und III. Teil der Arbeit kann nun eine Antwort auf beide Fragen gegeben werden. Der katholische Religionsunterricht nach den cann. 804 und 805 ist ein Dienst der Verkündigung, dem die Charakteristiken eines Kirchenamtes im Sinn von can. 145 zu eigen sind. Durch die Arbeit konnten zugleich Erkenntnisse zum Begriff des Kirchenamtes selbst gewonnen werden. Das Vorliegen eines Kirchenamtes bedeutet, dass die Rechtsstellung der Religionslehrerin und des Religionslehrers auf einem Rechtsinstitut beruht, dem in der Gemeinschaft der Kirche ein grosses Gewicht zukommt.

1. Kriterien

Der Begriff des Kirchenamtes ist *ein allgemeiner Begriff*, der zu Beginn des IX. Titels der Allgemeinen Normen *CIC* in can. 145 definiert ist. Dieser Begriff gilt für eine ganze Reihe von einzelnen Kirchenämtern, für die neben den allgemeinen Normen die jeweils für diese Ämter erlassenen rechtlichen Bestimmungen zur Anwendung gelangen (vgl. can. 145 § 2). Ist der katholische Religionsunterricht, der im III. Buch *CIC* über den Verkündigungsdienst vorgesehen und geregelt wird, *ein Beispiel* eines solchen Amtes?
Die Antwort hängt einerseits von den Merkmalen des Kirchenamtes und andererseits von den Merkmalen des Religionsunterrichts ab. Die cann. 761, 804 und 805 sind m.a.W. im Licht von can. 145 zu beurteilen.

Die zusammenfassenden Darlegungen zum Begriff des Kirchenamtes und zum katholischen Religionsunterricht in Kap. IV/8. bzw. Kap. VII/4.3.5 sowie in der Zusammenfassung zu Teil II bzw. Teil III bilden den Ausgangspunkt zu den folgenden Überlegungen und Anwendungen.

1.1 *Ein Dienst der Gläubigen*

Das priesterliche, prophetische und königliche Amt Christi, an dem die Gläubigen nach can. 204 § 1 auf ihre Weise Anteil erhalten, ist ein Amt (*munus*), dem die Bestimmung und Natur zu eigen ist, dass es wahrgenommen und ausgeübt wird. Das kommt in can. 204 § 1 dadurch zum Ausdruck, dass die Gläubigen *zur Erfüllung* der Sendung berufen sind, die Gott der Kirche anvertraut hat. Dieser gleiche Gedanke ist in can. 1008 enthalten: von den Gläubigen werden einige dazu geweiht und *bestimmt*, je nach ihrer Weihestufe, die Dienste des Lehrens, des Heiligens und des Leitens in der Person Christi *wahrzunehmen* und dadurch das Volk Gottes zu weiden.

Die Anteilnahme der Gläubigen am dreifachen Amt Christi verwirklicht sich in ihrem Leben und im Leben der Kirche auf verschiedene Arten — je nach ihrer Stellung und Aufgabe. Eine Modalität, durch welche die Gläubigen die ihnen zuteil gewordenen Gnaden und Gaben verwirklichen, ist das Kirchenamt.

1.1.1 Das Kirchenamt

Das Kirchenamt ist *eine* Modalität, durch die die Anteilnahme der Gläubigen am priesterlichen, prophetischen und königlichen Amt Christi zum Ausdruck kommt und verwirklicht wird. Das Kirchenamt üben sie je nach ihrer Stellung als Laien oder als Kleriker aus[1]. Dieser *subjektive* Aspekt, der sich auf die Inhaber des Amtes bezieht, ist grundlegend. Er besagt, dass ein Amt *Gläubigen* übertragen wird, Mitgliedern der Kirche, die an der Sendung der Kirche Anteil erhalten haben und dazu berufen sind, diese je nach ihrer Stellung und Aufgabe zu erfüllen (vgl. cann. 149 § 1, 204 § 1). Ihnen wird eine bestimmte Aufgabe, ein bestimmtes Amt anvertraut. Wie aus den cann. 150 und 274 § 1 hervorgeht, gibt es bestimmte Kirchenämter, die zu ihrer Ausübung Weihegewalt oder kirchliche Leitungsgewalt erfordern und die allein Kleriker erhalten können. Nach can. 228 § 1 können jedoch auch Laien zu bestimmten Kirchenämtern herangezogen werden.

---

[1] Vgl. cann. 204 § 1, 228 § 1, 274 § 1, 1008.

1.1.2 Der katholische Religionsunterricht

Wie für das Kirchenamt so ist es auch für die Aufgabe des katholischen Religionsunterrichts grundlegend, dass sie von *Gläubigen*, von Mitgliedern der Kirche wahrgenommen wird, *von Laien und von Klerikern*. In den wenigen Bestimmungen des *CIC* über den katholischen Religionsunterricht wird gerade den Religionslehrern viel Aufmerksamkeit geschenkt. Der Unterricht ist eine Aufgabe, zu der bestimmte Gläubige *bestellt werden* (can. 804 § 2). Sie werden von der kirchlichen Autorität zu Religionslehrern ernannt oder als solche bestätigt (can. 805). Ihnen wird diese Aufgabe der katholischen religiösen Unterweisung und Erziehung der katholischen Kinder und Jugendlichen anvertraut[2].

Der katholische Religionsunterricht ist *eine* Modalität, durch die die Gläubigen auf ihre Weise — als Laien und als Kleriker — ihre Anteilnahme am dreifachen Amt Christi und an der Sendung der Kirche verwirklichen[3]. Mit dem Unterricht üben die Laien eine besondere Form des Laienapostolats aus[4] und die Kleriker eine mit ihrem Amt verbundene Aufgabe, zu der sie beauftragt werden[5].

1.2 Zur Wahrnehmung einer Verkündigungstätigkeit der Kirche

Gott hat der Kirche eine Sendung zur Erfüllung in der Welt anvertraut (vgl. can. 204 § 1). Die Kirche erfüllt diese ihre Sendung durch die Dienste der Verkündigung, der Heiligung und der Leitung — und, damit verbunden, durch den Dienst der Seelsorge[6]. Die Wahrnehmung dieser Dienste führt zur Verwirklichung des Zieles der Kirche[7].

1.2.1 Das Kirchenamt

Das Kirchenamt ist *eine* Modalität, durch die die Dienste der Kirche wahrgenommen werden und die Sendung der Kirche erfüllt wird. Dieser objektive Aspekt des Amtes betrifft Dienste, die der Kirche aufgegeben sind und durch die sie ihre vom Herrn aufgetragene

---

[2] Vgl. cann. 761, 804 § 1.
[3] Vgl. cann. 204 § 1, 1008.
[4] Vgl. LG 33c und AA 24f sowie die cann. 225 § 1, 228 § 1.
[5] Vgl. cann. 274 § 2, 1008.
[6] Vgl. dazu die Überschriften zu den Büchern III und IV *CIC*, in denen ausdrücklich von den Diensten der Kirche («De Ecclesiae munere») die Rede ist, dem Dienst der Verkündigung und der Heiligung, sowie die cann. 129 § 1, 747 § 1, 834, 840, 1008.
[7] Vgl. dazu die cann. 747 § 1, 834 § 1, 840, 1008.

Sendung erfüllt. Sie bilden den Dienst oder die Aufgabe (*munus*), die für ein bestimmtes Kirchenamt kennzeichnend ist. Das Kirchenamt selbst wird in can. 145 § 1 durch einen näher bestimmten Dienst (*munus*) definiert.

Die Dienste, die durch das Kirchenamt wahrgenommen werden, sind insbesondere die Dienste der Verkündigung, der Heiligung und der Leitung — und, damit verbunden, der Dienst der Seelsorge[8]. So ist z.B. die Aufgabe der Verkündigung auf eine besondere Weise mit den Kirchenämtern verbunden, die Kleriker innehaben[9]. Auch Laien können zu einer kirchenamtlichen Form der Verkündigung herangezogen werden[10]. In der Wahrnehmung der Verkündigungs- und Lehrtätigkeit der Kirche kommt dem Kirchenamt eine grundlegende Funktion zu[11].

Der mit einem Kirchenamt verbundene Dienst wird in der kirchlichen Rechtsordnung näher bestimmt. Im Leben der Kirche haben nicht alle die gleichen Aufgaben. Die Gläubigen sind je nach ihrer Stellung und Aufgabe zur Ausübung der Dienste und der Sendung der Kirche berufen (vgl. can. 204 § 1). Mit einem Kirchenamt ist immer eine ganz bestimmte Aufgabe der Verkündigung, der Heiligung und der Leitung verbunden[12]. So haben z.B. die Bischöfe in den ihnen anvertrauten Teilkirchen die Aufgabe, das Evangelium zu verkündigen und den gesamten Dienst am Wort Gottes zu leiten (can. 756 § 2).

Der mit einem Kirchenamt verbundene Dienst wird zu einem geistlichen Ziel, zu einem Ziel der Kirche ausgeübt[13]. Das Kirchenamt und der damit wahrgenommene Dienst steht grundsätzlich in einem unmittelbaren Bezug zur Verwirklichung des Zieles der Kirche. Ein Kirchenamt wird ja gerade auch deswegen konstituiert und jemandem übertragen, weil es notwendig bzw. erforderlich ist, um die Sendung der Kirche und ihr Ziel zu realisieren[14].

---

[8] Vgl. cann. 145 § 1, 375 und 381 § 1.

[9] Vgl. dazu die cann. 756, 757.

[10] Vgl. cann. 228 § 1 und 759.

[11] Dies gilt auf besondere Weise für das kirchliche «Lehramt» (vgl. cann. 749, 750, 752, 753).

[12] Vgl. dazu die NEP 2 in bezug auf die Ausübung der Leitungsgewalt.

[13] Vgl. can. 145 § 1.

[14] Vgl. dazu P. ERDÖ, «Quaestiones de officiis ecclesiasticis laicorum», 192-193. Ein weiterer damit verbundener Hauptgrund zur Einrichtung der Kirchenämter besteht darin, die Ausübung der Ämter (*munera*), die in den Worten der NEP 2 «von mehreren nach Christi Willen hierarchisch zusammenwirkenden Trägern ausgeübt werden müssen», zu ordnen und rechtlich zu bestimmen.

1.2.2 Der katholische Religionsunterricht

Die Sendung und die Verkündigungstätigkeit der Kirche werden auch durch den katholischen Religionsunterricht erfüllt. Im V. Kapitel wurde ausführlich dargelegt, wie die Aufgabe der Kirche in der Welt von heute, so wie sie in der Pastoralkonstitution *Gaudium et spes* dargestellt wird, auf eine besondere Weise durch den katholischen Religionsunterricht erfüllt wird. In den Worten von GS 11 stellt sich die Sendung der Kirche als eine religiöse und dadurch als eine höchst humane dar. Die Bedeutung der Religion für den Menschen und das Menschsein kommt in GS und anderen Konzilsdokumenten besonders zum Vorschein[15]. Diese Bedeutung hat auch der katholische Religionsunterricht:

> Es sei daran erinnert, dass im Mittelpunkt dieses Unterrichts die Person des Menschen steht, den wir fördern müssen, indem wir dem Kind und dem Jugendlichen helfen, die religiöse Dimension als für sein Wachsen in Menschlichkeit und Freiheit unerlässlich zu erkennen[16].

Deshalb sollen sich die Religionslehrer bemühen, die tiefen Sinnfragen der Jugendlichen herauszustellen, und die Antwort aufzeigen, die das Evangelium Christi gibt, eine Antwort, die reich an Werten des Glaubens und der Menschlichkeit ist[17].

In den Ausführungen von Johannes Paul II. kommen zugleich die grundlegenden Ziele des Religionsunterrichts zum Ausdruck: die Person des Menschen zu fördern und zu seiner ganzheitlichen Bildung beizutragen — durch die Begegnung der Kinder und Jugendlichen mit dem Inhalt des christlichen Glaubens und das Kennenlernen ihrer Religion[18].

Nach GS nimmt die Kirche ihre Aufgabe in der Welt von heute auf vorzügliche Weise durch die Verkündigung, die Erziehung und das Gespräch wahr[19]. Diese drei miteinander verbundenen kirchlichen Tätigkeiten sind gerade auch für den katholischen Religionsunterricht kennzeichnend[20].

Die cann. 804 und 805 über den katholischen Religionsunterricht finden sich im III. Buch *CIC* über den Verkündigungsdienst der Kirche und dessen III. Titel über die katholische Erziehung. Die Aufgabe, die

---

[15] Vgl. auch NE 1, DH 1.
[16] JOHANNES PAUL II., Audienzansprache vom 15. April 1991, Punkt 4.
[17] JOHANNES PAUL II., Audienzansprache vom 15. April 1991, Punkt 4.
[18] JOHANNES PAUL II., Audienzansprache vom 15. April 1991, Punkte 4.5.7.
[19] S. Kap. V/1.4.
[20] S. Kap. V/2.1.

den Religionslehrern anvertraut wird, ist die Darlegung der christlichen Lehre in den Schulen (can. 761), die religiöse katholische Unterweisung und Erziehung der Kinder und Jugendlichen (can. 804 § 1), der Religionsunterricht (can. 804 § 2). Der katholische Religionsunterricht ist nach den cann. 761, 804 und 805 ein eigenständiges Mittel der Verkündigung und der christlichen Erziehung, dem folgende Charakteristiken zu eigen sind: der Inhalt der Verkündigung ist das Wort Gottes und die christliche Lehre, die Methode eine christliche Pädagogik und das Ziel das Kennenlernen der eigenen Religion (s. Kap. VI/4.1 und 4.4). Er ist ein Dienst, der Laien und Klerikern anvertraut wird und den diese unter kirchlicher Leitung ausüben.

Die kirchliche Autorität ist für den katholischen Religionsunterricht zuständig. Das kommt auf eine besondere Weise in den unter Kap. VII/4.3.4 zitierten Worten von Johannes Paul II. zum Ausdruck, in denen er in der Wir-Form spricht[21]. Das angesprochene Anliegen und die damit verbundene Aufgabe — die durch den Religionsunterricht erfüllt werden — ist dem Papst selbst, den Verantwortlichen in der Seelsorge und der Verkündigung, den Hirten der Kirche sowie den Religionslehrern, Laien und Klerikern anvertraut. Der Religionsunterricht ist eine Aufgabe, die mit den Ämtern der Hirten der Kirche verbunden ist — im Sinn des Konzilstextes AA 24f[22].

Der katholische Religionsunterricht ist ein eigenständiges Mittel zur Wahrnehmung der Verkündigungs- und Lehrtätigkeit der Kirche. Als ein Kirchenamt ist die Aufgabe des Religionsunterrichts nicht selbst eine Ausübung der lehramtlichen Tätigkeit der Hirten der Kirche, aber *eine kirchenamtliche Verkündigungs- und Lehrtätigkeit* der damit beauftragten Laien und Kleriker[23].

1.3 *Die Ausübung von Kirchengewalt*

Bestimmte Dienste der Kirche bedürfen zu ihrer Wahrnehmung der Weihegewalt und der kirchlichen Leitungsgewalt (vgl. cann. 150, 274 § 1). Andererseits werden Weihegewalt und kirchliche Leitungsgewalt zur Ausübung bestimmter Dienste gegeben.

---

[21] JOHANNES PAUL II., Audienzansprache vom 15. April 1991, Punkt 4.

[22] Diese in der vorliegenden Arbeit vertretene Ansicht wird eingehend in Kap. VII/3. und 4. begründet.

[23] Vgl. dazu die cann. 749, 750, 752, 753, 760 (zum Lehramt) und 145, 228 § 1, 761, 804 und 805.

1.3.1 Das Kirchenamt

Das Element der Teilnahme an der Kirchengewalt wird in der Definition von can. 145 nicht mehr genannt. Dennoch ist das Ausüben der Weihegewalt und der kirchlichen Leitungsgewalt auf eine besondere Weise mit dem Kirchenamt verbunden.

Ein (durch kirchliche Anordnung konstituiertes) Kirchenamt wird zunächst kraft kirchlicher Leitungsgewalt eingerichtet und übertragen[24]. Sodann erfordern bestimmte Kirchenämter zu ihrer Ausübung Weihegewalt oder kirchliche Leitungsgewalt[25]. Auf der andern Seite ist das Kirchenamt selbst für das Ausüben von kirchlicher Leitungsgewalt von grundlegender Bedeutung[26]. Grundsätzlich kann da, wo kirchliche Leitungsgewalt ausgeübt wird, direkt oder indirekt auf das Vorhandensein eines Kirchenamtes geschlossen werden[27].

Amt und kirchliche Leitungsgewalt werden jemandem gegeben, nicht um über andere zu herrschen, sondern um ihnen zu dienen — zur Verwirklichung der Sendung und des Zieles der Kirche. Das Kirchenamt und damit verbundene Leitungsgewalt stehen im Dienst der Gläubigen und ihrer verschiedenen Aufgaben und Tätigkeiten (vgl. Kap. III/7.3).

1.3.2 Der katholische Religionsunterricht

Das Ausüben kirchlicher Leitungsgewalt ist auch bei der Einrichtung und Übertragung der Aufgabe des katholischen Religionsunterrichts von grundlegender Bedeutung. Der Unterricht ist vom kirchlichen Gesetzgeber im Verkündigungsrecht durch die cann. 804 und 805 vorgesehen und eingerichtet. In can. 804 § 1 sind weitere Regelungsbefugnisse für dieses Gebiet enthalten. Zugleich enthalten diese Kanones die Bestimmungen zur Bestellung der Religionslehrer, zu ihrer Ernennung und Approbation, sowie zu ihrer Abberufung. Als Verwaltungsakte sind diese kraft ausführender Leitungsgewalt nach Massgabe des Rechts vorzunehmen. Diese Normen des Verkündigungsrechtes der Kirche sehen also den Dienst des katholischen Religionsunterrichts vor (auch an nichtkatholischen Schulen) und sind die Grundlage für weitere rechtliche Normen (auch staatskirchenrechtlicher Natur) auf diesem Gebiet.

---

[24] Vgl. cann. 135 §1, 145, 146, 148.
[25] Vgl. cann. 150, 274 § 1.
[26] Vgl. NEP 2 und can. 131 § 1.
[27] Vgl. cann. 131 § 1, 274 § 1.

Der Religionsunterricht ist eine Aufgabe, die Laien und Klerikern anvertraut wird. Zu ihrer Ausübung ist keine Weihegewalt oder kirchliche Leitungsgewalt gefordert. Die Gläubigen sind durch die Taufe und Firmung dazu befähigt, durch ihr Wort und Beispiel Zeugen des Evangeliums zu sein und zu einer Mitarbeit in der Verkündigung berufen zu werden (vgl. cann. 204 § 1, 225 § 1, 759). Ein besonderer Auftrag zur Verkündigung wird den Klerikern durch die Weihe zuteil (vgl. can. 1008). Durch die Beauftragung werden die Laien und Kleriker verpflichtet und berechtigt, katholischen Religionsunterricht zu erteilen und dadurch diese besondere Form der Verkündigung wahrzunehmen (vgl. cann. 804, 805).

1.4 *Die kirchliche Anordnung*

Die kirchliche Rechtsordnung hat im Leben der Kirche und der Gläubigen mehrere Aufgaben. Eine Hauptaufgabe besteht darin, die Rechte und Pflichten der Gläubigen anzuerkennen, festzulegen und zu schützen[28]. Eine weitere damit verbundene Hauptaufgabe erfüllt das Kirchenrecht dadurch, dass es regelt, wie die verschiedene Dienste in der Kirche wahrgenommen werden und die damit verbundenen Pflichten und Rechte, die göttlichen oder kirchlichen Rechts sind[29].

1.4.1 Das Kirchenamt

Ein Gebiet, das vom kirchlichen Gesetzgeber eingehend geregelt wird, ist das Kirchenamt — sei es im allgemeinen wie auch in bezug auf die einzelnen Kirchenämter und die damit verbundenen Pflichten und Rechte. Der Grund hierfür liegt in der Bedeutung, die das Kirchenamt und die einzelnen Kirchenämter im Leben der Kirche und in der Erfüllung ihrer Sendung haben[30]. Zur Ausübung der Sendung und der Aufgaben, die Gott der Kirche anvertraut hat, sind bestimmte Kirchenämter durch eine göttliche Anordnung selbst konstituiert worden, wie das Amt, das der Papst innehat, und das Amt des Bischofs[31]. In und zur Ausübung dieser ihrer göttlichen Sendung konstituiert die Kirche selbst — mit einer kirchlichen Anordnung durch die zuständige kirchliche

---

[28] Vgl. dazu *Principia quae*, Punkte 1.6.7. So enthält z.B. das II. Buch *CIC* im I. Teil einen ersten Titel über die Pflichten und Rechte aller Gläubigen.

[29] Vgl. dazu die Bücher III und IV *CIC* über die Dienste der Verkündigung und der Heiligung, sowie Titel VIII des I. Buches über die Leitungsgewalt.

[30] Vgl. dazu V. DE PAOLIS, «Il libro primo», 452.

[31] Vgl. dazu cann. 145 § 1, 330, 331, 336, 375.

Autorität — Kirchenämter[32]. Durch diese Anordnung (*ordinatio*) wird eine Aufgabe, ein Dienst der Kirche auf Dauer eingerichtet und näher bestimmt. Das Kirchenamt wird zur Erfüllung des Auftrags des Herrn eingerichtet, zur Wahrnehmung der Dienste der Kirche — dem Dienst der Verkündigung, der Heiligung und der Leitung und, damit verbunden, dem Dienst der Seelsorge.

Die kirchliche Anordnung erfolgt in der Regel auf dem Weg der Gesetzgebung und kraft kirchlicher gesetzgebender Leitungsgewalt (vgl. can. 135 §§ 1,2). Nach can. 145 § 1 wird das Kirchenamt durch das Recht (*ius*) eingerichtet und die damit verbundenen Pflichten und Rechte näher bestimmt. Ein Kirchenamt kann jedoch auch durch ein Dekret der zuständigen Autorität eingerichtet und übertragen werden, also durch einen Verwaltungsakt für Einzelfälle, der nach Massgabe des Rechts zu erlassen ist — kraft ausführender Leitungsgewalt (vgl. cann. 48, 135 § 1, 145 § 2)[33].

Das Kirchenamt ist ein durch das Recht dauerhaft eingerichteter und näher bestimmter Dienst. Hierbei ist nicht notwendig, dass der Gesetzgeber ausdrücklich sagt, dass dieser Dienst ein Kirchenamt ist — was er in vielen Fällen auch nicht tut[34]. Die rechtlichen Bestimmungen zu einem Kirchenamt können ausführlich oder knapp sein. Sie beziehen sich auf den Inhaber des Amtes, die Übertragung des Amtes, die Natur und die Ausübung der Aufgabe, die damit verbundenen spezifischen Pflichten und Rechte, Befugnisse und Vollmachten, diejenigen, für die der Dienst bestimmt ist, die Amtsdauer usw.

Das Kirchenrecht, besonders der *CIC*, enthält nicht nur allgemeine Normen zum Kirchenamt, sondern die jeweils grundlegenden Bestimmungen zu den einzelnen Kirchenämtern selbst (vgl. can. 145 § 2). Dadurch sind diese als solche eingerichtet, wie dies auch im Wortlaut von can. 145 § 2 zum Ausdruck kommt: «das Recht selbst, durch das ein Amt eingerichtet wird»[35]. Diese rechtlichen Bestimmungen bilden die Grundlage, um ein entsprechendes Kirchenamt gegebenenfalls

---

[32] Vgl. dazu cann. 145 § 1, 148. Dies wird im ersten Schema dieses Punktes dadurch sichtbar gemacht, dass zunächst die durch göttliche Anordnung konstituierten Ämter dargestellt werden und sodann die Kirchenämter, die in und zur Erfüllung der Sendung der Kirche durch eine kirchliche Anordnung konstituiert werden.

[33] Würde ein Kirchenamt durch ein allgemeines Dekret im Sinn von can. 29 eingerichtet, kämen die allgemeinen Vorschriften über die Gesetzgebung zur Anwendung.

[34] Vgl. Kap. III/3.1.

[35] Can. 145 § 1 spricht von einer konstituierten Aufgabe, can. 145 § 2 vom konstituierten Amt.

durch weitere rechtliche Bestimmungen und insbesondere durch einen Verwaltungsakt konkret ins Dasein zu rufen.

1.4.2 Der katholische Religionsunterricht

Für den katholischen Religionsunterricht bestehen und gelten eine Anzahl eigener Normen, die Teil der kirchenrechtlichen Bestimmungen zum Verkündigungsdienst der Kirche sind — da es sich um ein eigenständiges Mittel der Verkündigung handelt. Der Religionsunterricht wird in der kirchlichen Gesetzgebung auf mehreren Ebenen geregelt. Die Grundbestimmungen sind in den cann. 804 und 805 enthalten. In can. 804 § 1 wird zunächst die allgemeine Zuständigkeit der kirchlichen Autorität für den katholischen Religionsunterricht festgelegt. Sodann werden die Bischofskonferenzen ermächtigt und beauftragt, für dieses Gebiet allgemeine Normen zu erlassen (vgl. can. 455 § 1). Der Diözesanbischof hat die Aufgabe, diesen Bereich zu regeln und zu überwachen. Die Zuständigkeit der kirchlichen Autorität erstreckt sich nach can. 804 § 1 auch auf den katholischen Religionsunterricht an nichtkatholischen Schulen. Zur Ermöglichung des Unterrichts an staatlichen Schulen können von der zuständigen kirchlichen Autorität Übereinkommen mit einem Staat geschlossen werden. Neben den kirchenrechtlichen Normen gelten dann die staatskirchenrechtlichen Bestimmungen, die diesen Unterricht an staatlichen Schulen regeln.

Die cann. 804 und 805 bilden die rechtliche Grundlage für den katholischen Religionsunterricht, der an katholischen und nichtkatholischen Schulen erteilt wird. Durch diese Bestimmungen ist die Aufgabe des Religionsunterrichts als eine schulische religiöse katholische Unterweisung und Erziehung konstituiert und näher bestimmt. Die rechtlichen Bestimmungen betreffen insbesondere die zuständige Autorität und ihre Kompetenzen, die Anforderungen an die Religionslehrer und die verschiedenen Formen ihrer Bestellung, sowie die Möglichkeit ihrer Abberufung.

Das Kirchenamt ist gemäss can. 145 § 1 eine durch göttliche oder kirchliche Anordnung konstituierte Aufgabe. Nach can. 145 § 2 wird das Kirchenamt in erster Linie durch das Recht konstituiert (und unter Umständen durch ein Dekret, durch das es geschaffen und zugleich übertragen wird). Für den Religionsunterricht ist dieses Erfordernis gegeben: die kirchliche Anordnung bzw. das Kirchenrecht, durch das die Aufgabe des Religionsunterrichts als ein Mittel der Verkündigung und der christlichen Erziehung vorgesehen und als solche konstituiert wird. Die cann. 804 und 805 bilden die rechtliche Grundlage zu weiteren Bestimmungen kirchenrechtlicher und staatskirchenrechtlicher Natur, durch die der Unterricht in einem bestimmten Land auch an staatlichen Schulen ermöglicht und geregelt wird. Der katholische Religionsunterricht ist eine Aufgabe, die der kirchliche Gesetzgeber — in und zur Erfüllung der Sendung der Kirche, insbesondere zur Wahrnehmung einer Verkündigungs- und Lehrtätigkeit der Kirche — auf Dauer im III. Buch *CIC* durch die cann. 804 und 805 vorsieht und konstituiert[36].

Unter den Autoren äusserten sich Erdö und Feliciani zu diesem Element der Konstituierung. Nach Erdö stellt der katholische Religionsunterricht wohl eine öffentliche Aufgabe dar, zu der ein Lehrer beauftragt wird. Diese sei jedoch nicht als Kirchenamt errichtet[37].

Erdö verwendet hierbei den Ausdruck des «Errichtens» (*erigere*), der sich auch in can. 148 vorfindet. Das Errichten (*erigere*) eines Amtes kann auf zweifache Weise verstanden werden: einerseits als rechtliche Einrichtung gemäss can. 145 und andererseits als tatsächliche Errichtung eines Amtes durch rechtliche Bestimmungen und Dekrete, mit denen die dafür zuständige Autorität ein Kirchenamt konkret ins Dasein ruft[38]. Im ersten Sinn ist der Religionsunterricht als Kirchenamt «errichtet» (also eingerichtet), im zweiten erst dann, wenn die entsprechenden rechtlichen Bestimmungen — die auch staatskirchenrechtlicher Natur sein können — und Dekrete vorliegen.

Die cann. 804 und 805 sind die Grundnormen, die die Aufgabe des Religionsunterrichts auf Dauer einrichten — im Sinn von can. 145. Sie bilden auf kirchlicher Seite eine rechtliche Grundlage, um in einem weiteren Schritt diesen Unterricht auch an staatlichen Schulen durch eine Übereinkunft mit einem Staat zu ermöglichen und zu regeln.

Wenn der Religionsunterricht an staatlichen Schulen gewährleistet wird, so hängt wohl die Ermöglichung und die tatsächliche Existenz eines solchen Kirchenamtes von einer Übereinkunft der Kirche mit dem Staat ab, nicht jedoch die Tatsache, dass es sich hierbei um ein Kirchenamt handelt[39].

---

[36] Vgl. G. DAMMACCO, «Stato giuridico», 36.
[37] P. ERDÖ, «Quaestiones de officiis ecclesiasticis laicorum», 206.
[38] S. Kap. IV/4.3.
[39] Anders fällt die Antwort freilich aus, wenn das «Konstituieren» in can. 145 als «Errichten» verstanden wird. In diesem Fall würde nur dann ein Kirchenamt vorliegen, wenn es auch tatsächlich «errichtet» worden ist. Für den Religionsunterricht an staatlichen Schulen würde dies bedeuten, dass nicht nur die Ermöglichung und Existenz, sondern auch die Tatsache, dass *ein Kirchenamt* vorliegt, auch vom Staat

In den cann. 804 und 805 steht nicht ausdrücklich, dass der katholische Religionsunterricht ein Kirchenamt ist oder als solches eingerichtet ist. Das ist auch nicht notwendig. Bei den für einen Dienst geltenden Bestimmungen muss nicht ausdrücklich stehen, dass es sich hierbei um ein Kirchenamt handelt oder dass eine bestimmte Aufgabe *als Kirchenamt* eingerichtet ist. Der Begriff des Kirchenamtes, in can. 145 definiert, trifft als allgemeiner Begriff auf all jene Dienste zu, denen seine Charakteristiken zu eigen sind.

Nach Feliciani ist der katholische Religionsunterricht an den öffentlichen Schulen (in Italien) als eine eigentliche kirchliche Aufgabe ein *munus*, zu dem Laien nach can. 228 § 1 herangezogen werden können, aber nicht ein Kirchenamt im Sinn von can. 145. Denn es fehle eine Bestimmung göttlichen oder kirchlichen Rechts, die ein solches Amt dauerhaft einrichten würde (*costituire*) mit all den damit verbundenen Pflichten und Rechten. Die Rechtsstellung der Religionslehrer betreffe zudem auch staatliche Kompetenzen[40].

Mit dem Religionsunterricht sind eine Reihe von grundlegenden Pflichten und Rechten der Kirche und der Gläubigen verbunden. Als ein Mittel der Verkündigung beruht der Unterricht letztlich auf dem Auftrag des Herrn und dem Recht der Kirche zur Verkündigung (vgl. can. 747 § 1). Er wird als eine kirchliche Aufgabe durch die kirchenrechtlichen Bestimmungen, die cann. 804 und 805, dauerhaft eingerichtet und geregelt. In diesen Kanones ist auch der Religionsunterricht an den staatlichen Schulen vorgesehen[41]. Dieser Unterricht erfordert notwendigerweise eine Ermöglichung und Mitwirkung auf seiten des Staates. Als Lehrer an staatlichen Schulen haben die Religionslehrer eine Rechtsstellung, für die neben dem kirchlichen Recht «staatliches» Recht gilt. Das kirchliche Recht selbst sieht grundlegende Pflichten und Rechte der Religionslehrer vor (s. 1.6b).

1.5 *Eine Aufgabe, die übertragen wird*

In der Gemeinschaft der Kirche gibt es Aufgaben und Dienste, deren Wahrnehmung für die Gemeinschaft und ihre Mitglieder von grundle-

---

bzw. von der Übereinkunft der Kirche mit dem Staat abhängt. Ein Kirchenamt wird jedoch allein kraft göttlicher oder kirchlicher Anordnung konstituiert (vgl. can. 145).

[40] G. FELICIANI, «L'insegnamento della religione cattolica», 24-25.

[41] In can. 804 wird ausdrücklich auf den Unterricht an Schulen jeglicher Art, auch an nichtkatholischen Schulen Bezug genommen. Implizit gilt dies auch für can. 805, der aus diesem Grund verschiedene Formen der Bestellung und der Abberufung der Religionslehrer vorsieht. Can. 761 spricht von der Darlegung der Lehre an den Schulen.

gender Bedeutung ist. Die Wahrnehmung dieser Aufgaben und Dienste ist deshalb nicht dem Zufall überlassen. Sie werden in der Rechtsordnung der Kirche vorgesehen und eingerichtet und bestimmten Personen übertragen. Diese Aufgaben bedürfen der Übertragung. Dies setzt einerseits jemanden voraus, der sie überträgt, und andererseits jemanden, dem sie anvertraut werden. Demjenigen, der die Aufgaben überträgt, kommt eine besondere Verantwortung und Autorität in der Kirche und in der Wahrnehmung der Dienste der Kirche zu — und dadurch auch die Verantwortung, wem diese Aufgaben anvertraut werden. An denjenigen, dem die Aufgabe übertragen wird, sind sodann bestimmte Voraussetzungen und Erfordernisse gestellt. Er übt die ihm anvertraute Aufgabe nicht im eigenen Namen, sondern im Namen und Auftrag der Kirche aus — für den und mit dem, der ihm den Auftrag gegeben hat, und für diejenigen, für die die Wahrnehmung der Aufgabe bestimmt ist. Er übt sie im Auftrag der Kirche und für die Gemeinschaft der Kirche aus.

1.5.1 Das Kirchenamt

Dem Kirchenamt kommt im Leben der Kirche und in der Wahrnehmung der Dienste der Kirche eine grundlegende Bedeutung zu. Die Konstituierung des Amtes, die damit verbundenen Pflichten und Rechte sowie seine Übertragung sind deshalb nicht dem Zufall überlassen. Das Kirchenamt ist ein Dienst, der durch eine göttliche oder kirchliche Anordnung konstituiert ist und der Übertragung bedarf. Die Übertragungsbedürftigkeit des Amtes hängt unmittelbar mit der Aufgabe selbst und ihrer Bedeutung im Leben der Kirche und der Gläubigen zusammen.

Das Amt ist deshalb nicht eine Tätigkeit, die die Gläubigen von sich aus, aus eigener Initiative und ohne Auftrag ausüben können. Niemand kann sich selbst ein Amt nehmen[42]. Es bedarf der Übertragung. Das kam in der Quellstelle zu can. 145 ausdrücklich zum Ausdruck. Das Kirchenamt ist in den Worten von PO 20 eine übertragene Aufgabe — ein *munus collatum*. Dieses Element wurde in der Schlussredaktion von can. 145 durch das Element der dauerhaften Einrichtung ersetzt. Beide Elemente sind jedoch aufeinander bezogen: ein Amt wird im Hinblick auf seine Übertragung eingerichtet; ein übertragenes Amt setzt seine vorhergehende Einrichtung voraus. Das Element der Übertragung findet sich noch in can. 145 § 2 in Zusammenhang mit dem Kirchenamt, das durch ein Dekret eingerichtet und zugleich übertragen wird.

---

[42] Vgl. dazu can. 1381 § 1 über die Amtsanmassung.

Ein Amt, das der Übertragung bedarf, setzt jemanden voraus, der das Amt überträgt, und jemanden, dem es übertragen wird. Das Kapitel über die Übertragung eines Kirchenamtes enthält zu beiden grundlegende Bestimmungen. Nach can. 148 steht der Autorität, der es zukommt, Ämter zu errichten, zu verändern und aufzuheben, auch deren Übertragung zu, wenn nichts anderes im Recht bestimmt ist. Ein Kirchenamt kann nicht von jedem übertragen werden, sondern nur von der zuständigen kirchlichen Autorität. Ihr kommt eine besondere Verantwortung in der Kirche und in der Wahrnehmung der Dienste der Kirche zu[43]. Die Verleihung eines Kirchenamtes ist grundsätzlich ein Verwaltungsakt, der kraft ausführender Leitungsgewalt nach Massgabe des Rechts erlassen wird (vgl. cann. 48, 146). Dadurch wird von der kirchlichen Autorität einer bestimmten Person ein kirchliches Amt verliehen[44].

In can. 149 sind sodann die Bestimmungen in bezug auf diejenigen enthalten, denen das Amt übertragen wird. Nach can. 149 § 1 muss jemand, der zu einem Kirchenamt berufen wird, in der Gemeinschaft der Kirche stehen und geeignet sein, d.h. er muss jene Eigenschaften besitzen, die im allgemeinen oder partikularen Recht für ein bestimmtes Amt gefordert werden. Er wird zu einem Kirchenamt berufen[45]. Er übt dieses nicht im eigenen Namen, sondern im Namen und Auftrag der Kirche aus[46].

Neben diesen allgemeinen Bestimmungen zur Übertragung eines Kirchenamtes gelten für die einzelnen Kirchenämter je eigene Bestimmungen zu deren Übertragung (vgl. can. 149 §§ 1,2).

1.5.2 Der katholische Religionsunterricht

Der katholische Religionsunterricht erfüllt auf eine besondere Weise die Aufgabe der Kirche in der Welt von heute, so wie sie in einem eigenen Kapitel von GS dargestellt wird[47]. Der Unterricht ist gleichsam ein vorgeschobener Aussenposten in einer pluralistischen Gesellschaft[48]. Der Unterricht ist ein eigenständiges Mittel der Verkündigung

---

[43] Vgl. cann. 204 § 2, 331, 336, 375, 756, 834, 835 § 1 u.a.
[44] Vgl. auch can. 228 § 1, wonach Laien von den Hirten der Kirche zu bestimmten Kirchenämtern herangezogen werden können.
[45] Can. 149 § 1 verwendet hierzu den Ausdruck *promovere*.
[46] Vgl. H. SOCHA, *MK*, 145/4.
[47] Kapitel IV des ersten Hauptteiles von GS.
[48] JOHANNES PAUL II., Ansprache an die Bischöfe aus Süddeutschland, Punkt 6.

und der christlichen Erziehung, das in den cann. 761, 804 und 805 eine rechtliche Grundlage und Regelung erhält.

Der Religionsunterricht ist nach den Bestimmungen des *CIC* eine Aufgabe, die der Übertragung bedarf. In can. 804 § 2 ist von der Bestellung der Religionslehrer und von den dazu erforderlichen Voraussetzungen die Rede, in can. 805 von ihrer Ernennung und Approbation durch die zuständige kirchliche Autorität (den Ortsordinarius). Diese Bestimmungen machen deutlich, dass es dem kirchlichen Gesetzgeber nicht gleichgültig ist, wer den katholischen Kindern und Jugendlichen Religionsunterricht erteilt.

Mit dem Unterricht sind zu grundlegende Pflichten und Rechte der Gläubigen, der Eltern und der Kinder, sowie der Kirche selbst verbunden, als dass die Kirche die Wahrnehmung dieser Aufgabe aus der Hand geben könnte. Die zuständige kirchliche Autorität ernennt oder bestätigt die Gläubigen, die fähig und geeignet sind, den Kindern Religionsunterricht zu erteilen. Der Religionsunterricht ist eine verantwortungsvolle Aufgabe, welche die Kirche den Religionslehrern — Laien und Klerikern — anvertraut[49].

In can. 804 § 1 ist ausdrücklich von einer Bestellung, von einer *deputatio* der Lehrer die Rede. Durch die *deputatio* wird die Person *bestimmt*, die die Aufgabe des Unterrichts, in der sich die Aufgabe der Verkündigung (*munus docendi*) verwirklicht, wahrnehmen soll. An den Religionslehrer sind bestimmte Erfordernisse gestellt, die in den cann. 804 § 2 und 805 enthalten sind. Diese Aufgabe wird ihm von der kirchlichen Autorität übertragen. In can. 805 wird ausdrücklich von der Ernennung sowie von der Approbation der Religionslehrer gesprochen.

Berufen werden Gläubige, die diese Aufgabe je nach ihrer Stellung als Laien oder als Kleriker ausüben. Die Aufgabe ist hierbei objektiv festgelegt. Sie bleibt die gleiche, ob sie nun einem Laien oder einem Kleriker übertragen wird.

Wie beim Kirchenamt im allgemeinen, so kommt auch beim Religionsunterricht der Bezug zwischen dem Charakter einer Aufgabe und ihrer Übertragung zum Ausdruck. Der Religionsunterricht kann als eine Aufgabe bezeichnet werden, die, im Sinn von AA 24f, mit den Ämtern der Hirten der Kirche verbunden ist, und die diese Laien und Klerikern anvertrauen. Die Verbindung mit den Ämtern der Hirten der Kirche zeigt sich darin, dass die Darlegung der christlichen Lehre und die Sorge um die religiöse Unterweisung und Erziehung der Kinder und Jugendlichen — kein geringes Anliegen der Seelsorge — die Hirten der

---

[49] JOHANNES PAUL II., Ansprache vom 5. März 1981, Punkt 4.

Kirche in erster Person angeht[50]. Der Religionsunterricht ist eine Form der Verkündigung, durch die ein wichtiges Anliegen der Seelsorge wahrgenommen wird[51]. Die Religionslehrer übernehmen die Aufgabe der Darlegung der christlichen Lehre in den Schulen bzw. der religiösen Unterweisung und Erziehung der Kinder und Jugendlichen im Auftrag der Kirche und ihrer Hirten.

Der katholische Religionsunterricht ist eine Aufgabe, die den Laien von den Hirten der Kirche anvertraut wird — im Sinn von can. 228 § 1 sowie der beiden Quellstellen zu diesem Kanon, der Konzilstexte LG 33c und AA 24f[52].

Nach Feliciani ist neben dem Element der Einrichtung des Amtes ein weiterer Grund ausschlaggebend, dass der katholische Religionsunterricht an den öffentlichen Schulen (in Italien) kein Kirchenamt darstellt. Die Aufgabe werde nicht durch die kirchliche Autorität übertragen. Diese schlägt lediglich der Schulbehörde die Personen vor, die sie für geeignet hält. Die Schulbehörde nimmt dann die Ernennung nach den dafür geltenden Bestimmungen der Übereinkunft zwischen dem italienischen Unterrichtsministerium und der italienischen Bischofskonferenz (*Intesa* 2,5) vor. Trotzdem zählt Feliciani den Unterricht zu jenen Aufgaben (*munera*), zu denen die Laien gemäss can. 228 § 1 von den Hirten der Kirche herangezogen werden können[53].

Wenn die Religionslehrer nicht von einer kirchlichen Instanz ernannt werden, so schliesst dies keineswegs das Vorliegen eines Kirchenamtes aus[54]. Eines ist die Übertragungsbedürftigkeit eines Amtes, etwas anderes, in welcher Weise das Amt übertragen wird[55]. In can. 805 selbst sind zwei verschiedene Formen vorgesehen: die Ernennung und die Approbation. Die Ernennung bezieht sich im Kirchenrecht in vielen Fällen auf die Verleihung eines Kirchenamtes[56]. Die Approbation der Religionslehrer durch die zuständige kirchliche Autorität ist für jene

---

[50] Vgl. CD 13, GE 7; cann. 761, 804, 805; JOHANNES PAUL II., Audienzansprache vom 15. April 1991, Punkt 4.

[51] Vgl. zum Bezug der Verkündigung zur Seelsorge die cann. 375 (der Bischof als Hirte und als Lehrer des Glaubens) und 757 (die Verkündigung des Evangeliums durch die Priester, insbesondere durch jene, denen Seelsorge übertragen ist).

[52] Vgl. dazu die drei unterschiedlichen Charakterisierungen des Religionsunterrichts und der Beauftragung dazu, wie sie in Kap. VII/4. dargestellt und kommentiert worden sind.

[53] G. FELICIANI, «L'insegnamento della religione cattolica», 24-25.

[54] Vgl. dazu can. 377 § 5.

[55] Vgl. Kap. IV/5.2.

[56] S. Kap. VII/1.2.

Fälle vorgesehen, in denen diese nicht selbst die Ernennung vornimmt. Diese zweite Form der Bestellung besteht vor allem für die Religionslehrer an den staatlichen Schulen. Es bleibt einer Übereinkunft zwischen Kirche und Staat und den entsprechenden staatskirchenrechtlichen Bestimmungen überlassen, in welcher Form die Ernennung und Bestätigung der Religionslehrer erfolgt[57].

1.6 Eine Aufgabe, die verpflichtet und berechtigt

Die Sendung und der Auftrag des Herrn verpflichtet und berechtigt die Kirche zur Wahrnehmung dieser Sendung und dieses Auftrags. Das kommt z.B. für den Verkündigungsdienst in can. 747 § 1 deutlich zum Ausdruck:

> Christus der Herr hat der Kirche das Glaubensgut anvertraut, damit sie unter dem Beistand des Heiligen Geistes die geoffenbarte Wahrheit heilig bewahrt, tiefer erforscht und treu verkündigt und auslegt; daher ist es ihre Pflicht und ihr angeborenes Recht (*officium est et ius nativum*), auch unter Einsatz der ihr eigenen sozialen Kommunikationsmittel, unabhängig von jeder menschlichen Gewalt, allen Völkern das Evangelium zu verkündigen.

Wenn der Herr der Kirche einen Auftrag und eine Aufgabe gibt, verleiht er ihr auch alle Rechte, die zu deren Erfüllung notwendig sind. Gleiches gilt für die Kirche. Wenn die Kirche in und zur Erfüllung ihrer Sendung jemandem einen Auftrag und eine Aufgabe gibt, so verleiht sie ihm damit auch all jene Rechte, die zur Erfüllung der Aufgabe erforderlich sind. Das Kirchenrecht erfüllt diesbezüglich eine wichtige Funktion. Im Kirchenrecht sind die grundlegenden Pflichten und Rechte der Kirche selbst und der Gläubigen festgelegt sowie die Pflichten und Rechte, die mit den Aufgaben und Diensten, die durch die Kirche und ihre Mitglieder wahrgenommen werden, verbunden sind[58].

1.6.1 Das Kirchenamt

Dem Kirchenamt sind Pflichten und Rechte zu eigen, die durch das göttliche oder kirchliche Recht bestimmt werden, durch die das Amt eingerichtet wird[59]. Das Amt verpflichtet und berechtigt seinen Inhaber zur Ausübung der damit verbundenen Aufgabe.

Diese Aufgabe wird durch das göttliche und kirchliche Recht näher bestimmt. Die rechtlichen Bestimmungen beziehen sich u.a. auf die

---

[57] Vgl. can. 148: «wenn nicht etwas anderes im Recht bestimmt ist».
[58] Vgl. *Principia quae*, Punkte 1 und 6.
[59] Vgl. can. 145 und V. DE PAOLIS, «Il libro primo», 453-454.

Zuständigkeit des Amtsinhabers, insbesondere auf das Gebiet und den Personenkreis, für die er zuständig ist, die Aufgaben und Dienste, die durch ihn wahrgenommen werden sollen, die Befugnisse und die Kirchengewalt, die zur Ausübung bestimmter Aufgaben erforderlich sind[60].

Der Inhaber des Amtes ist rechtlich zur Wahrnehmung der mit diesem gegebenen Aufgaben verpflichtet[61]. Der rechtliche Verpflichtungscharakter ist v.a. dadurch begründet, dass die tatsächliche Ausübung der Aufgabe zur Erreichung des geistlichen Zieles notwendig bzw. erforderlich ist (vgl. can. 145 § 1).

Mit der Aufgabe (*munus*), die durch ein Kirchenamt erfüllt werden soll (Verpflichtung), sind auch alle dazu notwendigen Rechte gegeben, sei es von Gott selbst, sei es durch die Kirche[62]. Die Rechte sind im Hinblick auf die Erfüllung einer Aufgabe gegeben. Es handelt sich um Pflichten und Rechte der Kirche, die auf ihre Weise mittels des Kirchenamtes wahrgenommen werden[63].

Der Auftrag Christi und der Kirche enthält immer eine Verpflichtung und eine Berechtigung[64]. Wenn Christus jemandem einen Auftrag und eine Aufgabe gibt, verleiht er ihm auch alle Rechte, die zu ihrer Erfüllung notwendig sind[65]. Das gilt auch für einen Auftrag, den die Kirche in und zur Erfüllung ihrer Sendung gibt.

Der Dienst oder die Aufgabe des Kirchenamtes ist ein Dienst der Kirche, zu dem sie kraft ihrer Sendung und des Auftrags des Herrn verpflichtet und berechtigt ist. Zu diesem Dienst zählen der Dienst der Verkündigung, der Heiligung und der Leitung sowie der mit diesen verbundene Dienst der Seelsorge. Das Kirchenamt und die damit gegebenen Aufgaben werden zur Erfüllung der Sendung und des Auftrags des Herrn ausgeübt. Die Pflichten und Rechte eines Amtes dienen der Erfüllung der Sendung, die der Herr der Kirche anvertraut hat[66].

---

[60] Vgl. z.B. dazu die Bestimmungen zum Amt des Diözesanbischofs nach den cann. 368, 369, 375, 376, 378-380, 381-402 u.a.

[61] Vgl. S. BERLINGÒ, *Diritto canonico*, 185 und 194.

[62] Das Kirchenamt wird nach can. 145 § 1 durch eine Anordnung Gottes und der Kirche konstituiert. In entsprechender Weise werden die mit dem Amt verbundenen Pflichten und Rechte durch göttliches und kirchliches Recht bestimmt.

[63] Vgl. dazu die cann. 747 § 1, 756, 757 sowie die cann. 228 § 1 und 759 (in bezug auf den Verkündigungsdienst der Kirche).

[64] Das kommt z.B. in den cann. 747 § 1, 756 und 757 deutlich zum Ausdruck.

[65] Vgl. dazu das «officium est et ius nativum», die Pflicht und das angeborene Recht der Kirche zur Verkündigung (can. 747 § 1).

[66] Vgl. die cann. 747 § 1, 756-759 in bezug auf den Verkündigungsdienst.

1.6.2 Der katholische Religionsunterricht

Der katholische Religionsunterricht ist eine durch das Kirchenrecht näher bestimmte Aufgabe, zu deren Ausübung die Religionslehrer verpflichtet und berechtigt sind. Die grundlegenden Bestimmungen finden sich in den cann. 761, 804 und 805. Die systematische Einordnung der Kanones und die Bezeichnungen selbst — der Unterricht als Darlegung der Lehre in den Schulen, als religiöse katholische Unterweisung und Erziehung und als Religionsunterricht — weisen den Unterricht als ein Mittel der Verkündigungs- und Lehrtätigkeit der Kirche und der christlichen Erziehung aus. Der Unterricht beruht letztlich auf dem in can. 747 § 1 festgelegten Recht und dem Auftrag der Kirche zur Verkündigung und, damit verbunden, auf ihrem Auftrag zur Seelsorge, der die Sorge um die religiöse Unterweisung und Erziehung der jungen Mitglieder der Kirche einschliesst[67].

Die Wahrnehmung der grundlegenden Pflichten und Rechte der Kirche ist auf eine besondere Weise den Hirten der Kirche anvertraut. So spricht z.B. can. 756 von der Aufgabe, die dem Papst und dem Bischofskollegium im Hinblick auf die ganze Kirche und den Bischöfen in den ihnen anvertrauten Teilkirchen in der Verkündigung obliegen. Nach den cann. 228 § 1 und 759 können die Hirten der Kirche auch Laien zu einer kirchenamtlichen Mitarbeit mit dem Bischof und den Priestern bei der Ausübung des Dienstes am Wort Gottes berufen.

Die kirchliche Autorität ist nun auch für den katholischen Religionsunterricht zuständig (can. 804 § 1). Diese ihre Zuständigkeit nimmt sie besonders durch die Gesetzgebung und durch die Beauftragung der Religionslehrer wahr. Die cann. 804 und 805 bilden die rechtliche Grundlage für weitere kirchenrechtliche und staatskirchenrechtliche Bestimmungen auf diesem Gebiet. In diesen Rechtsnormen werden die mit der Aufgabe des Unterrichts verbundenen Pflichten und Rechte der Religionslehrer näher bestimmt sowie die Form ihrer Beauftragung.

Nach den cann. 761 und 804 besteht die Hauptaufgabe der Religionslehrer in der Darlegung der christlichen Lehre in den Schulen, in der religiösen katholischen Unterweisung und Erziehung der katholischen Kinder und Jugendlichen in katholischen und nichtkatholischen Schulen, im Religionsunterricht.

Mit dieser Hauptaufgabe sind unterschiedliche Pflichten und Rechte verbunden, wie z.B. die Pflicht, die Gemeinschaft mit der Kirche zu wahren[68], das Recht und die Pflicht zur Ausbildung und Fortbildung[69],

---

[67] Vgl. JOHANNES PAUL II. Audienzansprache vom 15. April 1991, Punkt 4.
[68] Can. 209 § 1.

die Pflicht zur Zusammenarbeit mit den Eltern der Kinder[70], das Recht der Meinungsäusserung[71]. Diese allgemeinen Bestimmungen des *CIC* haben gerade auch für die Religionslehrer ihre Relevanz[72]. Sie werden zumeist in den spezifischen Regelungen kirchenrechtlicher und staatskirchenrechtlicher Natur zum Unterricht näher festgelegt.

Der katholische Religionsunterricht ist eine Aufgabe, durch welche die Sendung und der Auftrag der Kirche auf eine besondere Weise erfüllt werden[73]. Der Aufgabe des Religionsunterrichts ist ein rechtlicher Verpflichtungscharakter zu eigen. Denn die tatsächliche Ausübung der Aufgabe ist zur Erreichung des Zieles des Religionsunterrichts erforderlich.

Der Religionsunterricht ist eine Aufgabe, zu der Religionslehrer bestellt werden (can. 804 § 1). Nach der in dieser Arbeit vertretenen Auffassung ist der Unterricht eine Aufgabe, die mit den Ämtern der Hirten der Kirche verbunden ist und die diese Laien und Klerikern anvertrauen[74].

Die Beauftragung der Religionslehrer, die nach Massgabe des Rechts vorzunehmen ist, hat grundsätzlich zwei Rechtswirkungen. Durch die Beauftragung haben die Religionslehrer nicht nur die Pflicht, katholischen Religionsunterricht zu erteilen, sondern auch das Recht, dies zu tun. Dieses Recht dient der Erfüllung ihrer Aufgabe und zur Verwirklichung des Zieles des Religionsunterrichts. Dieses Recht beruht letztlich auf dem Recht der Kirche, die Lehre Christi zu verkünden und darzulegen[75].

Als eine Aufgabe, die mit den Ämtern der Hirten der Kirche verbunden ist, und zu der die Religionslehrer beauftragt werden, sind sie zudem bei ihrer Ausübung an die Leitung durch die kirchliche Autorität gebunden[76]. Sie erteilen den Unterricht nicht im eigenen Namen, sondern im Namen und Auftrag der Kirche und unter kirchlicher

---

[69] Cann. 229 §§ 1 und 2, 231 § 1. Mit der Aus- und Fortbildung der Religionslehrer ist die Pflicht und das Recht der Lehrer verbunden, die Religion, die sie lehren sollen, selbst kennenzulernen. Diese Fachkenntnis ist zur Weitergabe der Lehre vorausgesetzt.

[70] Vgl. can. 796 § 2; JOHANNES PAUL II., Audienzansprache vom 15. April 1991, Punkt 7.

[71] Vgl. cann. 212 § 3, 218 und 227; CT 6.

[72] Vgl. dazu G. FELICIANI, «L'insegnamento della religione cattolica», 29-30.

[73] Vgl. GS Kap. IV (des ersten Hauptteiles) und cann. 204 § 1, 761.

[74] Vgl. LG 33c, AA 24f und die cann. 228 § 1, 759, 804, 805.

[75] Vgl. cann. 747 § 1 und 761.

[76] Vgl. AA 24f und can. 804 § 1.

Leitung — an katholischen und an nichtkatholischen Schulen. Der Unterricht untersteht der kirchlichen Autorität (can. 804 § 1). Die Religionslehrer sind an die kirchenrechtlichen und staatskirchenrechtlichen Bestimmungen gebunden.

1.7 Im Dienst der Kinder und Jugendlichen

Ein Dienst erfordert immer jemanden, der dient, und jemanden, dem dieser Dienst erbracht wird, für den etwas getan wird. Der Herr selbst ist der, der dient und der den Seinen aufgetragen hat, dasselbe zu tun[77].

Die Verkündigungs-, Heiligungs- und Leitungstätigkeit und, damit verbunden, die Seelsorgstätigkeit der Kirche sind Dienste der Kirche[78]. Sie sind für den Menschen, für die Gläubigen und die Gemeinschaft der Kirche bestimmt.

1.7.1 Das Kirchenamt

Das Kirchenamt selbst wird als eine Aufgabe und als ein Dienst definiert (*munus*). Durch das Amt werden auf besondere Weise die Dienste der Kirche wahrgenommen, der Dienst der Verkündigung, der Heiligung, der Leitung und der Seelsorge.

Das Kirchenamt steht im Dienst der Gemeinschaft der Kirche, der Gläubigen, im Dienst des Menschen[79]. Ein Kirchenamt wird eingerichtet und übertragen, um die Erfüllung der Sendung und des Auftrags der Kirche zu gewährleisten. Das Amt ist ein Dienst und eine Grundlage für die Gemeinschaft der Kirche und das Wohl der Gläubigen. Es gewährleistet eine personelle und institutionelle Erfüllung der Sendung der Kirche.

So werden z.B. die Bischöfe in der Kirche zu Hirten bestellt, um Lehrer des Glaubens, Priester des hl. Gottesdienstes und Diener in der Leitung zu sein (can. 375 § 1). Bei den Kanones über die Stellung und die Aufgaben der Diözesanbischöfe werden an erster Stelle in can. 383 die Gläubigen und all jene Menschen genannt, die in der Diözese dem Hirtendienst der Bischöfe anvertraut sind. In can. 384 werden die Priester genannt, die der Bischof mit besonderer Fürsorge begleiten soll.

---

[77] Vgl. Joh 13,13-17.
[78] Vgl. dazu die Überschriften zu den Büchern III und IV *CIC* sowie die cann. 204, 375, 1008.
[79] Vgl. cann. 330, 381, 383-387.

1.7.2 Der katholische Religionsunterricht

Die Kirche hat einen Auftrag zum Dienst am Menschen («De ministerio homini praebendo»), wie es zu Beginn von GS 3 zusammengefasst wird[80]. Durch den Religionsunterricht wird dieser Dienst auf eine besondere Weise wahrgenommen[81]. Das Schulfach katholische Religion hat den Lehrern selbst wie auch den Schülern vieles zu geben und mitzuteilen[82].

Auch wenn es in den cann. 804 und 805 nicht ausdrücklich gesagt wird, so sind die katholischen Kinder und Jugendlichen, die katholische und nichtkatholische Schulen besuchen, die Adressaten des Religionsunterrichts[83]. Durch die Ermöglichung des Unterrichts auch an staatlichen Schulen werden grundlegende Rechte der Kinder und ihrer Eltern auf dem Gebiet der religiösen Unterweisung und Erziehung gewährleistet.

Der Religionslehrer unterrichtet in den Schulklassen, die ihm an katholischen und nichtkatholischen Schulen zugeteilt werden. Die Aufgabe, die der Religionslehrer erfüllt, ist ein Dienst für die Kinder und ihre Eltern, ein Dienst für die Gemeinschaft der Kirche und auch ein Dienst für die Gesellschaft[84].

1.8 *Ein Kirchenamt im Sinn von can. 145*

Die genannten Punkte stellen verschiedene Kriterien dar, die für das Kirchenamt und zugleich für den katholischen Religionsunterricht charakteristisch sind. Sie sind in zwei Schemata zusammengestellt.

Das erste Schema enthält die Kriterien zum Kirchenamt. Unter den Kriterien gibt es eines, dem ein besonderes Gewicht zukommt: die göttliche und kirchliche Anordnung, durch die ein Kirchenamt konstituiert wird[85]. Die göttliche und kirchliche Anordnung ist die Grundlage für das Rechtsinstitut des Kirchenamtes und steht in einem unmittelbaren Zusammenhang mit den einzelnen Wesenselementen des Amtes

---

[80] Vgl. auch GS 93.

[81] Vgl. GS 11 (die religiöse und höchst humane Sendung der Kirche).

[82] Vgl. JOHANNES PAUL II., Audienzansprache vom 15. April 1991, Punkte 4.5.

[83] Diese Kanones befinden sich im Titel über die katholische Erziehung, die als solche auch in can. 804 § 1 mit der religiösen katholischen Unterweisung genannt wird. Die katholische Erziehung gilt den katholischen Kindern und Jugendlichen (vgl. cann. 793 und 794).

[84] Vgl. JOHANNES PAUL II., Audienzansprache vom 15. April 1991, Punkt 8.

[85] Vgl. Kap. II/3.5.5 zur Aufnahme dieses Elementes in die Definition des Kirchenamtes.

selbst. Durch die göttliche und die kirchliche Anordnung wird «etwas» in bezug auf etwas anderes, im Hinblick auf ein Ziel bestimmt. So bezieht sich die göttliche und kirchliche Anordnung auf:

a) *Die Inhaber eines Kirchenamtes*, die Gläubigen — Laien und Kleriker. Damit sie zu einem Kirchenamt berufen werden können, müssen sie in der Gemeinschaft der Kirche stehen und geeignet sein, d.h. die Eigenschaften haben, die für das Amt gefordert sind (can. 149 § 1). Zur Ausübung bestimmter Kirchenämter ist Weihegewalt oder kirchliche Leitungsgewalt erforderlich. Diese können allein Kleriker erhalten (can. 274 § 1). Das Kirchenamt ist eine Modalität, durch die die Anteilnahme der Gläubigen am priesterlichen, prophetischen und königlichen Amt Christi zum Ausdruck kommt und verwirklicht wird[86].

b) *Den durch das Amt ausgeübten Dienst*, der ein Dienst der Kirche ist — insbesondere der Dienst der Verkündigung, der Heiligung und der Leitung und, damit verbunden, der Dienst der Seelsorge. Diese Dienste werden in und zur Erfüllung des Auftrags des Herrn und der Sendung der Kirche wahrgenommen — und dadurch zugleich zur Verwirklichung des damit verbundenen Zieles der Kirche. Das Kirchenamt ist eine Modalität, durch die die Dienste der Kirche auf eine näher bestimmte Weise erfüllt werden. Das Kirchenamt dient der Wahrnehmung dieser Dienste[87].

c) *Die Ausübung von Kirchengewalt*, der Weihegewalt und der kirchlichen Leitungsgewalt. Einerseits gibt es Ämter, zu deren Ausübung Weihegewalt oder kirchliche Leitungsgewalt erforderlich ist (vgl. can. 274 § 1). Zur Einrichtung und Übertragung von Kirchenämtern (die durch eine kirchliche Anordnung konstituiert werden) ist zudem grundsätzlich kirchliche Leitungsgewalt erforderlich[88]. Andererseits ist das Kirchenamt selbst zur Ausübung kirchlicher Leitungsgewalt von grundlegender Bedeutung (vgl. NEP 2 und can. 131 § 1).

d) *Die Konstituierung eines Amtes*. Das Amt wird durch das göttliche und kirchliche Recht selbst vorgesehen, eingerichtet und rechtlich näher bestimmt[89]. Die Bestimmungen göttlichen oder kirchlichen Rechts sind die Rechtsgrundlage für das Rechtsinstitut des Kirchenamtes.

---

[86] Vgl. cann. 145, 204 § 1, 1008.
[87] Vgl. z.B. die cann. 150 und 381 § 1.
[88] Vgl. cann. 48, 135, 145, 148.
[89] Die Wichtigkeit der rechtlichen Bestimmung, die mit dem Rechtsinstitut des Kirchenamtes verbunden ist, kommt auf besondere Weise in der NEP 2 zum Ausdruck.

e) *Die Übertragung des Amtes*. Ein Kirchenamt bedarf der Übertragung (vgl. can. 146). Im Recht werden verschiedene Punkte geregelt, die die Übertragung eines Amtes betreffen: die zuständige Autorität, die Voraussetzungen und Erfordernisse, die an den Inhaber des Amtes gestellt sind, die verschiedenen Formen der Übertragung, die Amtsdauer und in diesem Zusammenhang auch der Verlust des Amtes[90].

f) *Die mit einem Amt und seiner Übertragung verbundenen Pflichten und Rechte*. Das Kirchenamt ist ein durch das Recht eingerichteter und näher bestimmter Dienst, zu dessen Ausübung der Inhaber des Amtes verpflichtet und berechtigt ist. Die Pflichten und Rechte sind nicht nur mit dem Amt als solchem verbunden (vgl. can. 145 § 2), sondern auch mit dessen Übertragung. Die mit der Übertragung verbundenen Pflichten und Rechte sind zweifacher Natur. Zunächst handelt es sich um die Pflichten und Rechte, die die Übertragung selbst betreffen, so wie sie in den Bestimmungen im I. Kapitel des Titels über die Kirchenämter, das die Übertragung von Kirchenämtern im allgemeinen regelt, enthalten sind — insbesondere die Pflichten und Rechte der kirchlichen Autorität, die das Amt überträgt, und die Pflichten und Rechte dessen, dem das Amt übertragen werden soll. Sodann handelt es sich um die Rechtswirkungen, die mit der Übertragung selbst gegeben sind, wie vor allem die Verpflichtung und die Berechtigung zur Ausübung der mit dem Amt verbundenen Aufgabe.

g) *Die Adressaten des Dienstes*, der durch das Amt ausgeübt wird. Das Amt ist ein Dienst und eine Grundlage für die Gemeinschaft der Kirche; es steht im Dienst der Gläubigen, im Dienst des Menschen. Mit einem Amt ist immer eine bestimmte «Zuständigkeit» verbunden, wie z.B. für eine bestimmte Gemeinschaft oder für die Gläubigen eines bestimmten Gebietes[91]. So ist es z.B. nach can. 756 Aufgabe des Papstes und des Bischofskollegiums, das Evangelium in der ganzen Welt zu verkünden, und Aufgabe der Bischöfe, dies in ihren Teilkirchen zu tun.

Diese einzelnen Elemente sind aufeinander bezogen und bilden eine Einheit. Hierbei erweist sich die göttliche oder kirchliche Anordnung als Grundlage für das Kirchenamt und seine Wesenselemente.

Das zweite Schema wendet die für das Kirchenamt genannten Kriterien auf den katholischen Religionsunterricht an. Die kirchliche Anord-

---

[90] Hierfür gelten sowohl die allgemeinen Bestimmungen des IX. Titels über die Kirchenämter sowie die für die einzelnen Kirchenämter geltenden Bestimmungen.
[91] Vgl. dazu NEP 2.

nung für den Unterricht ist in den cann. 761, 804 und 805, die Teil der kirchenrechtlichen Bestimmungen zum Verkündigungsdienst der Kirche sind, enthalten; sie bezieht sich auf:

a) *Die Religionslehrer selbst*: Gläubige, Laien und Kleriker, die zu dieser Aufgabe bestellt werden. Durch die Ausübung des Unterrichts verwirklichen sie ihre Anteilnahme am priesterlichen, prophetischen und königlichen Amt Christi und an der Sendung der Kirche, die ihnen in der Taufe und Firmung und den Klerikern in der Weihe zuteil geworden ist. Die Laien üben hierbei eine besondere Form des Laienapostolats aus (vgl. AA24f, cann. 225 § 1, 228 § 1), die Kleriker eine Aufgabe, die mit ihrem «geistlichen Amt» verbunden ist (vgl. cann. 256 § 1, 1008)[92].

b) *Die Aufgabe* der Darlegung der christlichen Lehre in den Schulen bzw. der religiösen katholischen Unterweisung und Erziehung in Schulen jedweder Art. Der katholische Religionsunterricht ist eine Aufgabe, die im III. Buch *CIC* über den Verkündigungsdienst der Kirche vorgesehen ist. In der Aufgabe (*munus*) des Unterrichts verwirklicht sich auf eigene Weise die Aufgabe der Verkündigung und der Lehrtätigkeit der Kirche («munus docendi Ecclesiae») und dadurch das dreifache Amt Christi (*munus Christi*), an dem die Gläubigen auf ihre Weise Anteil erhalten haben (vgl. can. 204 § 1). So wie es eine eigene Aufgabe der Verkündigung (*munus docendi*) gibt, die dem Bischof aufgrund einer göttlichen Anordnung anvertraut ist (vgl. cann. 375, 756), oder die Aufgabe der Verkündigung, die z.B. einem Pfarrer anvertraut ist (vgl. cann. 519, 757), so ist auch dem Religionslehrer — aufgrund der kirchlichen Anordnung — eine eigenständige Aufgabe der Verkündigung anvertraut (vgl. cann. 761, 804, 805).

c) *Die Regelung der Zuständigkeit* auf diesem Gebiet und die zur Ausübung dieser Aufgabe erforderlichen Befugnisse. In den cann. 804 und 805 sind einerseits die Kompetenzen bestimmt, die die Normgebung auf diesem Gebiet sowie die Beauftragung der Religionslehrer betreffen — und somit die Ausübung gesetzgebender und ausführender Leitungsgewalt durch die zuständige kirchliche Autorität. Andererseits werden die Religionslehrer durch ihre Bestellung — in der Form der Ernennung oder der Bestätigung durch die kirchliche Autorität — verpflichtet und berechtigt, katholischen Religionsunterricht zu erteilen.

---

[92] Vgl. dazu Kap. III/5.3.

d) *Die Konstituierung der Aufgabe* und ihre nähere rechtliche Bestimmung. Die Aufgabe des Religionsunterrichts wird im Recht selbst vorgesehen und eingerichtet. Die cann. 761, 804 und 805 sind die Grundbestimmungen. Sie fügen den Unterricht einerseits ins Verkündigungsrecht der Kirche ein und bestimmen ihn rechtlich als eine Aufgabe der Verkündigung und der katholischen Erziehung, welche die zuständige kirchliche Autorität Laien und Klerikern anvertraut. Andererseits sehen sie die erforderliche weitere Normgebung auf diesem Gebiet vor. Da die Situation des Unterrichts an staatlichen Schulen von Land zu Land verschieden ist, erfolgt die rechtliche Regelung dieser Materie auf verschiedenen Ebenen[93].

e) *Die Übertragung der Aufgabe*. Der Religionsunterricht ist eine Aufgabe, zu der die Religionslehrer *bestellt werden*. Sie bedürfen einer besonderen Berufung, die einerseits ihre allgemeine Berufung voraussetzt und verwirklicht und andererseits bestimmte Eigenschaften erfordert. In can. 805 sind zwei Formen der Bestellung vorgesehen, die Ernennung und die Approbation der Religionslehrer. Die Approbation ist die Bestätigung eines letztlich kirchlichen Auftrags. Der Religionsunterricht ist eine Aufgabe, die jemandem grundsätzlich von der kirchlichen Autorität übertragen wird. Der Unterricht ist eine Aufgabe, die mit den Ämtern der Hirten der Kirche verbunden ist und die diese Laien und Klerikern anvertrauen[94].

f) *Die mit der Aufgabe und ihrer Übertragung verbundenen Pflichten und Rechte*. Mit der Hauptaufgabe — die Darlegung der christlichen Lehre in den Schulen, die religiöse katholische Unterweisung und Erziehung der katholischen Kinder und Jugendlichen, der Religionsunterricht — sind verschiedene Pflichten und Rechte verbunden, die in kirchenrechtlichen und staatskirchenrechtlichen Bestimmungen festgelegt sind. Auch mit der Übertragung der Aufgabe sind eine Reihe von Pflichten und Rechten verbunden, sei es der kirchlichen Autorität, die die Religionslehrer ernennt oder bestätigt, sei es der Laien und Kleriker selbst, die zu Religionslehrern bestellt werden. So muss sich z.B. die zuständige kirchliche Autorität nach can. 804 § 2 bemühen, dass bestimmte Voraussetzungen gegeben sind. Als ein Verwaltungsakt muss die Ernennung und Bestätigung nach Massgabe des Rechts vorgenommen werden, also nach diesbezüglichen kirchenrechtlichen und

---

[93] Vgl. can. 804 § 1; JOHANNES PAUL II., Audienzansprache vom 15. April 1991, Punkt 5.
[94] Vgl. LG 33c, AA 24f und can. 228 § 1.

staatskirchenrechtlichen Bestimmungen. In diesen Bestimmungen werden auch die Pflichten und Rechte der Religionslehrer bei der Übertragung festgelegt.

g) *Die Adressaten des Unterrichts*: die katholischen Kinder und Jugendlichen, die katholische und nichtkatholische Schulen besuchen. Mit dem Unterricht sind grundlegende Rechte der Kinder und ihrer Eltern auf dem Gebiet der religiösen Unterweisung und Erziehung verbunden. Der Religionslehrer unterrichtet in den Schulklassen, die ihm an katholischen und nichtkatholischen Schulen zugeteilt werden. Die Aufgabe, die der Religionslehrer erfüllt, ist nicht nur ein Dienst für die Kinder und ihre Eltern, sondern auch ein Dienst für die Gemeinschaft der Kirche und für die Gesellschaft.

Dieser Überblick zeigt, dass dem katholischen Religionsunterricht nach den cann. 761, 804 und 805 die Merkmale des Kirchenamtes im Sinn von can. 145 zu eigen sind[95]. Er ist ein Dienst, der durch eine kirchliche Anordnung auf Dauer eingerichtet ist und zu einem geistlichen Ziel wahrgenommen wird. Sind die in den cann. 761, 804 und 805 enthaltenen Voraussetzungen erfüllt — wie sie in a) bis g) dargelegt werden —, so haben die Religionslehrerin und der Religionslehrer ein Kirchenamt inne. Ihnen ist eine eigenständige Aufgabe der Verkündigung anvertraut (vgl. cann. 145 und 228 § 1, 804 und 805).

---

[95] Die Bezeichnung des Kirchenamtes wird vielfach in Zusammenhang mit dem Inhaber des Amtes verwendet (vgl. Kap. III/3.1 und 4.2). Dadurch kommt besonders zum Ausdruck, dass ihnen diese Aufgabe, dieses Amt übertragen und anvertraut ist. In can. 145 § 1 wird das Kirchenamt selbst als ein näher bestimmter Dienst definiert. Wenn ein Dienst die Charakteristiken eines Kirchenamtes besitzt, kann er als Kirchenamt bezeichnet werden. Dies ist auch beim katholischen Religionsunterricht der Fall. Vgl. dazu *Comm.* 3 (1971) 187 («Quaedam igitur officia quae laicis committuntur, uti v.g. est institutio religiosa tradenda, dici debent officia ecclesiastica») und G. DALLA TORRE, *La questione scolastica*, 45 («In altre parole pare che l'insegnamento di religione cattolica nelle scuole possa essere considerato propriamente come un ufficio ecclesiastico»).

Schema 10

DIE SENDUNG DER KIRCHE

Das Kirchenamt[96]

WORT, SAKRAMENT UND CHARISMA

Die Teilnahme der Gläubigen am priesterlichen, prophetischen und königlichen Amt Christi und an der Sendung der Kirche (vgl. can. 204 § 1)

Die Teilnahme an der Weihegewalt und am Leitungsamt (*munus regendi*)
(vgl. NEP 2, cann. 274 § 1, 1008)

DAS KIRCHENAMT, DAS DURCH EINE GÖTTLICHE ANORDNUNG EINGERICHTET IST

Die göttliche und kirchliche Anordnung beziehen sich auf[97]:

a) Den Inhaber des Amtes (vgl. cann. 330, 331, 336, 375, 381 § 1)
b) Die Aufgabe (*munus*) des Amtes (vgl. cann. 331, 336, 375, 1008)
c) Die Kirchengewalt bzw. die Weihegewalt und die kirchliche Leitungsgewalt, die zur Ausübung des Amtes erforderlich sind
d) Die Konstituierung des Amtes und seine nähere rechtliche Bestimmung
e) Die Übertragung des Amtes. Die göttliche und die kirchliche Beauftragung
(vgl. cann. 331, 375)
f) Die mit der Beauftragung und dem Amt verbundenen Pflichten und Rechte
g) Die Adressaten des *munus* des Amtes. Das Amt steht im Dienst der kirchlichen Gemeinschaft, der Gläubigen, im Dienst des Menschen

DAS KIRCHENAMT, DAS DURCH EINE KIRCHLICHE ANORDNUNG EINGERICHTET IST

Die kirchliche Anordnung bezieht sich auf[98]:

a) Die Inhaber des Amtes, Gläubige: Laien und Kleriker (vgl. can. 149)
b) Die Aufgabe (*munus*) des Amtes, durch die eine Aufgabe (*munus*) der Kirche wahrgenommen wird (ein *officium* «*ecclesiasticum*»)
c) Die Weihegewalt und die kirchliche Leitungsgewalt, die zur Ausübung von bestimmten Aufgaben erforderlich sind (vgl. cann. 150, 274 § 1)
d) Die Konstituierung des Amtes und seine nähere rechtliche Bestimmung
e) Die Übertragung des Amtes
f) Die mit der Beauftragung und dem Amt verbundenen Pflichten und Rechte
g) Die Adressaten des *munus* des Amtes. Das Amt steht im Dienst der kirchlichen Gemeinschaft, der Gläubigen, im Dienst des Menschen

---

[96] In dieser Übersicht werden nur einzelne Kanones angegeben. Weitere Stellen finden sich im Text selbst.

[97] Neben der göttlichen Anordnung bestehen und gelten für diese Kirchenämter kirchenrechtliche Bestimmungen, die sich auf die genannten Punkte beziehen.

[98] Die kirchliche Anordnung wird in und zur Erfüllung des Auftrags des Herrn und der Sendung der Kirche erlassen.

KAP. VIII: DIE GRUNDLAGEN

Schema 11

DIE SENDUNG DER KIRCHE

Der katholische Religionsunterricht

WORT, SAKRAMENT UND CHARISMA

Die Teilnahme der Gläubigen am dreifachen Amt Christi
und an der Sendung der Kirche (vgl. can. 204 § 1)

Der Auftrag Christi, das Evangelium zu verkünden und alle Völker zu lehren
(vgl. Mt 28,19-20; Mk 16,15)

EIN DURCH KIRCHLICHE ANORDNUNG KONSTITUIERTES KIRCHENAMT

Die kirchliche Anordnung bezieht sich auf:

a) Die Religionslehrer, Laien und Kleriker
b) Die mit dem Amt des Lehrers verbundene Aufgabe: der katholische Religionsunterricht an katholischen und nichtkatholischen Schulen
c) Die zur Ausübung der Aufgabe erforderlichen Befugnisse. Der Religionslehrer unterrichtet im Auftrag der Kirche
d) Die Konstituierung der Aufgabe und ihre nähere rechtliche Bestimmung (durch kirchenrechtliche und gegebenenfalls staatskirchenrechtliche Bestimmungen)
e) Die Beauftragung der Religionslehrer, die Ernennung oder Approbation durch die zuständige kirchliche Autorität
f) Die mit der Beauftragung und der Aufgabe verbundenen Pflichten und Rechte
g) Die Adressaten des Unterrichts: die katholischen Kinder und Jugendlichen an katholischen und nichtkatholischen Schulen

2. Das Kirchenamt

In Zusammenhang mit der Frage, wie der katholische Religionsunterricht kirchenrechtlich qualifiziert werden kann, setzte sich die Arbeit mit dem Begriff des Kirchenamtes auseinander. Hierbei sind Erkenntnisse theoretischer und praktischer Natur gewonnen worden, die das Kirchenamt selbst betreffen. Sie beziehen sich v.a. auf die Bedeutung der drei Begriffe Kirchenamt, Aufgabe und Kirchengewalt — *officium*, *munus* und *potestas* — sowie auf die Kriterien, nach denen das Vorliegen eines Kirchenamtes bestimmt werden kann.

2.1 *Zur Erfüllung der Sendung der Kirche*

Der Begriff des Kirchenamtes — *officium ecclesiasticum* — steht im *CIC* nicht isoliert da. Der IX. Titel der Allgemeinen Normen *CIC* über die Kirchenämter folgt unmittelbar dem Titel über die Leitungsgewalt[99]. Das Amt selbst wird in can. 145 § 1 durch einen näher bestimmten Dienst — *munus* — definiert. Amt, Aufgabe und Kirchengewalt — *officium*, *munus* und *potestas* — sind drei Begriffe, die aufeinander bezogen sind. Sie bezeichnen Wirklichkeiten, die im Leben der Kirche und in der Erfüllung der Sendung der Kirche ihre je eigene Bedeutung haben.

Amt, Aufgaben und Kirchengewalt sind nicht um ihrer selbst willen gegeben, sondern zur Erfüllung der Sendung der Kirche, an denen die Gläubigen Anteil erhalten. Diese Perspektive ist im ersten Kanon des II. Buches *CIC* über das Volk Gottes enthalten. Gläubige sind jene, die durch die Taufe Christus eingegliedert sind und auf ihre Weise am priesterlichen, prophetischen und königlichen Amt Christi Anteil erhalten haben; je nach ihrer Stellung sind sie zur Erfüllung der Sendung berufen, die Gott der Kirche zur Erfüllung in der Welt anvertraut hat (can. 204 § 1). Die Sendung Gottes bringt eine Dynamik in dieses Bild der Kirche, in dem die Gläubigen von Gott gerufen und gesandt sind. Wie in can. 204 § 1 zum Ausdruck kommt, bildet die Taufe die sakramentale Grundlage, durch die die Gläubigen am dreifachen Amt Christi und an der Sendung der Kirche als ihre Mitglieder Anteil erhalten. Hierbei sind sie je nach ihrer Stellung zur Ausübung der Sendung der Kirche berufen. Gottes Volk, von dem in can. 204 und im ganzen II. Buch *CIC* die Rede ist, ist nicht ohne Hirten, ohne Seelsorger. Durch das Sakrament der Weihe werden aus dem Kreis der

---

[99] Vgl. auch can. 131 § 1, nach dem die ordentliche Leitungsgewalt von Rechts wegen mit einem Amt verbunden ist.

KAP. VIII: DIE GRUNDLAGEN 341

Gläubigen einige dazu geweiht und bestimmt, je nach ihrer Weihestufe die Dienste des Lehrens, des Heiligens und des Leitens in der Person Christi wahrzunehmen und dadurch das Volk Gottes zu weiden (can. 1008). Die Kleriker sind auf eine besondere Weise zum Dienst im Volk Gottes gerufen. Die Wahrnehmung dieses Dienstes ist vielfach mit einem Kirchenamt verbunden. Dies trifft auf eine besondere Weise auf die Dienste zu, die mit den Grund- oder Leitungsämtern in der Kirche verbunden sind[100].

Die Sendung der Kirche, an der die Gläubigen Anteil erhalten, kann als eine «relationale» und dynamische Wirklichkeit bezeichnet werden. Sie hat zu tun mit demjenigen, der sendet, mit dem Gesandten, mit dem Auftrag und der zu seiner Erfüllung erforderlichen Vollmacht, mit der Erfüllung des Auftrags, mit den Mitteln zu seiner Erfüllung und mit denjenigen, zu denen jemand gesandt ist[101]. Das Kirchenamt ist in die Dynamik der Sendung der Kirche eingefügt: durch das Amt wird eine göttliche oder kirchliche Sendung wahrgenommen; der Inhaber des Amtes ist ein «Gesandter»; mit der Sendung ist ein bestimmter Auftrag verbunden, der Auftrag zur Verkündigung, zur Heiligung, zur Leitung und, damit verbunden, zur Seelsorge; zur Ausübung des Auftrags wird die dazu erforderliche Vollmacht gegeben; die Erfüllung des Auftrags führt zur Verwirklichung des damit gegebenen Zieles; der Dienst wird um bestimmter Adressaten willen ausgeübt.

Die Kirche ist von Gott zu den Menschen gesandt, zum Dienst am Menschen[102]. Diesen Dienst übt sie vor allem durch die Dienste der Verkündigung, der Heiligung, der Leitung und durch den Dienst der Seelsorge aus. Diese sind die *munera*, die der Kirche aufgegeben sind[103]. Zur Erfüllung bestimmter kirchlicher Dienste bedarf es der Weihegewalt oder der kirchlichen Leitungsgewalt[104]. Sie werden zur Wahrnehmung dieser Dienste gegeben, nicht um ihrer selbst willen[105]. Das Kirchenamt ist eine «Institution», der eine besondere Funktion in

---

[100] Vgl. cann. 204 § 2, 330, 331, 336, 375 und 381 sowie die cann. 749, 750 und 756 in bezug auf den Verkündigungsdienst der Kirche.

[101] Das relationale Element betrifft die Beziehung zwischen dem Sendenden, dem Gesandten und denjenigen, zu denen jemand gesandt ist. Das dynamische Element betrifft die Sendung selbst und die Vollmacht, die zur Erfüllung des Auftrags gegeben wird.

[102] Vgl. GS 3 und 93.

[103] Vgl. cann. 204 § 1, 1008 sowie die Überschriften zu den Büchern III und IV *CIC*.

[104] Vgl. cann. 150, 274 § 1.

[105] Vgl. cann. 381 § 1, 1008.

der Erfüllung der Sendung der Kirche zukommt. Die Dienste der Kirche werden auf eine besondere Weise durch das Kirchenamt wahrgenommen. Hierbei gibt es bestimmte Dienste, die einerseits die Ausübung der Weihegewalt oder der kirchlichen Leitungsgewalt erfordern und die andererseits an bestimmte Kirchenämter gebunden sind. Das gilt insbesondere für die Ausübung des Leitungsamtes (*munus regendi*) und der kirchlichen Leitungsgewalt (*potestas regiminis*) sowie für die Ausübung des Lehramtes (*magisterium*)[106]. Gemäss can. 274 § 1 können allein Kleriker Ämter erhalten, zu deren Ausübung Weihegewalt oder kirchliche Leitungsgewalt erforderlich ist. Aufgrund der cann. 145 und 228 § 1 können jedoch auch Laien zu bestimmten Kirchenämtern herangezogen werden, die die Ausübung der Dienste der Kirche betreffen.

Die Sendung der Kirche, an der die Gläubigen Anteil erhalten, verwirklicht sich nicht allein durch das Kirchenamt, sondern auch durch vielfältige Dienste, die die Gläubigen in Kirche und Welt ausüben und die nicht ein eigentliches Kirchenamt sind. Diesen Diensten kommt keine geringe Bedeutung zu. Sie können zu den mit einem Kirchenamt verbundenen Aufgaben in einem gegenseitigen Bezug stehen. Beide tragen je auf ihre Weise zur Erfüllung der Sendung der Kirche bei.

Der Begriff des Amtes ruft alle möglichen Assoziationen hervor. Er lässt u.a. an den Beamten denken, an Verwaltung. Dem Kirchenamt ist jedoch eine Funktion und ein Wert zu eigen, die nicht nur «administrativer» Natur sind. Das Kirchenamt dient der Erfüllung der Sendung der Kirche. Es besteht in der Gemeinschaft und für die Gemeinschaft der Kirche, zum Dienst am Menschen, zum Dienst an den Gläubigen.

2.2 *Durch göttliche oder kirchliche Anordnung auf Dauer konstituiert*

Der weite Begriff des Kirchenamtes in can. 145 macht es nicht immer leicht zu beurteilen, ob ein Kirchenamt vorliegt. Deshalb sind in dieser Arbeit verschiedene Kriterien aufgestellt worden, um zu bestimmen, ob eine kirchliche Aufgabe ein Kirchenamt ist oder nicht. Für alle Kriterien ist *eines* grundlegend und bestimmend: die göttliche oder die kirchliche Anordnung.

Das Kirchenamt ist ein Dienst, der durch göttliche oder kirchliche Anordnung zur Erfüllung der Sendung der Kirche auf Dauer konsti-

---

[106] Vgl. dazu NEP 2 und die cann. 131 § 1, 204 § 2, 330, 331, 336, 375, 381 (zur Wahrnehmung des Leitungsamtes in der Kirche und zur Ausübung der kirchlichen Leitungsgewalt) sowie die cann. 749, 750, 752, 753 (zur Ausübung des Lehramtes).

tuiert ist. Die göttliche oder kirchliche Anordnung bezieht sich auf den Inhaber des Amtes, auf den Dienst, der mit dem Amt verbunden und zu einem geistlichen Ziel auszuüben ist, auf die Ausübung der Weihegewalt oder der kirchlichen Leitungsgewalt, die zu bestimmten Diensten erforderlich sind (und die mit einem Kirchenamt verbunden sind, wie gerade die ordentliche Leitungsgewalt), auf die Konstituierung des Amtes und seine nähere rechtliche Bestimmung, auf die Übertragung des Amtes, auf die mit dem Amt und der Beauftragung dazu verbundenen Pflichten und Rechte sowie auf die Adressaten des Dienstes.

In dieser Umschreibung sind alle Elemente enthalten, die im Verlauf der Arbeit dargelegt worden sind. Sie sind in Punkt 1.8 zusammengefasst. In jedem dieser Elemente kommt die Bedeutung zum Ausdruck, die das Amt in der Wahrnehmung der Sendung der Kirche hat. Zu einem Kirchenamt werden Gläubige, Laien und Kleriker berufen, um einen Dienst auszuüben, durch den die Sendung der Kirche erfüllt wird. Wie zur Erfüllung einer Sendung und eines Auftrags eine Vollmacht erforderlich ist, so sind zur Ausübung von bestimmten Kirchenämtern Weihegewalt oder kirchliche Leitungsgewalt erforderlich. Zur Erfüllung der Sendung und des Auftrags der Kirche wird das Amt durch das Recht auf Dauer konstituiert und näher bestimmt. So wie eine Sendung einer «Vermittlung» bedarf, so bedarf das Kirchenamt einer Übertragung durch die zuständige kirchliche Autorität. Eine Sendung und ein Auftrag verpflichten und berechtigen den Gesandten zu deren Erfüllung. Die Beauftragung und ein Amt verpflichten und berechtigen den Inhaber des Amtes zur Wahrnehmung der damit verbundenen Aufgabe. Eine Sendung und eine Aufgabe werden nicht um ihrer selbst willen gegeben. Der Inhaber des Amtes ist zu jenen gesandt, für die der mit dem Amt verbundene Dienst bestimmt ist.

Für all diese Elemente ist die göttliche und die kirchliche Anordnung grundlegend. Durch diese werden die Inhaber des Amtes bestimmt: sei es durch die im Recht festgelegten Voraussetzungen, die an den Inhaber eines Amtes gestellt sind, sei es durch die Berufung und die Übertragung eines Amtes. Durch göttliche und kirchliche Anordnung sind die Natur und der Umfang des Dienstes bestimmt, der durch ein Amt zu einem geistlichen Ziel wahrgenommen werden soll. Durch göttliche und kirchliche Anordnung wird die Ausübung der Weihegewalt und der kirchlichen Leitungsgewalt geregelt und näher bestimmt, die zur Ausübung von gewissen Kirchenämtern erforderlich sind. Durch die göttliche und kirchliche Anordnung wird das Amt in der kirchlichen Rechtsordnung auf Dauer konstituiert und die damit verbundenen Pflichten und Rechte festgelegt. Die göttliche und kirchliche Anordnung hat den

Menschen im Blick, zu dessen Dienst die Kirche im allgemeinen und der Inhaber eines Amtes im besonderen berufen und gesandt sind.

Die göttliche und kirchliche Anordnung erweist sich dadurch für das Kirchenamt und seine Funktion im Leben der Kirche als grundlegend. Das Kirchenamt wird durch die göttliche und kirchliche Anordnung zur Erfüllung des Auftrags des Herrn auf Dauer konstituiert, zur Wahrnehmung der Dienste der Kirche — dem Dienst der Verkündigung, der Heiligung, der Leitung und, damit verbunden, dem Dienst der Seelsorge.

3. Die anvertraute Aufgabe

Die Frage, wie der katholische Religionsunterricht kirchenrechtlich zu qualifizieren ist, wurde in dieser Arbeit auf eine zweifache Weise angegangen. Der III. Teil gab eine kirchenrechtliche Qualifizierung des Religionsunterrichts gestützt auf die cann. 761, 804 und 805 sowie in Zusammenhang mit can. 228 § 1 und den dazugehörigen Quellstellen, LG 33c und AA 24f. Danach ist der Religionsunterricht eine eigenständige Aufgabe der Verkündigung, die mit den Ämtern der Hirten der Kirche verbunden ist und die diese Laien und Klerikern anvertrauen.

Wie aus dem Titel der Arbeit und ihrer Struktur hervorgeht, wird die kirchenrechtliche Charakterisierung des Unterrichts zugleich mit dem Rechtsinstitut des Kirchenamtes in Verbindung gebracht. Der katholische Religionsunterricht nach den cann. 761, 804 und 805 ist ein Dienst der Kirche, dem die Charakteristiken eines Kirchenamtes im Sinn von can. 145 zu eigen sind. Die Kennzeichnung als Kirchenamt bleibt nicht ohne Auswirkungen. Sie ist für konkordatarische Bestimmungen auf diesem Gebiet von Bedeutung, sowie für die Bestimmung der Aufgaben der kirchlichen Autorität und die Rechtsstellung der Religionslehrer selbst[107].

3.1 Eine qualifizierte Aufgabe der Verkündigung

Der katholische Religionsunterricht ist eine Materie, die im III. Buch *CIC* über den Verkündigungsdienst der Kirche geregelt wird. Nach CD 13c und dem entsprechenden can. 761 ist die Darlegung der christlichen Lehre an den Schulen ein eigenständiges Mittel der Verkündigung. Der katholische Religionsunterricht nach den cann. 804 und 805 kann als Aufgabe charakterisiert werden, die mit den Ämtern der Hirten der Kirche im Sinn von LG 33c und AA 24f verbunden ist und die diese

---

[107] Vgl. G. FELICIANI, «L'insegnamento della religione cattolica», 21.

Laien und Klerikern anvertrauen. Der Unterricht ist zugleich eine Aufgabe, die die Charakteristiken eines Kirchenamtes im Sinn von can. 145 besitzt: er ist ein Dienst, der zur Erfüllung der Sendung der Kirche durch eine kirchliche Anordnung auf Dauer konstituiert ist.

Die beiden Kennzeichnungen aufgrund von LG 33c und AA 24f sowie von can. 145 fügen sich ineinander — wie dies auch in can. 228 § 1 zum Ausdruck kommt. Eine Aufgabe, die im Sinn von LG 33c und AA 24f mit den Ämtern der Hirten der Kirche verbunden ist und die diese Laien und Klerikern anvertrauen, kann durch eine kirchliche Anordnung als Kirchenamt konstituiert werden. Kirchenämter werden ja gerade von der zuständigen kirchlichen Autorität in und zur Erfüllung der Sendung der Kirche konstituiert. Ein solches Kirchenamt kann sodann nach den cann. 145, 149 § 1, 228 § 1 und 274 § 2 geeigneten Laien und Klerikern anvertraut werden.

Durch die Konstitution einer bestimmten Aufgabe als Kirchenamt sind dieser die Charakteristiken zu eigen, die das Amt in der Erfüllung der Sendung der Kirche auszeichnen. Das gilt auf eine besondere Weise für die Aufgabe des katholischen Religionsunterrichts, die als ein Kirchenamt konstituiert ist.

Durch den Dienst der Verkündigung verwirklichen sich die Sendung und der Auftrag der Kirche (vgl. can. 747 § 1). Die Wahrnehmung dieses Dienstes kann auf besondere Weise mit einem Kirchenamt verbunden sein[108]. Der katholische Religionsunterricht stellt ein eigenständiges Mittel der Verkündigung und der Darlegung der christlichen Lehre dar. Als Aufgabe, die mit den Ämtern der Hirten der Kirche verbunden ist und die die Merkmale eines Kirchenamtes hat, ist der Religionsunterricht eine qualifizierte Aufgabe der Verkündigung. Die Religionslehrer nehmen auf eine qualifizierte Weise am Verkündigungsdienst der Kirche teil. Als Inhaber eines Kirchenamtes sind die Religionslehrer dazu berufen, eine Aufgabe auszuüben, durch welche die Sendung und eine Aufgabe der Kirche in der Welt von heute erfüllt werden. Durch die kirchliche Gesetzgebung und durch eventuelle Übereinkommen der Kirche mit dem Staat wird von der zuständigen kirchlichen Autorität die rechtliche Grundlage geschaffen, um diesen Unterricht an den Schulen — auch an staatlichen — zu ermöglichen. Die kirchliche Beauftragung, die durch eine Ernennung oder Approbation erfolgen kann, verpflichtet und berechtigt die Religionslehrer zur Ausübung dieser Aufgabe. Sie üben einen Dienst aus, der für die

---

[108] Vgl. cann. 756, 757, sowie die cann. 758, 759 in Verbindung mit can. 228 § 1.

katholischen Kinder und Jugendlichen an den Schulen jeder Art bestimmt ist.

Der Dienst selbst, der den Religionslehrern anvertraut wird, wurde als ein eigenständiges Mittel der Verkündigung und der Darlegung der christlichen Lehre bezeichnet. Religionsunterricht ist nicht «nur» *Lehren*, sondern auch *Verkünden*: Christus verkünden. Den Religionslehrern steht für den Religionsunterricht viel Material zur Verfügung. Sie können all die Werte des Glaubens und der Menschlichkeit aufzeigen, die im Evangelium Christi enthalten sind und in der Gemeinschaft der Kirche und im geschichtlichen und kulturellen Erbe der Völker zum Ausdruck kommen. Dadurch helfen sie den Kindern und Jugendlichen, die religiöse Dimension des Lebens zu erkennen und eine Antwort auf ihre tiefen Sinnfragen zu finden. Durch den Religionsunterricht tragen die Religionslehrer zur ganzheitlichen Bildung der Kinder und Jugendlichen bei[109].

3.2 *Die verpflichtet und berechtigt*

Die Pflichten und Rechte, die mit der Aufgabe des Religionsunterrichts verbunden sind, bestehen auf verschiedenen Ebenen. Der Religionsunterricht betrifft die religiöse Unterweisung und Erziehung der Kinder und Jugendlichen und ist ein Gebiet, mit dem grundlegende Pflichten und Rechte der Eltern und ihrer Kinder, der Kirche und der Hirten der Kirche verbunden sind[110]. Die grundlegenden Rechte der Kirche betreffen vor allem ihren göttlichen Auftrag zur Verkündigung sowie die Ausübung der Religionsfreiheit[111].

Die Aufgabe des Religionsunterrichts wird den Religionslehrern anvertraut (cann. 804 und 805). Sie nehmen auf eine qualifizierte Weise am Verkündigungsdienst der Kirche teil. Die Qualifizierung besteht in der Kennzeichnung des Unterrichts als Dienst in der Verkündigung, der mit den Ämtern der Hirten der Kirche verbunden ist und der die Merkmale eines Kirchenamtes besitzt. Dadurch sind die cann. 804 und 805 nicht nur auf dem Hintergrund der grundlegenden Bestimmungen zum Verkündigungsrecht der Kirche, wie besonders can. 747, zu sehen, sondern auch in Zusammenhang mit den cann. 145 und 228 § 1.

Die Pflichten und Rechte, die mit der Aufgabe des Religionsunterrichts verbunden sind, bestimmen sich demnach auf der Grundlage des

---

[109] Vgl. JOHANNES PAUL II., Audienzansprache vom 15. April 1991, Punkte 4.5.

[110] Vgl. dazu die cann. 217, 226, 747, 793, 794, 798.

[111] Vgl. DH I («Allgemeine Grundlegung der Religionsfreiheit») und II («Die Religionsfreiheit im Licht der Offenbarung») sowie can. 747 § 1.

Verkündigungsrechtes der Kirche, wie es in can. 747 sowie in weiteren Kanones zum Ausdruck kommt. Das III. Buch *CIC* enthält einerseits die Bestimmungen über die Pflichten und Rechte der kirchlichen Autorität in der Verkündigung und andererseits die Pflichten und Rechte der Gläubigen, der Laien und Kleriker, denen eine besondere Aufgabe der Verkündigung anvertraut wird[112]. Eine Aufgabe, die den Hirten der Kirche anvertraut ist, bildet die Leitung des Dienstes am Wort Gottes[113]. Auf eigene Weise trifft dies auch für den katholischen Religionsunterricht zu. Dieser ist eine Aufgabe, die nach can. 804 § 1 der kirchlichen Leitung untersteht. Damit sind einerseits Pflichten und Rechte der zuständigen kirchlichen Autorität verbunden, sowie Pflichten und Rechte der Religionslehrer, die nicht im eigenen Namen, sondern im Namen und Auftrag der Kirche und unter kirchlicher Leitung unterrichten.

Durch den Dienst der Verkündigung wird der Auftrag des Herrn und die Sendung der Kirche erfüllt (vgl. can. 747 § 1). Dieser Dienst ist nun vor allem auch mit einem Kirchenamt verbunden[114]. Ein Kirchenamt wird durch eine kirchliche Anordnung in und zur Erfüllung der Sendung der Kirche auf Dauer konstituiert. Dies erfordert einerseits, dass die kirchliche Autorität das Amt zur Erfüllung der Sendung der Kirche einrichtet, und andererseits, dass die Inhaber des Amtes dieses zur Erfüllung der Sendung der Kirche ausüben. Damit sind Pflichten und Rechte verbunden, sei es der kirchlichen Autorität, die das Amt konstituiert und überträgt, sei es des Gläubigen, dem das Amt übertragen wird. Die Pflichten und Rechte der kirchlichen Autorität bestehen v.a. darin, Kirchenämter so einzurichten, dass sie der Erfüllung der Sendung der Kirche dienen, und diese den Gläubigen zu übertragen, die die erforderlichen Voraussetzungen erfüllen. Die Pflichten und Rechte der Gläubigen bestehen zunächst bei der Übertragung des Amtes selbst und sodann bei dessen Ausübung. Sie üben dieses nicht im eigenen Namen, sondern im Namen und Auftrag der Kirche aus. Ihnen stehen alle Pflichten und Rechte zu, die mit dem Amt verbunden sind (vgl. can. 145 § 2).

Dies verwirklicht sich für jedes einzelne Kirchenamt. Der Religionsunterricht ist ein Dienst der Verkündigung und der christlichen Erziehung, eine Modalität, durch die die Kirche ihre Sendung und ihre

---

[112] Vgl. dazu z.B. die cann. 756-759.

[113] So sind z.B. nach can. 756 § 2 die Bischöfe in den ihnen anvertrauten Teilkirchen Leiter des gesamten Dienstes am Wort Gottes.

[114] Vgl. cann. 756-759, 228 § 1.

Aufgabe in der Welt von heute erfüllt. Der Unterricht ist durch eine kirchliche Anordnung vorgesehen und auf Dauer eingerichtet, besonders durch die cann. 804 und 805.

3.2.1 Die kirchliche Autorität

Die kirchliche Anordnung wird von der zuständigen kirchlichen Autorität in und zur Erfüllung der Sendung der Kirche erlassen. Der katholische Religionsunterricht ist ein Dienst der Verkündigung mit den Charakteristiken eines Kirchenamtes. Die kirchliche Anordnung ist daher auf dem Hintergrund des Verkündigungsrechts der Kirche und der allgemeinen Normen zum Kirchenamt zu sehen. Daraus ergeben sich für die kirchliche Autorität Pflichten und Rechte in Zusammenhang mit all jenen Punkten, auf die sich die kirchliche Anordnung bezieht, besonders auf:

a) *Die Religionslehrer*, die Laien oder Kleriker sein können. Sie üben einen qualifizierten Dienst der Verkündigung aus, der mit den Ämtern der Hirten der Kirche verbunden ist, und sind Inhaber eines Kirchenamtes. Auf die Voraussetzungen, die an sie gestellt sind, wird in den cann. 149 und 804 § 2 Bezug genommen. Sie üben diesen Dienst unter der Leitung der kirchlichen Autorität aus (vgl. AA 24f und can. 804 § 1).

b) *Die Natur und der Umfang der Aufgabe*, die ihnen anvertraut wird. Die Laien üben eine besondere Form des Laienapostolats aus, eine kirchenamtliche Mitarbeit mit dem Bischof und den Priestern auf dem Gebiet der religiösen Unterweisung und Erziehung (vgl. cann. 228 § 1, 759, 804, 805). Der Unterricht ist ein eigenständiges Mittel der Verkündigung und der katholischen Erziehung (cann. 761, 804 § 1). Inhalt, Methode und Ziel des Religionsunterrichts stehen in einem unmittelbaren Zusammenhang mit dem Inhalt, der Methode und dem Ziel der Verkündigung und der christlichen Erziehung. Als ein Schulfach hat der Unterricht zugleich eine ihm eigene Methode und ein ihm eigenes Ziel[115]. Das Unterrichtsmaterial steht im Dienst dieser Form der Verkündigung. Der kirchlichen Autorität kommen besondere Kompetenzen bei der Bereitstellung und Genehmigung der sozialen Kommunikationsmittel, besonders der Bücher zu, die im Unterricht verwendet werden (vgl. Kap. VI/5.).

---

[115] Vgl. JOHANNES PAUL II., Audienzansprache vom 15. April 1991, Punkt 5.

c) *Die zur Ausübung der Aufgabe erforderlichen Rechte und Befugnisse.* Sie werden durch kirchenrechtliche und gegebenenfalls durch staatskirchenrechtliche Bestimmungen festgelegt. Mit einem Kirchenamt sind all jene Rechte und Befugnisse gegeben, die zu seiner Ausübung erforderlich sind (vgl. can. 145 § 2).

d) *Die Rechtsgrundlagen,* die zur Einrichtung des Religionsunterrichts an katholischen und nichtkatholischen Schulen erforderlich sind. Für dieses Gebiet ist die Regelung auf verschiedenen Ebenen vorgesehen, sei es auf der Ebene der Gesamtkirche sowie auf der Ebene der Teilkirchen und ihrer Verbände, besonders der Bischofskonferenzen (vgl. can. 804 § 1). In den cann. 804 und 805 ist auch der Religionsunterricht an den nichtkatholischen Schulen vorgesehen. So wird der Unterricht an staatlichen Schulen v.a. durch eine Übereinkunft zwischen Kirche und Staat ermöglicht. Bei der Regelung dieser Materie ist es auf kirchlicher Seite nicht unbedeutend, wenn es sich hierbei um einen Dienst handelt, der ein Kirchenamt ist. Dies hat Auswirkungen auf all die Fragen, die in der Übereinkunft geregelt werden, wie z.B. die Frage der Natur der Aufgabe, der Ausbildung und der Bestellung der Religionslehrer, der Lehrpläne und der Unterrichtsmaterialien.

e) *Die Bestellung der Religionslehrer,* für die in can. 805 zwei Formen vorgesehen sind: die Ernennung oder die Approbation durch die zuständige kirchliche Autorität. Ihre Bestellung ist eine Berufung zu einem Kirchenamt (vgl. can. 149 § 1), zu einer kirchenamtlichen Mitarbeit mit dem Bischof und den Priestern auf dem Gebiet der religiösen Unterweisung und Erziehung der katholischen Kinder und Jugendlichen, die katholische und nichtkatholische Schulen besuchen (vgl. cann. 228 § 1, 759, 804, 805). Für die Bestellung müssen bestimmte Voraussetzungen gegeben sein (vgl. cann. 149 und 804 § 2). Damit in Zusammenhang stehen Fragen der Ausbildung und der Fortbildung der Religionslehrer. Nach can. 805 können Religionslehrer aus bestimmten Gründen von der zuständigen kirchlichen Autorität abberufen werden. In Zusammenhang mit den Allgemeinen Normen zum Kirchenamt ist die Abberufung eine Form, durch die der Inhaber eines Amtes dessen verlustig geht. Weitere Formen des Verlustes eines Kirchenamtes sind in can. 184 § 1 aufgezählt. Die folgenden Artikel 1-4 enthalten sodann allgemeine Normen zum Amtsverzicht, zur Versetzung, Amtsenthebung und Absetzung.

f) *Die mit der Bestellung und mit der Aufgabe selbst verbundenen Pflichten und Rechte der Religionslehrer.* Hierbei handelt es sich grundsätzlich um Pflichten und Rechte, die mit einem Kirchenamt und dessen Übertragung verbunden sind. Mit dem Rechtsinstitut des Kirchenamtes ist auch die rechtliche Stellung des Inhabers des Amtes rechtlich bestimmt und anerkannt. Dies bringt es mit sich, die Pflichten und Rechte der Religionslehrer so zu bestimmen, dass es sich hierbei wirklich um Pflichten und Rechte handelt, die mit einem Kirchenamt und dessen Übertragung verbunden sind. Dies bedeutet, dass ihre kirchliche Rechtsstellung nicht unbestimmt und ungeschützt bleiben darf[116].

g) *Die Schüler und Schülerinnen*, denen Religionsunterricht erteilt wird. Durch den Unterricht werden grundlegende Rechte der Kinder und Jugendlichen sowie ihrer Eltern und der Kirche auf dem Gebiet der religiösen Unterweisung und Erziehung wahrgenommen. Die Kinder haben besonders das Recht, ihre Religion wahrheitsgemäss und unverkürzt kennenzulernen[117]. Das Kirchenamt des Religionslehrers steht im Dienst der katholischen Kinder und Jugendlichen, im Dienst ihrer religiösen Unterweisung und Erziehung.

3.2.2 Die Religionslehrer

Der katholische Religionsunterricht ist eine qualifizierte Aufgabe der Verkündigung, die den Religionslehrern anvertraut wird. Die Qualifizierung als Aufgabe, die mit den Ämtern der Hirten der Kirche verbunden ist und die die Merkmale eines Kirchenamtes besitzt, ist für die Religionslehrer von Bedeutung — sei es für die Pflichten und Rechte, die mit dem Amt verbunden sind, sei es für die Identität der Religionslehrer.

Mit dem Kirchenamt, das die Religionslehrer innehaben, sind Pflichten und Rechte verbunden. Diese sind in den kirchenrechtlichen Bestimmungen enthalten, insbesondere in den allgemeinen Normen zum Kirchenamt und in den cann. 804 und 805, die auf dem Hintergrund des Verkündigungsrechts der Kirche sowie der allgemeinen Bestimmungen über die katholische Erziehung zu sehen sind. In staatskirchenrechtlichen Bestimmungen (vgl. cann. 3, 804 § 1) werden zudem die Pflichten und Rechte der Religionslehrer an staatlichen Schulen näher festgelegt.

Pflichten und Rechte der Religionslehrer bestehen zunächst bei ihrer Beauftragung, sodann bei der Ausübung ihrer Tätigkeit. Nach can.

---

[116] Vgl. dazu *Principia quae*, Punkt 6, wonach die Rechte eines jeden Gläubigen anerkannt und geschützt werden müssen. Dies gilt besonders auch für die Rechte und Pflichten, die mit einer bestimmten kirchlichen Aufgabe verbunden sind.

[117] Vgl. JOHANNES PAUL II., Audienzansprache vom 15. April 1991, Punkt 5.

228 § 1 haben die Laien die Fähigkeit, von den Hirten der Kirche zu einem Kirchenamt herangezogen zu werden[118]. Damit sie zu Religionslehrern bestellt werden können, müssen bestimmte Voraussetzungen erfüllt sein (vgl. cann. 149 und 804 § 2). Die in can. 805 vorgesehene Ernennung oder Approbation der Religionslehrer muss als Verwaltungsakt für Einzelfälle nach Massgabe des Rechts erlassen werden (vgl. cann. 35, 48). Den Religionslehrern stehen diesbezüglich allenfalls kirchenrechtliche Rekursmöglichkeiten zur Verfügung (vgl. cann. 57, 1732-1739).

Eine Rechtswirkung, die mit der kirchlichen Sendung und Beauftragung verbunden ist, besteht darin, dass sie die Aufgabe im Sinn von AA 24f und can. 804 § 1 unter kirchlicher Leitung ausüben. Dies sollte für die Religionslehrer eine Entlastung und nicht eine Belastung sein. Denn die durch die kirchliche Autorität ausgeübten Tätigkeiten, die den Religionsunterricht betreffen — sei es in der Verkündigung selbst, sei es bei der Normgebung auf diesem Gebiet und bei der Beauftragung der Religionslehrer —, stehen ja im Dienst der Religionslehrer und der Adressaten des Unterrichts.

Die Religionslehrer nehmen auf eine qualifizierte Weise am Verkündigungsdienst der Kirche teil. Sie sind dazu berufen, die Lehre Christi wiederzugeben und den Auftrag der Kirche zur Verkündigung, so wie er auf eine eigene Weise durch den katholischen Religionsunterricht verwirklicht wird, zu erfüllen (vgl. CT 6 und cann. 747 § 1, 761). Inhalt, Methode und Ziel des schulischen Religionsunterrichts sind mit dem Inhalt, der Methode und dem Ziel der Verkündigung und der christlichen Erziehung verbunden. Die Religionslehrer sind verpflichtet und berechtigt, diesen Inhalt des Religionsunterrichts wiederzugeben. Das Recht der Kinder und Jugendlichen, ihre Religion wahrheitsgemäss und unverkürzt kennenzulernen, darf nicht missachtet werden[119]. Der Glaube und die Fachkenntnis der Religionslehrer, ihr Zeugnis christlichen Lebens und ihr pädagogisches Geschick tragen wesentlich zum Gelingen des Unterrichts bei (vgl. can. 804 § 2, 805). Deshalb sind nicht nur ihre Ausbildung und Fortbildung von Bedeutung (vgl. can.

---

[118] S. Kap. IV/1.1 zur Frage, ob die Laien die Fähigkeit oder/und das Recht haben, von den Hirten der Kirche zu einem Kirchenamt herangezogen zu werden (vgl. can. 228 § 1 und AA24f). Nach Daneels, Erdö und Ghirlanda haben sie grundsätzlich die Fähigkeit dazu, aber nicht ein eigentliches Recht. Erràzuriz hingegen zählt den Religionsunterricht zu den nicht-öffentlichen Lehraufgaben, zu deren Ausübung die Gläubigen berechtigt sind, wenn die dazu vom Kirchenrecht gestellten Bedingungen erfüllt sind. C.J. ERRÁZURIZ M., Il «munus docendi Ecclesiae», 202.

[119] Vgl. JOHANNES PAUL II., Audienzansprache vom 15. April 1991, Punkt 5.

229), sondern auch ihre Spiritualität und ihr Leben aus dem Glauben (vgl. CT 6 und 72).

Pflichten und Rechte stehen den Religionslehrern auch bei der Beendigung ihrer Lehrtätigkeit zu. Die in can. 184 § 1 genannten Formen des Verlustes eines Kirchenamtes kommen in entsprechender Weise auch auf diesem Gebiet zur Anwendung. Sie werden grundsätzlich in kirchenrechtlichen und gegebenenfalls staatskirchenrechtlichen Bestimmungen näher geregelt. Eine Form ist in can. 805 ausdrücklich vorgesehen: die Religionslehrer dürfen nicht ohne einen religiösen oder sittlichen Grund abberufen werden. Auch bei der Abberufung stehen den Religionslehrern die kirchenrechtlichen Rekursmöglichkeiten zur Verfügung, wie sie für einen Verwaltungsakt für Einzelfälle vorgesehen sind (vgl. cann. 57, 1732-1739).

Die Religionslehrerin und der Religionslehrer üben ein Kirchenamt aus, das durch eine kirchliche Anordnung zur Erfüllung der Sendung der Kirche auf Dauer eingerichtet ist und ihnen übertragen wird. Die Laien sind zu einer kirchenamtlichen Mitarbeit mit dem Bischof und den Priestern auf dem Gebiet der religiösen Unterweisung und Erziehung der Kinder und Jugendlichen berufen. Sie üben diese Aufgabe nicht im eigenen Namen, sondern im Namen und Auftrag der Kirche und unter kirchlicher Leitung aus. Als Inhaber eines Kirchenamtes ist ihnen eine kirchliche Rechtsstellung zu eigen, durch die ihre Pflichten und Rechte anerkannt und geschützt sind. Mit dem Kirchenamt üben sie für die Kinder und Jugendlichen einen Dienst aus, durch den die Sendung und eine Aufgabe der Kirche in der Welt von heute wahrgenommen werden. Es ist ein Dienst für die Gemeinschaft der Kirche sowie ein Dienst für die Gesellschaft[120]. Ein Kirchenamt wird zur Ausübung eines Dienstes konstituiert und einem Gläubigen übertragen. Die Religionslehrer sind zur Ausübung eines solchen Dienstes berufen. Das ist für die Identität und das Bewusstsein der Religionslehrer nicht von einem geringen Gewicht.

Die Schule wird heute vermehrt als eine *Schulgemeinschaft* gesehen, die mit der grösseren sozialen und zivilen Gemeinschaft in Beziehung steht und zu der all jene gehören, die unmittelbar in sie einbezogen sind, u.a. die Schüler, ihre Eltern und die Lehrkräfte[121]. Zu ihr gehören die Religionslehrerin und der Religionslehrer, die im Auftrag der Kirche und der Schule den Schülerinnen und Schülern katholischen

---

[120] Vgl. JOHANNES PAUL II., Audienzansprache vom 15. April 1991, Punkt 8.
[121] Vgl. Kap. VI/4.6.1b).

Religionsunterricht erteilen. Sie üben eine Aufgabe aus, die alle Ermutigung und Unterstützung verdient:

> Der Religionsunterricht verdient alle Ermutigung und Unterstützung. Was unsere Religionslehrerinnen und Religionslehrer leisten, oft unter schweren Bedingungen, ist bewundernswert und findet meine Anerkennung. Ich durfte in den letzten Jahren ca. 50 Schulen aller Typen besuchen, kam mit sehr vielen Direktoren, Lehrern, Schülern und Eltern ins Gespräch und erkannte immer mehr, welche Bedeutung der Religionsunterricht für die umfassende Bildung der jungen Menschen hat und welche wichtigen Integrationsaufgaben die Religionslehrerinnen und Religionslehrer in der Schule erfüllen. Für viele Kinder und Jugendliche ist der Religionsunterricht die einzige konkrete Verbindung zur Religion, zur Kirche. Eine wirksame Unterstützung des Religionsunterrichts ist für mich eine vorrangige Pflicht meines Amtes. Im besonderen will ich mich für ein Klima des Vertrauens zu den Religionslehrerinnen und Religionslehrern einsetzen. So werde ich mich bemühen, an den Religionsunterricht weniger *Forderungen* zu stellen als ihn selbst als grosse und für das Leben unserer Kirche entscheidende *Herausforderung* zu sehen. Religionsunterricht, das ist ein wichtiger Lernort für die jungen Menschen; er ist aber auch Lernort für die ganze Kirche[122].

---

[122] C. SCHÖNBORN, «Diskussionsbeitrag», 160.

SCHLUSSWORT

Die Arbeit gelangt zu einer positiven Antwort auf die Frage, ob der Religionslehrer Inhaber eines Kirchenamtes ist. Auch wenn in diesem Zusammenhang einige schwierige Fragen, die vor allem die drei Begriffe Amt, Aufgabe und Kirchengewalt — *officium*, *munus* und *potestas* — betreffen, noch ungelöst sind, so führt die vorliegende Dissertation dennoch zu einem eindeutigen Ergebnis. Dieses kann seinerseits zu einer Vertiefung der genannten Fragen beitragen.

Die Einwände, die gegen das Vorliegen eines Kirchenamtes gemacht werden, sind nach meinem Dafürhalten nicht von solcher Natur, dass sie diese Annahme grundsätzlich in Frage stellen. Die cann. 804 und 805 sehen den katholischen Religionsunterricht als einen eigenständigen Dienst der Verkündigung vor, der von der Kirche seiner Bedeutung wegen institutionalisiert wird. Durch diese kirchenrechtlichen Bestimmungen ist der Dienst als solcher konstituiert, unabhängig von der Tatsache, dass die Ermöglichung des Religionsunterrichts an staatlichen Schulen einer Übereinkunft der Kirche mit dem Staat bedarf. Die in can. 805 vorgesehene Approbation der Religionslehrer ist mehr als ein *nihil obstat*; sie ist die Bestätigung einer *kirchlichen* Berufung und Bestellung. Auch wenn die kirchliche Autorität nach einer Übereinkunft zwischen Kirche und Staat die Religionslehrer nicht selbst ernennt, so schliesst dies keineswegs das Vorliegen eines Kirchenamtes aus; für dieses sind jedenfalls die genannten rechtlichen Bestimmungen der cann. 804 und 805 massgebend. In bezug auf die Religionslehrer fehlt es zudem nicht an einer Gesamtheit von Pflichten und Rechten.

Wenn von «Amt» und «Beamten» die Rede ist, so kann dies in manchen auch ein Unbehagen hervorrufen. Das Kirchenamt ist jedoch eine positive Wirklichkeit. Es gewährleistet, dass ein bestimmter Dienst, dessen die Gemeinschaft der Kirche bedarf, auf institutionelle und personelle Weise wahrgenommen werden kann. Wenn ein

Kirchenamt von seinem Inhaber nicht so ausgeübt wird, wie es dem Willen des Stifters entspricht, so hängt dies mit der Person des Amtsinhabers zusammen und nicht mit dem Amt als solchem.

Das Vorliegen eines Kirchenamtes zeigt, dass eine Wirklichkeit, insbesondere die Wahrnehmung eines bestimmten Dienstes — wie z.B. die Verkündigung und die Seelsorge — für die Gemeinschaft der Kirche und die Verwirklichung ihres Zieles notwendig bzw. erforderlich ist. Denn durch diese Wirklichkeit kommt die Natur der Kirche zum Ausdruck und erfüllt sich ihre Sendung. Deshalb wird dieser Dienst als solcher in der Rechtsordnung vorgesehen und konstituiert und die damit verbundenen Pflichten und Rechte werden näher bestimmt und festgelegt. Diese sind für alle Inhaber des Amtes die gleichen.

Dies trifft nun auf eine besondere Weise auf den katholischen Religionsunterricht zu. Für die Kirche und die Gläubigen ist es wichtig, dass es diese Form der Verkündigung — wie dies der Religionsunterricht darstellt — an den Schulen gibt. Die cann. 804 und 805 enthalten deshalb die kirchliche Anordnung und die Bestimmungen, die den katholischen Religionsunterricht als einen eigenständigen Dienst und als eine Forderung der Verkündigung und der katholischen Erziehung vorsehen und regeln, als einen Dienst, der für die katholischen Kinder und Jugendlichen bestimmt ist und der seiner Bedeutung wegen von der Kirche auf institutionelle und personelle Weise wahrgenommen wird. Diese beiden Kanones enthalten die kirchenrechtliche Grundlage zur Ermöglichung und Wahrnehmung dieses Dienstes. Der katholische Religionsunterricht an den Schulen, auch den nichtkatholischen, ist eine fest vorgesehene Aufgabe, mit der Pflichten und Rechte verbunden sind. Die Religionslehrer unterrichten nicht im eigenen Namen, sondern im Namen und Auftrag der Kirche zur Verwirklichung eines wirklich kirchlichen Zieles. Die religiöse Bildung trägt wesentlich zu einem Wachsen in Menschlichkeit und Freiheit bei.

Die Verkündigung selbst ist der Kirche *durch eine göttliche Anordnung* anvertraut. Die cann. 804 und 805 konstituieren *durch eine kirchliche Anordnung* das Kirchenamt des Religionslehrers zur Verwirklichung einer spezifischen Form der Verkündigung. Die Religionslehrerin und der Religionslehrer nehmen eine verantwortungsvolle Aufgabe wahr, in der sich auf eine qualifizierte Art die entscheidende Sendung der Kirche erfüllt, der Welt das Evangelium Christi zu verkünden.

The fruit of SILENCE is Prayer
The fruit of PRAYER is Faith
The fruit of FAITH is Love
The fruit of LOVE is Service
The fruit of SERVICE is Peace

M. Teresa MC
(26.8.1910-5.9.1997)

ABKÜRZUNGSVERZEICHNIS

AA	*Apostolicam actuositatem*, Dekret des II. Vatikanischen Konzils über das Laienapostolat
AAS	*Acta Apostolicae Sedis*
AD	*Acta et Documenta Concilio Oecumenico Vaticano II apparando*
ADfK	*Allgemeines Direktorium für die Katechese* (1997)
AG	*Ad gentes*, Dekret des II. Vatikanischen Konzils über die Missionstätigkeit der Kirche
AKD	*Allgemeines Katechetisches Direktorium* (1971)
Apg	Apostelgeschichte
AS	*Acta Synodalia Sacrosancti Concilii Oecumenici Vaticani II*
bzw.	beziehungsweise
can.	Kanon
cann.	Kanones
CD	*Christus Dominus*, Dekret des II. Vatikanischen Konzils über die Hirtenaufgabe der Bischöfe in der Kirche
CEI	Conferenza episcopale italiana
CIC	*Codex Iuris Canonici*
CL	*Christifideles laici*, Apostolisches Schreiben von Johannes Paul II.
CT	*Catechesi Tradendae*, Apostolisches Schreiben von Johannes Paul II.
Comm.	*Communicationes, Acta/ex actis Commissionis*, Pontificia Commissio Codici Iuris Canonici Recognoscendo, seit 1969
d.h.	das heisst
DH	*Dignitatis humanae*, Erklärung des II. Vatikanischen Konzils über die Religionsfreiheit
DV	*Dei verbum*, Dogmatische Konstitution des II. Vatikanischen Konzils über die göttliche Offenbarung
ebd.	ebenda
ecc.	eccetera
ed.	Herausgeber/herausgegeben von
es.	esempio

EN	*Evangelii nuntiandi*, Apostolisches Schreiben von Paul VI.
EV	*Enchiridion Vaticanum*, Bologna seit 1966
f/ff	folgende
Fn.	Fussnote
GE	*Gravissimum educationis*, Erklärung des II. Vatikanischen Konzils über die christliche Erziehung
Gr.	*Gregorianum*
GS	*Gaudium et spes*, Pastorale Konstitution des II. Vatikanischen Konzils über die Kirche in der Welt von heute
G.U.	*Gazetta ufficiale*
Heb	Hebräerbrief
HkKR	*Handbuch des katholischen Kirchenrechts*, ed. J. Listl – H. Müller – H. Schmitz, Regensburg 1983
hl.	heilig
ID.	IDEM
i.e.S.	im engeren Sinn
IM	*Inter mirifica*, Dekret des II. Vatikanischen Konzils über die sozialen Kommunikationsmittel
i.w.S.	im weiteren Sinn
i.V.m.	in Verbindung mit
Joh	Johannesevangelium
Kap.	Kapitel
Kol	Brief an die Kolosser
Kor	Brief an die Korinther
LG	*Lumen gentium*, Dogmatische Konstitution des II. Vatikanischen Konzils über die Kirche
Lk	Lukasevangelium
LThK	*Lexikon für Theologie und Kirche*, ed. J. Höfer – K. Rahner (2. Auflage), W. Kasper u.a. (3. Auflage), Freiburg seit 1957²/seit 1993³.
LThK/VatK	*Lexikon für Theologie und Kirche. Das Zweite Vatikanische Konzil. Dokumente und Kommentare*, ed. H.S. Brechter u.a., I-III, Freiburg 1966, 1967, 1968.
m.a.W.	mit anderen Worten
Mk	Markusevangelium
MK	*Münsterischer Kommentar zum Codex Iuris Canonici*, ed. K. Lüdicke, Essen seit 1984 (Loseblattwerk)
Mt	Matthäusevangelium
MThS.K	Münchener Theologische Studien Kanonistische Abteilung
n.	Nummer
NE	*Nostra aetate*, Erklärung des II. Vatikanischen Konzils über das Verhältnis der Kirche zu den nichtchristlichen Religionen
NEP	*Nota Explicativa Praevia*
OR	*L'osservatore romano*

per es.	*per esempio*
Phil	Brief an die Philipper
PO	*Presbyterorum ordinis*, Dekret des II. Vatikanischen Konzils über Dienst und Leben der Priester
prop.	*propositio*
resp.	respektive
R.	*Responsum*
Röm	Brief an die Römer
s.	siehe
SC	*Sacrosanctum Concilium*, Konstitution des II. Vatikanischen Konzils über die heilige Liturgie
ScC	*La Scuola cattolica*
SDL	*Sacrae disciplinae leges*, Apostolische Konstitution von Johannes Paul II.
s.o.	siehe oben
sog.	sogenannt
s.u.	siehe unten
u.a.	unter anderem/und andere
u.U.	unter Umständen
u.z.	und zwar
v.a.	vor allem
vgl.	vergleiche
z.B.	zum Beispiel
z.T.	zum Teil

QUELLEN- UND LITERATURVERZEICHNIS

Vorbemerkung: In diesem Verzeichnis werden allein die Quellen und die Literatur, die in der Arbeit zitiert werden, angegeben. Hierbei handelt es sich um eine repräsentative Auswahl aus einem umfangreichen Textmaterial, das sowohl zum Kirchenamt als auch zum katholischen Religionsunterricht besteht. Zu Beginn der Arbeit erstellte ich allein zum katholischen Religionsunterricht an den staatlichen Schulen in Italien und in deutschsprachigen Ländern ein Quellen- und Literaturverzeichnis von hundert Seiten. Trotzdem finden sich nur wenige Autoren, die sich eingehender — und auch da oft nur am Rande — mit den Fragen befassen, wie der katholische Religionsunterricht nach den cann. 804 und 805 kirchenrechtlich zu qualifizieren ist und ob die Religionslehrerin und der Religionslehrer ein Kirchenamt innehaben. Die Vertiefung dieser Fragen, die grundlegende Aspekte des Kirchenrechts betreffen, legte sich deshalb besonders nahe.

1. Quellen

Accordo tra la Santa Sede e la Repubblica italiana che apporta modificazioni al Concordato Lateranense (18. Februar 1984), *AAS* 77 (1985) 521-531. *Protocollo addizionale* (18. Februar 1984), *AAS* 77 (1985) 532-535.

Acta et Documenta Concilio Oecumenico Vaticano II apparando, Series II (Praeparatoria), Città del Vaticano 1964-1995.

Acta Synodalia Sacrosancti Concilii Oecumenici Vaticani II, Città del Vaticano 1970-1986.

Allgemeines Direktorium für die Katechese, Kongregation für den Klerus, 15. August 1997, Città del Vaticano 1997; deutsche Übersetzung ed. Sekretariat der Deutschen Bischofskonferenz (Verlautbarungen des Apostolischen Stuhls 130), Bonn 1997.

Allgemeines Katechetisches Direktorium, Hl. Kongregation für den Klerus, 11. April 1971, *AAS* 64 (1972) 97-176; deutsche Übersetzung in *Nachkonziliare Texte zu Katechese und Religionsunterricht*, ed. Sekretariat der Deutschen Bischofskonferenz (Arbeitshilfen 66), Bonn 1989, 26-114.

Bildung in Freiheit und Verantwortung, 21. September 1993, ed. Sekretariat der Deutschen Bischofskonferenz (Die deutschen Bischöfe, Kommission für Erziehung und Schule 13), Bonn 1993.

Catechismus Catholicae Ecclesiae, Città del Vaticano 1997.

Codex Iuris Canonici auctoritate Ioannis Pauli PP. II promulgatus, AAS 75 (1983) Pars II, 1-317; deutsche Übersetzung Codex des kanonischen Rechtes, ed. Deutsche Bischofskonferenz u.a., Kevelaer 1994⁴.

Codex Iuris Canonici Pii X Pontificis Maximi iussu digestus Benedicti Papae XV auctoritate promulgatus, AAS 9 (1917) 3-521.

Codex Iuris Canonici, fontium annotatione et indice analytico-alphabetico auctus, Pontificia Commissio Codici Iuris Canonici Authentice Interpretando, Città del Vaticano 1989.

Der katholische Laie — Zeuge des Glaubens in der Schule, Dokument der Hl. Kongregation für das katholische Bildungswesen, 15. Oktober 1982, Città del Vaticano 1982; deutsche Übersetzung ed. Sekretariat der Deutschen Bischofskonferenz (Verlautbarungen des Apostolischen Stuhls 42), Bonn 1982.

Der Religionsunterricht in der Schule, ein Beschluss der Gemeinsamen Synode der Bistümer in der Bundesrepublik Deutschland (1974), in *Nachkonziliare Texte zu Katechese und Religionsunterricht*, ed. Sekretariat der Deutschen Bischofskonferenz (Arbeitshilfen 66), Bonn 1989, 270-303.

Die bildende Kraft des Religionsunterrichts. Zur Konfessionalität des katholischen Religionsunterrichts, 27. September 1996, ed. Sekretariat der Deutschen Bischofskonferenz (Die deutschen Bischöfe 56), Bonn 1996.

Die religiöse Dimension der Erziehung in der katholischen Schule. Grundzüge zu Reflexion und Revision. Dokument der Kongregation für das katholische Erziehungswesen, 7. April 1988, Città del Vaticano 1988.

Direktorium zur Ausführung der Prinzipien und Normen über den Ökumenismus, Päpstlicher Rat zur Förderung der Einheit der Christen, 25. März 1993, AAS 85 (1993) 1039-1119; deutsche Übersetzung ed. Sekretariat der Deutschen Bischofskonferenz (Verlautbarungen des Apostolischen Stuhls 110), Bonn 1993.

Elenchus ultimus propositionum Post disceptationem, Bischofssynode, 29. Oktober 1987, Città del Vaticano 1987.

Instruktion über einige Aspekte des Gebrauchs der sozialen Kommunikationsmittel bei der Förderung der Glaubenslehre, Kongregation für die Glaubenslehre, 30. März 1992, *Comm.* 24 (1992) 18-27; deutsche Übersetzung ed. Sekretariat der Deutschen Bischofskonferenz (Verlautbarungen des Apostolischen Stuhls 106), Bonn 1992.

Intesa fra autorità scolastica e Conferenza episcopale italiana per l'insegnamento della religione cattolica nelle scuole pubbliche, Ministro della pubblica istruzione della Repubblica italiana e Presidente della CEI, 14. Dezember 1985, *Notiziario CEI*, (1985/15) 593-598.

Intesa tra autorità scolastica e Conferenza episcopale italiana per l'insegnamento della religione cattolica nelle scuole pubbliche, Ministro della pubblica istruzione della Repubblica italiana e Presidente della CEI, 13. Juni 1990, *Notiziario CEI*, (1990/6) 155-156.

JOHANNES PAUL II., Ansprache an die Bischöfe aus Süddeutschland bei ihrem ad-limina-Besuch, 4. Dezember 1992, *AAS* 85 (1993) 912-920 = ed. Sekretariat der Deutschen Bischofskonferenz (Verlautbarungen des Apostolischen Stuhls 108), Bonn 1993.

———, Ansprache vom 5. März 1981 an die Priester der Diözese von Rom, *Insegnamenti di Giovanni Paolo II*, IV,1 (1981) 627-632 = *Presenza pastorale* 56 (1986) 170-175.

———, Ansprache zur offiziellen Präsentation des neuen *Codex Iuris Canonici*, 3. Februar 1983, *AAS* 75 (1983) 455-463 = *Comm.* 15 (1983) 9-16.

———, Audienzansprache vom 15. April 1991 an die Teilnehmer des Symposiums über den Religionsunterricht an den öffentlichen Schulen in Europa, *AAS* 84 (1992) 43-48; deutsche Übersetzung in *Religionsunterricht an den öffentlichen Schulen in Europa*, ed. Sekretariat der Deutschen Bischofskonferenz (Arbeitshilfen 91), Bonn 1991, 83-89.

———, Brief an Kardinal Poletti, 31. Dezember 1985, *AAS* 78 (1986) 502-505.

———, *Catechesi Tradendae*, Apostolisches Schreiben, 16. Oktober 1979, *AAS* 71 (1979) 1277-1340; deutsche Übersetzung in *Nachkonziliare Texte zu Katechese und Religionsunterricht*, ed. Sekretariat der Deutschen Bischofskonferenz (Arbeitshilfen 66), Bonn 1989, 199-261.

———, *Christifideles laici*, Apostolisches Schreiben, 30. Dez. 1988, *AAS* 81(1989) 393-521; deutsche Übersetzung ed. Sekretariat der Deutschen Bischofskonferenz (Verlautbarungen des Apostolischen Stuhls 87), Bonn 1991⁴.

———, *Familiaris Consortio*, Apostolisches Schreiben, 22. November 1981, *AAS* 73 (1981) 81-191; deutsche Übersetzung ed. Sekretariat der Deutschen Bischofskonferenz (Verlautbarungen des Apostoischen Stuhls 33), Bonn 1981.

———, *Laetamur magnopere*, Apostolisches Schreiben, 15. August 1997, *AAS* 89 (1997) 819-821.

JOHANNES PAUL II., *Pastor bonus*, Apostolische Konstitution, 28. Juni 1988, *AAS* 80 (1988) 841-930.

——, *Sacrae disciplinae leges*, Apostolische Konstitution, 25. Januar 1983, *AAS* 75 (1983) Pars II, VII-XIV; deutsche Übersetzung in *Codex Iuris Canonici. Codex des kanonischen Rechtes*, ed. Deutsche Bischofskonferenz u.a., Kevelaer 1994⁴, IX-XXVII.

Juden und Judentum in der katholischen Predigt und Katechese, Sekretariat für die Einheit der Christen (Kommission für die religiösen Beziehungen mit dem Judentum), 24. Juni 1985, *OR*, 24-25. Juni 1985, 6-7.

Kirchliche Anforderungen an die Studiengänge für das Lehramt in katholischer Religion, 22. September 1986, ed. Sekretariat der Deutschen Bischofskonferenz (Die deutschen Bischöfe 33), Bonn 1986².

Leitlinien zur Jugendpastoral, 20. September 1991, ed. Sekretariat der Deutschen Bischofskonferenz (Die deutschen Bischöfe, Pastoral-Kommission 10), Bonn 1991.

PAUL VI., Ansprache an die Kardinäle und Konsultoren der Kommission zur Neufassung des *CIC*, 20. Oktober 1965, *AAS* 57 (1965) 985-989.

——, *Evangelii nuntiandi*, Apostolisches Schreiben, 8. Dezember 1975, *AAS* 68 (1976) 5-76; deutsche Übersetzung in *Nachkonziliare Texte zu Katechese und Religionsunterricht*, ed. Sekretariat der Deutschen Bischofskonferenz (Arbeitshilfen 66), Bonn 1989, 122-191.

Principia quae, Relatio, Bischofssynode, 7. Oktober 1967, *Comm.* 1 (1969) 77-85.

Relatio complectens synthesim animadversionum ab Em.mis atque Exc.mis Patribus Commissionis ad novissimum Schema Codicis Iuris Canonici exhibitarum, cum responsionibus a Secretaria et Consultoribus datis, Pontificia Commissio Codici Iuris Canonici Recognoscendo, Città del Vaticano 1981.

Schema canonum Libri I de normis generalibus, Pontificia Commissio Codici Iuris Canonici Recognoscendo, Città del Vaticano 1977.

Schema Codicis Iuris Canonici iuxta animadversiones S.R.E. Cardinalium, Episcoporum Conferentiarum, Dicasteriorum Curiae Romanae, Universitatum Facultatumque ecclesiasticarum necnon Superiorum Institutorum vitae consecratae recognitum, Pontificia Commissio Codici Iuris Canonici Recognoscendo, Città del Vaticano 1980.

Testo Unico delle disposizioni legislative vigenti in materia di istruzione, relative alle scuole di ogni ordine e grado (*Decreto legislativo* vom 16. April 1994, n. 297, veröffentlicht in der *G.U.* n. 115 vom 19. Mai 1994, suppl. ord.).

Zum Berufsbild und Selbstverständnis des Religionslehrers, 22. Juni 1983, ed. Sekretariat der Deutschen Bischofskonferenz (Die deutschen Bischöfe, Kommission für Erziehung und Schule 3), Bonn 1983.

Zum Religionsunterricht an berufsbildenden Schulen, 12. Juni 1991, ed. Sekretariat der Deutschen Bischofskonferenz (Die deutschen Bischöfe, Kommission für Erziehung und Schule 2), Bonn 1991².

Zum Religionsunterricht an Sonderschulen, 16. Januar 1992, ed. Sekretariat der Deutschen Bischofskonferenz (Die deutschen Bischöfe, Kommission für Erziehung und Schule 11), Bonn 1992.

Zur katholischen Schule, Erklärung der Hl. Kongregation für das katholische Bildungswesen, 19. März 1977, *OR*, 6. Juli 1977, 3-4; deutsche Übersetzung ed. Sekretariat der Deutschen Bischofskonferenz (Verlautbarungen des Apostolischen Stuhls 4), Bonn 1977.

Zur Spiritualität des Religionslehrers, 1. September 1987, ed. Sekretariat der Deutschen Bischofskonferenz (Die deutschen Bischöfe, Kommission für Erziehung und Schule 6), Bonn 1987.

II. Vatikanisches Konzil, *Ad gentes*, Dekret über die Missionstätigkeit der Kirche, 7. Dezember 1965, *AAS* 58 (1966) 947-990; *LThK/VatK*, III, 22-125.

———, *Apostolicam actuositatem*, Dekret über das Laienapostolat, 18. November 1965, *AAS* 58 (1966) 837-864; *LThK/VatK*, II, 602-701.

———, *Christus Dominus*, Dekret über die Hirtenaufgabe der Bischöfe in der Kirche, 28. Oktober 1965, *AAS* 58 (1966) 673-696; *LThK/VatK*, II, 148-247.

———, *Dei Verbum*, Dogmatische Konstitution über die göttliche Offenbarung, 18. November 1965, *AAS* 58 (1966) 817-836; *LThK/VatK*, II, 504-583.

———, *Dignitatis humanae*, Erklärung über die Religionsfreiheit, 7. Dezember 1965, *AAS* 58 (1966) 929-946; *LThK/VatK*, II, 712-748.

———, *Gaudium et spes*, Pastorale Konstitution über die Kirche in der Welt von heute, 7. Dezember 1965, *AAS* 58 (1966) 1025-1115; *LThK/VatK*, III, 280-592.

———, *Gravissimum educationis*, Erklärung über die christliche Erziehung, 28. Oktober 1965, *AAS* 58 (1966) 728-739; *LThK/VatK*, II, 366-404.

———, *Inter mirifica*, Dekret über die sozialen Kommunikationsmittel, 4. Dezember 1963, *AAS* 56 (1964) 145-157; *LThK/VatK*, I, 116-135.

———, *Lumen gentium*, Dogmatische Konstitution über die Kirche, 21. November 1964, *AAS* 57 (1965) 5-75; *LThK/VatK*, I, 156-359.

II. Vatikanisches Konzil, *Nostra aetate*, Erklärung über das Verhältnis der Kirche zu den nichtchristlichen Religionen, 28. Oktober 1965, *AAS* 58 (1966) 740-744; *LThK/VatK*, II, 488-495.

———, *Presbyterorum ordinis*, Dekret über Dienst und Leben der Priester, 7. Dezember 1965, *AAS* 58 (1966) 991-1024; *LThK/VatK*, III, 142-239.

———, *Sacrosanctum Concilium*, Konstitution über die heilige Liturgie, 4. Dezember 1963, *AAS* 56 (1964) 97-138; *LThK/VatK*, I, 14-109.

2. Literatur

ADAMI, F. E., «Brevi note sullo status giuridico dell'insegnante di religione», in *Studi di diritto ecclesiastico in tema di insegnamento*, ed. S. Gherro, Padova 1987, 79-105.

ARRIETA, J.I., *Diritto dell'organizzazione ecclesiastica*, Milano 1997.

AYMANS, W., *Kanonisches Recht, Lehrbuch aufgrund des Codex Iuris Canonici*, begründet von E. Eichmann, fortgeführt von K. Mörsdorf, neu bearbeitet von W. Aymans, I, Paderborn 1991.

BERLINGÒ, S., *Diritto canonico*, Torino 1995.

———, «I laici nella chiesa», in *Il fedele cristiano*, ed. A. Longhitano u.a., Bologna 1989, 185-232.

BERTRAMS, W., «De constitutione Ecclesiae simul charismatica et institutionali», in *Quaestiones Fundamentales Iuris Canonici*, Roma 1969, 260-298.

CAPPELLI, T., *Il ruolo del docente di religione. Note normative, storiche, giuridiche e amministrative per l'insegnamento della religione cattolica nella scuola italiana*, Leumann (Torino) 1992.

CASTELLANO, I. M., «L'ordine da osservare nell'apostolato», in *Il Decreto sull'Apostolato dei Laici*, Torino 1966, 297-329.

CELEGHIN, A., *Origine e natura della potestà sacra: Posizioni postconciliari*, Brescia 1987.

CITO, D., «can. 804», in *Comentario exegético al Código de Derecho Canónico*, III, Pamplona 1996, 249-254.

———, «can. 805», in *Comentario exegético al Código de Derecho Canónico*, III, Pamplona 1996, 255-258.

COCCOPALMERIO, F., «Note sul concetto di ufficio ecclesiastico», *ScC* 116 (1988) 60-73.

CORECCO, E., «Carisma», *Digesto-Discipline Pubblicistiche* II, Torino 1987, 504-508 = in *Ius et communio* II, ed. F. Borgonovo – A. Cattaneo, Casale Monferrato 1997, 213-221.

CORECCO, E., «I laici nel nuovo Codice di Diritto Canonico», *ScC* 112 (1984) 194-218 = in *Ius et communio* II, ed. F. Borgonovo – A. Cattaneo, Casale Monferrato 1997, 283-315.

DALLA TORRE, G., *La questione scolastica nei rapporti fra Stato e Chiesa*, Bologna 1989².

DAMMACCO, G., «Stato giuridico dell'insegnante di religione e ordinamento italiano», in *L'insegnamento della religione cattolica in una società pluralista*, ed. G. Dammacco, Bari 1995, 29-46.

DANEELS, F., *De subiecto Officii Ecclesiastici attenta doctrina Concilii Vaticani II. Suntne laici officii ecclesiastici capaces?*, Roma 1973.

DEL CAMPO GUILARTE, M., «Art, Zielsetzung und Inhalte des katholischen Religionsunterrichts an den öffentlichen Schulen in Europa», in *Religionsunterricht an den öffentlichen Schulen in Europa*, ed. Sekretariat der Deutschen Bischofskonferenz, Bonn 1991, 51-70; deutsche Übersetzung von «Natura, finalità e contenuti dell'insegnamento della religione cattolica nella scuola pubblica europea», in *L'insegnamento della religione cattolica nella scuola pubblica dei paesi europei*, ed. Consiglio delle Conferenze Episcopali Europee, Leumann (Torino) 1991, 47-62.

DE PAOLIS, V., «La funzione di insegnamento nel Codice di Diritto Canonico», *Seminarium* 29 (1989) 446-462.

———, «Communio in novo Codice Iuris Canonici», *Periodica* 77 (1988) 521-552.

———, «Il sistema beneficiale e il suo superamento. Dal Concilio Vaticano II ai nostri giorni», in *Il sostentamento del clero*, Città del Vaticano 1993, 21-31.

———, «La funzione di insegnamento e i mezzi di comunicazione sociale», in *Ius in vita et in missione Ecclesiae*, ed. Pontificium Consilium de Legum Textibus Interpretandis, Città del Vaticano 1994, 1207-1218.

———, «Il libro primo del Codice: Norme generali (cann. 1-203)», in *Il Diritto nel mistero della Chiesa* I, ed. Gruppo Italiano Docenti di Diritto Canonico, Roma 1995³, 237-497.

DEZZA, P., «Declaratio Conciliaris "De Educatione Christiana"», in *De Concilio Oecumenico Vaticano II Studia*, Roma 1966, 46-52.

D'OSTILIO, F., *La storia del nuovo Codice di Diritto Canonico. Revisione — promulgazione — presentazione*, Città del Vaticano 1983.

ERDÖ, P., «Quaestiones quaedam de provisione officiorum in Ecclesia», *Periodica* 77 (1988) 363-379.

———, «Ministerium, munus et officium in Codice Iuris Canonici», *Periodica* 78 (1989) 411-436.

ERDÖ, P., «Quaestiones de officiis ecclesiasticis laicorum», *Periodica* 81 (1992) 179-209.

―――, «Il senso della capacità dei laici agli uffici nella Chiesa», *Persona y Derecho. Supl.* 2 (1992) 165-186.

―――, «"Sacra ministeria" e uffici ecclesiastici per eccellenza», in *Ius in vita et in missione Ecclesiae*, ed. Pontificium Consilium de Legum Textibus Interpreandis, Città del Vaticano 1994, 855-863.

―――, «Uffici e funzioni pubbliche nella Chiesa», *Anuario Argentino de Derecho Canónico* 3 (1996) 47-105.

ERRÁZURIZ M., C. J., *Il «munus docendi Ecclesiae»: diritti e doveri dei fedeli*, Milano 1991.

FEIFEL, E., «Referat im Arbeitskreis "Die Konfessionalität des Religionsunterrichts"», in *Religionsunterricht 20 Jahre nach dem Synodenbeschluss*, ed. Sekretariat der Deutschen Bischofskonferenz (Arbeitshilfen 111), Bonn 1993, 77-100.

FELICIANI, G., «L'insegnamento della religione cattolica nel diritto della Chiesa. Profili canonistici», in *Insegnare religione nella scuola*, ed. C. Bissoli, Leumann (Torino) 1991, 21-33.

FRISCH, H.-J., *Leitfaden Fachdidaktik Religion*, Düsseldorf 1992.

GAUTHIER, A., *Introduction to roman law for students in canon law*, Roma 1994.

GHIRLANDA, G., «De obligationibus et iuribus christifidelium laicorum», in *De Christifidelibus*, ed. P.A. Bonnet – G. Ghirlanda, Roma 1983, 55-70.

―――, «De Episcoporum Conferentia deque exercitio potestatis magisterii», *Periodica* 76 (1987) 573-603.

―――, *Il diritto nella Chiesa mistero di comunione*, Roma 1993².

HEINEMANN, H., «Die Mitarbeiter des Pfarrers», *HkKR*, 411-424.

HEPP, J., «Der/die Religionslehrer/in», in *Didaktik des Religionsunterrichts*, ed. F. Weidmann, Donauwörth 1992⁶, 157-173.

HUBER, G., *Der Religionslehrer im Spannungsfeld zwischen kirchlichem und staatlichem Recht*, Linz 1995.

ILGNER, R., «Die Verantwortlichen für Bildung und Erziehung: Familie, Gesellschaft/Staat, Kirche», *Seminarium* 25 (1985) 64-88.

―――, «Zur Situation des Religionsunterrichts an den öffentlichen Schulen in Europa», in *Religionsunterricht an den öffentlichen Schulen in Europa*, ed. Sekretariat der Deutschen Bischofskonferenz (Arbeitshilfen 91), Bonn 1991, 15-40.

JUBANY ARNAU, N., «Animadversiones», in *AS* III/IV 326-329.

KLOSTERMANN, F., «Kommentar zum IV. Kapitel von LG», *LThK/VatK* I, 260-283.

KLOSTERMANN, F., «Kommentar zu AA», *LThK/VatK* II, 602-701.
KÖCHER, R., «Religionsunterricht — zwei Perspektiven», in *Religionsunterricht, Aktuelle Situation und Entwicklungs-perspektiven*, ed. Sekretariat der Deutschen Bischofskonferenz (Arbeitshilfen 73), Bonn 1989, 22-59.
LINK, C., «Religionsunterricht», in *Handbuch des Staatskirchenrechts der Bundesrepublik Deutschland* II, ed. J. Listl – D. Pirson, Berlin 1995², 439-509.
LISTL, J., «Das Amt in der Kirche», in *Kirche im freiheitlichen Staat* II, ed. J. Isensee – W. Rüfner in Verbindung mit W. Rees, Berlin 1996, 593-599.
———, «Der Religionsunterricht», *HkKR*, 590-605.
LOMBARDIA, P., *Lezioni di diritto canonico. Introduzione — Diritto costituzionale — Parte generale*, Milano 1985; italienische Übersetzung von *Lecciones de derecho canonico. Introduccion — Derecho constitucional — Parte general*, Madrid 1984.
MAY, G., «Das Kirchenamt», *HkKR*, 141-153.
MIRABELLI, C., «L'insegnamento della religione cattolica nel diritto ecclesiastico italiano», in *Insegnare religione nella scuola*, ed. C. Bissoli, Leumann (Torino) 1991, 34-48.
MÖRSDORF, K., «Kirchenamt», *LThK*, VI, Freiburg 1961², 188-192.
MUSSINGHOFF, H., «cann. 747-833», *MK*.
NASTAINCZYK, W., «Der Synodenbeschluss zum Religionsunterricht — Geschichte und Zukunft», in *Religionsunterricht 20 Jahre nach dem Synodenbeschluss*, ed. Sekretariat der Deutschen Bischofskonferenz (Arbeitshilfen 111), Bonn 1993, 13-28.
OCHOA, X., *Index verborum ac locutionum Codicis Iuris Canonici*, Città del Vaticano 1984².
PETRONCELLI, M., «Polemiche sulla nozione di ufficio ecclesiastico e gli insegnamenti del Concilio Vaticano II», in *Liber Amicorum Monseigneur Onclin*, Gembloux 1976, 301-316.
PHILIPS, G., *La Chiesa e il suo mistero nel Concilio Vaticano II. Storia, testo e commento della Costituzione Lumen Gentium*, Milano 1975; italienische Übersetzung von *L'Église et son mystère*, Paris 1967.
REES, W., *Der Religionsunterricht und die katechetische Unterweisung in der kirchlichen und staatlichen Rechtsordnung*, Regensburg 1986.
REINHARDT, H., «cann. 204-293», *MK*.
ROBLEDA, O., «Quaestio de personalitate officii ecclesiastici non soluta», *Periodica* 56 (1967) 384-427 = in *Quaestiones disputatae iuridico-canonicae*, Roma 1969, 87-121.

ROBLEDA, O., «Officio exercetur potestas», *Periodica* 57 (1968) 482-493 = in *Quaestiones disputatae iuridico — canonicae*, Roma 1969, 122-131.

———, «Notio officii ecclesiastici in Concilio Vaticano II», in *Quaestiones disputatae iuridico-canonicae*, Roma 1969, 132-150 = «Innovationes Concilii Vaticani II in theoria et disciplina de Officiis et Beneficiis Ecclesiasticis», *Periodica* 58 (1969) 155-179.

———, «Innovationes Concilii Vaticani II in theoria de Officiis et Beneficiis Ecclesiasticis», *Periodica* 59 (1970) 277-314.

———, «Iurisdicitio — officium ecclesiasticum», *Periodica* 59 (1970) 661-689.

———, «La noción canónica de oficio», *Gr.* 54 (1973) 353-361.

RUINI, C., «Schlusswort», in *Religionsunterricht an den öffentlichen Schulen in Europa*, ed. Sekretariat der Deutschen Bischofskonferenz (Arbeitshilfen 91), Bonn 1991, 79-81; deutsche Übersetzung von «Parole conclusive», in *L'insegnamento della religione cattolica nella scuola pubblica dei paesi europei*, ed. Consiglio delle Conferenze Episcopali Europee, Leumann (Torino) 1991, 71-73.

SARNATARO, C., *L'insegnamento della religione cattolica*, Milano 1994.

SCHMITZ, H., *Die Gesetzessystematik des Codex Iuris Canonici Liber I-III*, MThS.K 18, München 1963.

SCHÖNBORN, C., «Diskussionsbeitrag», in *Religionsunterricht: Besser als sein Ruf?*, ed. A. Bucher, Innsbruck – Wien 1996, 160-161.

SOCHA, H., *Die Analogie zwischen der Hirtengewalt und der Dominativgewalt der klösterlichen Laienoberen*, MThS.K 27, München 1967.

———, «cann. 129-203», *MK*.

STAUDIGL, G., «Medien», in *Didaktik des Religionsunterrichts*, ed. F. Weidmann, Donauwörth 1992[6], 228-252.

STRIGL, R., *Grundfragen der kirchlichen Ämterorganisation*, MThS.K 13, München 1960.

URRUTIA, F.J., «Il libro I: Le norme generali», *ScC* 112 (1984) 146-173.

WEIDMANN, F., «Der Schüler», in *Didaktik des Religionsunterrichts*, ed. F. Weidmann, Donauwörth 1992[6], 133-156.

AUTORENVERZEICHNIS

Adami: 238
Arrieta: 14, 15, 16, 17, 30, 50, 85, 132, 164, 165, 166, 169, 172, 172, 173, 179, 286
Aymans: 18, 30, 31, 43, 44, 53, 66, 87, 160, 161, 172, 173, 174, 176, 267
Berlingò: 19, 20, 30, 158, 172, 173, 175, 178, 328
Bertrams: 132
Cappelli: 44, 52, 269, 304
Castellano: 272, 277
Celeghin: 69
Cito: 31, 32, 40, 41, 44, 45, 46, 54, 285, 286
Coccopalmerio: 129, 158, 170
Corecco: 20, 30, 31, 127, 158
Dalla Torre: 32, 33, 39, 40, 41, 42, 43, 46, 47, 53, 54, 222, 233, 246, 290, 291, 292, 293, 300, 305, 337
Dammacco: 47, 48, 52, 53, 54, 269, 304, 321
Daneels: 48, 49, 53, 54, 69, 73, 75, 77, 87, 89, 156, 172, 270, 271, 272, 273, 274, 276, 277, 351
Del Campo Guilarte: 212, 214, 215, 216, 302
De Paolis: 21, 30, 31, 60, 62, 63, 64, 65, 66, 69, 76, 87, 89, 90, 96, 116, 118, 119, 120, 121, 123, 124, 154, 159, 161, 164, 165, 166, 169, 173, 174, 176, 181, 182, 183, 223, 241, 242, 318, 327
Dezza: 279
D'Ostilio: 78, 79, 84
Erdö: 21, 22, 23, 24, 30, 31, 49, 54, 97, 101, 109, 112, 113, 126, 155, 156, 175, 314, 321, 351
Errázuriz: 34, 35, 36, 40, 41, 42, 43, 46, 49, 50, 52, 54, 222, 248, 266, 277, 284, 285, 288, 289, 293, 305, 351
Feifel: 222
Feliciani: 11, 12, 36, 37, 39, 40, 41, 50, 51, 54, 55, 217, 229, 236, 241, 243, 245, 246, 247, 249, 251, 252, 282, 290, 291, 292, 321, 322, 326, 330, 344
Frisch: 229
Gauthier: 64
Ghirlanda: 122, 155, 156, 232, 243, 351
Heinemann: 24, 31, 153
Hepp: 251
Huber: 51, 53
Ilgner: 232, 233, 234, 236

Johannes Paul II.: 36, 45, 59, 61, 62, 63, 64, 67, 91, 93, 95, 209, 210, 211, 212, 213, 214, 215, 216, 220, 221, 226, 227, 229, 230, 232, 233, 234, 235, 236, 237, 238, 239, 242, 246, 250, 251, 252, 253, 265, 291, 292, 295, 296, 297, 298, 300, 301, 302, 304, 315, 316, 324, 325, 326, 329, 330, 332, 336, 346, 348, 350, 351, 352
Jubany Arnau: 275, 284, 289
Klostermann: 270, 271, 272, 273, 274, 275, 276, 281, 298
Köcher: 235
Link: 37, 39, 41, 286, 288, 290, 293, 305
Listl: 25, 30, 31, 38, 39, 41, 43, 52, 165, 166, 181, 225, 228, 286, 287, 288, 290, 293, 305
Lombardia: 25, 26, 30, 47, 179
May: 26, 30, 31
Mirabelli: 245
Mörsdorf: 68, 69
Mussinhoff: 38, 39, 40, 41, 43, 51, 52, 53, 217, 222, 223 224, 225, 227, 233, 235, 236, 237, 238, 239, 240, 244, 245, 246, 249, 250, 251, 269, 286, 287, 288, 290, 293, 303, 304, 305

Nastainczyk: 229, 244
Ochoa: 94, 97, 99, 109, 110, 119, 202
Paul VI.: 60, 242
Petroncelli: 70, 87
Philips: 269, 270
Rees: 39, 41, 43, 52, 217, 233, 242, 277, 282, 286, 288, 290, 293, 305
Reinhardt: 52
Robleda: 64, 65, 68, 69, 71, 72, 73, 74, 75, 77, 86, 87, 88, 89, 90, 91, 97, 101, 102, 167, 168, 172, 183
Ruini: 235
Sarnataro: 239
Schmitz: 68, 69, 70, 76, 77, 87, 90
Schönborn: 265, 298, 353
Socha: 24, 26, 27, 28, 30, 31, 52, 53, 66, 69, 86, 87, 102, 161, 162, 163, 164, 165, 166, 168, 169, 171, 173, 174, 175, 324
Souto: 25, 26, 30, 179
Staudigl: 241
Strigl: 64, 65, 68, 87, 88, 90, 97, 101, 102
Urrutia: 28, 29, 30, 31, 153, 158, 159, 161, 165, 166, 171, 176, 180
Weidmann: 234

INHALTSVERZEICHNIS

Vorwort 7

Teil I: Die ursprüngliche Frage und die Antworten in der Kirchenrechtslehre

Kapitel I: *Ist der Religionslehrer Inhaber eines Kirchenamtes?* 11

1. Zur Entstehung der Arbeit 12
2. Stellungnahmen aus der Kirchenrechtslehre 14
   2.1 Die Definition des Kirchenamtes 14
      2.1.1 J.I. Arrieta 14
      2.1.2 W. Aymans 18
      2.1.3 S. Berlingò 19
      2.1.4 E. Corecco 20
      2.1.5 V. De Paolis 21
      2.1.6 P. Erdö 21
      2.1.7 H. Heinemann 24
      2.1.8 J. Listl 25
      2.1.9 P. Lombardia und J.A. Souto 25
      2.1.10 G. May 26
      2.1.11 H. Socha 26
      2.1.12 F.J. Urrutia 28
      2.1.13 Ergebnisse 29
   2.2 Der katholische Religionsunterricht 31
      2.2.1 D. Cito 31
      2.2.2 G. Dalla Torre 32
      2.2.3 C.J. Errázuriz M. 34
      2.2.4 G. Feliciani 36
      2.2.5 C. Link 37
      2.2.6 J. Listl 38
      2.2.7 H. Mussinghoff 38
      2.2.8 W. Rees 39
      2.2.9 Ergebnisse 39

    2.3 Religionsunterricht und Kirchenamt 43
        2.3.1 W. Aymans..43
        2.3.2 T. Cappelli..44
        2.3.3 D. Cito..44
        2.3.4 G. Dalla Torre 46
        2.3.5 G. Dammacco..47
        2.3.6 F. Daneels..48
        2.3.7 P. Erdö 49
        2.3.8 C.J. Errázuriz M. 49
        2.3.9 G. Feliciani..50
        2.3.10 G. Huber...51
        2.3.11 H. Mussinghoff 51
        2.3.12 W. Rees 52
        2.3.13 H.J.F. Reinhardt 52
        2.3.14 H. Socha 52
        2.3.15 Ergebnisse..52
3. Inhalt, Methode und Ziel der Arbeit 54

Teil II: Der Begriff des Kirchenamtes

Kapitel II: *In der Perspektive des II. Vatikanischen Konzils und des CIC* 59

1. Das II. Vatikanische Konzil und der CIC 59
    1.1 Die Neufassung des CIC..59
    1.2 Die Grundsätze zur Neufassung 60
    1.3 Die in den CIC aufgenommene Konzilslehre 61
2. Die Allgemeinen Normen des I. Buches CIC...62
    2.1 Ihr Charakter und ihre Bedeutung 62
    2.2 Der Bezug zur kanonischen Tradition 63
    2.3 Der Bezug zum II. Vatikanischen Konzil 65
3. Das Kirchenamt nach can. 145 CIC..65
    3.1 Die Definition des Kirchenamtes nach can. 145 66
    3.2 Die Quellen von can. 145 § 1 67
    3.3 Der Begriff des Kirchenamtes nach can. 145/CIC 1917 68
    3.4 Der Begriff des Kirchenamtes nach *Presbyterorum ordinis* 20 71
        3.4.1 Ein Vergleich 72
        3.4.2 Zur Entstehungsgeschichte 73
        3.4.3 Kirchenamt und Benefizialwesen 76
        3.4.4 Die Teilnahme an der Kirchengewalt 76
    3.5 Zur Entstehungsgeschichte von can. 145/CIC 1983 77
        3.5.1 Die Zu- und Einordnung des Titels über die Kirchenämter......78
        3.5.2 In der provisorischen systematischen Ordnung 79
        3.5.3 Die Formulierung des Kanons..79

3.5.4 Die Einordnung des Titels über die Kirchenämter
und eine Einfügung 82
3.5.5 Letzte Änderungen 84
3.5.6 Das eine Kirchenamt 85
3.6 Das Kirchenamt und die Kirchenämter 86
3.7 Eine andere Gewichtung 87
3.8 Die Definition und der ekklesiologische Kontext 90

KAPITEL III: *Amt, Aufgabe und Kirchengewalt*
— *officium, munus und potestas* 93

1. Das Bild der Kirche 93
2. Die Stellung der Gläubigen 95
3. Der Begriff *officium* im Sinn von Amt, Pflicht und Aufgabe 97
    3.1 *Officium* als Bezeichnung für das Kirchenamt 97
    3.2 Andere Bezeichnungen 98
    3.3 *Officium* als Bezeichnung für Pflicht und Aufgabe 99
4. Der Begriff *munus* im Sinn von Aufgabe und Dienst 101
    4.1 Die beiden Begriffe *officium* (Amt) und *munus* (Aufgabe, Dienst) . 101
    4.2 Die Kirchenämter und die sie kennzeichnenden *munera* ... 102
    4.3 Weitere Verwendungen von *munus* im Sinn einer Aufgabe ... 105
    4.4 Das Amt Christi — *munus Christi* — und die Dienste
        der Kirche — *munera Ecclesiae* 106
5. Die Begriffe Dienst, Aufgabe und Amt —
   ministerium, munus und *officium* 109
    5.1 Die Verwendung des Begriffs *ministerium* im CIC 109
    5.2 Das geistliche Amt und das Kirchenamt 110
    5.3 Das geistliche Amt — *ministerium sacrum* —
        und die dazugehörigen Aufgaben – *munera* 110
    5.4 Das Verhältnis von *ministerium, munus* und *officium* ... 112
    5.5 Die Begriffe Dienst, Amt und Aufgabe — *ministerium*,
        officium und *munus* — nach *Christifideles laici* 113
6. Der Begriff der Kirchengewalt — *potestas* — im CIC 115
    6.1 Die verschiedenen Bedeutungen des Begriffs 115
        6.1.1 Weihe- und Leitungsgewalt 115
        6.1.2 Weitere Verwendungsweisen 116
        6.1.3 Elterliche Gewalt 116
        6.1.4 Menschliche und weltliche Gewalt 117
    6.2 Die Ausübung der Weihegewalt 117
    6.3 Die Ausübung der Leitungsgewalt 118
        6.3.1 Ordentliche und delegierte Leitungsgewalt 118
        6.3.2 Die gesetzgebende, ausführende und richterliche Gewalt 119
        6.3.3 Zum Ursprung und zur Übertragung der Leitungsgewalt 120
        6.3.4 Die rechtliche Bestimmung
              zur Ausübung der Leitungsgewalt 124

7. Neun Schemata 126
   7.1 Die Sendung der Kirche 126
   7.2 Drei Ebenen 127
   7.3 Gegenseitige Bezüge 129
   7.4 Stellung und Aufgaben der Gläubigen 130
   7.5 Das Kirchenamt und can. 204 § 1 131
   7.6 Innere und äussere Bestimmung 132
   7.7 Zur Kirchengewalt 132
   7.8 Gabe und Aufgabe 133
   Schema 1 Sendung der Kirche 134
   Schema 2 Der Auftrag Christi und der Kirche 136
   Schema 3 Stellung und Aufgaben der Gläubigen 138
   Schema 4 DerBegriff *officium* im Sinn von Amt, Pflicht und Aufgabe .. 140
   Schema 5 Der Begriff *munus* im Sinn von Amt, Aufgabe und Dienst 141
   Schema 6 Die Merkmale des *munus* eines Kirchenamtes im Vergleich . 143
   Schema 7 Die Ausübung der Kirchengewalt, der Weihe-
             und der kirchlichen Leitungsgewalt 145
   Schema 8 Die Ausübung der kirchlichen Leitungsgewalt 147
   Schema 9 Die Begriffe Kirchenamt, Aufgabe und Kirchengewalt 149

KAPITEL IV: *Die Wesenselemente eines Kirchenamtes* 153

1. Ausdruck und Verwirklichung der Anteilnahme der Gläubigen
   am Amt Christi 154
   1.1 Die Sakramente der Taufe und Weihe und das Kirchenamt 154
   1.2 Eine der Modalitäten 156
2. Ein Dienst 157
   2.1 Ein eigenständiger Dienst 157
   2.2 Ein bestimmter Dienst 158
   2.3 Im Dienst der Kirche 159
3. Das geistliche Ziel 159
   3.1 Das Amt zur Verwirklichung des Zieles 159
   3.2 Das Ziel selbst 160
   3.2 Unmittelbar oder/und mittelbar 162
4. Die dauerhafte Einrichtung 163
   4.1 Die göttliche oder kirchliche Anordnung 163
   4.2 In der Kirchenrechtslehre 164
   4.3 Wann ist ein Kirchenamt konstituiert? 166
       4.3.1 Eine objektive Definition 166
       4.3.2 Einrichten und Errichten 168
   4.4 Institution und Person 170
   4.5 Die rechtliche Bestimmung als Kriterium 171
5. Die Übertragung 171
   5.1 In der Kirchenrechtslehre 172
   5.2 Die Übertragungsbedürftigkeit des Amtes 174

6. Pflichten und Rechte 176
   6.1 Zu einer bestimmten Aufgabe 176
   6.2 Verpflichtet 178
   6.3 Und berechtigt 178
7. Amt und Kirchengewalt 180
   7.1 Zur Ausübung eines Amtes 180
   7.2 Zur Ausübung von Kirchengewalt 181
   7.3 Zur Übertragung der kirchlichen Leitungsgewalt 182
   7.4 Zur Verwirklichung des Zieles 184
8. Eine Charakterisierung des Kirchenamtes 184
ZUSAMMENFASSUNG: Ein weiter und doch nicht so weiter Begriff 189

TEIL III: DER KATHOLISCHE RELIGIONSUNTERRICHT

KAPITEL V: *Eine Aufgabe der Kirche in der Welt von heute* 195

1. Die Aufgabe der Kirche in der Welt von heute 195
   1.1 Die Welt der Menschen und ihre Fragen 196
   1.2 Die Antwort der Kirche und ihr Dienst am Menschen 198
   1.3 Der Anteil der Gläubigen an der Aufgabe der Kirche 201
   1.4 Mittel zur Erfüllung der Aufgabe 202
   1.5 Das Ziel dieser Aufgabe 205
2. Der Religionsunterricht als Aufgabe der Kirche in der Welt von heute .208
   2.1 Ein Mittel der Verkündigung, der Erziehung und des Gesprächs 208
   2.2 Die Person des Menschen im Mittelpunkt 210
   2.3 Die Fragen der Kinder und Jugendlichen 211
   2.4 Das Ziel des Unterrichts 212
   2.5 Eine Aufgabe der Kirche 215

KAPITEL VI: *Die Kanones über den katholischen Religionsunterricht* 217

1. Die Kanones 217
2. Die verschiedenen Bezeichnungen 218
   2.1 Die Darlegung der Lehre in den Schulen
       («propositio doctrinae in scholis») 219
   2.2 Eine religiöse katholische Unterweisung und Erziehung
       («institutio et educatio religiosa catholica») 219
       2.2.1 Unterweisung und Erziehung 219
       2.2.2 Religiöse katholische Unterweisung und Erziehung 221
3. Die Darlegung der christlichen Lehre 222
   3.1 Der Auftrag des Herrn 223
   3.2 Der Kirche anvertraut 224
   3.3 Das anvertraute Glaubensgut 224
   3.4 Ziele der Verkündigung 227

3.5 Adressanten der Verkündigung 227
3.6 Mittel der Verkündigung 228
    3.6.1 Religionsunterricht und Katechese 228
    3.6.2 Der Religionsunterricht als Lernort des Glaubens 230
4. Religiöse katholische Unterweisung und Erziehung 230
    4.1 Unterweisung und Erziehung 231
    4.2 Das Recht auf religiöse Erziehung. Das Recht
        und die Pflicht zu erziehen 231
    4.3 Erziehungsträger 233
    4.4 Inhalte und Ziele 234
    4.5 Die Kinder und Jugendlichen 235
        4.5.1 Die Verpflichtung zur Teilnahme 236
        4.5.2 Die Teilnahme nichtkatholischer Kinder 237
    4.6 Mittel und Einrichtungen 238
        4.6.1 Schulen 238
        4.6.2 Soziale Kommunikationsmittel 240
5. Die Zuständigkeit der kirchlichen Autorität 241
    5.1 Auf der Ebene der Gesamtkirche 242
    5.2 Auf der Ebene der Teilkirche 243
        5.2.1 Die Bischofskonferenzen 244
        5.2.2 Der Diözesanbischof bzw. der Ortsordinarius 245
6. Der katholische Religionsunterricht an den staatlichen Schulen 245
7. Die Bestellung der Lehrer 248
    7.1 Die zuständige Autorität 248
    7.2 Der Auftrag an den Ortsordinarius 248
    7.3 Die Beauftragung 249
    7.4 Voraussetzungen 250
    7.5 Rechte und Pflichten des Religionslehrers 251
    7.6 Zum Lehrer berufen 252

KAPITEL VII: *Der Auftrag der Kirche* 255

1. Bestellen, ernennen, bestätigen und abberufen 255
    1.1 Bestellen (*deputare*) 255
    1.2 Ernennen (*nominare*) 258
    1.3 Bestätigen (*approbare*) 260
    1.4 Abberufen (*amovere*) 263
2. In bezug auf die Religionslehrer 264
    2.1 Zu Religionslehrern bestellen 264
    2.2 Religionslehrer ernennen 265
    2.3 Als Religionslehrer bestätigen 266
    2.4 Religionslehrer abberufen 268
3. Das Anvertrauen einer Aufgabe der Kirche 269
    3.1 Das Apostolat der Gläubigen (LG 33c) 269

INHALTSVERZEICHNIS

    3.2 Eine anvertraute Aufgabe (AA 24f) 271
        3.2.1 Die Aufgaben 272
        3.2.2 Die Unterweisung in der christlichen Lehre 273
        3.2.3 Die Übertragung der Aufgaben 274
        3.2.4 Die kirchliche Leitung 276
    3.3 Der katholische Religionsunterricht — eine anvertraute Aufgabe ... 276
        3.3.1 Die Aufgabe des Religionsunterrichts 277
        3.3.2 Die Übertragung dieser Aufgabe 280
        3.3.3 Die kirchliche Leitung 281
    3.4 Der Religionsunterricht als Beispiel zu LG 33c und AA 24f 282
4. Der kirchenrechtliche Charakter des Religionsunterrichts 283
    4.1 Ein Apostolat der Gläubigen 284
    4.2 Im Namen der Kirche 286
        4.2.1 Vier Autoren 286
        4.2.2 Eine Gegenüberstellung 288
        4.2.3 Die verwendeten Ausdrücke und AA 24f 289
    4.3 Eine kirchliche Tätigkeit 290
        4.3.1 Dalla Torre und Feliciani 290
        4.3.2 Drei Auffassungen 293
        4.3.3 Die Verantwortung für die Verkündigung,
             die Katechese und den Religionsunterricht 294
        4.3.4 «Wir» 297
        4.3.5 Eine Charakterisierung des Religionsunterrichts 298
ZUSAMMENFASSUNG: Eine Verkündigungs- und Lehrtätigkeit der Kirche .. 301

TEIL IV: EIN KIRCHENAMT UND EIN DIENST DER VERKÜNDIGUNG

KAPITEL VIII: *Die Grundlage für die Rechtsstellung*
                des Religionslehrers 311

1. Kriterien 311
    1.1 Ein Dienst der Gläubigen 312
        1.1.1 Das Kirchenamt 312
        1.1.2 Der katholische Religionsunterricht 313
    1.2 Zur Wahrnehmung einer Verkündigungstätigkeit der Kirche 313
        1.2.1 Das Kirchenamt 313
        1.2.2 Der katholische Religionsunterricht 315
    1.3 Die Ausübung von Kirchengewalt 316
        1.3.1 Das Kirchenamt 317
        1.3.2 Der katholische Religionsunterricht 317
    1.4 Die kirchliche Anordnung 318
        1.4.1 Das Kirchenamt 318
        1.4.2 Der katholische Religionsunterricht 320

1.5 Eine Aufgabe, die übertragen wird 322
    1.5.1 Das Kirchenamt 323
    1.5.2 Der katholische Religionsunterricht 324
1.6 Eine Aufgabe, die verpflichtet und berechtigt 327
    1.6.1 Das Kirchenamt 327
    1.6.2 Der katholische Religionsunterricht 329
1.7 Im Dienst der Kinder und Jugendlichen 331
    1.7.1 Das Kirchenamt 331
    1.7.2 Der katholische Religionsunterricht 332
1.8 Ein Kirchenamt im Sinn von can. 145 332
Schema 10 Das Kirchenamt 338
Schema 11 Der katholische Religionsunterricht 339
2. Das Kirchenamt 340
  2.1 Zur Erfüllung der Sendung der Kirche 340
  2.2 Durch göttliche oder kirchliche Anordnung
      auf Dauer konstituiert 342
3. Die anvertraute Aufgabe 344
  3.1 Eine qualifizierte Aufgabe der Verkündigung 344
  3.2 Die verpflichtet und berechtigt 346
    3.2.1 Die kirchliche Autorität 348
    3.2.2 Die Religionslehrer 350

SCHLUSSWORT 355

ABKÜRZUNGSVERZEICHNIS 359

QUELLEN- UND LITERATURVERZEICHNIS 363

AUTORENVERZEICHNIS 373

INHALTSVERZEICHNIS 375

TESI GREGORIANA

Seit 1995 werden einige der besten Doktorarbeiten, die an der Päpstlichen Universität Gregoriana geschrieben wurden, in der Reihe «Tesi Gregoriana» veröffentlicht. Der Schriftsatz wird von den Autoren selbst hergestellt entsprechend der von der Universität festgelegten und kontrollierten Richtlinien für die Texterfassung.

Veröffentlichte Bände [Serie: Kirchenrecht]

1. RUESSMANN, Madeleine, *Exclaustration. Its Nature and Use according to Current Law*, 1995, pp. 552.

2. BRAVI, Maurizio Claudio, *Il Sinodo dei Vescovi. Istituzione, fini e natura. Indagine teologico-giuridica*, 1995, pp. 400.

3. SUGAWARA, Yuji, *Religious Poverty. From Vatican Council II to the 1994 Synod of Bishops*, 1997, pp. 412.

4. FORCONI, Maria Cristina, *Antropologia cristiana come fondamento dell'unità e dell'indissolubilità del patto matrimoniale*, 1996, pp. 200.

5. KOVAČ, Mirjam, *L'orizzonte dell'obbedienza religiosa. Ricerca teologico-canonica*, 1996, pp. 368.

6. KAKAREKO, Andrzej, *La riforma della vita del clero nella diocesi di Vilna dopo il Concilio di Trento (1564-1796)*, 1996, pp. 248.

7. KUBIAK, Piotr, *L'assoluzione generale nel Codice di Diritto Canonico (Cann. 961-963) alla luce della dottrina del Concilio di Trento sull'integrità della confessione sacramentale*, 1996, pp. 212.

8. AMENTA, Pietro, *Partecipazione alla potestà legislativa del Vescovo. Indagine teologico-giuridica su chiesa particolare e sinodo diocesano*, 1996, pp. 272.

9. LORUSSO, Luca, *Gli strumenti di comunicazione sociale nel diritto ecclesiale. Aspettative, problematiche e realizzazioni alla luce dell'insegnamento magisteriale*, 1996, pp. 272.

10. PÉREZ DIAZ, Andrés, *Los vicarios generales y episcopales en el Derecho Canónico actual*, 1996, pp. 336.

11. ZEC, Slavko, *La tossicodipendenza come radice d'incapacità al matrimonio (Can. 1095). Scienze umane, dottrina canonica e giurisprudenza*, 1996, pp. 288.

12. SERRES LÓPEZ DE GUEREÑU, Roberto, *«Error recidens in condicionem sine qua non» (Can. 126). Estudio histórico-jurídico*, 1997, pp. 232.

13. MINGARDI, Massimo, *L'esclusione della dignità sacramentale dal consenso matrimoniale nella dottrina e nella giurisprudenza recenti*, 1997, pp. 320.

14. MARGELIST, Stefan, *Die Beweiskraft der Parteiaussagen in Ehenichtigkeitsverfahren*, 1997, pp. 226.

15. D'AURIA, Andrea, *L'imputabilità nel diritto penale canonico*, 1997, pp. 240.

16. ZADRA, Barbara, *I movimenti ecclesiali e i loro statuti*, 1997, pp. 200.

17. MIGLIAVACCA, Andrea, *La «confessione frequente di devozione». Studio teologico-giuridico sul periodo fra i Codici del 1917 e del 1983*, 1997, pp. 336.

18. SERENO, David, *Whether the Norm Expressed in Canon 1103 is of Natural Law or of Positive Church Law*, 1997, pp. 292.

19. SEMBENI, Giulio, *Direttorio Ecumenico 1993: sviluppo dottrinale e disciplinare*, 1997, pp. 260.

20. KAMAS, Juraj, *The Separation of the Spouses with the Bond Remaining. Historical and Canonical Study with Pastoral Applications*, 1997, pp. 360.

21. VISCOME, Francesco, *Origine ed esercizio della potestà dei vescovi dal Vaticano I al Vaticano II. Contesto teologico-canonico del magistero dei «recenti Pontefici» (Nota Explicativa Praevia 2)*, 1997, pp. 276.

22. KADZIOCH, Grzegorz, *Il ministro del sacramento del matrimonio nella tradizione e nel diritto canonico latino e orientale*, 1997, pp. 276.

23. MCCORMACK, Alan, *The Term «Privilege». A Textual Study of its Meaning and Use in the 1983 Code of Canon Law*, 1997, pp. 444.

24. PERLASCA, Alberto, *Il concetto di bene ecclesiastico*, 1997, pp. 428.

25. ZVOLENSKÝ, Stanislav, *«Error qualitatis dans causam» e «error qualitatis directe et principaliter intentae». Studio storico della distinzione*, 1998, pp. 264.

26. GARZA MEDINA, Luis, *Significado de la expresión* nomine Ecclesiae *en el Código de Derecho Canónico*, 1998, pp. 192.

27. BREITBACH, Udo, *Die Vollmacht der Kirche Jesu Christi über die Ehen der Getauften. Zur Gesetzesunterworfenheit der Ehen nichtkatholischer Christen*, 1998, pp. 292.

28. ZANETTI, Eugenio, *La nozione di «laico» nel dibattito preconciliare. Alle radici di una svolta significativa e problematica*, 1998, pp. 404.

29. ECHEBERRIA, Juan José, *Asunción de los consejos evangélicos en las asociaciones de fieles y movimientos eclesiales. Investigación teologico-canonica*, 1998, pp. 274.

30. SYGUT, Marek, *Natura e origine della potestà dei vescovi nel Concilio di Trento e nella dottrina successiva (1545-1869)*, 1998, pp. 356.

31. RUBIYATMOKO, Robertus, *Competenza della Chiesa nello scioglimento del vincolo del matrimonio non sacramentale. Una ricerca sostanziale sullo scioglimento del vincolo matrimoniale*, 1998, pp. 300.

32. BROWN J. Phillip, *Canon 17 CIC 1983 and the Hermeneutical Principles of Bernard Lonergan*, 1999, pp. 436.

33. BAFUIDINSONI, Maloko-Mana, *Le* munus regendi *de l'évêque diocésain comme* munus patris et pastoris *selon le Concile Vatican II*, 1999, pp. 280.

34. POLVANI, Carlo Maria, *Authentic Interpretation in Canon Law. Reflections on a Distinctively Canonical Institution*, 1999, pp. 388.

35. GEISINGER, Robert, *On the Requirement of Sufficient Maturity for Candidate to the Presbyterate (c. 1031 § 1), with a Consideration of Canonical Maturity and Matrimonial Jurisprudence (1989-1990)*, 1999, pp. 276.

36. VISIOLI, Matteo, *Il diritto della Chiesa e le sue tensioni alla luce di un'antropologia teologica*, 1999, pp. 480.

37. CORONELLI, Renato, *Incorporazione alla Chiesa e comunione. Aspetti teologici e canonici dell'appartenenza alla Chiesa*, 1999, pp. 456.

38. ASTIGUETA, Damián G., *La noción de laico desde el Concilio Vaticano II al CIC 83. El laico: «sacramento de la Iglesia y del mundo»*, 1999, pp. 300.

39. OLIVER, James M., *Ecumenical Associations: Their Canonical Status, with Particular Reference to the United States of America*, 1999, pp. 336.

40. BRUGNOTTO, Giuliano, *L'«aequitas canonica». Studio e analisi del concetto negli scritti di Enrico da Susa (Cardinal Ostiense)*, 1999, pp. 284.

41. TINTI, Myriam, *Condizione esplicita e consenso implicitamente condizionato nel matrimonio canonico*, 2000, pp. 220.

42. KALLENBACH, Gerald A., *Ein Kirchenamt im Dienst der Verkündigung. Die Rechtsstellung des Religionslehrers*, 2000, pp. 388.

Finito di stampare
nel mese di aprile 2000
dalla
Scuola Tipografica S. Pio X
Via degli Etruschi, 7
00185 Roma